教师教育系列教材

小学综合实践活动课程的设计、实施与评价 (第 2 版)

黑 岚 主 编

步星辉 王 丽 曲小毅 副主编

清华大学出版社

北京

内 容 简 介

2017 年教育部发布《中小学综合实践活动课程指导纲要》，明确规定了综合实践活动课程的性质、目标、内容、活动方式等。在我国基础教育改革中，"综合实践活动课程"以崭新的课程形态和较高的课程立意出现在中小学课程结构中，作为必修课程，从小学一年级开始设置。本书在此背景下应运而生。

本书可供高等院校小学教育专业的本科、专科学生使用，也可作为在职教师继续教育的培训教材，或供其他相关专业人员学习参考。

图书在版编目(CIP)数据

小学综合实践活动课程的设计、实施与评价 / 黑岚主编. -- 2 版. -- 北京：清华大学出版社，2025.7.
(教师教育系列教材). -- ISBN 978-7-302-69464-9

Ⅰ. G622.3

中国国家版本馆 CIP 数据核字第 2025WN7742 号

责任编辑：章忆文　陈立静
装帧设计：刘孝琼
责任校对：周剑云
责任印制：丛怀宇

出版发行：清华大学出版社

网　　　址：https://www.tup.com.cn, https://www.wqxuetang.com

地　　　址：北京清华大学学研大厦 A 座　　　　邮　　编：100084

社 总 机：010-83470000　　　　　　　　　　邮　　购：010-62786544

投稿与读者服务：010-62776969, c-service@tup.tsinghua.edu.cn

质量反馈：010-62772015, zhiliang@tup.tsinghua.edu.cn

课件下载：https://www.tup.com.cn, 010-62791865

印 装 者：三河市天利华印刷装订有限公司

经　　销：全国新华书店

开　　本：185mm×260mm　　　印　张：22.25　　　字　数：541 千字

版　　次：2020 年 4 月第 1 版　2025 年 8 月第 2 版　　　印　次：2025 年 8 月第 1 次印刷

定　　价：58.00 元(全两册)

产品编号：107521-01

前　言

2001 年，教育部发布《基础教育课程改革纲要(试行)》，第一次指出要从小学至高中设置综合实践活动课程，并将其作为必修课。经过十几年一线学校的实践探索以及专家团队的引领研究，2017 年秋季，教育部进一步出台了《中小学综合实践活动课程指导纲要》(以下简称《纲要》)，对我国中小学全面而有效地推进综合实践活动课程进行了详细指导，以期充分落实综合实践活动的育人功能，全面提升学生的综合素质。《纲要》主要对中小学综合实践活动课程的性质与基本理念、课程目标、课程内容与活动方式、课程规划与实施以及课程管理与保障五个方面进行了纲领性的指导，明确了综合实践活动课程是从学生的真实生活和发展需要出发，从生活情境中发现问题，转化为活动主题，通过探究、服务、制作、体验等方式，培养学生综合素质的跨学科实践型课程。综合实践活动课程是国家义务教育和普通高中课程方案规定的必修课程，与学科课程并列设置，是基础教育课程体系的重要组成部分。该课程由地方统筹管理和指导，具体内容以学校开发为主，自小学一年级至高中三年级全面实施。《纲要》的出台，使综合实践活动课程有了新的理念、目标、内容、价值追求，同时也有了新的实施方略。综合实践活动课程是一门处在不断探索中的课程，需要我们不断学习、不断实践，使这门年轻的课程不断发展、不断完善。在此背景下，我们编写了《小学综合实践活动课程的设计、实施与评价》这本书及其配套的教学手册。

本书的主编和副主编自 2015 年起，承担了北京教育学院协同创新项目——基于学校特色资源的综合实践课程开发，以及北京教育学院北沟教育联盟项目的基于房山北沟地区特色资源的课程开发项目。通过近五年的实践探索和行动研究，其中包括：指导朝阳区第二实验小学构建的基于学校多彩童年的"五馆课程"体系，延庆四小的基于学校足球特色的综合实践课程开发，房山北沟地区的"核工业科技馆"综合实践活动课程的高中段、初中段及小学高段的课程开发，霞云岭的红歌诞生地的红色教育课程开发，房山石楼的贾岛故居文化传承的课程开发，怀柔九渡河小学的灯笼课程体系的建设与开发，延庆小丰营小学的园艺课程的开发等，形成了多个课程的开发研究报告、课程方案，指导了几百节典型课例的教学设计和实施。五年来的实践研究，积累了丰富的课程开发的经验和优秀的案例，并在此基础上进行了理论研究和系统梳理。经过五年的艰辛探索和教学实践，参与项目的主要团队成员集体编撰了本书，这不但是教师对开发富有学校文化和区域特色的综合实践活动课程的经验总结，也是一种反思和理论提升，可为各中小学校推广综合实践活动课程提供一个良好的范本与精准的指导。

本书分成两大部分，即课程开发和课程体系建设。"课程开发"部分是以项目团队指导开发的几个典型课程方案为例，其中包括课程背景、课程目标、活动准备、活动形式、活动过程、活动指导、活动评价、注意事项及资源保证等九大项主要内容。作为学校具体实施综合实践活动课程的指导性、纲领性文件，项目团队组织专家对课程方案的科学性、系统性、完整性、逻辑性、可行性等方面进行了理论论证和专业评估，以期作为学校综合实践活动课程开发的范例。

"课程体系建设"部分是几个学校对自己学校课程开发的经验总结和理论梳理，分别从课程开发背景、课程设计与实施、课程评价、课程组织与管理、课程的创新与特色等几个方面论述了学校课程开发的经验与思考，希望能对中小学的综合实践活动课程在学校层面的顶层开发和组织管理上有所指导和借鉴。

另外，本书中还收录了《基于施瓦布"实践模式"的中小学综合实践活动课程开发模型的研究》《试论综合实践活动课程方案评价体系的建立》《综合实践活动课程与校本课程的融合研究》《基于财经素养教育的小学综合实践活动设计研究》四篇论文，分别由四位主编和副主编完成。《基于施瓦布"实践模式"的中小学综合实践活动课程开发模型的研究》系统地论述了在专业视角下的课程开发、行动导向下的教学设计、趣向视角下的课程实施、专业视角下的课程评价和内省视角下的课程完善与重构的课程开发模型。一方面为我国综合实践活动课程的开发与运用提供理论支持，另一方面为我国综合实践活动课程的实践操作提供模式借鉴。《试论综合实践活动课程方案评价体系的建立》论述了在评价综合实践活动课程方案时要以"新课改"为导向，以《纲要》的精神、学生的学情和校本文化为评价依据，对方案的完整性、规范性、连续性、预见性进行评价。《综合实践活动课程与校本课程的融合研究》从综合实践活动课程与校本课程的融合出发，论述了两者的内涵界定、课程性质与范畴、课程目标与内容、实施的方法与技巧等，并在此基础上，论述了两者融合的必要性及途径。《基于财经素养教育的小学综合实践活动设计研究》论述了科学系统地设计财经素养教育的目标、合理选择财经素养教育的活动主题、规范财经素养教育的实践内容和形式，是提高财经素养教育的实施质量，进而提升小学生的财经素养的有效途径。

本书还融入了一线教师的实践反思和典型的教学课例，是参与课程开发与实施的一线教师们关于综合实践活动课的实践研究与反思，集中了几位优秀教师的实践探索、理论思考与总结反思。希望这些老师的经验总结与理论思考，能够对一线教师深刻领会综合实践活动课程价值，更好地贯彻新《纲要》的精神，落实课程的教育价值提供一些帮助。四篇论文和教师的实践反思及教学课例，有机地融入各章节，教师可以通过扫描二维码的形式进行下载。

本书自2018年出版以来，受到读者(包括小学教师和教师培训人员、社会上的学习者)的普遍欢迎。尽管出版5年没有再版，使用情况仍然良好。不过，由于近年来的教育教学改革新政策的出台和综合实践活动课程的实施成果，特别是全面减负政策的出台，更凸显了综合实践活动课程的重要性，本书的再版更有其现实意义。第2版在原有基础上，增加了一些案例，内容更加丰富，借鉴性更强。

由于编著者水平有限，书中难免有不当之处，敬请使用教材的老师和学生提出宝贵的意见。

编　者

目 录

　　　3.3.3　小学综合实践活动教学
　　　　　　目标的设计 41
　　本章小结 45
　　思考与实践 45

**第 4 章　小学综合实践活动课程的
　　　　　课程内容与活动方式............46**

4.1　小学综合实践活动课程的内容维度、
　　　选择和组织原则 47
　　4.1.1　小学综合实践活动课程的
　　　　　　内容维度 47
　　4.1.2　选择和组织小学综合实践
　　　　　　活动课程内容的原则 48
4.2　小学综合实践活动课程的活动方式.... 49
　　4.2.1　考察探究 50
　　4.2.2　社会服务 52
　　4.2.3　设计制作 53
　　4.2.4　职业体验 53
　　本章小结 55
　　思考与实践 56

**第 5 章　小学综合实践活动课程
　　　　　设计的原则 57**

5.1　影响小学综合实践活动课程设计的
　　　主要因素 58
　　5.1.1　课程目标 58
　　5.1.2　学生因素 58
　　5.1.3　教师因素 60
　　5.1.4　学校的教育条件 60
5.2　小学综合实践活动课程设计的
　　　基本要求 61
　　5.2.1　目标具体明确 61
　　5.2.2　内容综合、富有生活气息 62
　　5.2.3　活动过程突出参与、探究
　　　　　　与体验 63
　　5.2.4　活动方法得当、形式
　　　　　　多种多样 65
　　5.2.5　活动方案切实可行、
　　　　　　操作性强、安全可靠 66

　　5.2.6　形成特色、体现创新 67
5.3　小学综合实践活动课程设计的
　　　一般原则 69
　　5.3.1　自主性原则 69
　　5.3.2　实践性原则 70
　　5.3.3　整合性原则 71
　　5.3.4　生成性原则 72
　　5.3.5　开放性原则 74
　　5.3.6　循序渐进原则 75
　　本章小结 78
　　思考与实践 79

**第 6 章　小学综合实践活动课程
　　　　　设计的过程 80**

6.1　小学综合实践活动课程设计的准备 81
　　6.1.1　了解学生 81
　　6.1.2　调查课程资源 83
　　6.1.3　教师自身的准备 84
6.2　小学综合实践活动课程设计的
　　　一般过程 84
　　6.2.1　确定活动主题 85
　　6.2.2　制定活动方案 88
　　6.2.3　评价活动方案 92
6.3　小学综合实践活动方案的生成 93
　　6.3.1　活动主题的生成 94
　　6.3.2　活动目标的生成 95
　　6.3.3　活动方式的变化 97
6.4　小学综合实践活动方案的撰写及
　　　呈现 99
　　6.4.1　综合实践活动方案的撰写 99
　　6.4.2　综合实践活动方案的呈现 105
　　本章小结 108
　　思考与实践 108

**第 7 章　小学综合实践活动课程
　　　　　设计的方法 115**

7.1　综合实践活动课程总体规划
　　　及其方法 117
　　7.1.1　总体规划的含义及内容.........117

不能把小孩子的精神世界变成单纯地学习知识。如果我们力求使儿童的全部精神力量都专注到功课上去，他的生活就会变得不堪忍受。他不仅是一个学生，还应该是一个有多方面兴趣、要求和愿望的人。

——苏霍姆林斯基(1918—1970)，苏联著名教育实践家和教育理论家

第1章　综合实践活动课程概述

学习目标

知识目标
➤ 把握综合实践活动课程的含义与特性。
➤ 了解综合实践活动课程的价值与地位。
➤ 辨析综合实践活动课程与学科课程的关系。

能力目标
具备能够清晰表述、讲授综合实践活动课程基本概念、特点、基本理念、价值等相关基本知识的能力。

核心概念

综合实践活动课程(integrated practical activity curriculum)　基本理念(basic ideas)　地位与价值(status & value)　关系(relation)

引导案例

教师对于综合实践活动课程的认识①

刚接触综合实践活动这门课程还是在三年前。当时这是一门全新的课程，接手时，我感到无措和迷茫，这门课程是什么样的课程？该如何去从事教学活动？学生到底要从中学到什么？我该如何来把控课堂的教学秩序，如何来引导学生进行这门课程的学习？一系列问题在我脑海中盘旋。拿到资源包后，我特别仔细地了解了资源包的内容，感觉综合实践活动课既像"科学"课程，又像"自然"课程，还包括一些思想品德教学的内容，也有一些分不清学科的内容，简直是百科全书的儿童版，自诩还是有点学问的我想当然地以为，这门课就是要给孩子介绍更多的知识。开始时，我的设想是按照课本给出的资料来上课。

_____

① 赵书超，郑爽. 小学综合实践活动设计与实施[M]. 北京：清华大学出版社，2013：3.

但课本上的信息是有限的，为了教好一堂课，我四处寻找资料，希望能教给孩子更多的知识，当然也有让孩子们在课堂上崇拜我的想法。结果课堂上要么是我的"一言堂"，只看到孩子们发呆的眼神，要么是孩子们生搬硬套已有的课外知识，这还算好的，有的孩子干脆在课堂上做作业、小声讲话，整堂课全无意义可言。这些"小淘气"们，平时可不是这样的呀！问题究竟出在哪里呢？我控制住自己的情绪，回到办公室再一次拿起了相关的指导书。看着看着，我不禁哑然失笑：什么超越教材，注重实践，让学生自己进行课题研究，而且还要让他们研究自己感兴趣的内容。不学知识怎么行呀？他们会吗？才几岁呀！接下来的几节课，我还是坚持我的想法，只是在纪律奖励方面有所加强，结果还是失败了。难道是我错了？

上述这个案例真实地呈现了很多综合实践活动指导教师刚刚接触综合实践活动课程的现象与状态。面对这样一个全新的课程形态，综合实践活动指导教师几乎都有一种无从下手的感觉，没有成功的经验可以借鉴，不知道该如何实施，才能达到综合实践活动课程的目标。因此，在实践中，教师经常会出现一些对综合实践活动课程的误读、误解以及错误的教学行为。对于刚刚接触综合实践活动课程的教师以及接触过一段时间的教师来说，这些课程实施中的困惑都是源于对这门课程的错误认识。作为综合实践活动课程教师，要对这门课程有一个正确的认识：什么是综合实践活动课程？它具有什么样的价值？在当前的课程体系中，它的地位是怎样的？它与学科课程有什么样的区别与联系？等等。本章将对这些问题一一进行阐述。

1.1 综合实践活动课程的内涵与特点

为了应对知识经济和信息社会的到来以及日益激烈的国际竞争，全面提升国民素质，以2001年6月8日教育部印发的《基础教育课程改革纲要(试行)》(以下简称《改革纲要》)为标志，我国开始了新一轮的以"实践教育和素质教育"为核心的基础教育课程改革。这次改革的重要任务就是调整和完善基础教育的课程体系、结构，构建符合素质教育和实践教育要求的新的基础教育课程体系。其中一大亮点就是综合实践活动课程的提出。综合实践活动课程是对我国自新中国成立以来课外活动、活动课程和实践课程的继承、规范与发展，它的形成与提出是为了满足培养学生创新精神、实践能力和社会责任感的根本要求。

为了进一步规范与推进综合实践活动课程的实施与发展，2017年9月25日，教育部又印发了《中小学综合实践活动课程指导纲要》(以下简称《指导纲要》)。《指导纲要》对综合实践活动课程的性质与基本理念、目标、内容与活动方式，学校对综合实践活动课程的规划与实施以及课程管理与保障等一系列关乎课程发展的重要问题作出了明确且精练的规定，为综合实践活动课程的未来发展指明了方向。

1.1.1 综合实践活动课程的内涵

综合实践活动课程的开发与实施的质量与效果，在很大程度上取决于综合实践活动课程指导教师对于综合实践活动内涵的界定与理解。自从2001年《改革纲要》中明确提出综合实践活动课程的建设，不同的学者和专家都对它的概念与内涵进行了研究与界定，其中，

2017 年的《指导纲要》中对于综合实践活动课程的界定最权威，它指出：综合实践活动是从学生的真实生活和发展需要出发，从生活情境中发现问题，转化为活动主题，通过探究、服务、制作、体验等方式，培养学生综合素质的跨学科实践性课程。虽然在《指导纲要》中，将这种陈述定义为综合实践活动课程的课程性质，而不是综合实践活动课程的界定，但它实际上就是在定义什么是综合实践活动课程，它强调了综合实践活动不是一种活动，而是一种课程形态，是与学科课程并列的课程，具有综合性、实践性和活动性。

"综合实践活动课程本质上是一种指向生活理解与创造的课程"[①]，它重在强调学生的自主探究与主动实践，是学生个性发展、创新精神和能力培养的有效载体，是在教师的组织、指导下，学生自主进行的操作实践活动。综合实践课程是一门活动性课程，但是与学科课程的课程目标不一样，它关注的不是学生知识的学习，而是学生体验和经验的获得，更加强调和突出学生创新能力、动手实践能力和社会责任感等综合素养的获取与发展。

在这门课程中，学生掌握了什么知识并不是最重要的，关键是通过活动，他们能做些什么，能力有了哪些方面的发展，兴趣是否得到了培养，等等。综合实践活动课程不是知识的学习，而是学生综合素质的培养，特别是学生实践能力、创新精神和社会责任感的培养。综合实践活动课程是实现当前新课程倡导的"自主、合作、探究"教学模式的最好载体。通过综合实践活动课程的实施，能够让学生的知识学习和生活行动有机结合，做到知行合一，将知识转化为行动，真正地运用到生活中，转化为社会生活技能。

小贴士

作为综合实践活动课程的指导教师，不可忽视综合实践活动课程的概念，它是综合实践活动课程能够成功实施的根本，一定要对它的概念与内涵进行充分的把握。

1.1.2 综合实践活动课程的特点

1. 综合性

综合实践活动课程具有综合性，即跨学科性。与学科课程单一的学科内容不同，综合实践活动课程在内容组织上是整合的。综合实践活动课程的内容是从学生与自然的关系、学生与他人和社会的关系、学生与自我的关系这三个方面进行选择。这三个方面的内容涵盖了所有学科的知识学习与运用。综合实践活动课程是从学生的真实生活和发展需要出发，从生活情境中发现问题，转化为活动主题，因此课程的活动内容不能仅仅局限于一个学科。众所周知，生活情境中的问题探究与解决涉及的学科知识不会仅仅局限在一个学科，它会涉及多个学科方面的知识。所以综合实践活动课程彻底打破了单一学科的学习界限，具有跨学科的综合性质。

2. 实践性

综合实践活动课程具有实践性。与学科课程注重知识的学习不同，综合实践活动课程注重学生能力的培养；学科课程通过课程组织与实施对已有经验或知识进行理解、把握和

---

① 张华. 走向生活□走向创造[J]. 中小学管理，2017(12)：1.

应用，综合实践活动课程则通过活动的组织与实施，运用已有的知识和经验解决问题。理论要联系实际，知识要与生活联系在一起才能激发学生更大的学习兴趣。知识的学习是学生的主要任务，但是将所学的知识灵活运用于现实生活中，才是学生求学的最终目标。"听过，会忘记；看过，会记得；做过，才懂得"，实践的重要性不言而喻。综合实践活动课程强调学生亲身经历各项活动，在"动手做""实验""探究""设计""创作""反思"的过程中进行"体验""体悟""体认"，在全身心参与的活动中发现、分析和解决问题，体验和感受生活，发展实践创新能力。综合实践活动课程的设计与实施依据的是运用所学的知识和所掌握的经验去解决生活中的问题，将学到的理论知识应用到实践中，因此具有鲜明的实践性。

3. 活动性

综合实践活动课程具有活动性。从它在我国的发展历史来看，它本身就是从活动课程演变而来的。与学科课程对于间接经验(知识)的学习不同，综合实践活动课程是对直接经验的学习与获取，是通过学生活动进行的课程，特别是室外的实践活动。众所周知，对于知识的传授，也就是间接经验的传授，通常是通过学科课程实现的，学科教学被认为是一种特殊的认识。这种认识通常发生在课堂内，主要是通过教师的传授来实现的。而综合实践活动课程的目标不是知识的获取，而是能力和素养的培养以及价值观的养成，更注重让学生直接从活动中进行体验和获取有益经验。教学主要是通过学生的活动和体验来实现，学生的活动和体验就是综合实践活动课程的教学。综合实践活动课程不是教师知识的传授和学生知识的获取，而是教师和学生在活动中共同创造知识，因此具有活动性。

扩展阅读 1-1

有的学者认为综合实践活动课程兼具活动课程、实践课程和综合课程的特点，它虽然是一种新型的课程形态，但却是结合了这三种课程优点而形成的一种课程。从课程实施的角度来看，它具有活动课程的特点；从课程内容的角度来看，它具有综合课程的特点；从课程设计的角度来看，它具有实践课程的特点。

1.2 综合实践活动课程的基本理念、地位和价值

纵观综合实践活动课程价值的相关研究，其大致的发展脉络呈现出从学理逻辑向实践逻辑的转向。从学理角度分析，有学者提出综合实践活动课程的价值在于智慧统整与知识统整，也有学者结合胡塞尔、维特根斯坦和哈贝马斯等人的哲学主张，得出综合实践活动的价值在于回归生活，更有学者认为教育的本质是人自身在真实生活中的体验、反省、批判、创造，因此综合实践活动的课程价值主要在于关注学生的生存方式，满足学生成长的需要和社会发展的需要。而基于实践角度分析，有学者指出综合实践活动的独特价值在于实现并完善基础教育课程改革的六大目标，其真正价值是完善学校课程体系。此外，还有学者从课程实施的角度指出综合实践活动是一种"过程"取向的课程，注重"过程"的教

育价值，体现"过程"哲学的意蕴。这些探讨有助于揭示综合实践活动作为课程存在的价值属性，也为《指导纲要》注重综合实践活动"以培养学生综合素质为导向""主张多元评价和综合考察""注重学生主动实践和开放生成"等基本理念的形成做了一定的铺垫。

1.2.1　综合实践活动课程的基本理念

1. 课程目标以培养学生综合素质为导向

本课程强调学生综合运用各学科知识，认识、分析和解决现实问题，提升综合素质，着力发展核心素养，特别是社会责任感、创新精神和实践能力，以适应快速变化的社会生活、职业世界和个人自主发展的需要，迎接信息时代和知识社会的挑战。

综合实践活动课程的目标不是知识的学习，而是知识的运用。教师要引导学生在认识、分析和解决现实问题的过程中，对所掌握的经验和所学习的知识进行运用，将理论和实际联系在一起，激发学生对于新的知识理论的学习兴趣。课程目标的设定改变了过去学科课程过于注重书本知识的课程目标，通过综合实践活动课程的学习，可以加强课程内容与学生生活以及现代社会和科技发展的联系。综合实践活动课程的出现是素质教育改革的结果，也是实现素质教育改革的目标和途径。综合实践活动课程的目标是提升学生的综合素质，发展学生的核心素养，特别是学生的社会责任感、创新精神和实践能力。在信息时代和知识社会，"创新是国家和民族的灵魂"这一理念已成为全世界的共识。无论一个人掌握的知识多么丰富，如果不能将其应用到实践中，创造出价值，那么知识就是无用的。作为 21 世纪的公民，社会责任感是我们能够立足于这个社会的必备品格，对自己负责，对他人负责，更要对这个社会负责，这才是一名新时代学生应该具备的品格和价值观念。

扩展阅读 1-2

1993 年《中国教育改革和发展纲要》及其实施意见中确立了基础教育要由"应试教育"转向全面提高国民素质教育，面向全体学生，全面提高学生的思想道德、文化科学、劳动技能和身体心理素质，促进学生生动活泼健康地发展。

2. 课程开发要面向学生的个体生活和社会生活

本课程面向学生完整的生活世界，引导学生从日常学习生活、社会生活或与大自然的接触中提出具有教育意义的活动主题，使学生获得关于自我、社会、自然的真实体验，建立学习与生活的有机联系。要避免仅从学科知识体系出发进行活动设计。

综合实践活动课程的开发要从学生完整的生活世界出发。生活世界即现实世界，与科学世界相对。学生在课堂学习中构成的是科学世界。过去的学科课程学习构成的科学世界是排斥生活世界的。造成这种现象的原因有两方面，一方面是学科课程本身的特性不同，每门学科课程都有自己这门学科知识的逻辑性，教材的编写和教师的教学都是按照这种逻辑进行的，这种逻辑构成了学科自己的科学世界；另一方面是教学方式的不同，虽然教材的编写有其内在的学科知识的逻辑性，但是实际上在学科知识的讲授中，教师要灵活教学，要理论联系实际，将知识讲授与生活实际进行有机的联系。举个例子，在数学讲授"量与测量"的内容时，不要只将重点放在单位的换算上，同时也要注重单位实际意义的教学，千万不要再出现"小明的体重约20克"这样匪夷所思的答题现象了。教师要引导学生从他们的日常学习生活、社会生活和与大自然接触中发现值得研究和探讨的问题，将其转化为活动主题，运用已经掌握的经验和知识进行活动，将知识与活动有机地联系起来。要引导学生避免仅从学科知识体系出发进行活动，而是从整体的生活世界中，获得关于自我、社会、自然的真实感受。

3. 课程实施注重学生主动实践和开放生成

本课程鼓励学生从自身成长的需要出发，选择活动主题，主动参与并亲身经历实践的过程，体验并践行价值信念。在实施过程中，随着活动的不断展开，在教师的指导下，学生可根据实际需要，对活动的目标与内容、组织与方法、过程与步骤等作出动态调整，使活动不断深化。

综合实践活动课程的实施是为了帮助学生更好地成长，因此它鼓励学生在选择活动主题的时候，从自身的发展、成长需要出发。过去学科课程的学习，教师对于学生的引导只局限在学科的知识体系中；而在综合实践活动课程的实施中，教师鼓励学生选择那些与他们成长发展有关的主题进行探索与研究。教师要善于引导学生围绕活动主题，从特定的角度切入，选择具体的活动内容，并自行制定活动目标任务，提升自主规划和管理的能力。综合实践活动课程的实施是为了转变学科课程过于注重知识传授的倾向，帮助学生形成积极主动的学习态度。主动参与的前提是学生选择了他们感兴趣的活动主题，或者说在教师的指导下，学生选择了他们感兴趣并且能够助力他们成长的主题。综合实践活动课程要注重学生的亲身实践，与学科课程知识的学习不同，它是一个直接经验获取的过程，强调的是学生亲身亲历的实践。"纸上得来终觉浅，绝知此事要躬行"，实践才是综合实践活动课程的根本属性，学生在综合实践活动课程中一定要亲自体验与参与活动。

学生选择的活动主题在活动过程中，可以根据实际的需要与变化，不断地进行调整。教师要基于学生已有经验和兴趣专长，打破学科界限，选择综合性活动内容，鼓励学生跨领域、跨学科学习，为学生自主活动留出余地。教师要引导学生把自己成长的环境作为学习场所，在与家庭、学校、社区的持续互动中，不断地拓展活动时空和活动内容，使自己的个性特长、实践能力、服务精神和社会责任感不断地获得发展。教师要引导学生善于捕捉和利用课程实施过程中产生的有价值的问题，指导学生深化活动主题，不断完善活动内容。

4. 课程评价主张多元评价和综合考察

本课程要求突出评价对学生的发展价值，充分肯定学生活动方式和问题解决策略的多样性，鼓励学生自我评价与同伴间的合作交流和经验分享。提倡多采用质性评价方式，避免将评价简化为分数或等级。要将学生在综合实践活动中的各种表现和活动成果作为分析考察课程实施状况与学生发展状况的重要依据，对学生的活动过程和结果进行综合评价。

综合实践活动课程的实施是为了帮助学生发展，因此它注重学生发展价值的评价，这个发展价值体现在学生活动方式(考察探究、社会制作、设计制作和职业体验)以及问题解决策略的多样性上。在评价中，要对学生在活动开展过程中的表现、发展和变化进行整体的评价，不仅要对学生的活动结果进行评价，更要关注和了解学生发展中的需求，并挖掘其潜在的能力与力量。评价不是目的，它仅是用来帮助学生认识自我、建立自信以及发展提升的一种策略和手段。教师应摒弃过去的量化评价方法，尽量用质性的评价方法，在评价中，尽量挖掘学生的优点，对于学生不足的地方，要指出并给出合理的改进和提升的建议或对策。要丰富评价的内容，如学生参与活动的态度、创新的精神、实践能力以及学生获得感性经验和情感的情况等。要灵活使用各种评价方法(如口头评价、观察评价、档案袋评价、自我评价、协商研讨式评价、成果展示评价等)。评价一定要充分根据学生的综合表现进行，要将评价视为师生共同学习与成长的手段与策略。

1.2.2 综合实践活动课程的地位和价值

《指导纲要》将综合实践活动课程的地位设定为和"学科课程"并列的国家课程。众所周知，目前，我国的课程体系为国家、地方和校本三级课程体系，其中，国家课程是最能体现一个国家意志和教育目的的课程，最具权威性，是一个国家基础教育课程计划框架的主体部分。与地方课程和校本课程相比，其涵盖的课程门类(如各个学段开设的数学、语文、外语、历史、地理、音乐、美术、体育、物理、化学等学科课程)和所占课时比例是最多的。国家课程是决定一个国家基础教育质量方面的主体课程，《指导纲要》在课程性质中指出了综合实践活动课程"是国家义务教育和普通高中课程方案规定的必修课程，与学科课程并列设置，自小学一年级至高中三年级全面实施"。

综合实践活动课程使得教育本质得到了回归。教育的本质是育人，是"成人"的重要手段和途径。而过去的教育(学科教学)实际是在"成才"，是在为社会发展培养各种各样的专业人才。而综合实践活动课程以学生为中心，以学生的生活经验为中心，来进行课程的组织与实施，追求的是学生综合素质的整体提升和全面发展，这使得教育的本质得到了实现。

综合实践活动课程开创了一种新型的课程形态。这是一种与学科课程"传授—接受"模式不同的"问题—解决"模式下的实践探究课程形态，是具有综合性的、实践性的、活动性的课程。课程让学生从科学世界回归到生活世界。这种课程形态能够让学生感受到真实的生活，在真实的生活中活动、成长与发展。虽然这两种课程形态不同，但是二者之间不是对立的，而是相辅相成的，综合实践活动课程既可以帮助学生更好地进入学科课程的学习，也可以帮助学生回归生活世界，并将自己的生活经验与知识的学习进行紧密的联系。

综合实践活动课程转变了学生的学习方式。"自主、合作、探究"是新课改倡导的新的教学模式，而综合实践活动课程成为这种教学模式最好的载体。《指导纲要》强调学生要"主动参与并亲身经历实践过程，体验并践行价值信念。在教师的指导下，学生可根据实际需要，对活动的目标与内容、组织与方法、过程与步骤等作出动态调整，使活动不断深化"。在综合实践活动课程中，学生通过调查、访问、考察、实验、劳动等多种活动方式进行自主学习，自主探究来自生活中的各种问题。

⚙⚙ **案例 1-1**

> ### 日记两则[①]
>
> **2001 年 10 月 12 日　星期五**
>
> 第一次调查：失败加失落。
>
> 这是我们第一次调查。我们一行四人风风火火地来到河南省林业研究所，我们对工作人员提出问题后，他的回答却让我们大吃一惊。原来他们负责科研工作，而我们提出的却都是数据问题，他对我们说："你们的问题应该去问林业局。"得了！扑了个空，我们都十分失望，毕竟出师不利乃兵家大忌呀！我说："我们真像一只没头的苍蝇啊，太鲁莽了！"
>
> **2001 年 10 月 16 日　星期二**
>
> 第二次调查：喜悦加懊恼。
>
> 今天，我们通过 114 查到了林业局的电话。我们准备了五个问题。毕竟是林业局，我们的第一个问题得到了答案。我们很高兴。可是没想到，其他四个问题他们却都不知道。哎，真是的，我们顿时又气又恼，个个像霜打的茄子一样。我们这可真叫"甘尽苦来"呀。

之所以强调综合实践活动课程的独特价值，就是为了将其与学科课程具有的价值区别开来，它不是对学科知识的认识、理解和获取，而是通过活动，使学生直接获取各种实际体验与经验，这种经验包括对社会的、对自然的和对自我的。上述两则日记就是很好的例证，在日记的字里行间都流露出了学生对社会机构性质与作用的重新认知，以及他们在开展调查与实践活动中的情感变化，这种真实的"失落""懊恼""喜悦"都是在课程教学(学科教学)中难以体会到的，而综合实践活动课程则具有这样的功能与作用。

走进京西黄岑

1.3　综合实践活动课程与学科课程的关系

列入新的基础教育课程体系中的综合实践活动课程是为了弥补学科课程体系的不足，但是二者不是绝对对立的，它们各有各的优缺点，二者之间既有区别，又有联系，相辅相成，共同作用于教学实践。

■ 1.3.1　综合实践活动课程与学科课程的区别

学科课程具有固定的逻辑和系统，立足于间接经验(知识)的学习与获得，符合儿童发展阶段的特征，注重体系的科学与合理。人们对于间接经验的学习，通常是借助文化符号系统或者观察他人行动进行思维和想象事物关系来实现的。这个学习过程有损耗活动信息或者是误读活动信息的可能，使得学习者接受和感受的经验出现偏差。学科课程这个间接经验的学习资源有一定的缺陷。而综合实践活动课程没有固定的逻辑和系统，它致力于直接经验的感受与获取。它以学生的经验作为课程资源，摒弃了间接经验(抽象的文化知识)的学习方式，通过让学生参加活动，直接认识事物，也就是通过学生的亲身活动直接获取经

---

① 郭元祥. 综合实践活动课程与教学论[M]. 2 版. 北京：人民教育出版社，2017：88~89.

验。这种经验与学科课程中知识的学习不同，是学生通过亲自参与活动获取的。这种求知活动会直接引起人们的兴趣、情感、直觉和体验等，让生命的激情与心灵的感悟参与其中，让学生的学习变得更加生动、有趣。由于课程性质不同，二者在课程核心、课程目标、课程内容、课程中心、教学过程、形式方法、考核评价、培养目标等方面都有所不同，具体如表 1-1 所示。

表 1-1　综合实践活动课程与学科课程的区别

项　目	综合实践活动课程	学科课程
课程核心	综合素养(运用已经取得的经验和知识去解决现实的问题)	学科知识(努力获取知识)
课程目标	学生综合素质的提升，发展学生的核心素养，特别是实践能力、创新精神、社会责任感；培养学生爱好学问的品质并教授研究学问的方法	学科知识的获取，知识准确性和有效性的获取；教授学问
课程内容	学生整体的生活世界(学生与自然、与社会、与自我的生活)	科学知识领域(注重知识间的逻辑)
课程中心	以学生为中心，学生是主体，自主进行活动，教师是指导者	以教师为中心，教师是课程的主体，学生是被动的接收者
教学过程	自主、合作、探究，注重学生亲力亲为，亲身体验	体现学科体系的严密性与学术性
形式方法	课堂活动形式多样，基本上以活动为主，包括考察探究、社会服务、设计制作和职业体验等多种活动方式	课堂教学为主，注重教师的教授
考核评价	多元评价与综合考察，充分肯定学生活动方式和问题解决策略的多样性，对学生的活动过程和结果进行综合评价	单一评价，重结果，轻过程，偏重量化评价，选拔甄别
培养目标	使学生"成人"，使其成为全面发展的人(育人的本质)	使学生"成才"，培养专业的人才

通过表 1-1 的比较分析，我们可以发现这两类课程分别有各自的特点。学科课程更注重系统、高效的知识传递，但是过于注重书本的知识，缺乏生活化；综合实践活动课程更注重学生综合素质的提升，发挥学生主动学习的积极性，但是在知识传递方面还有所欠缺。

1.3.2　综合实践活动课程与学科课程的联系

综合实践活动课程与学科课程同是"三级课程体系"中的国家级课程，且都是从小学一年级到高中三年级学生的必修课程，它们处于同等的地位。综合实践活动课程与学科课程都是为了实现教育目的而开设的课程。特别是在新课程体系中，二者的学习方式都是以"自主、合作、探究"为主。综合实践活动课程面向学生的生活世界，以学生的生活经验来组织课程内容，通过直接经验的获取来提升学生的素质，生活是综合实践活动课程的出发点，同时也是学科课程的出发点。因为学科课程科学知识体系同样来源于生活，学科课程的科学世界是建立在现实生活的基础之上的，学科从生活中诞生，并改变生活，从这个角度来说，生活是综合实践活动课程和学科课程共同的根基。综合实践活动课程是对直接经验的学习与获取，正是通过这种课程的学习，学生才能更顺利地进入学科课程的学习。

在综合实践活动课程中，学生运用已掌握的经验和学过的知识，来解决现实中的问题，这样可加深对于知识的学习、理解和掌握，以及激发学生努力汲取新知识的动力。正如《指导纲要》中指出的：在设计与实施综合实践活动课程中，要引导学生主动运用各门学科知识分析解决实际问题，使学科知识在综合实践活动中得到延伸、综合、重组与提升。学生在综合实践活动中所发现的问题要在相关学科教学中分析解决，所获得的知识要在相关学科教学中拓展并深化。

学科课程是间接经验的学习，综合实践活动课程是直接经验的获取，强调综合实践活动课程的主体地位，并不是要反对学科课程的存在，更不是要把二者对立起来。实际上，教师在教学中，要以直接经验的获取为主线，努力探寻间接经验的个体意义，二者相辅相成，共同架构学生个体学习的完整性。

官式琉璃非遗
文化传承

📰 **扩展阅读 1-3**

张华：走向生活□走向创造①

综合实践活动课程本质上是一种指向生活理解与创造的课程。提升学生"生活理解力与创造力"，是综合实践活动课程的直接目标。

我们要让学生走出校园，融入火热的现实生活，发现个人生活与社会生活中的现象、事件与问题，基于学科思维，运用已经学会的和正在学习的相关学科知识，亲自去探究、体验与实践，由此发展其生活理解力与创造力，形成直面问题的生活态度、热爱生活的情怀和勇于担当的责任感。唯有如此，才能把握综合实践活动课程的本质，体现该课程的教育价值。所谓"生活理解力与创造力"，就是把学科知识运用于真实生活情境，解决复杂问题的能力。它是学生欣赏和创造真善美的高级能力，更是人类迎接 21 世纪信息文明之挑战的核心素养之一。

在漫长的农耕文明和等级社会中，"劳心者治人，劳力者治于人""君子坐而论道，小人学圃、学稼""书中自有黄金屋，书中自有颜如玉"等说法不一而足。所有这些，都给我们的教育带来不堪承受之重：教育凌驾于生活之上，学习是为了逃避生活之苦。"两耳不闻窗外事，一心只读圣贤书"受到广泛认可。压缩式增长的工业文明和市场经济，又使功利主义文化、社会效率观、"整齐划一"的控制意识无孔不入。

要想解决这些问题，需要全社会共同努力，需要教育体制、机制与文化的整体变革。我们迫切需要走出教育与生活"两张皮"的误区，让教育回归生活。教育部日前颁布的《中小学综合实践活动课程指导纲要》，是解决教育脱离生活、脱离实践问题的重要探索。如果每一所学校都能常态且高质量地开展综合实践活动课程，则目前的许多教育问题就有望早日得到缓解。

那么，如何根据信息时代之需要，高质量地设计与实施综合实践活动课程？笔者以为，迈向"理解本位"应是其关键。"理解本位的综合实践活动课程"，是基于人与自然、人与社会、人与自我的三大关系，设计有价值、学生感兴趣的生活主题，将学科知识融入生活主题，学生基于学科思维，运用学科观念协作解决问题，不断地产生自己的观点，持续进行生活理解与学科理解。每位教师在设计该课程时，都需要不断追问：我所选择的生活

---

① 张华. 走向生活走向创造[J]. 北京：中小学管理，2017(12)：1.

主题是否体现了学生的发展需要，是否有探究价值？学生是否能基于学科思维进行思考，运用了哪些学科观念？学生产生了哪些生活理解，经历了哪些实践，创造了什么作品？

"理解本位的综合实践活动课程"，倡导新的学习观：做中学、用中学与创造中学。人只有改变了世界，才能理解世界。我们要让学生在动手操作中学习，让所有学科知识都能在个人生活、社会生活和职业体验中利用起来，教育才会因为有用而更有价值。我们要让学生把学习变成创造过程，使每一个学生都能根据自身特点和发展需要，亲身经历创造知识的过程，真正体验创造的快乐。

当然，与此同时，我们也应谨记，走向"理解本位的综合实践活动课程"，需要克服"走马观花式考察""技能训练式操作"和"道德说教式活动"。"理解本位的综合实践活动课程"，体现的是一种新的教育观。

这种新教育观将带领我国教育迈入新时代。

【学习资源链接】

田慧生. 综合实践活动课程的理论探究与实践反思[M]. 北京：北京教育出版社，2007.

小学综合实践官网：http://www.zxxzhsj.com/

这是一个以"小学综合实践活动课程"为主题的官方网站，主要关注关于综合实践活动课程的最新资讯、研究动态、课程研究、活动设计、校本课程、地方课程以及学生成果等。在该网站上，教师可以查询到很多优秀的综合实践活动课程设计案例以及新的研究动态，借鉴与学习在综合实践活动课程中学生成果的呈现形式。

【教与学活动建议】

(1) 教师引导学生(学员)采取小组合作的方式，访问教育部网站(http://www.moe.gov.cn)或通过各种搜索引擎(如百度)搜索，查阅对于综合实践活动课程至关重要的两个政策文件《基础教育课程改革纲要(试行)》《中小学综合实践活动课程指导纲要》以及其他一些相关的文章等，经过小组内交流讨论，形成小组报告。其目的是通过这种方式，使得学生(学员)能够对综合实践活动课程的内涵、特点，学科课程的区别与联系，以及相关的知识进行深刻的理解与把握。

(2) 指导学生(学员)进行有关某小学的综合实践活动课程的开展与实施情况的调查活动。

要求如下：可个人独立完成，也可以自由组合；研究方法自选；前期要有调研计划(教师负责指导学生作出可行性的调研计划)，并形成一篇不少于3000字的调研报告。

本章小结

综合实践活动课程是从学生的真实生活和发展需要出发，从生活情境中发现问题，转化为活动主题，通过探究、服务、制作、体验等方式，培养学生综合素质的跨学科实践性课程。它具有综合性、实践性和活动性的特点。

综合实践活动课程以培养学生的综合素质为目标，课程的开发要面向学生的整体生活世界，在课程实施中要注重学生的主动实践和开放生成，课程评价要主张多元评价和综合考察。综合实践活动课程作为国家级、从小学一年级到高中三年级的学生必修课程，具有权威性的地位。综合实践活动课程回归了教育的本质，创新了课程形态，改变了学生的学习方式。

综合实践活动课程与学科课程既有区别，又有联系。由于课程性质的不同，二者在课程核心、课程目标、课程内容、课程中心、教学过程、形式方法、考核评价、培养目标等方面都存在着不同。不过二者都是以生活作为根基，通过综合实践活动课程的实施，可以帮助学生更好地进入到学科课程体系的学习中。

思考与实践

一、理论思考

1. 简述综合实践活动课程的内涵。
2. 简述综合实践活动课程的特点。
3. 综合实践活动课程的基本理念有哪些？请展开陈述。
4. 综合实践活动课程具有什么样的地位，有哪些价值？
5. 简述综合实践活动课程与学科课程的区别与联系。

二、实践探索

在引导案例中，作者最后反问自己"难道是我错了"，请问她错了吗？如果错了，错在哪里？为什么？如何解决？

硬塞知识的办法经常引起人对书籍的厌恶；这样就无法使人得到通过合理的教育所培养的那种自学能力，反而会使这种能力不断地退步。

——斯宾塞(1820—1903)，英国哲学家、社会学家、教育学家

第2章　综合实践活动课程的历史发展

学习目标

知识目标

➤　了解综合实践活动课程产生的社会背景。

➤　熟悉我国综合实践活动课程的理论基础。

➤　了解国内外综合实践活动课程的历史发展。

➤　熟悉国外典型国家及我国台湾地区综合实践活动课程的建设情况。

能力目标

具备能够清晰表述、讲授国内外综合实践活动课程产生的历史背景和理论基础、历史发展变迁以及现状等相关基本知识的能力。

核心概念

理论基础(theoretical basis)　历史发展(history development)　课程介绍(introduction of curriculum)

引导案例

学生的天堂①

夏山学校是现代教育史上最著名的学校之一，是因材施教的典范，充满了无穷的活力，被誉为"最富人性化的快乐学校"。夏山学校的创始人、20世纪最伟大的教育家之一尼尔认为，学校应该适应学生，而不是让学生适应学校。他说："你不能用一只锁住的狗去研究狗的心理，也不能在人性受到长期的限制和生命在枷锁束缚的情形下，去研究人类心理学。"因此，夏山学校给予学生充分的自由，当然是建立在安全基础上的自由(如可以爬树，不可以爬房顶，在有救生员时方可游泳)。我们应该学会等待和观察一个没有进步或进步很小的孩子，相信他总有成功的一天。汤姆5岁到夏山学校，17岁离开，没上过一节课，他把所有的时间都消磨在劳技间里，学会了看书和算术，后来在照相馆找到了一份工作，照

---

① 赵书超，郑爽. 小学综合实践活动设计与实施[M]. 北京：清华大学出版社，2013：16~17.

相馆老板认为他的工作能力是最出色的。

在夏山学校,师生不仅在自治会里享有同样的"参政"权利,而且在日常生活中也保持着平等的伙伴关系,谁也不会欺负谁,谁也不必害怕谁,互相友爱,彼此尊重。一次,一位叫赫尼(Hetneyd)的小男孩拿尼尔的名字说顺口溜:"Neill,Neill,Orange peel。"(尼尔,尼尔,橘子皮儿),尼尔并不生气,反而说:"看你又说错了,应该说 Neill,Neill,Banana peel。"(尼尔,尼尔,香蕉皮儿)。后来尼尔自传的书名就用 *"Neill! Neill! Orange Peel!"*。尼尔知道伙伴之间开这样的玩笑很正常。但有一次,一位男孩踢他办公室的门,是容忍还是训斥?尼尔选择后者,因为对这样粗鲁无礼的行为,一个伙伴当然有权而且也会毫不犹豫地予以训斥。在尼尔那里,师生关系就是如此简单、自然。

学生的学习生活应该是自由的、轻松和谐的,要按照他们自己的意愿,自由自在地进行学习生活,这是很多教育学家为学生畅想出来的天堂,虽然这在大多数人的眼中是不可思议、无法实现的,但是在上述案例中的夏山学校就实现了这个理想,夏山学校成为学生们的天堂。在这个学校里,学生充分发挥了自主学习的特性,充分实现了"学校适应学生"的理念。但由于各种主观因素和客观因素的存在,要想让每所学校都成为夏山那样的学校是不可能的,但是,新的课程形态——综合实践活动课程的出现,使得现代学校的学习生活也可以是一种自由的、轻松的、和谐的学习生活。综合实践活动课程从学生的真实生活和发展需要出发,探索他们与自然、与生活、与自我的关系,帮助学生收获实际的生活体验,提升自己的综合素质。这样的一种课程是如何形成的?有着怎样的社会背景和力量基础?在我国经历了什么样的历史变迁?国外的这种课程形态是如何发展的?目前的状况是怎样的?等等,这些问题都是本章要进行探讨的。

2.1 我国综合实践活动课程产生的理论基础

从本质上说,课程是帮助学生达到教育目的的手段,所有的教育目的都是要通过课程来实现,而成熟与完善的课程体系一直是各国教育探索与追求的目标。和其他国家一样,我国目前相对成熟的课程体系也在根据社会的发展,不断地进行调整与完善。目前,我国的基础教育课程体系是以学科课程为主,因为学科课程体系本身的特质决定了其能够帮助学生迅速地在短时期内掌握科学文化知识和助推智力的发展。但是,随着信息社会与知识社会的到来,社会对于人们的关键能力和核心素养提出了新的要求,使得人们开始对目前已有的学科课程体系进行反思,重构课程体系。各国开始发展和建设综合性、整合性、实践性和活动性的课程。虽然各国对于此类课程的称谓不同,但是重视与关注程度是一样的。在我国,此类课程的名称为综合实践活动课程。

自 20 世纪 90 年代以来,社会生活方式的变迁以及科学技术的迅猛发展,对每个社会成员都提出了全新的挑战。面对全新的社会背景,世界各国基础教育都把培养学生具有创造意识和能力、善于发现和探究、具有社会实践能力、善于和他人共同生活和工作等素养作为课程改革的一个重要突破口和方向。开发与实施综合实践活动课程是当代一些发达国家基础教育课程结构改革的基本趋势,它是在继承传统的综合课程和活动课程的基础上发展起来的一种新型课程。它的诞生是世界范围内学术研究转型的结果,也是新的教育思潮和教育实践的产物。

1. 卢梭的自然主义

18世纪，法国伟大的启蒙思想家、哲学家、教育家、文学家卢梭(Jean-Jacques Rousseau，1712—1778)提出了"自然主义"教育的主张。在其名著《爱弥尔》一书中强调了儿童兴趣的重要性。在教育教学中要使儿童感官成为理性的向导，通过观察、体验来学习，重视儿童的直接经验的作用。通过直接经验的学习往往能够弥补对于间接经验学习的缺陷。卢梭"自然主义"教育思想的核心是：把儿童当儿童看，教育必须适应儿童的身心发展。虽然教育实施的主体教师是成人，具有成人的学习观点，但是在教育教学研究中，其教学研究对象一直是儿童，而在实际教学中，教师往往会忘记这个事实。儿童的学习与成人的学习存在着很大差别。对儿童进行教育必须顺应自然的要求，顺应人的自然本性，成人的说教式教育，仅有知识方面的学习，并不适合儿童教育。儿童更适合的是直接经验的学习。这与综合实践活动课程的直接经验学习正好一致。卢梭强调儿童的学习应该从生活中、各种活动中进行，他强调："儿童应通过做事来学习"，通过做事来学习是儿童获取知识的最基本的途径，也就是综合实践活动课程中的"做中学"。儿童获取知识不应该仅仅从课本上，更应该从世界和大自然中获取，因此，在教学中，教师和学生应该共同以生活和大自然为教材进行学习。

2. 杜威的实用主义

当代活动课程论思想的最有力的倡导者和奠基人、美国实用主义教育家杜威(John Dewey，1859—1952)的活动课程(也称经验课程、儿童中心课程)强调从儿童的兴趣和需要出发，以儿童活动为中心，为改造儿童的经验而设计课程。杜威主张教育即生活，教育即生长，教育即经验的改造，它应该为生活服务。儿童的课程应该以儿童的"生活"或"经验"作为课程的中心，而不是以学科课程的科学逻辑为主，要从儿童自己的生活经验中进行学习，儿童的学习实际上就是对儿童已有生活经验的"改造"，要求儿童"在做中学""在经验中学"。儿童的课程内容的选择从儿童的生活经验中选取，从学生的兴趣和发展需要出发，由师生共同设计，不同学生的学习内容往往因兴趣不同而有很大差别。杜威强调儿童学习的主动性，特别重视儿童智能的培养。教育不能强加到儿童身上，儿童本身的主动性是非常强大的，教师的主要作用是要激发儿童这种主动学习的特性；儿童本身具有非凡的智力与能力，教师应使儿童的固有能力得到充分挖掘和发展；每个儿童都有自己的个性与特长，教育教学中要注意让儿童的个性自由发展；儿童的直接经验学习的重要性要远远大于间接经验的学习，要引导儿童从直接经验中学习，重视儿童的操作实践，要在"做中学"，儿童的知识、观念都是在操作、探究、体验等活动中产生的。

3. 罗杰斯的人本主义理论

20世纪50年代，美国人本主义心理学的杰出代表罗杰斯(Carl Ransom Rorgers，1902—1987)强调了教育的目标应该是培养能够适应社会变化和会学习的人。他强调："只有学会如何学习和学会适应变化的人……才是可靠的人、有教养的人。现代世界中，变化是唯一可以作为确定教育目标的依据。"[①]教育的目标是培养具有自主性、建设性和创造性的人。

---

① 赵书超，郑爽. 小学综合实践活动设计与实施[M]. 北京：清华大学出版社，2013：39.

所以学生的学习应该是一个有意义的心理反应过程，而不是机械的知识记忆；应该是激发学生内在的潜能，而不是僵硬、固化的塑造；应该是学生主动对具有价值的经验的获取，而不是教师的强行灌输。在这个快速变化的社会里，唯一能够保证处于不败之地的是学会学习。学会学习就要求改变课堂教学模式，从过去的"以教师为中心"转变为"以学生为中心"。学生是教学的中心，在学习的过程中，学生要发挥自己的主导作用。学习的课程应该没有固定的结构，学习的活动应该由教师和学生共同构建与完成。教师不再是单纯的传授者，而应该是导师和激励者，要重视学习过程，而不仅仅是学习结果；学习的评估主体是学生，而不是教师；教师要创造宽松、积极的学习环境和氛围，要尊重学生的兴趣与情感。人本主义理论应用在教育中，强调的是对学生价值的引导、发现与创造，注重的是体验学习、陶冶情操。因此课程的结构应该多元化与弹性化，这些都是综合实践活动课程在开发与实施中的要点。

4.陶行知的生活教育理论

曾师从美国实用主义教育家杜威、我国杰出的教育家陶行知(1891—1946)的生活教育理论对我国综合实践活动课程的产生和发展起到了极大的推动作用。他用完整的教育理论体系和大量的教育实践奠定了今天我国综合实践活动课程的基础。陶行知生活教育理论的核心是"生活即教育""社会即学校""教学做合一"。他指出："我们的全部生活就是我们全部的课程，全部的课程包括全部的生活，一切生活都是课程。家庭、茶馆、店铺、轮船码头都是课程。您必须以大自然为您的生物园。生活无时不含有教育的意义。"教育就是生活，到处都是生活，到处都是教育。整个社会是生活的场所，也是教育的场所。这就是综合实践活动课程的开发要面向学生的整体生活的理论基础。在生活中进行教育，教育在生活中进行。教育与生活是一体的，而不是分开的，即使是学科课程的学习，也应该与生活联系在一起。以生活教育理论为基础的综合实践活动课程重视学生的自主探究和亲身体验，人人都可以是老师，人人都可以是同学，人人都可以是学生。在社会这个大的教育场所里，处处是知识、学问和本领。"教学做合一"是指教的方法、学的方法、做的方法三者是一个整体，相辅相成。教的方法要根据学的方法，学的方法要根据做的方法。要在"做"中获得知识，既要劳力，也要劳心。最好的课堂不是在学校、在教室，而是在校外、在生活里。社会与大自然是最好的教育课堂。

⚙小贴士

有关综合实践活动课程的理论基础还有很多，如复杂理论、过程哲学、存在现象学、灵商理论等，每个学者似乎都想探索和总结出这个课程形态最坚实的理论基础。但实际上，我们追本溯源的根本不是在寻求基础，而是要从理论基础出发，来探讨如何更好地实践，如何充分发挥这种课程形态在教书育人中的作用，因此，对于理论的探讨并不需要过分求全。

2.2 我国综合实践活动课程的历史发展

虽然我国是在21世纪初才开始正式提出综合实践活动课程的，但是，综合实践活动课程在我国是有着悠久的思想基础和深厚的准备阶段的。

2.2.1 综合实践活动课程教育思想的萌芽阶段

虽然，综合实践活动这门课程出现的时间不长，旧中国的教育体制也存在着诸多弊端，但是，综合实践活动这门课程的教育思想是古已有之的。如我国伟大的教育家、思想家孔子就强调启发教育的作用，他曾经说过："不愤不启，不悱不发。"（《论语·述而》）教育要掌握时机，因势利导，要激发学生"自主探究"的兴趣，进而培养学生自主探究的能力。中国同时也是世界上最早的专门论述教育和教学问题的论著《学记》中曾经提到的"大学之教也，时教必有正业，退息必有居学"，也蕴藏了综合实践活动的思想，探究了综合实践活动课程的必要性，在学校有按照时序进行的正式的课业(学科课程)，课下或者离校的时候也要有课外练习活动和游艺活动等。

📃 扩展阅读 2-1

1912 年 9 月，中华民国教育部颁布《壬子学制》后，1913 年 8 月又陆续公布了《小学校令》《中学校令》《小学校教则及课程表》等政策法令，使得《壬子学制》中的条文得到了具体化和充实，基本上形成了当时一个比较系统和完整的学制体系，称为《壬子癸丑学制》。教育部在颁布这个法令的同时，还颁布了各级各类学校的课程标准和课程表。如《小学校教则及课程表》规定：初等小学开设修身、国文、算术、手工、图画、唱歌、体操 7 门课程，女子再加上缝纫课。高等小学增加本国历史、地理、理科，共计 10 科，除女子开设缝纫课外，男子加设农业课(根据地方实际情形，或缺或改为商业)。

2.2.2 综合实践活动课程的准备阶段

伴随着信息化时代和知识社会的到来，社会对于人的素质能力要求也发生了根本性的变革。众所周知，教育(特别是学校教育)是培养人才的主要阵地。为了适应新的知识社会对于人才的需求，相应的教育目标也要发生变革。联合国教科文组织曾经明确提出过：随着工业社会向知识社会的转变，教育目标发生了转变，从"工具性目标"(instrumental aim)——把学生培养成提高生产率的工具，转向"人本性目标"(humanist aim)——使人的情感、智力、身体、心理诸方面的潜能和素质都能通过学习得以发展。因此，从 20 世纪 80 年代起，世界各国为了适应时代发展的要求纷纷开始了以培养适应 21 世纪发展所需要的具有全球竞争力的人才为目标的教育改革。和历次教育改革一样，本次改革的核心依然是基础教育领域的改革。课程改革实质上就是教学方式和学习方式的转变，本次课程改革的核心理念是"一切为了学生的发展"，因此，各国开始大力发展和建设综合性、整合性、实践性和活动性的课程。虽然各国对于此类性质的课程称谓不同，但目的都是注重处理好课程与生活、学生、自然、社会的关系，发展学生多方面的能力和社会责任感。

正是在这样的背景下，我国在 20 世纪 80 年代开始了"课外活动"的建设与研讨。1981 年，教育部印发的《全日制五年制小学教育计划(修订草案)》第一次将"课外活动"列入教学计划中。1984 年，《全日制六年制城市小学教学计划(草案)》则明确将课外活动改为活动。"课外活动"是综合实践活动课程的雏形。但是"课外活动"不是课程，它的最初提出是对于学科课程的辅助，是一种活动，不具备课程的特点、形态与功能。

2.2.3 综合实践活动课程的探索阶段

在20世纪90年代初，我国出现了活动课程。1992年8月6日，国家教育委员会颁布的《九年义务教育全日制小学、初级中学课程计划(试行)》首次提出了"活动课程"。同年11月16日颁布的《国家教育委员会关于组织实施〈九年义务教育全日制小学、初级中学课程方案(试行)〉的意见》中，明确提出了要将活动课程放入学校的课表安排中。三年后，也就是在1995年的7月和11月，分别在长春和北京召开了"活动课程"的研讨会、实验协作会，并将其研讨的结果以教育部政策文件的形式进行了颁发(《关于颁布"全国九年义务教育活动课程研讨会会议纪要"的通知》)。同年还颁布了《九年义务教育活动课程指导纲要(征求意见稿)》，对活动课程作了如下规定：活动课程是学科课程之外，由学校有目的、有计划、有组织地通过多种活动项目和活动方式，综合地利用所学知识，开展以学生为主体，以实践性、自主性、创造性以及非学科性为主要特征的多种活动内容的课程。课程内容包括社会实践活动、科学技术活动、文学艺术活动和体育卫生活动。1996年年初，为了确保"活动课程"开足开实，国家教育委员会基础教育司颁布了《九年义务教育活动类课程指导纲要(草案)》和《关于组织开展"九年义务教育活动课程"实施工作的通知》。

这一阶段的"活动课程"成为教育理论研究和实践的热点，不仅基础教育领域开展了"活动课程"的研究，而且师范教育、职业教育等不同类型的学校也都开始了对"活动课程"的探索研究。这一阶段对于综合实践活动课程整个历史发展极为关键，"活动课程"被正式纳入基础教育课程体系中，为后来的"综合实践活动课程"在整个课程体系中的地位与作用打下了坚实的基础。

2.2.4 综合实践活动课程的确立阶段

进入21世纪，人类面临着经济全球化、一体化以及信息技术的快速发展这样一个前所未有的社会环境，开始了方方面面的深刻思考与变革行动。21世纪对于人才的需求发生了根本性转变，作为人才培养主要载体的教育也面临着新的历史起点。在21世纪里，教育需要培养什么样的人才，才能适应信息知识社会的发展？教育，特别是基础教育应该如何改革和完善，才能在培养21世纪需要的人才中有效地发挥作用，这是我国教育界和社会学界共同面对的问题。在这样的社会背景下，2001年，国务院颁布了《关于基础教育改革与发展的决定》，启动了新中国成立以来的第八次基础教育课程改革。这次课程改革的任务之一，就是调整和改革基础教育的课程体系、结构、内容，构建符合素质教育要求，以及培养21世纪人才需求的新的基础教育课程体系，因此，同年6月8日教育部印发了《基础教育课程改革纲要(试行)》，在这个文件中，一个突出的亮点就是第一次将"综合实践活动"设置为必修课程。该文件还对综合实践活动课程的性质、内容和目标做了精练的描述。

扩展阅读 2-2

从小学至高中设置综合实践活动并作为必修课程，其内容主要包括信息技术教育、研究性学习、社区服务与社会实践、劳动与技术教育。强调学生通过实践，增强探究和创新意识，学习科学研究的方法，发展综合运用知识的能力。增进学校与社会的密切联系，培养学生的社会责任感。在课程的实施过程中，加强信息技术教育，培养学生利用信息技术的意识和能力。了解必要的通用技术和职业分工，形成初步技术能力。

——2001 年 6 月 8 日，教育部印发的《基础教育课程改革纲要(试行)》

此次综合实践活动的确立与提出，是建立在对过去"活动课程"近十年实施经验的总结上，是对新一轮基础教育课程体系、课程结构和人才培养模式统筹考虑后作出的科学决策。为了推进综合实践活动课程的发展，同年，教育部还颁布了《普通高中"研究性学习"实施指南(试行)》，对高中阶段研究性学习课程开设和实施作出了基本要求。在这个阶段，"综合实践活动的课程"这一名称被正式确立下来，它的课程内容、课程目标也初步有了明确的规定。

2.2.5　综合实践活动课程的发展阶段

2017 年 9 月 25 日，教育部颁布了《指导纲要》。《指导纲要》就"综合实践活动"的课程性质与基本理念、课程目标、课程内容与活动方式，学校对综合实践活动课程的规划与实施，以及课程管理与保障等一系列关乎课程发展的重要问题作出了明确规定，重申了综合实践活动课程在基础教育课程体系中的地位，厘清了影响综合实践活动课程实施的若干理论与实践的关系，也明确了综合实践活动课程未来的发展方向。《指导纲要》的颁布标志着我国综合实践活动课程进入了规范发展阶段。随着 2017 年上海、浙江两地首批高考综合改革试点毕业生高考的结束，我国已全面实施"新高考"模式。新高考模式是形成基于统一高考和高中学业水平考试成绩、参考综合素质评价的多元录取模式。新高考改革的一个重要特点就是加强对中小学生综合素质的评价，其中一个重要内容就是学生参与综合实践活动的情况。综合实践活动课程的实施为此提供了强有力的支撑。随着党的十九大的胜利召开，我国教育的发展也进入了一个崭新的时代，同时在《指导纲要》的指导下，我国综合实践活动课程的发展也将迈入一个新的历史阶段。

2.3　国外综合实践活动课程的历史发展

2.3.1　国外综合实践活动课程的思想与理论萌芽阶段(20 世纪以前)

在西方，综合实践活动课程的教育思想出现得也比较早，早在 18 世纪，法国伟大的启蒙思想家、哲学家、教育家、文学家卢梭就提出了"自然主义"教育的主张。他主张让儿童从生活中、从各种活动中进行学习，他强调指出"儿童应通过做事来学习"——通过做事来学习是儿童获取知识最基本的途径。他鼓励学生从世界和自然中获取知识，要求师生以生活和自然为教材，把儿童当儿童看，教育必须适应儿童的身心发展。儿童更适合的是直接经验的学习。瑞士教育家裴斯泰洛齐(Johan Heinrich Pestalozzi, 1746—1827)认为，课程应从儿童自我出发，根据各种能力所固有的法则去发展人类本性所固有的能力，借助德行的形成，和谐地、均衡地实现种种能力的发展。综合课程理论的代表人物德国教育家赫尔巴特(Johann Friedrich Herbart, 1776—1841)认为，教育的终极目的是培养德行或意志。德行或意志的形成依赖于"兴趣的多面性"，"多方面兴趣"依赖"统觉"过程，而发展也同样依赖于"统觉"过程。统觉:指知觉内容和倾向蕴含着人们已有的经验、知识、兴趣、态度,而不再限于对事物个别属性的感知。统觉理论强调了教学过程中已有观念的重要性。

2.3.2 国外综合实践活动课程的探索阶段(20世纪初至20世纪80年代)

20世纪初德国的"合科教学"运动以及在1920年至1930年发展至高峰的美国的"活动课程"运动都是综合实践活动课程发展的有益探索。20世纪初德国的"合科教学"的出现是为了弥补学科课程缺陷,是针对学科课程注重学生知识的传授,忽视学生能力,特别是问题解决能力的培养,导致知识与理论脱节,对学生的情感与价值观缺乏重视等种种缺陷而提出的一种课程类型。"合科教学"强调以学生的兴趣与爱好为中心,来组织学习资源和活动。当代活动课程论思想的最有力的倡导者和奠基人、美国实用主义教育家杜威提出了"活动课程"的建设与开展,他强调课程教学应该从儿童的兴趣和需要出发,以儿童活动为中心,为改造儿童的经验而设计。后来,在美国又出现了广域课程和核心课程,即将具有逻辑相关性的一组学科归纳组成社会、理科、美术、人文一类的若干领域。到"二战"前,这种课程形态的相关研究已经引起了社会的广泛关注与实践。20世纪60年代后,英国出现了"统合教学日",即儿童在具备多种多样的教材、教具的环境中,自由地展开自主的学习活动,探讨自己感兴趣的课题,以综合性的课题研究的形式引进每日课程。1967年《布劳顿报告书》的发表,标志着英国20世纪60年代兴起的以"非正式教育"为代表的"活动—经验课程"思想的形成,并且推动了儿童中心主义的教育在英国初等学校广泛开展。20世纪80年代,日本的教育教学中也出现了合科指导的教育思想,关注学生自身的主动探究,在教学中打破学科界限,日本现行的综合理科就是这种合科指导的实践。

✿✿✿ 案例2-1

社威学校

1896年,杜威创办了芝加哥大学实验学校——作为检验其提出的实用主义哲学和教育理论的实验室。芝加哥大学实验学校也就是杜威学校,这所学校既不是师范学校,也不是芝加哥大学教育系的实习学校,而是作为教育系的一个教育思想和科学的实验室存在的。杜威建立这所学校的初衷既是为了给儿童提供一个合乎儿童需要的学习场所,也是为了给当时拥戴这种思想的教职人员提供一个实验的场地。学校一共存在了8年时间,经历了两个阶段:试错阶段(1896—1898)和发展阶段(1899—1903)。学校的规模不断扩大,学生的数量从最初的6个学生发展到140个学生,教师数量从最初的3位教师发展到23位教师。学校根据学生的年龄,将教学活动分为三个学段:初等学段(4~8岁),这个学段的儿童学习完全依据他们的兴趣和直接经验开展,如编织、烹饪、讲故事、表演等活动,基本上都是以游戏的方式进行,活动的主题都是从儿童的家庭、邻里、社区、社会、职业生活中选取,选取的原则是从浅到深,由近及远。中等学段(9~12岁),这个学段的学生进行的是有目的的探究活动,虽然主题依旧是从学生的生活中选取,但是都会预先制定一个目标,依据一定的目的进行,如了解漂白、染色、肥皂制作、油脂、冶金等技术制作,更多地去参与社会活动,去了解更多的社会知识,如历史移民、清教徒的历史变迁等。高等学段(13~15岁),这个学段的活动不再局限于在这个学校内自己设置的一些活动,而是开始了与中等教育(正统的教育)融合的知识学习活动阶段。

杜威学校的课程，从本质上看，就是活动性、经验性的课程，它完全脱离了学科课程体系，没有统一的教材作为教学的主讲内容。杜威要求学生的学习要从做中学、从经验中学。学校呈现的不是科学的世界，而是现实的世界，学生在学校的学习生活，就像他们在家庭、邻里间、运动场上所经历的生活一样。通过这样的学习，学生们才能够学会解决生活中出现和遇到的各种问题，并能够面对和应付一些在探究学习中模拟过的突发事件。

2.3.3　国外综合实践活动课程的发展阶段(20 世纪 90 年代至今)

自 20 世纪 90 年代以来，在各门学科不断分化、新的分支学科不断涌现的同时，各门学科的综合趋势也在不断地增强，新兴的交叉学科、横断学科、边缘学科层出不穷。学科之间的分裂与封闭既不利于学科自身的成长，也不利于学生的认知发展与成长。而综合性、实践性、活动性课程的学习，有利于消除学生孤立地看待各门学科知识的现象，帮助其形成完整的世界观；有助于学生探寻各门学科知识之间的内在联系，以发现新的知识；有助于培养学生广阔的认知视野，提升学生的知识整合能力，使学生学会综合性地解决问题；等等。因此，各国都在大力发展这种综合性、整合性、实践性和活动性的课程。虽然各国对于此类性质课程的称谓不同，但是都注重处理好课程与生活、学生、自然、社会的关系，发展学生的综合素质与多方面能力。目前，有关这种类型的课程有很多，如综合性学科课程，这种课程试图把那些具有相关性的学科知识整合起来，形成一种新的综合学科(将植物学、动物学、生理学、解剖学融合为生物学，将地质学、自然地理、人文地理、历史地理融合为地理学)；STS 课程(科学—技术—社会课程)，这种课程是美国中学课程中具有综合性和实践性的课程，主要是关注"科学""技术"与"社会"三者之间的交互作用和相互影响，它包括自然研究与社会研究两大方面，因而这种课程包含"自然探究""社会科学"或"社会学习"等方面。虽然课程的称谓、课程的开展与实施在各个国家的情况都有所不同，但是，对于这种课程的重视与关注已成为世界各国教育界的共识。

2.4　国外典型国家及我国台湾地区综合实践活动课程介绍

美国、英国、法国、日本等国在基础教育课程改革中，都注重开设综合实践活动类的课程，但这种课程在它们的课程标准中的称谓各不相同，下面对这些国家及地区综合实践活动课程的开设情况进行简单的介绍。

2.4.1　美国

因为没有统一的教育行政主管机构，因此对于综合性、实践性、活动性的这一课程，没有做统一的规定，但是美国各州都根据具体的教育情况，设计了具体的、不同类型的综合实践性活动的课程，概括起来，主要有以下三种。

科学、技术与社会研究(studies of science, technology and society)课程，也称"STS 课程"，与我国活动方式为"考察探究"的综合实践活动课程类似，它是美国中学课程中具有综合性和实践性的课程，具体包含"自然探究""社会科学"或"社会学习"等方面。社会研究或社会科学的基本学习活动方式是主题探究式的，从自然现象、社会经济、政治、文化、环境、职业等领域确定不同的主题，通过调查研究和问题研讨的方式对这些主题进行探究学习。通过这种方式的学习，既可以提升学生的探究能力，也可以增强学生的探究兴趣，培养他们的科学精神、社会责任感和综合的社会实践能力。

设计学习(project design learning)课程，也称"PDL课程"，与我国活动方式为"设计制作"的综合实践活动课程类似，它是一门应用性很强的课程。与研究性学习特征明显的"STS课程"相比，"PDL课程"更强调学生的自主设计和实践操作(如综合艺术设计、应用设计、产品设计、活动设计等)，关注学生对于生活中现实问题解决能力的培养。

社会参与性学习(social participating learning)课程，与我国活动方式为"社会服务"的综合实践活动课程类似。这种课程注重社会生活领域的参与性，倡导学生通过开展各种社会参与性的活动来接触社会现实，如社区服务(包括参与养老院活动、社会公益性活动等)、社会调查、考察与访问(包括访问政府首脑或地方政府官员等)。

2.4.2 英国、法国

英国的课程体系中没有统一的综合性、实践性、活动性的课程，它的这种形态课程的开展和实施与美国的相似，主要集中在两类课程：社会研究(social studies)课程和设计学习(project design learning)课程。在社会研究课程方面，提倡学生选择社会上普遍关注和重视的问题进行研究，包括突出的政治、精神、道德、社会或文化等问题。设计学习则主要包括综合艺术设计、信息与交流技术(information and communication technology)等方面的自主探究学习。

在法国课程体系中，有一类具有综合性、实践性、活动性课程性质的课程，被称为"综合学习"课程。这种课程强调从学生的兴趣出发，探讨和研究与学生生活相关的课题。"综合学习"中课题的研究需要跨两门或两门以上学科领域，在研究中综合运用多学科的知识和技能；学生需要灵活采取多种活动方式进行"综合学习"，如接受、探究、应用等主要的学习活动方式。

2.4.3 日本

日本对于具有综合实践活动课程特征的课程研究与实践，起源于20世纪80年代，在"合科指导"教育思想的指导下，日本开始重视这种形态课程的建设。在日本中小学课程中，有一门被称为"特别活动"的课程，具体包括校传统活动、学生活动和班级指导活动三个方面。这种"特别活动"和我国最初的"课外活动"类似。但是由于"特别活动"课程在实施中有与社会现实生活脱节的缺陷，于是日本文部省在1998年12月和1999年3月颁布的《学习指导纲要》中增设了"综合学习时间"。"综合学习时间"的增设，使日本中小学课程结构由原先的"必修学科""道德""特别活动"三个板块变成了由"必修学科""道德""特别活动"和"综合学习时间"构成的四个板块。"综合学习时间"与我国的综合实践活动课程类似，都是非常重视学生的兴趣和爱好，从学生真实生活和发展需要出发，从生活情境中发现问题，并转化为活动的主题，致力于培养学生主动开展问题解决式学习和探究式学习的态度，引导学生掌握科学的学习方法和思考方法。活动方式有"综合体验性学习"和"课题研究性学习"等不同方式，与我国综合实践活动课程实施中的"考察探究"活动方式类似。"体验学习"和"课题研究"成为中小学生在"综合学习时间"课程中最根本的学习活动方式。"综合学习时间"要求学生通过理解、体验、感悟和探究自然与社会，培养自己的综合社会实践能力和社会责任感。

📖 **扩展阅读 2-3**

　　1998 年 6 月，日本文部大臣的咨询机关教育课程审议会，在新公布的《中小学课程审议案草案》中提出"综合学习时间"。该方案于 2002 年实施。1999 年 3 月颁布的《中小学课程标准(草案)》明确规定：小学三年级以上每个年级平均每周开设两课时的"综合学习时间"所占课时数为每周 3 课时，课时占总课时的 10%。1998 年的课程改革设置"综合学习时间"之初，日本文部省并没有像其他课程那样对综合学习时间制定课程标准(日语称其为学习指导要领)，经历了十年的探索后，在 2008 年的课程改革中，文部省总结了十年的经验和教训，对"综合学习时间"总体课时比例作了调整，确立了指导体系，制定了课程标准，进一步肯定了"综合学习时间"在整体课程中的地位以及在培养学生能力方面不可替代的作用。

2.4.4　我国台湾地区

　　我国台湾地区在 1994 年颁布了新的课程标准(《小学课程标准》和《中学课程标准》)，其中对于综合性、实践性和活动性的课程进行了设计和规定，这种课程被称为"综合活动"，主要包括下列几种活动。

1. 家政与生活科技活动

　　家政课程以"家庭生活"(快乐的家庭生活、美好的家庭形象、良好的居家环境、美化生活)、"衣着""饮食"等内容为主要的课程资源；生活科技课程以与生活息息相关的问题与资料为课程资源，课程强调思考和探究。"家政与生活科技活动"课程设立的初衷是"培养日常生活所需之家政与科技素养，增进学生在科技社会中生活调适、价值判断、问题解决和创造思考的基本能力，以及勤劳、合作、爱群和服务的积极态度"。

2. 乡土艺术活动

　　"乡土艺术活动"以乡土艺术为课程资源，资源范围比较广泛，乡土造型艺术、乡土表演艺术和乡土艺术展览等都可以成为学生的具体实践活动。课程突出学生综合艺术的实践，而不是音乐、美术等艺术学科的学习。课程的活动方式灵活多样，有"调查""了解""参与""展览""表演"等学习活动方式。

3. 辅导活动课程

　　辅导活动课程主要是为辅助和帮助学生处理好人与自我的关系问题，具体包括"学习辅导活动""生活辅导活动"和"生涯辅导活动"三个方面。课程的学习活动方式也是灵活多样的，如"自我认识与指导""参观""演练与实际运用""角色扮演""讨论""经验分享"等。

4．团体活动

团体活动课程的设立是为了帮助学生发展合群能力，提高学生的团体合作能力；培养学生的自治与自律品格以及领导能力；陶冶道德情操，加强道德实践，树立正确的人生价值观；统整并融贯各科学习，增进应用、思考、判断力与创造力等。具体活动形式有班级活动、社团活动、学生自治会活动、学校例行活动等。按照它们的特性，可以将这些团体活动分为学术类、艺术类、康乐类、科技类、运动类、服务类和联谊类。要求各类活动项目的基本学习方式是操作与实践，其中科技类以探究为主，服务类则涉及社区服务、学校服务、老人服务、育幼服务、交通服务、生活纠察服务、环保服务、爱盲服务(即助残服务)等。

2.4.5　经验借鉴与启示

基于对西方主要典型国家的综合实践活动课程的梳理，可以从中得到以下几点启示。

1．教师须理解和掌握课程的内涵

对于课程内涵的清晰界定是决定综合实践活动能够贯彻实施的关键，英国的"设计与技术课程"由于前期基层教师对课程内涵认识不够清晰，使得课程的开展与实施遇到了很大的阻碍，因此其教育主管部门花费了大量的人力、财力、物力对该课程的大纲进行了详尽的说明，让教师能够更加容易理解该课程的内涵，同时还对课程情境范围加以限定，这些措施极大地促进了该课程的贯彻实施。我国新颁布的《指导纲要》中对于课程的内涵有了清晰的界定，在以后的工作中，相关行政部门主要是帮助教师对其内涵进行清晰的理解和把握，以确保综合实践活动课程的顺利开展。

2．课程目标的设置要明确

在设置这种类型的课程时，课程目标要明确并具体，如美国"STS 课程"中的社会服务性学习强调在社区服务和公共事务中发展自己的各项能力；英国"社会研究"课程中的社会情绪课程着重对社会适应相关情绪进行调控与辅导；法国的"综合学习"课程中的工艺课程明确要求学生在学习技能和制作作品的过程中达到对多元能力的适应；日本的"综合学习时间"课程则明确要求培养学生主动开展问题解决式学习和探究学习的态度，以及对科学的学习方法和思考方法的掌握。我国在新颁布的《指导纲要》中也明确提出了课程的总目标和学段目标，但是对于各个学段目标的实现，还需要在课程的实施中进一步具体化和细致化。

3．加强课程实施外部资源条件的支撑

综合实践活动课程的实施初期，需要包括教育部门在内的相关部门提供强有力的支持和外部各项资源的优待。上述综合实践活动课程发展情况比较良好的国家或地区，其对教育投入的百分比均排名世界前列，博物馆、社区等公共资源与学校的合作也十分紧密。如日本的"综合学习时间"课程中，博物馆和观光工厂的讲解员、社区义工都会积极参与到综合实践活动课程的建设中来，这极大地推动了这种课程的发展。我国目前对综合实践活动课程实施的外部资源条件支撑，较之过去有了很大的改善，很多社会资源都已经向学校开放，并逐步加深了与学校的联系，但是在合作的效率和质量，以及资源的开发与利用的

效果等方面,还需要未来进一步探索。

4. 培养素质优良的综合实践活动课程教师

教师是综合实践活动课程的主体,决定着该课程的顺利实施与推进。国外综合类课程开展较好的国家大多都有一支素质优良的教师队伍,拥有良好的师范教育背景和大量丰富的课程融合的相关知识。在综合实践活动课程中,因为指导教师要发挥的是导师的作用,因此对于他们专业素养方面的要求比学科教师更高,只有具有较高专业素养的综合实践活动课程指导教师,才能进行翔实的资料调研、细致的课程设置和有机的课堂推进,保证此类课程真正高效地开展。目前,我国的综合实践活动课程指导教师的队伍被称为"老弱病残",与该课程对于教师队伍的要求严重不符,需要在未来的发展中着力进行改善。

软陶仿刺绣
装饰画设计

📄 扩展阅读 2-4

刘玲:综合实践活动课程在我国的演变与发展[①]

2017 年 9 月,教育部正式颁布了《中小学综合实践活动课程指导纲要》(以下简称《指导纲要》)。这使得"综合实践活动"再度成为学术界和中小学校关注与热议的话题。这门课程是否为新生事物?它在我国经历了一个怎样的演变与发展过程?这一发展过程分别呈现出哪些不同的特征?本文试就这些问题进行回溯与分析。

萌芽和准备阶段

一、"课外活动"的继承与发展

夸美纽斯、赫尔巴特等确立的学科课程,在课程建设与发展中长期占据主流地位,它对于在较短时间内帮助学生掌握科学文化知识和发展智力有着得天独厚的优势。旧中国的课程体系属于学科课程体系,直到民国以后,"课外活动"这个译名才开始出现在教育学论著中,但在学校教育体系中并没有得到足够的重视。自清末至中华人民共和国成立,课程标准修订过约九次,但从未把活动教学作为重要的变革项目。

中华人民共和国成立后编订的教学计划和教学大纲,以学科课程作为主导性课程,而把学科课程以外的各种形式的活动统称为"课外活动"。当时的教育部在不同历史阶段所制订的教学计划中大都附有"课外活动"的说明,这是继承了解放区重视"课外活动"的历史传统。1955 年颁布的《关于小学课外活动的规定》,明确了"课外活动"的内容、时间和实施细则。然而,总体来说,当时的活动教学在中国始终没有形成足够的规模及影响,没有形成一种足以限制学科课程弊端的力量,因其处于"课外"和"课余"的位置,人们或是把它看成学科服务的体脑调节课,或是把它当作主要学科的增补课。

"课外活动"可以说是综合实践活动的雏形。在这一阶段不得不提及的是 20 世纪 20 年代陶行知所发起的乡村教育运动。他创办了晓庄师范学校,并在实践中提出了"生活教育"理论。他提倡教育与社会生活、教育与生产劳动相结合的思想,反对以"教"为中心,主张"教学做合一",主张生活教育的目标是培养能够拥有"农夫的身手、科学的头脑和

① 刘玲. 综合实践活动课程在我国的演变与发展[J]. 中小学管理,2017(12):5~7.

有改造社会的精神的真人"。陶行知的教育主张和教育实践直接影响了后来"活动课程""综合实践活动"的理念。

初步发展阶段

二、"活动课程"被纳入课程计划

改革开放后,中国社会整体处于谋求发展的重要历史阶段,这一时代背景有利于教育深化改革。从教育内部环境看,20世纪80年代中期以来,学科课程过于注重知识讲授、难以兼顾学生能力培育和个性发展等弊端日益暴露,中小学片面追求升学率的问题不断受到批评,教育界开展了关于素质教育的大讨论。此时,能够体现学生主体性和能力发展的"活动课程"便逐渐以"实施素质教育的载体"的身份进入了人们的视野。

1992年,当时的国家教育委员会运用现代课程理论,借鉴国内外课程改革与实践经验,将"活动课程"纳入到课程计划中。1993年秋季开始试行的《九年义务教育全日制小学、初级中学课程计划(试行)》规定:新的课程结构由学科类和活动类两部分组成。学科课程和活动课程是使学生在德智体诸方面得到发展的必不可少的教育途径,都有各自独特的教育功能,相互不能替代。这是中小学教学改革的一项重大举措,标志着我国一直以来学科课程"独霸"局面的终结,带来了课程结构的优化和调整,标志着新的课程体系的确立。

由于该课程计划只规定学校要根据自身条件开设活动课程,并没有明确界定活动课程的边界,也没有对活动课程的本质特征、实施原则予以说明,因此直接导致了学校对活动课程理解的偏差和操作的扭曲。课外活动或活动课程容易失去其本身最具生命力的东西,无形中演化为课堂教学和学科课程的扩展与延伸。许多中小学生的课外活动,除了内容从数学、语文、英语,变成音乐、美术、体育之外,给人的感觉是学生们仍然是在"上课"。

针对活动课程实施中存在的偏差和问题,1996年1月,当时的国家教育委员会颁布了《九年义务教育活动课程指导纲要(试行)》,明确规定了活动课程的培养目标、内容与形式、组织方式与方法等。该纲要出台后,上海市、天津市河西区等不少地区也相继制定了本区域的活动课程纲要。

这一阶段的课程发展从侧面反映出教育政策与教育实践之间良好的互动关系。一方面,教育政策及时、有力地回应了教育实践中反映出来的问题。由于教育现实的复杂性,教育政策往往会跟不上实践需求和发展。但从1993年试行的《九年义务教育全日制小学、初级中学课程计划(试行)》确立"活动课程"在课程体系中的地位,到1996年颁布的《九年义务教育活动课程指导纲要(试行)》规定"活动课程"的目标等具体属性,仅用了三年多的时间。政策促使课程向前发展了一大步。另一方面,在教育政策的保障与激励下,教育实践也呈现出繁荣局面。活动课程的实施一度成为20世纪90年代教育研究的热点议题。从实践层面看,各学科课程也积极开展学科活动课程的设计与实施,学科教学方式进一步不断完善。另外,不仅基础教育领域开展了活动课程的研究,而且师范教育、职业教育等不同类型的学校都开始尝试探索活动课程。

这一阶段是综合实践活动课程整个历程中极关键的时期。"活动课程"正式被纳入基础教育课程体系,初步奠定了后来"综合实践活动课程"在整个课程体系中的地位与作用。

正式确立阶段

三、"综合实践活动"课程名称确立，课程地位进一步明确

进入 21 世纪，经济全球化和信息技术、互联网的快速发展给教育带来了前所未有的发展机遇和挑战。未来社会对新世纪的人才有了新的要求，人才培养模式的转变成为当务之急。同时，我国基础教育事业的发展面临着新的历史起点，需要在进一步加快发展步伐的同时，更加关注基础教育质量的提高，更加关注学生的全面发展。在这样的背景之下，2001 年，国务院颁布了《关于基础教育改革与发展的决定》，启动了第八次基础教育课程改革。这次课程改革的任务之一，就是调整和改革基础教育的课程体系、结构、内容，构建符合素质教育要求的新的基础教育课程体系。

2001 年 6 月，教育部印发的《基础教育课程改革纲要(试行)》规定：从小学至高中设置综合实践活动并作为必修课程。综合实践活动的内容主要包括信息技术教育、研究性学习、社区服务与社会实践、劳动与技术教育。强调学生通过实践，增强探究和创新意识，学习科学研究的方法，发展综合运用知识的能力。增进学校与社会的密切联系，培养学生的社会责任感。在课程的实施过程中，加强信息技术教育，培养学生利用信息技术的意识和能力。了解必要的通用技术和职业分工，形成初步技术能力。

综合实践活动课程的设立，是在总结"活动课程"近十年实施经验的基础上，对基础教育课程体系、课程结构和人才培养模式统筹考虑后作出的科学决策。教育部 2001 年还颁布了《普通高中"研究性学习"实施指南(试行)》，详细规定了高中阶段研究性学习课程开设和实施的基本要求。

本阶段，综合实践活动的课程名称被正式确立下来，综合实践活动的课程内容、课程目标也初步明确。高中阶段的研究性学习课程还有了非常明确的实施要求。

自此，各地掀起了因地制宜开发综合实践活动课程、探索实践育人的人才培养模式的高潮。2007 年一项针对全国综合实践活动课程实施效果的调查数据显示，通过综合实践活动的开展，学生的问题意识明显增强了，学习兴趣和合作意识有明显提高，学生在实践能力等多方面都有了收获和提高。综合实践活动的开设，还促进了教师的专业成长、优化了教学方式，给学校也带来了多方面的变化。这也正是开设综合实践活动所期望的目标。首届基础教育国家级教学成果奖也显示，综合实践活动课程的实施，破解了"理论无法联系实际"这一长期以来困扰基础教育教学的难题。具体表现在：探索建立了一些"理论联系实际"的典型课程形态、新的中小学生实践学习方式、丰富多样的实践基地以及必要的保障机制。

然而，义务教育阶段一直没有出台国家层面的关于综合实践活动课程的政策性文件，高中阶段的社区服务和社会实践领域仍缺乏必要的规定，使得综合实践活动课程的实施面临不少问题，如对课程概念、性质理解存在偏差，课程开设不规范、不充分，缺乏课程资源，教师素质难以适应课程的要求，评价尚不能有效地促进课程发展等。综合实践活动课程的常态实施需要进一步规范发展。

规范发展阶段

四、综合实践活动课程迈入新里程

2017 年 9 月，教育部颁布了《指导纲要》。《指导纲要》就"综合实践活动"的课程性质与基本理念、目标、内容与方式、实施等一系列关乎课程发展的重要问题作出了明确规定，重申了综合实践活动课程在基础教育课程体系中的地位，厘清了影响综合实践活动课程实施的若干理论与实践的关系，也明确了综合实践活动课程的未来发展方向。这标志着综合实践活动课程迈入了规范发展阶段。

1. 明确规定了课程性质

《指导纲要》丰富和完善了 2001 年《基础教育课程改革纲要(试行)》中对综合实践活动课程的规定，明确了综合实践活动课程以培养学生综合素质为导向的跨学科实践性课程性质，揭示了它是与学科课程并列设置、面向小学一年级到高中三年级学生的必修课程的属性，进一步巩固了该课程的独立地位。

2. 首次正式表述了课程目标

《指导纲要》以培养学生综合素质为导向，兼顾中国学生发展核心素养体系，首次从价值体认、责任担当、问题解决、创意物化四个方面正式表述了课程的具体目标。从小学、初中到高中呈现螺旋上升、递进式的水平发展描述，实现了学段间的衔接，破解了通常所认为的综合实践活动"能力、意识、情感"目标隐晦、不易表述的难题。

3. 系统阐述了课程内容与实施方式

《指导纲要》对接综合实践活动课程目标，阐述了活动开展的基本方式：考察探究、社会服务、设计制作、职业体验等，分析提炼了每种活动方式的关键要素(实施步骤)。提倡实施时可以侧重某种方式，也可以整合方式实施，使不同活动要素彼此渗透、融会贯通。

4. 规范课程实施要求，破解了实施过程中的系列难题

《指导纲要》明确了学校作为课程规划与实施的主体责任，并就实施过程中的系列难题，如课时安排、人员机构、组织方式、指导教师职责、保障制度等作出了明确规定。如明确要求小学 1～2 年级，平均每周不少于 1 课时；小学 3～6 年级和初中，平均每周不少于 2 课时；高中执行课程方案相关要求，完成规定学分。对于学校课程实践中可能遇到的问题，《指导纲要》也都进行了前瞻性的部署。

5. 推荐了活动主题，给中小学校提供了操作指南

《指导纲要》附件中推荐了 152 个活动主题，并对每个活动主题如何开展做了简要说明。这给中小学校提供了非常实用的操作指南。

中小学校应坚持以《指导纲要》为指引，促进综合实践活动课程健康发展，充分发挥综合实践活动课程在实现立德树人根本任务中的重要作用。

【学习资源链接】

中国大学慕课：https://www.icourse163.org/.

该网站汇聚全国各所高校的教学课件和视频，资源非常丰富。

郭元祥. 综合实践活动课程与教学论[M]. 北京：人民教育出版社，2017.

"综合实践活动课程研究"公众号。该公众号主要是发布中国教育学会教育管理分会综合实践活动管理与研究学术委员会课题研究、学术活动信息，以及一些优秀经典的综合实践活动课程案例，可以帮助学校教师更好地进行综合实践活动课程的建设。

【教与学活动建议】

(1) 教师引导学生(学员)采取小组合作的方式，访问中国知网网站(https://www.cnki.net/)或通过各种搜索引擎(如百度)搜索，查阅国内外综合实践活动课程产生的社会背景、历史发展及目前状况的文章资料等，经过组内交流讨论，形成小组报告(口头)。目的是通过这种方式，使学生(学员)能够对国内外综合实践活动课程产生的社会背景、历史发展、现状以及相关的知识进行深刻的理解与把握。

(2) 围绕"我国综合实践活动课程的未来发展趋势"这一主题开展如下活动。

① 指导学生(学员)进行分组、组建活动及小组分工。

② 各小组根据自己组员的特长，在小组长的带领下，围绕"我国综合实践活动课程的未来发展趋势"这一主题进行相关资料搜集(包括线上与线下)，然后组内分析、讨论交流，必要时可向老师寻求帮助，最终在小组内达成一致意见。

③ 各小组呈现自己的讨论结果，呈现形式不限(鼓励采用丰富多彩的形式)。

④ 采用个人自评、小组互评和教师评价相结合的办法对此次活动进行评价。

在这个活动过程中，教师指导主题活动，搜集相关网络资源，观察学生的表现，解答学生在活动中出现的问题，指导小组学习并进行评价。

本章小结

我国综合实践活动课程的产生既是为了响应世界对于人才需求的转变，也是我国第八次课改的政策要求。为了发展我国的素质教育，课程改革势在必行，旧有的学科课程主导的课程体系已经无法适应我国的素质教育要求，因此，综合实践活动课程就出现了。它的出现有着深厚的理论基础，同时也不是一蹴而就的，而是在深远的思想基础之上，历经了准备阶段、探索阶段、确立阶段，才到了今天的蓬勃发展阶段。世界上对于这种新型课程也探索了很长一段时间，从思想与理论萌芽，到探索，到今天的发展阶段，经历了很多曲折，目前形成了几个典型国家的经典课程模式。这些国家对于这种新型课程的建设经验对我国综合实践活动课程的建设有着很好的借鉴与启示。

思考与实践

一、理论思考

1. 我国综合实践活动课程的理论基础主要有哪几个？请简单陈述各自的观点。

2. 上面这些理论基础对综合实践活动课程的开展有何指导意义？

3. 简述我国综合实践活动课程的历史发展。

4. 简述国外综合实践活动课程的历史发展。

5. 简述国外典型国家综合实践活动课程的课程模式。

6. 试述国外综合实践活动课程建设对我国综合实践活动课程建设的启示。

二、实践探索

对于引导案例中,夏山学校校长尼尔的这句话"你不能用一只锁住的狗去研究狗的心理,也不能在人性受到长期的限制和生命在枷锁束缚的情形下,去研究人类心理学",你是怎样理解的? 它对于综合实践活动课程的实施有什么样的启示?

第3章　综合实践活动的课程目标与教学目标

学习目标

知识目标

➢ 了解课程目标的含义和类别。

➢ 熟悉和掌握我国综合实践活动课程的总目标和学段目标。

➢ 理解、掌握小学综合实践活动教学目标并能在实践中应用。

能力目标

具备能够设计与制定科学的、具体的、有可操作性的综合实践活动教学目标的能力。

核心概念

课程目标(curriculum object)　教学目标(teaching object)　课程目标取向与规定(orientation & regulation of curriculum object)　教学目标确定(regulation of teaching object)

引导案例

学期、主题活动、课时教学目标设计示例[①]

一、三年级上学期综合实践活动课程的教学目标设计

1. 经历一次相对完整的研究过程，建立起研究性学习的基本程式，并侧重于学生问题意识的培育，掌握体验观察、文献查找、记录及整理的基本方法。

2. 社会考察活动以小范围的调查活动为主，学会有目的地进行简单的调查活动，并能在调查信息的基础上初步形成自己的观点。

3. 提高学生的家政能力，培育学生的家庭责任感、劳动意识，承担力所能及的家庭任务；树立服务他人的意识。

4. 在教师的指导下依图纸进行简单的制作，能够读懂简单的制作流程，了解图例的作

---

① 郭元祥. 综合实践活动课程与教学论[M]. 2版. 北京：人民教育出版社，2017(2)：197～198.

用；能够按一定的顺序规划简单的活动。

二、"生日怎么过"主题活动教学目标设计

1. 能够有序、有目的地观察生活现象，围绕"生日怎么过"，从不同的角度提出三个以上的问题。

2. 进行小范围(在学校和家庭范围内)简单的调查活动，初步感知调查的方法，形成通过调查获取信息的意识和实事求是的研究素养。

3. 为家人或朋友设计一次生日会活动流程并实施，体验关爱他人的快乐。

4. 在教师的指导下依图纸制作音乐生日卡片，能够读懂简单的制作流程，了解图例的作用，体验与人分享劳动的成就感。

三、"生日怎么过"之调查活动的课时教学目标设计

课时目标：进行小范围简单的调查活动，初步感知调查的方法，形成通过调查取得研究信息的意识和实事求是的研究素养。

1. 能够根据调查目的确定调查范围，选择调查对象(校友和家人)。

2. 能够确定两到三个调查问题，在教师的指导下，学会制作调查记录单。

3. 能够用纸笔简单地记录调查的时间、地点、对象、结果等基本信息。

4. 能够完成五到十人次的调查任务。

5. 能对调查结果进行简单的分析，形成一到两条自己的观点。

6. 能够与同伴分享结果，反思自己的调查过程，能够说出一到两条在调查活动中自己做得好的地方和需要改进的方面。

　　上述这个案例是关于综合实践活动课程一个学期的教学目标、一个主题活动的教学目标以及主题活动中一个具体课时的教学目标。课程的目标是课程建设的核心，它指导着整个课程的编制，是学生学完该门课程后要达到的标准；而教学目标(即教学目的)，专指课程教学中教师对学生学习结果的预期，是通过一个特定的教学过程(如一节课、一个主题综合实践活动过程或者是主题综合实践活动课程中一个具体课时活动)实现的。案例中，综合实践活动课程的学期教学目标是指一个学期的综合实践活动课程结束后，学生要达到的目标，而一个主题活动的教学目标是指整个主题综合实践活动课程结束后，学生要达到的目标。如果这个主题活动的课时小于一个学期，那么主题活动的目标就会小于学期课程目标；如果主题活动的课时大于一个学期，那么主题活动的目标就要大于学期课程目标。在上述案例中，教师没有从时间上对这三个目标进行区分，而是从宏观与具体上进行了区分。学期综合实践活动课程的教学目标，相对一个主题综合实践活动来说，是宏观的，具体的主题综合实践活动和其中具体的课时教学目标都是具体的，这样才有利于综合实践活动课程的开展。那么，什么是课程目标、教学目标，课程目标与教学目标的区别与联系，课程目标的依据，综合实践活动课程目标的取向，综合实践活动课程目标的规定，以及小学综合实践活动课程目标确定的原则、注意事项和设计就成为本章要一一进行探讨的问题。

3.1　课程目标与教学目标

　　人类一切活动都是有目的的，教育活动也不例外。教育活动的目的是通过课程实现的，课程是教育活动的核心，是实现教育目的的手段。人才的培养目标也是通过课程实现的，课程实际上就是人才培养目标的具体体现。课程目标是整个课程的内在核心要素和指导整

个课程编制的关键准则，它具体是指该门课程实施后学生应该达到的知识、能力与素质的基本标准与要求。课程目标的准确制定保证了课程的顺利实施，它既是课程设计和实施的出发点，也是课程的归宿。课程目标是课程本身要实现的具体目标和意图，是确定课程内容、教学目标和教学方法的基础，是课程设计、开发、组织和实施的出发点，也是课程的归宿。

3.1.1　课程目标、教学目标及相关概念

对于课程目标的理解和界定不能孤立进行，它必须结合教育目的和培养目标进行。课程目标是课程内容、教学目标确定的基础；课程是培养目标实现的媒介；培养目标是各个学校对于教育目的的具体化。教育目的是一个国家教育工作的出发点和归宿，而教学目标是细化了的课程目标。

1. 教育目的

人类的一切实践活动都要有目的，目的贯穿实践活动过程的始终。教育活动的目的非常重要，因为它是一个国家所有教育工作的出发点和归宿，也是指导这个国家各级各类学校制定培养目标的重要依据。所谓教育目的，是根据一定的社会生产力、社会生产关系、社会发展需要以及人的自身发展需要确定的教育培养要求，它解决了在特定的社会背景下把受教育者培养成什么样的人的问题。我国《教育法》规定，现阶段的教育目的是"培养学生的创新精神和实践能力，造就'有理想，有道德，有文化，有纪律'的德、智、体、美等方面全面发展的社会主义事业的建设者和接班人"。教育目的是总体性的人才培养目标，具有高度的概括性，为各级各类学校制定的培养目标留下了很大的弹性空间。教育目的要通过它的具体化，也就是培养目标来实现。在具体实践中，每所学校都会根据国家整体的教育目的，以及自己地区、学校的特点和发展的实际情况，来制定自己学校的培养目标。

2. 培养目标

所谓培养目标，是指学校根据国家的教育目的，结合所在地区的教育目的，以及自己学校的发展特点和需要制定的，它是国家教育目的的具体化。因为每所学校都有自己的特点和特色，学校的培养目标会根据学校教育对象的不同而有所区分。在国家教育目的的总体框架下，各个学校制定自己的培养目标，这些不同学校的培养目标构成了国家(或者是社会)的总体教育目的，所以说，教育目的是总的培养目标，培养目标和教育目的的关系是部分与总体、特殊与普遍的关系。培养目标由特定的社会领域和社会层次需要决定，是随着受教育对象所处的学校类型和级别不同而变化的。学校的培养目标的实现要靠其所设置的课程来达成。

3. 课程目标

所谓课程目标是指课程本身要实现的具体目标和意图，学生完成该门课程后应该达到的知识、能力与素质的基本标准与要求。课程目标是指导课程编制的核心关键，是确定课程内容、教学目标和教学方法的基础。课程目标的确定是要在确定教育目的与学校培养目

标的基础上进行的，同时还要确定课程目标的来源以及课程目标的取向，最后再开始表述课程目标。课程目标不是单一的，而是众多目标的有机组合，各个目标之间彼此联系，共同作用于课程。不同年级之间的课程目标是一个连续的统一体，高年级的课程目标是建立在低年级课程目标的基础之上的。课程目标是分层次的，是由不同的维度目标构成的。课程目标的确定是一个复杂而又具有创造性的过程，更是充分发挥课程编制者智慧的结果。

4. 教学目标

所谓教学目标，即教学目的和要求，专指课程教学中教师对学生学习结果的预期，也称课程教学目标，简称"教学目标"。教学目标是通过一个特定的教学过程(如一节课、一个主题综合实践活动过程或者主题综合实践活动课程中一个具体课时活动)实现的。教学目标是指学生通过一个教学过程的学习结果，学生的这个学习结果可以是某种知识、某种技能，也可以是某种观念、态度的形成或获得。教学目标是关于教学将使学生发生何种变化的明确表述，是指在教学活动中所期待得到的学生的学习结果，是教学过程中教与学的互动目标，具有可操作性和细化的特点。在教学过程中，教学目标起着十分重要的作用。教学活动以教学目标为导向，且始终围绕着实现教学目标而进行。教学目标是课程目标分解、细化了的一小部分。当完成和落实了每一个课堂教学小目标的同时，课程教学的大目标也就实现了。

从教育目的、培养目标、课程目标和教育目标的含义上来看，它们存在层级等级的关系，我们可以用图 3-1 来表现它们的层级关系。

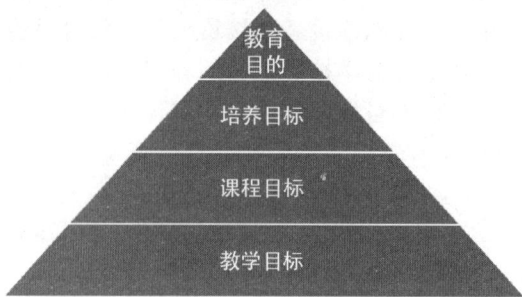

图 3-1　教育目的、培养目标、课程目标、教学目标层次等级一览图

🎓小贴士

　　教育目的、培养目标、课程目标、教学目标在实践中经常会让教师混淆，使得教学陷入迷茫，这里对这四个概念进行介绍，目的是帮助教师更好地进行教学。

3.1.2　课程目标的确定依据

课程目标的制定不是一蹴而就的事情，需要课程编制者的精心考虑与细致打磨，是在澄清一些有关课程目标的基本哲学假设的基础上，根据具体实际情况，并经过集体审议而作出的一致性的价值判断。一般来说，确定课程的依据有以下三个。

1. 学生发展的需要

学生的受教育阶段是人的发展阶段中的特殊阶段，这个阶段就是要充分满足学生的发展需求，为其走向社会做好充足的准备。学生的成长发展是一个极其复杂的系统工程。满足学生的发展需要，就是要满足学生的现实生活需要和终身发展的需要，这是课程目标制定的根本依据。课程目标要以"满足学生发展需要"为核心，着眼于每一个学生的全面发展是课程目标制定的基础。在课程目标的制定过程中，要充分考虑学生的兴趣爱好以及他们的发展需要。如何立足于学生的学习兴趣、爱好和年龄特征，促进中小学学生的身心和谐而又全面地发展，不仅是学校课程开设的根本，也是制定课程目标的基本依据。立足于学生发展的课程目标，才能真正地实现课程开设的价值，回归教育的本质。

2. 社会发展的需要

课程实施的对象是学生，学生不是孤立存在的个体，他们生活在社会中，并与社会发生着各种各样的联系，学生的成长与社会的发展是相互依赖、相互促进的。当代社会的发展对于学生的成长不断地提出新的要求。这是一个快速变化的社会，可持续发展、全球化、信息化和知识化是这个社会的标签。这些社会标签对学校教育和学生的学习与生活产生了深远的影响，21 世纪的社会要求新时代的学生要具有信息搜集与处理的能力、交流与合作的能力、自主获取知识的能力，以及终身学习的观念等。课程编制者在制定课程目标时，要充分考虑这些新的社会要求，将社会发展需要体现在课程中。

3. 科学技术发展的需要

当今科学技术的发展突飞猛进，科学技术既是我们认识自然、改造社会，以及自我完善的有效手段，也是我们在当今社会发展中必须掌握的知识与技能。现代科学技术发展迅速，其基本趋势是分化与综合，新学科、新知识不断出现，学科门类越来越细；学科之间的联系日益密切，交叉学科和边缘学科不断产生，综合性越来越强。科学技术的迅猛发展直接影响着课程的形态和课程内容的组织。中小学生必须适应科学技术的发展，培养自己运用知识解决问题的能力、创新精神和创新能力。以科学技术的发展需要作为课程目标制定的依据，才能使课程的知识结构满足科学技术发展对于学生的培养要求。

3.1.3 课程目标与教学目标的区别与联系

1. 课程目标与教学目标的区别

(1) 含义不同。课程目标是指课程本身要实现的具体目标和意图，学生完成该门课程后所应达到的知识、能力与素质的基本标准与要求。课程目标是指导课程编制的核心关键，是课程内容、教学目标和教学方法确定的基础；而教学目标是通过一个特定教学过程(如一节课、一个主题综合实践活动过程或者主题综合实践活动课程中的一个具体课时活动)实现的。教学目标是学生经过一个教学过程的学习结果，学生的这个学习结果可以是某种知识、某种技能，也可以是某种观念、态度的形成或获得。

(2) 指导对象和范围不同。课程目标指导整个课程；而教学目标只是指导某一课的过程。两者的指导范围大小存在差异。

(3) 具体程度不同。课程目标较为抽象不够具体，是一门课程整体完成后所要实现目的的概括性描述，不做具体性要求；而教学目标则较为具体，是对一个特定教学过程(如一节课、一个主题综合实践活动过程或者主题综合实践活动课程中的一个具体课时活动)的教学上的具体要求。

(4) 实施主体不同。课程目标的实施主体涉及教育管理部门、课程指导机构、师资培训基地、教材与教学参考书的编写者与审核者、学校的专业教师和教辅人员以及全体接受课程教育的学生;而教学目标的实施主体只包括担任课程教学任务的专业教师、教辅人员以及接受课程教育的全体学生。相对教学目标来说,课程目标的实施主体范围更广。

(5) 灵活程度不同。课程目标往往是国家教育管理部门组织有关专家研讨、推敲的结果,一旦被确定就不会轻易改动;而教学目标往往是由任课教师根据自己对课程的理解和实际教学情况来确定的,某堂课甚至某个教学活动环节上的教学目标都是可以灵活调整的。

2. 课程目标与教学目标的联系

教学目标是课程目标分解、细化的一小部分,当完成和落实了每一个小的课程教学目标后,课程教学的大目标也就实现了。课程是学校教育的核心,课程目标决定着日常教学工作的方向;教学是实施课程目标的主要途径,教学目标是对课程目标的细化。二者的提出或指定的依据相同。两者都是以课程标准所限定的范围和各科教材内容所应达到的深度为依据,都必须服从于学校的培养目标,服务于培养社会主义接班人这一整体的国家育人总目标,具有相同的服务对象。虽然课程目标与教学目标存在着诸多差异(含义、指导对象范围、具体程度、实施主体、灵活程度不同),但是二者在教学中所起到的作用是相同的。二者都是教学过程的出发点和归宿,都对落实教学大纲、制订教学计划、组织教学内容、明确教学方向等起着重要的导向作用。

梦幻琥珀(水晶滴胶)的制作

总之,课程目标与教学目标之间的关系是既有区别又有联系的,教师在教学中要把握好它们之间的关系,提升教学工作的自觉性和主动性。

3.2 综合实践活动课程的课程目标取向与规定

3.2.1 综合实践活动课程目标取向

所谓课程目标取向,是指陈述课程目标的形式,也就是说用何种方式来陈述课程目标。综合实践活动课程目标是受其课程性质影响的,其目标取向有三种:行为目标取向、生成性目标取向、表现性目标取向。

1. 行为目标取向

行为取向的课程目标是以可操作的、具体的行为来对课程目标进行陈述,它是课程学习后学生所发生变化的陈述。行为取向的课程目标具有导向功能、控制功能、激励功能与评价功能。行为目标具体、明确,便于操作、评价,对学生掌握基础知识和技能十分适用。综合实践活动课程强调学科知识的运用,强调要使学科知识在综合实践活动中得到延伸、综合、重组与提升,在综合实践活动课程中获得的知识要在相关学科教学中拓展并加深,所以获取知识也是综合实践活动课程中的行为目标。与书本上获得的知识不同,在综合实践活动课程中获得的知识是对自然、社会与自我的认识与体验的经验,这些内容是可以用行为目标进行表述的。针对学生在综合实践活动课程中发展的实践能力,可以提出一系列能够通过观察得到的行为目标。另外，综合实践活动课程中情感、态度和价值观这些隐性的课程目标，也可以通过其外显的行为目标进行描述。

案例 3-1

稻米：全球性的作物①

2004 年 5 月 12 日，我在南澳林登公园学校(Linden Park School)听了一节七年级的社会与环境课后，对小学课程的综合化发展有了新的认识和更深入的思考。那节课开始的时候，我还没有搞清楚到底上的是什么课。老师只是在黑板上写了"稻米：全球性的作物"，就让学生讨论为什么稻米是一种世界性作物和每天有 24 亿人要吃米。然后让学生在一张世界地图上找出主要的产米地区，说出稻米能在这些地方生长的原因。接着进行一场简短的辩论，问题是：稻米应该在澳大利亚种植吗？列出同意和反对的理由，再让学生对澳洲的种植技术和传统的亚洲的种植技术进行比较。

综合实践活动课程的行为性目标关注的不仅是知识的获取，更多的是对自然、社会和自我体验的获取，这个案例中的综合实践活动课程设计正是如此。它借助问题设计，从问题出发开始活动，活动目标关注的不是客观性的知识，而是学生如何利用已学到的知识解决现实问题。

2. 生成性目标取向

与外部事先规定的行为目标不同，生成性目标是在教育情境之中随着教育过程的展开而自然生成的目标，具有动态性和过程性。生成性目标关注的是学习活动的过程，而不是像行为目标那样重视结果。在学习活动中，会随着学生和教师的经验与价值观生长而出现，是教育情境的产物和问题解决的结果。考虑学生的兴趣、能力差异，注意目标的适应性、生成性。综合实践活动课程实施注重主动实践和开放生成，鼓励学生从自身成长需要出发，选择活动主题，主动参与并亲身经历实践过程，体验并践行价值信念。在实施过程中，随着活动的不断展开，在教师的指导下，学生可根据实际需要，对活动的目标与内容、组织与方法、过程与步骤等作出动态调整，使活动不断深化。综合实践活动课程目标取向尤为重视生成性，这是综合实践活动课程实施的根本。

3. 表现性目标取向

表现性目标，是指学生个体在遭遇各种教育情境时的个性化、创造性的表现，它关注学生的创造精神和批判思维养成，具有唤起性和开放性。表现性目标也不是事先规定的外部目标，和生成性目标一样，是在活动过程中产生的目标，是一种能够帮助学生个性化发展和创造性精神养成的目标规定。综合实践活动课程从学生的真实需要和成长发展出发，面向学生整体的生活世界，培养学生的综合素质，特别是学生的实践能力、创新精神和社会责任感，这些都突出了综合实践活动课程的开放性。因此，表现性目标是综合实践活动课程的目标取向。

---

① 赵书超，郑爽. 小学综合实践活动设计与实施[M]. 北京：清华大学出版社，2013：60.

3.2.2　综合实践活动课程目标规定

课程目标是整个课程编制过程最重要的指导准则与核心要素，所以综合实践活动课程自正式提出的那日起就对本门课程目标的制定给予了充分的重视。虽然在2001年颁布的《改革纲要》中，没有对综合实践活动课程的课程目标做明确的规定，但是从规定中可以提炼出它的目标：它是为了"提升学生'生活理解力与创造力'"[①]而开设的。而在新颁布的《指导纲要》中明确规定了综合实践活动课程的课程目标，并进行了总与分的划分，也就是既规定了综合实践活动课程的总体目标，也规定了综合实践活动课程的小、中、高不同学段的学段目标。

1. 综合实践活动课程的总体目标

综合实践活动课程的总体目标是对于学生完成综合实践活动课程这门课程(从小学一年级到高中三年级)应该达到的目标的总体规定和描述。《指导纲要》中对于综合实践活动课程的总体目标规定是：学生能从个体生活、社会生活及与大自然的接触中获得丰富的实践经验，形成并逐步提升对自然、社会和自我的内在联系的整体认识，具有价值体认、责任担当、问题解决、创意物化等方面的意识和能力。

2. 综合实践活动课程的学段目标

众所周知，在基础教育阶段，我们通常将其分为义务教育阶段和高中阶段，对于学科课程的课程目标规定，通常也是按这两个阶段进行划分。在之前2001年的教育部发布的《改革纲要》中，对于综合实践活动课程的要求，也是依据义务教育阶段和高中阶段的目标要求不同进行了划分。在新的《指导纲要》中，对于目标的要求规定发生了变化，进行了更为明确的划分，小学、初中和高中三个学段的综合实践活动课程有了各自的学段目标。学段目标是对于小学、初中和高中各个不同学段的学生，在完成本学段的综合实践活动课程所要达到目标的规定与描述。

虽然每个学段的目标都分为四个方面，即价值体认、责任担当、问题解决和创意物化，但是在四个目标方面，又因为学生的年龄和认知能力的不同，而有了不同的要求。

(1) 小学阶段具体目标。①价值体认。通过参与少先队活动、场馆活动和主题教育活动，参观爱国主义教育基地等，获得有积极意义的价值体验。了解并遵守公共空间的基本行为规范，初步形成集体思想、组织观念，培养对中国共产党的朴素感情，为自己是中国人感到自豪。②责任担当。围绕日常生活开展服务活动，能处理活动中的基本事务，初步养成自理能力、自立精神、热爱生活的态度，具有积极参与学校和社区活动的意愿。③问题解决。能在教师的引导下，结合学校、家庭生活中的现象，发现并提出自己感兴趣的问题。能将问题转化为研究小课题，体验研究课题的过程与方法，提出自己的想法，形成对问题的初步解释。④创意物化。通过动手操作实践，初步掌握手工设计与制作的基本技能；学会运用信息技术，设计并制作具有一定创意的数字作品。运用常见、简单的信息技术解决实际问题，服务于学习和生活。

---

① 张华. 走向生活·走向创造[J]. 中小学管理，2017(12)：1.

（2）初中阶段具体目标。①价值体认。积极参加班团队活动、场馆体验、红色之旅等，亲历社会实践，加深有积极意义的价值体验。能主动分享体验和感受，与老师、同伴交流思想认识，形成国家认同，热爱中国共产党。通过职业体验活动，发展兴趣专长，形成积极的劳动观念和态度，具有初步的生涯规划意识和能力。②责任担当。观察周围的生活环境，围绕家庭、学校、社区的需要开展服务活动，增强服务意识，养成独立的生活习惯；愿意参与学校服务活动，增强服务学校的行动能力；初步形成探究社区问题的意识，愿意参与社区服务，初步形成对自我、学校、社区负责任的态度和社会公德意识，初步具备法制观念。③问题解决。能关注自然、社会、生活中的现象，深入思考并提出有价值的问题，将问题转化为有价值的研究课题，学会运用科学方法开展研究。能主动运用所学知识理解与解决问题，并作出基于证据的解释，形成基本符合规范的研究报告或其他形式的研究成果。④创意物化。运用一定的操作技能解决生活中的问题，将一定的想法或创意付诸实践，通过设计、制作或装配等，制作和不断改进较为复杂的制品或用品，发展实践创新意识和审美意识，提高创意实现能力。通过信息技术的学习实践，提高利用信息技术进行分析和解决问题的能力以及数字化产品的设计与制作能力。

（3）高中阶段具体目标。①价值体认。通过自觉参加班团活动走访模范人物，研学旅行，职业体验，组织社团活动，深化社会规则体验、国家认同、文化自信，初步体悟个人成长与职业世界、社会进步、国家发展和人类命运共同体的关系，增强根据自身兴趣专长进行生涯规划和职业选择的能力，强化对中国共产党的认识和感情，具有中国特色社会主义共同理想和国际视野。②责任担当。关心他人、社区和社会发展，能持续地参与社区服务与社会实践活动，关注社区及社会存在的主要问题，热心参与志愿者活动和公益活动，具备社会责任意识和法治观念，以及主动服务他人、服务社会的情怀，理解并践行社会公德，提高社会服务能力。③问题解决。能对个人感兴趣的领域开展广泛的实践探索，提出具有一定新意和深度的问题，综合运用知识分析问题，用科学的方法开展研究，增强解决实际问题的能力。能及时对研究过程及研究结果进行审视、反思并优化与调整，建构基于证据的、具有说服力的解释，形成比较规范的研究报告或其他形式的研究成果。④创意物化。积极参与动手操作实践，熟练掌握多种操作技能，综合运用技能解决生活中的复杂问题。增强创意设计、动手操作、技术应用和物化能力。形成在实践操作中学习的意识，提高综合解决问题的能力。

家乡的粉条

3.3　小学综合实践活动的教学目标确定

小学综合实践活动教学目标的确定，要以《指导纲要》中对综合实践活动课程总体目标和小学学段目标的规定为根本依据，结合学校所在地区、学校自身、实施活动的年级、班级以及学生的特点进行确定。

3.3.1　小学综合实践活动教学目标确定的原则

1. 活动教学目标的全面性

综合实践活动目标的设计要具有全面性，具体体现在能力、情感和知识的全面性上。

综合实践活动的着眼点是学生能力的培养,这种能力的维度应该是全面的,在学生问题解决能力的培养上,应该包括独立思考和操作能力、研究和探索能力、创新与创造能力、终身学习能力、人际沟通与交往能力等21世纪人才必备的关键能力。全面发展的人是综合实践活动课程的追求目标,因此综合实践活动的目标应该是以"全人"的培养为出发点,重视情感维度目标的全面性,包括学生的求知欲、社会责任感、合作意识、创新精神等情感。综合实践活动课程与学科课程不同,避免仅从知识学习的角度出发去设计综合实践活动,但是综合实践活动依旧是知识获取的一种有效方式,只是这里获取的知识类型不同,但获取知识的全面性要求是一样的,包括经验性知识、综合性知识和方法性知识等。

2. 活动教学目标的具体化

综合实践活动目标的设计经常出现"普遍性目标"的现象,就是因为实践中在设计活动目标的时候过于笼统,只给了一些总体目标的要求,如有的主题活动目标的设计是这样的:"本活动主题的目标是引导学生了解社会,发展学生的创新精神与实践能力,以及良好的个性品质。"这种目标只体现了综合实践活动课程的核心价值,导致活动目标空化、虚化和泛化。虽然《指导纲要》中给出了综合实践活动课程的总目标和各个学段的目标,但是那都是指在该门课程完成一个学段,或者是完成整体的综合实践活动课程时学生要达成的目标,对于具体的主题综合实践活动来说,这就是一种"普遍性目标",需要教师在具体的活动开发与实施中,对其进行再设计,将其具体化、个别化和情境化。

3.3.2 小学综合实践活动教学目标确定的注意事项

小学学段在确定具体的综合实践活动目标的时候,需要注意以下几点。

1. 活动目标的层次性

由于综合实践活动的主体是学生,而学生在知识基础、能力、兴趣等方面都存在着不同,因此在活动中的表现和发展也不同,所以教师在设计活动目标的时候,应该注意目标的层次性,这样有利于引导和调控学生的综合实践活动,并对其进行正确的评价。

2. 突出重点活动目标

在主题综合实践活动的目标体系中,目标的设置应该有所侧重,对于重点活动目标要突出,在权重的分配上,要向重点活动目标倾斜。

3. 关注生成目标

综合实践活动总体目标的实现有赖于具体活动的实施,但是在具体活动的实施中又会生成新的活动目标,这些新生成的活动目标是随着学生主题活动的不断深化而生成的。综合实践活动鼓励学生主动生成新的活动目标,不断地深化活动主题。

4. 注重目标的整体性

整个主题综合实践活动的目标虽然是分开陈述的,但是这些目标是一个有机的整体,相互联系、相互容纳、共同作用,从而实现综合实践活动的育人目的。

5. 学生是目标表述的主体

综合实践活动的主体是学生，因此活动目标的表述主体也应该是学生。比如"培养学生的社会责任感"这句活动目标表述，实际上是将教师作为行为主体，应该换成"学生通过亲自体会了……，感受了……，学生的社会责任感得到了培养与提升"。

6. 目标的表述一定要清晰、具体与明确

在活动目标的表述中，一定不要使用一些模棱两可、有歧义，或者难以评价的表述。如"学生掌握信息搜集和获取的能力"的目标描述就会让学生在活动中不知道如何进行，在评价中不知道如何评价，但是如果将其改成"学生掌握使用百度、360 等搜索引擎的方法与技巧"，相对来说，活动目标就比较具体，可操作性也会更强一些。

3.3.3 小学综合实践活动教学目标的设计

1. 确定活动目标的构成

小学综合实践活动目标是由主题活动的总目标、各阶段的目标以及各个阶段中一次活动的目标构成的。三个层次的目标是一个整体，是从一般向具体的递进，是上位与下位的关系。主题活动总目标是指学生参加完此次活动需要达到的标准与要求。综合实践活动是以主题的形式进行的，不同的主题有不同的活动目标。确定好主题后，要根据《指导纲要》中综合实践活动课程总目标和小学的学段目标，以及学校关于此课程的目标进行确定。阶段目标为学生参加各个阶段活动指明了方向并规定了要求，如选题阶段的活动目标、实施阶段的活动目标。综合实践活动课程不是预设的，而是在师生共同活动中逐步构建出来的课程，因此各个阶段的活动目标会不断地生成。一次活动的目标是对学生参加一次活动应达到要求的规定。一次活动是一个主题活动最基本的构成要素，可以是一次室内发生的活动，也可以是一次室外发生的活动。一次活动目标是对活动总目标的分解与具体化。

2. 对主题活动目标进行教学设计

对于综合实践活动课程指导教师来说，主题活动方案中教学目标的设计，对于保障主题活动的顺利进行尤为重要。一个主题综合实践活动的内容可以被无限地扩展和延伸，教师在制定主题综合实践活动方案时，应该对于通过这个主题综合实践活动，学生能够达成何种要求和目标有一个清晰的认知(如为什么要研究这个主题、主题的延展程度、学生预期能够从中收获什么，这些都体现在主题活动目标的设计上)。对于活动目标的设计也是一个围绕总目标不断解析的过程，是不断细化活动目标的过程，它把比较宽泛的方针与实现它们的教学策略进行了结合，以某种形式较好地表达了教学策略，使得教学策略对于学习者来说，能够被测量。不同学段、不同年级的综合实践活动的实施，具有不同层次的教学目标。综合实践活动课程指导教师在确定活动目标的时候，要弄清活动对象的学段和年级，这样才能更好地确定教学目标的层级。

一般来说，主题活动目标的教学设计包含以下基本步骤：①分析学生在进行这个主题活动之前，对该主题的了解和认知程度，为该主题进行过哪些准备；②依据"学校综合实践活动课程总体实施方案"和"学校学年(或学期)活动计划与实施方案"的主要任务和目标，

确定活动目标的层次与结构；③按照主题活动的主要任务将活动目标进行表述，包括学生应该发展的能力、获得的情感、掌握的技能，或者是某种体验的获得；④确定与目标相适应的评价方式，用以检测目标的实现情况与达成度。

3. 活动目标的具体化、情境化和个性化

综合实践活动目标的具体化，是主题活动目标从"普遍性目标"走向"行为性目标""生成性目标"和"表现性目标"的过程，在目标设计时，要对学生提出可操作、可行化的活动操作方式的要求。在综合实践活动目标的设计中，不要出现"放之四海而皆准"的目标设计，如"学会合作，增强信息搜集与处理的能力"等，像这样的目标表述，使得不同类型的主题活动的实施过程变成了相同活动方式的简单重复，容易挫伤学生探究的兴趣与积极性。没有具体的教学情境和主题背景的目标制定，很难在活动实施中真正地发挥作用，因此，综合实践活动的目标需要情境化。教师在设计活动目标时，还要注意对于活动主体，也就是学生进行分析。针对兴趣、特征、能力不同的学生，设计不同的活动目标。综合实践活动通常是以小组的方式进行，但是也鼓励学生个体单独地进行，因此，对于独立进行主题综合实践活动的学生，活动目标可由教师指导，学生独立完成，这体现了活动目标的个性化。

探秘校园中的职业与岗位

扩展阅读 3-1

美国小学应用学习课程的具体目标①

A1
设计某件产品、某种服务、某个生产系统
A1a 学生设计并创建某件产品、某种服务、某个生产系统去满足已确定的需要，可按如下步骤进行。
➤ 形成一些关于设计某件产品、某种服务、某个生产系统的创意。
➤ 在这些形成的创意中选出一个并考察其是否恰当。
➤ 制订评价计划成功的基本标准。
➤ 用适当的惯例来提出可行的设计。
➤ 安排并开展创建某件产品、某种服务、某个生产系统必要的步骤。
➤ 用已确立的评价成功的基准来评价这个设计的质量。

改进某个系统
A1b 解决一个急需修整的系统运行方面的问题或者提出和检验改进系统运作效益的方式方法，学生可按如下步骤进行。
➤ 确认系统的各部分之间彼此联系的途径。
➤ 辨别系统中那些存在运作问题的部分或能改进使之变得更好的部分或联系。
➤ 提出使系统恢复运转的策略或使之更优化的途径。
➤ 评价这些改进系统的策略的有效性并找出证据来支持这一评价。

① 郭元祥. 综合实践活动课程与教学论[M]. 2版. 北京：人民教育出版社，2017(2)：164～175.

计划并组织一个事件或活动

A1c 学生计划并组织一个事件或活动可按如下步骤进行。

➤ 构思一个实行计划：

——计划应包括需要考虑的所有要素和情况。

——计划应表明应做事情的顺序。

——计划应考虑有利于实施计划的资源，如人的因素和时间因素。

➤ 执行计划。

➤ 通过确认那些在事件或活动中起作用的计划部分和那些原本能够通过更好的计划和组织使之得到改进的计划部分来评价事件和活动是不是成功的。

➤ 给准备计划和组织相似事件或活动的人介绍经验。

A2 交流的手段与技巧

A2a 学生向有关的听众提出学习活动计划或发现成果可按如下步骤进行。

➤ 用符合目标的逻辑方式来组织这种口头报告。

➤ 清晰地发言，自信地陈述。

➤ 对听众的有关提问做出回答。

➤ 评价报告的有效性。

A2b 学生写、寄正式信函，如感谢信、备忘录等可按如下步骤进行。

➤ 清晰地表述内容或明确地提出要求。

➤ 用适当的形式写信，这种形式应符合信件交往这一目的。

A2c 学生编写信息并把它组织成短期发布的形式，如组织成小册子或海报，学生可以按以下步骤进行。

➤ 把信息组织成适合发布的形式。

➤ 检查这一信息的准确性。

➤ 将要发布的信息编制成有利于达到目的的版式。

A3 信息手段和技巧

A3a 学生搜集信息去完成学习活动可按如下步骤进行。

➤ 确认有助于完成学习活动的潜在信息源。

➤ 用适当的技术去收集信息，例如考虑从事某个调查的抽样问题。

➤ 区分相关和不相关的信息资料。

➤ 在业已完成的项目上给出研究的根据。

A3b 学生利用信息技术协助搜集、组织和表达信息时可按如下步骤进行。

➤ 因特定的目的从网上获取信息，例如，利用国际互联网和其他诸如百科全书之类的电子数据库。

➤ 用文字处理、绘制和画图的程序来制作学习活动报告和相关的材料。

A4 学习和自我管理的手段和技巧

A4a 学生从例子中学习可按如下步骤进行。

➤ 同别的学生或工作的成人交谈或观察他们，确认他们工作的特征以及他们活动的方式。

➤ 通过活动的结果来检验例子，例如专业性的出版物。

➤ 用自己从例子中学习到的知识来帮助制订计划和实施学习活动。

A4b　学生用有序的方法记录工作行为可按如下步骤进行。

➤　建立一个储存工作行为记录的体系。

➤　用一种能迅速而便捷地找到具体资料的方法来保存工作行为记录。

A4c　学生认识自己在工作中的优点和不足可以按以下步骤进行。

➤　理解并确立判别工作过程和结果的质量优劣的基准。

➤　评估自己的工作进程和产品。

A5　协同合作的手段和技巧

A5a　学生与他人协作完成一个任务可按如下步骤进行。

➤　确定为完成任务应该做什么以及怎样去做,在这个问题上应与小组成员取得一致意见。

➤　对工作应主动承担一份责任。

➤　在完成任务过程中,应定期地与小组成员协商,从而检查完成任务的进度、决定应作出哪些改变以及在任务结束时检查业已完成部分的情况。

A5b　学生向别人展示或解释某事物时应特别清晰,从而保证别人也能按照自己所说的情况去完成任务。

A5c　学生对听众请求作出应答时可按如下步骤进行。

➤　解释听众的请求。

➤　征询听众的意见,明确工作任务的要求。

【学习资源链接】

赵书超,郑爽. 小学综合实践活动设计与实施[M]. 北京: 清华大学出版社,2013.

杜建群. 综合实践活动课程理论与实践[M]. 2版. 北京: 北京师范大学出版集团,2016.

关注"综合实践活动课程研究"公众号。该公众号主要是发布中国教育学会教育管理分会综合实践活动管理与研究学术委员会课题研究、学术活动信息,以及一些优秀经典的综合实践活动课程案例,可以帮助学校教师更好地进行综合实践活动课程建设。

【教与学活动建议】

(1) 教师引导学生(学员)采取小组合作的方式,访问中国知网网站(https://www.cnki.net/)或通过各种搜索引擎(如百度)搜索,查阅有关课程目标、教学目标的相关资料,在小组内进行充分的交流讨论。目的是通过这种方式,让学生(学员)能够对综合实践活动课程的课程目标、教学目标等相关知识有深刻的理解与把握。

(2) 指导学生(学员)进行一个主题综合实践活动课程(或者是主题综合实践活动课程中的一个课时)的教学目标的确认(注意: 这里指的是教学目标,而不是活动中学生指定的活动方案的活动目标)。

①　学生(学员)可以构建一个新的主题活动目标,也可以针对已有的活动方案中的教学目标进行完善和修正。

②　列出目标确定的依据。

③　每个人汇报自己的作业结果。

④　其他学生(学员)和教师帮助完成活动教学目标设计。

在这个活动过程中,教师适时地对学生(学员)的活动教学目标设计给予合理的建议。

本章小结

综合实践活动课程的课程目标与教学目标是综合实践活动课程实施的依据和核心准则，课程目标对于综合实践活动课程实施的总体目的和不同学段的目的进行了规定，而教学目标则是具体的主题综合实践活动课程实施的根本指导。本章对课程目标、教学目标的内涵、区别与联系进行了阐述。在此基础上，对于课程目标的确定依据、综合实践活动课程目标取向及课程总目标和学段目标的规定进行了介绍。最后讨论了小学阶段综合实践活动教学目标确定应遵循的原则、注意事项以及具体设计。

思考与实践

一、理论思考

1. 简述教育目的、培养目标、课程目标、教学目标的基本内涵。
2. 简述课程目标与教学目标的区别与联系。
3. 简述课程目标与教学目标对于教学的意义与作用。
4. 简述课程目标确定的依据。
5. 简述综合实践活动课程的目标取向。
6. 简述综合实践活动课程的总目标及小学学段的目标。
7. 陈述小学综合实践活动教学目标确定的原则、注意事项。

二、实践探索

分析比较引导案例中三种教学目标的设计，并说出它们的相同点及不同点。

教育儿童通过周围世界的美、人的关系的美而看到的精神的高尚、善良和诚实，并在此基础上在自己身上确立美的品质。

——苏霍姆林斯基(1918—1970)，苏联著名教育实践家和教育理论家

第4章　小学综合实践活动课程的课程内容与活动方式

学习目标

知识目标

➢　了解小学综合实践活动课程的内容维度。

➢　熟悉选择和组织小学综合实践活动课程内容的原则。

➢　掌握小学综合实践活动课程的四种主要活动方式。

能力目标

具备能够选择与组织符合学生兴趣与特点的综合实践活动课程内容，以及设计与内容相适应的活动方式的能力。

核心概念

课程内容维度(dimension of curriculum content)　选择与组织的原则(principle of choose & organize)　考察探究(research & explore)　社会服务(social service)　设计制作(design & produce)　职业体验(career experience)

引导案例

寻找快乐之旅[①]

寻找快乐之旅并非一帆风顺，单凭一腔热情是无济于事的。俗话说，看着容易做着难，综合实践活动课程真正做时便犯了难，光有《指导纲要》没课本怎么教啊？具体活动自己该如何实施？好在教研员想得比较周到，及时组织教研活动，解读《指导纲要》，参观其他小学中搞得优秀的活动，与其他老师交流心得体会，对综合实践活动课程的整体把握有了理性认识。回校后找案例，上网查资料，想多点感性认识。可几乎都是重点城市中学的

---

① 赵书超，郑爽. 小学综合实践活动课程与实施[M]. 北京：清华大学出版社，2013：24.

案例，又傻眼了：瞧，人家都研究了些什么，都是怎么做的呀，连专家、学者都请来了！可我们呢，农村中学"一穷二白"怎么搞啊？硬着头皮上吧，选了个农村中学也能搞的案例，备课、做活动计划，按部就班的，可一上课，晕了！看着我在讲台上侃侃而谈，而学生却漫不经心，睡觉的、做小动作的……第一次上课以失败告终。怎么办？不能就此放弃啊！一番总结后终于发现问题所在，先前选的课题不是学生喜欢的，而且生活背景距离学生太遥远，那我们该搞哪方面的活动呢？猛然间想起教研员强调的一句话"因地制宜开发课程资源"，于是将目光转向学校周边环境，思路一下子就开阔了。

上述案例中教师实施综合实践活动课程失败的原因正如他自己总结的那样，没有站在学生的角度，选择的是自己感兴趣、准备充分的主题活动，而不是学生真正喜欢的。城市中学能做得很好的主题活动，可能是因为和城市中学学生的生活接近，而与农村中学的学生的生活却相去甚远，学校和教师要根据综合实践活动的课程目标，并基于学生发展的实际需求，组织和设计活动主题和活动内容，并选择相应的活动方式。本章将对小学综合实践活动课程的内容维度、选择和组织原则以及小学综合实践活动课程的活动方式一一进行探讨。

4.1 小学综合实践活动课程的内容维度、选择和组织原则

综合实践活动课程的开发面向学生的整个生活世界，鼓励学生从日常学习生活、社会生活或与大自然的接触中提出具有教育意义的活动主题，所以，综合实践活动课程的内容非常广泛，概括来说，有学生与自然、学生与社会、学生与自我三个关系维度。在面对如此广泛的内容题材的时候，组织和选择综合实践活动课程内容，就要坚持自主性、实践性、开放性、整合性和连续性的原则。

4.1.1 小学综合实践活动课程的内容维度

在 2001 年的《改革纲要》中，对综合实践活动课程的内容进行了指定，也就是大家通常所说的信息技术教育、研究性学习、社区服务与社会实践以及劳动与技术教育四大指定领域，以及在实践中发展起来的班团队活动、学校传统活动、学生兴趣小组活动等非指定领域。不过在综合实践活动课程具体实践中，将其中部分领域转化为课程进行了学习，如劳技课、信息技术课等。为了避免这种现象的出现，在 2017 年的《指导纲要》中，没有指定综合实践活动课程的内容领域，而是突出强调了其课程的开发"面向学生完整的生活世界，引导学生从日常学习生活、社会生活或与大自然的接触中提出具有教育意义的活动主题"，也就是说，学生的整体生活世界都是综合实践活动课程的课程内容，综合实践活动的课程内容来自学生的整体生活世界。我们通常将整体的生活世界分为人与自然、人与社会以及人与自我三个关系领域，因此，小学综合实践活动课程的课程内容相对应地就有了学生与自然、学生与社会以及学生与自我三个关系维度。

1. 学生与自然的关系维度

因为人本身是自然的一个部分，所以学生与自然的关系维度也就成为学生综合实践活

动课程内容的模块之一。与人的生存环境息息相关的任何问题，都是学生在开展综合实践活动课程时可以选择和确定的主题，如资源枯竭问题、水资源保护问题、森林绿化问题、全球气候变暖问题等。在这个维度内选择和确定活动主题的时候，学校可以适当地引导学生多关注当地的、与学生生活密切相关的自然环境问题。通过教师的引导，让学生从自然环境中发现他们感兴趣的现象与问题，并将其转化为活动主题，通过考察探究、社会服务、设计制作、职业体验等活动方式，进行人与自然关系的探索和研究，亲临自然、感受自然、探究自然，培养学生热爱和保护自然的情感与态度，增强他们的环保意识。

2. 学生与社会的关系维度

因为人是社会的基本组成部分，所以学生与社会之间的关系也就成为学生综合实践活动课程的内容模块之一。学生通过探究人与社会关系的相关问题，可以增加学生对自己所生活的社会的认识，提高自己的社会实践能力，为自己将来走向社会打下坚实的基础。在开展这种关系维度的综合实践活动课程的时候，要引导学生走入社会，与社会多做接触，亲身去感受社会，指导学生将从与社会接触中发现的问题转化为活动主题，通过考察探究、设计制作、社会服务、职业体验等活动方式去掌握社会规范，学习人际关系技能，培养自己的社会实践能力与社会责任感。

3. 学生与自我的关系维度

处理好人与自我的关系是保证人与自然、社会关系良好的基础，所以学生与自我之间的关系也就成为学生综合实践活动课程的内容模块之一。正确地认识自我，能够使我们在社会中立于不败之地，对中小学生的整体生活都是非常有利的。在开展这类活动的时候，需引导学生选择那些与自我有关的主题，如"我的兴趣""我的身体""我的小秘密"等，通过这些活动主题，帮助学生形成正确的自我认知。特别是对于小学生来说，他们正处在一个自我意识形成与不断加强的阶段，对他人、对自己的态度都比较敏感，更需要引导他们对自己有清晰的认知。通过畅想、交流、体验等活动方式，对自己的能力、个性特征、兴趣、理想、价值观等进行反省，提高对自我的认识。

4.1.2 选择和组织小学综合实践活动课程内容的原则

综合实践活动课程的内容选择与组织应遵循如下原则。

1. 自主性

在主题开发与活动内容选择时，要重视学生自身发展的需求，尊重学生的自主选择。教师要善于引导学生围绕活动主题，从特定的角度切入，选择具体的活动内容，并自行制定活动目标任务，提升自主规划和管理能力。同时，要善于捕捉和利用课程实施过程中产生的有价值的问题，指导学生深化活动主题，不断完善活动内容。

2. 实践性

综合实践活动课程强调学生亲身经历各项活动，在"动手做""实验""探究""设计""创作""反思"的过程中进行"体验""体悟""体认"，在全身心参与的活动中，发现、分析和解决问题，体验和感受生活，发展实践创新能力。

3. 开放性

综合实践活动课程面向学生的整个生活世界，具体活动内容具有开放性。教师要基于学生已有的经验和兴趣专长，打破学科界限，选择综合性活动内容，鼓励学生跨领域、跨学科学习，为学生自主活动留出余地。要引导学生把自己成长的环境作为学习场所，在与家庭、学校、社区的持续互动中，不断拓展活动时空和活动内容，使自己的个性特长、实践能力、服务精神和社会责任感不断地获得发展。

4. 整合性

综合实践活动课程的内容组织，要结合学生发展的年龄特点和个性特征，以促进学生的综合素质发展为核心，均衡考虑学生与自然的关系、学生与他人和社会的关系、学生与自我的关系这三个方面的内容。对活动主题的探究和体验，要体现个人、社会、自然的内在联系，强化科技、艺术、道德等方面的内在整合。

5. 连续性

综合实践活动课程的内容设计应基于学生可持续发展的要求，设计长短期相结合的主题活动，使活动内容具有递进性。要促使活动内容由简单走向复杂，使活动主题向纵深发展，不断丰富活动内容、拓展活动范围，促进学生综合素质的持续发展。要处理好学期之间、学年之间、学段之间活动内容的有机衔接与联系，构建科学合理的活动主题序列。

> **小贴士**
>
> 综合实践活动的内容组织要以学科知识为基础，将各个学科知识综合运用于实践中，解决实践中遇到的各种综合性问题。教师在帮助学生确定综合实践活动的主题时，千万要注意自主性、实践性、开放性、整合性和连续性，否则就会使综合实践活动课程的实施失去原本的意义。

我和大兴合张影

4.2　小学综合实践活动课程的活动方式

相对综合实践活动课程内容的广泛性来说，其活动方式就比较具体。《指导纲要》中对综合实践活动课程的考察探究、社会服务、设计制作和职业体验四种主要活动方式和关键要素进行了陈述，当然，也指出了党团教育、博物馆参观等活动也是综合实践活动课程的活动方式。同时，对于综合实践这四种活动方式的划分是相对的。在活动设计时可以有所侧重，以某种方式为主，兼顾其他方式；也可以整合多种方式实施，使不同活动要素彼此渗透、融会贯通。以学生主体性活动经验组织的综合实践活动课程以活动为主，因此，活动方式决定了这门课程的实施质量。《指导纲要》规定了综合实践活动课程的四种主要活动方式，即考察探究、社会服务、设计制作和职业体验，并对这四种方式进行了解释以及提炼出它们各自的关键要素。对《改革纲要》中有关综合实践活动规定熟悉的教师能清晰感知到，这四种活动方式实际上就是过去指定的综合实践活动课程的四大内容领域的变形。下面对这四种活动方式一一进行介绍。

4.2.1 考察探究

1. 考察探究的解析

考察探究活动方式是由原先综合实践活动课程的"研究性"内容模块转变而来的，新颁布的《指导纲要》中对于考察探究的解释为：考察探究是学生基于自身兴趣，在教师的指导下，从自然、社会和学生自身生活中选择和确定研究主题，开展研究性学习，如野外考察、社会调查、研学旅行等，在观察、记录和思考中，主动获取知识，分析并解决问题的过程，它注重运用实地观察、访谈、实验等方法，获取材料，形成理性思维、批判质疑和勇于探究的精神。考察探究的关键要素包括：发现并提出问题；提出假设，选择方法，研制工具；获取证据；提出解释或观念；交流、评价探究成果；反思和改进。

考察探究是综合实践活动课程的主要活动方式之一，因其能够培养学生的理性思维、批判质疑和勇于探究的精神而受到师生的广泛欢迎。考察探究活动主要是鼓励学生自主学习。学生基于自身兴趣，自主选择和确定研究的主题、活动的目标、方式、内容及指导教师，并决定活动结果呈现的形式，教师只是有针对性地进行必要的指导，这样学生综合运用知识的能力得以提高，自主学习能力和创新能力得以增长，这些都是考察探究活动具备的优点。考察探究的方式有野外考察、社会调查、研学旅行等。这些活动形式都是在培养学生的问题意识，帮助学生掌握科学的研究方法(观察法、访谈法、实验法等)。像科学家那样去考察探究自己感兴趣的主题活动，有助于学生理性思维、批判性思维、科学思维的养成。

2. 考察探究活动的特点

(1) 问题性。综合实践活动课程的开发面向学生的整个生活世界，也就是说，学生周围现实生活中的各个方面都可以成为活动课程的内容，但是如果未被学生意识到便不具备问题性，也就是说，学生若没有问题意识，就发现不了问题。另外，如果学生对于学习的主题没有疑问，也不能构成研究的问题。问题是考察探究的起点，考察探究活动都是围绕着问题的发现、思考和解决进行的。

在小学的综合实践活动课程目标中有一个目标就是问题解决，在完成小学阶段的综合实践活动课程后，要求学生能够"在教师的引导下，结合学校、家庭生活中的现象，发现并提出自己感兴趣的问题。能将问题转化为研究小课题，体验课题研究的过程与方法，提出自己的想法，形成对问题的初步解释"。这个目标就是学生问题解决能力的培养，所以，在小学阶段，为了能够更好地帮助学生以考察探究的活动方式开展综合实践活动课程，教师就要在日常学习中帮助学生树立和培养问题意识。

(2) 探究性。综合实践活动课程的出现是为了改变学生单一学科知识学习，以及简单技能训练的现象，从课堂教授到实践活动的转变，不仅是课堂形式的转变，也是学习方式的更新。考察探究类的综合实践活动正是一种新的学习方式，这种方式使得学生从被动地记忆，接受教师知识的传授，转变到亲身调查、访问、观察(测)、查找与分析资料、做实验等多种多样的科学探究。虽然这种科学探究与科学家们的科学探究还存在差距，大多数还是一些科学研究思维的培养，以及科学方法的了解与学习，但是其中的探究性意识十足。

(3) 过程性。考察探究活动注重结果,更注重过程,是让学生像科学家那样进行探索研究,去品尝整个研究过程中的艰辛、失败的苦涩与成功之后的喜悦。考察探究类的活动对学生探究的过程十分重视,对于学生在探究过程中的各种表现(如主题的选择、计划的制订、方案的设计等)更加关注。与科学研究注重结果的取向不同,考察探究类的活动更注重学生的探究过程,在探究过程中,培养学生善于思考、勇于探索、追求真理的科学精神。

3. 考察探究活动的基本要求

(1) 尊重学生的兴趣,培养学生的问题意识。考察探究是基于学生的兴趣进行的,兴趣是考察探究类综合实践活动的有效开端。综合实践活动的主题要从学生的兴趣出发,激发学生的求索欲望,引导他们探究事物的本源。综合实践活动课程面向学生的整个世界,虽然与学生密切相关的内容都能进入综合实践活动课程,但是不能进入学生的意识之中,引起学生兴趣的事物内容未必是很好的课程内容。因此,在综合实践活动中,教师要充分尊重学生的兴趣,给予学生充分选题的自由,当然小学阶段的自由选择活动主题的权利要适度给予,特别是对于小学低年段的学生,教师要在充分尊重学生兴趣的基础上,加大指导力度。问题是考察探究的核心,教师要在日常活动中培养学生的问题意识,引导学生发现他们生活世界的各种问题,并提出问题,继而将其转化成主题活动,通过考察、观察、实验等各种科学方法研究与解决问题。

(2) 转变学习方式,倡导人人参与。考察探究类活动就是要转变过去"教师传授,学生听讲"的传统学习方式,其目的是让学生经历科学研究的过程,让学生通过亲身体验,了解和学习科学研究的方法,提高发现、思考、分析和解决问题的能力,培养学生的探究意识、科学思维和创新精神。考察探究的活动主体是全体学生,而不是少数、个别的优秀学生,将考察探究与科学研究等同,认为只有那些优秀的学生才有能力进行这种活动的观点,脱离了中小学生的实际情况,违背了"考察探究"活动的本意。考察探究是为了让学生在探究过程中进行尝试性体验,从小养成动脑、动手的习惯,了解和体验科学探究的方法与过程。因此,在实践中,教师应该鼓励学生全员参与,分工可以不同,探究的成果可以不同,但是,要倡导所有的学生都参与考察探究类活动。

(3) 正确对待学生的考察探究成果。学生进行的考察探究类综合实践活动蕴含着科学研究的精神与思维,但是与真正的科学研究还是有区别的。与重视研究成果的科学研究不同,考察探究类活动实际上更重视学生探究过程的表现,但这并不是说不重视探究成果。只是教师要对学生的探究成果持一个正确的态度,不要有过高的期望,这种期望应该是与学生身心年龄特征和学习能力水平相符合的。特别是小学阶段的学生,他们的考察探究类活动结果相对于初中阶段、高中阶段的会更差一些,教师不能对其有过高的期望。对学生所有的探究结果,教师都要认真对待,既不能因为学生的成果过于稚嫩就予以否定,也不能因为学生经历了整个探究过程一无所获,或者是探究出了别人探究过的结果,就持否定或者批评的态度。从成人的观点来看,有时小学生的探究成果是微不足道的,但是对于小学生来说,这就是他们的探究成果。学生经历考察探究的过程实际上就是一种值得肯定的探究成果,经历考察探究就是在经历一种不断发现、探究而获得学习和发展的过程,这种过程就值得肯定与赞赏。

4.2.2 社会服务

1. 社会服务的解析

社会服务活动方式是由原综合实践活动课程的"社区服务与社会实践"内容模块转变而来的，新颁布的《指导纲要》中对于社会服务的解释为：社会服务指学生在教师的指导下，走出教室，参与社会活动，以自己的劳动满足社会组织或他人的需要，如公益活动、志愿服务、勤工俭学等，它强调学生在满足被服务者需要的过程中，获得自身发展，促进相关知识技能的学习，提升实践能力，成为履职尽责、敢于担当的人。社会服务的关键要素包括：明确服务对象与需要；制订服务活动计划；开展服务行动；反思服务经历，分享活动经验。

社会服务活动方式实际上是培养学生社会责任感的最佳方式，社会责任感就是要对自己负责、对他人负责以及对社会负责。社会服务活动鼓励学生走出教室，走入社会，通过参与社会、社区活动，在满足他人需要的同时，提升与发展自己。社会服务是学生将自己所学的知识运用到社会上，运用到自己的服务对象上去的过程，也是将知识运用到行动中的过程。通过社会服务，可以让学生感受到自己的社会价值，通过自己的知识或劳动，为服务对象带来更多的便利和帮助。

2. 社会服务活动设计的基本要求

(1) 走入社会。学生只有走出教室，走入社会，置身在社会现实的情境中，参与各种社会性的活动，进行亲身体验，通过获取直接的感受与经验，才能真正地理解和融入社会中，对社会发展的规律、规则有所掌握，进而真心地去维护社会道德与规则，做一个有社会责任感的人。只有走入社会真实的情境中，学生才能够及时准确地获取、思考、分析和解决各种社会问题，才会理解和掌握各种社会文化现象，掌握社会人际交往的基本技能与规范，学会尊重自己与他人，形成团队合作意识，增强自己的社会责任感。

(2) 服务社会。学生通过自己的劳动为社会组织或他人提供服务，通过公益活动、志愿服务、勤工俭学等各种各样的社会活动，服务他人与社会。通过与社会上不同人群的接触与交流，了解他们的个性特征、职业情况、生活习惯，学会理解与尊重他人；经常了解人群中部分群体存在的困难，及时、自觉地为其提供服务，对他人怀有爱心，通过帮助他人，让学生获得意义深远的体验，以及形成自己的社会责任感。通过对社会的服务，可以对社会更加了解，从而对社会产生一定的情感，促使学生更进一步地关心社会现状，对社会问题进行思考。在服务社会的过程中，学生运用自己所学的知识与技能解决所遇到的问题，他们在发展学生的同时，也培养了学生的社会责任感。

(3) 探究社会的自然与人文环境。通过探究社会的自然与人文环境，可以增加学生对当地的自然环境、人文景观、民俗文化、社会现象的了解和掌握。在这一过程中，学生可以通过与自然环境的接触与探究，在领略身边自然的神奇与博大的同时，对自然产生保护的情感与爱护的意识；通过对地区人文景观、民俗文化的参观与学习，使学生形成热爱历史文化、家乡的情感；通过对社会现象，特别是学生身边人们关心的社会热点问题的探究，使学生们在提高自己运用所学知识与技能解决问题能力的同时，树立良好的人生观、价值观。

4.2.3　设计制作

1. 设计制作的解析

设计制作活动方式是由原综合实践活动课程的"信息技术教育和劳动与技术教育"两个内容模块转变而来的，新颁布的《指导纲要》中对于设计制作的解释为：设计制作指学生运用各种工具、工艺(包括信息技术)进行设计，并动手操作，将自己的创意、方案付诸现实，转化为物品或作品的过程，如动漫制作、编程、陶艺创作等，它注重提高学生的技术意识、工程思维、动手操作能力等。在活动过程中，鼓励学生手脑并用，灵活掌握、融会贯通各类知识和技巧，提高学生的技术操作水平、知识迁移水平，体验工匠精神等。设计制作的关键要素包括：创意设计；选择活动材料或工具；动手制作；交流展示物品或作品，反思与改进。

学生最有创意，特别是小学生，年龄越小，越容易天马行空地去想象，当他们把自己的创意通过亲自动手实践变成现实、转化成物品时，孩子们就会产生学习的成就感。

2. 设计制作活动设计的基本要求

学生通过运用一定的技术工具、技术手段将自己的创意转化为产品，使得学生能够更好地掌握包括信息技术在内的现代技术，这适应了现代科技发展对于人的技术素质的要求。与其他综合实践活动方式的要求一样，这种活动方式的活动内容也要来自学生的生活世界、学生的生活经验，能够体现孩子所在区域的地方特色和区域特征；主题要能够引起孩子设计制作的兴趣，并且是能够为学生们所感知，且易于操作和具有挑战性的；选择的设计制作的主题要与学生的年龄特征和已经掌握的知识与经验水平相符合；活动的主题能够引起学生主动学习的兴趣，并且有利于观察、设计、操作、评价等活动过程的展开。设计制作类的活动所涉及的材料、技术、工具等，都要具有容易获取、安全可靠等特点，这样才能保证此类活动的顺利进行。同时要注意的是，创意的获取需要学生自己商讨创造，充分发挥自己的聪明才智和想象力，在有了一定的创意之后，学生们可以分工，或者独立地进行制作。自己动手是设计制作类活动最主要的因素，这个活动方式特别强调培养学生的动手操作能力，通过动漫制作、编程、陶艺创作等丰富多彩的形式，将自己的创意、方案付诸现实，转化成为物品或作品。

4.2.4　职业体验

1. 职业体验的解析

职业体验这种活动方式是原综合实践活动课程内容要求中没有提到的，如果一定要说涉及的话，也就体现在"了解必要的通用技术和职业分工"这句话中，让学生了解职业的分工。因此，可以说职业体验是一个新提倡的综合实践活动方式，对于综合实践活动来说，这也是一个新的尝试。新颁布的《指导纲要》对于职业体验的解释为：职业体验是指学生在实际工作岗位上或模拟情境中见习、实习，体认职业角色的过程，如军训、学工、学农等，它注重让学生获得对职业生活的真切理解，发现自己的专长，培养职业兴趣，形成正确的劳动观念和人生志向，提升生涯规划能力。职业体验的关键要素包括：选择或设计职业情境；实际岗位演练；总结、反思和交流经历过程；概括提炼经验，行动应用。

从出生到成人，人的生活离不开与各种职业的联系，学生通过职业体验将学习与职业生活情境紧密地联系起来，让自己置身于丰富的、与各种职业活动相关的情境之中，通过全身心地参与各种职业性的实践活动中，来获得相应的真切认知与情感体悟，从而加深对自我世界、生活世界、职业世界和社会发展的理解，并将这样的理解与其自身的未来发展联系起来。

2. 职业体验活动设计的基本要求

对于职业生活的实际状况，学生在知识学习和日常生活中也能获得一些相应的感受和理解，但是这些往往是被动感知的，或是在无意识状态下获得的，在广泛性、深刻性和目的性上有一定的局限。"职业体验"这一活动方式，通过有意识地安排，从知识、技能到情感、态度、价值观层面的充分参与，学生可以多角度对更多不同的职业生活进行了解、分析和评价，进而联系自己的兴趣爱好、能力特长、性格体力情况以及未来职业发展的趋势，去探索、反省自己的职业志向，去检视自身与职业志向相关的准备状态，去思考实现职业志向可能的路径与策略等。在这个过程中，学习者首先实实在在地感受到了自我的存在价值，感觉到了自我理智的力量、情感的满足、意志的独立与自由；其次还实实在在地感觉到自我与自然、与社会之间的内在联系。

通过职业体验，让学生走上他们在知识学习和日常生活中了解到的真正的工作岗位，亲自去感受工作状态，去工厂车间、公司企业、政府机构、科研院所，或者是建筑工地等不同工作地点，体会不同职业的感觉，让他们感受到社会分工的不同，各行各业工作性质和内容、劳动强度的不同，这些对学生建立职业印象，慢慢地形成自己的职业生涯规划是非常有帮助的。同时，在此过程中让他们感到劳动没有高低贵贱之分，形成正确的劳动价值观。

走进春节

扩展阅读 4-1

综合实践活动内容组织要与学生学年段契合

由于学生在不同学年段的认知水平、能力结构、行为能力都存在差异，所以，教师在指导综合实践活动课程的时候，要充分考虑学生的年龄特点，活动主题的难易程度要与学生的年龄相适应。在组织综合实践活动内容的时候要根据学生的不同年龄特点和认知水平进行，下面以体验式的主题活动和探究型的主题活动为例进行说明。

在组织内容时应根据不同学年段学生的特点和认知水平，以小学、初中、高中三个学年段为基准，形成不同学年段的主题活动。中小学阶段，学生大多数时间是在学校度过的，为了增加学生对自然、社会、自我的认识，在综合实践活动这门课程的学习中，从小学一年级至高中阶段，学生都应参与体验式主题活动，让学生走进生活，逐渐认识和了解生活。

体验式的主题活动对于小学生来说，首先是走进并接触生活，逐渐产生对生活现象的认识；初中阶段的学生，进一步接触生活，从对生活中的某些现象的认识逐渐发展到对生活中某些本质问题的认识；高中阶段的学生，全面接触生活，认识并了解生活的本质，从而感受生活。体验式主题活动重在让学生接触并逐渐认识自然和社会生活，使学生对自然和社会生活形成初步的印象，这正好弥补了学科课程脱离学生现实生活的不足，有利于学校教育与学生生活的紧密联系。

由于小学生的身心发育尚未成熟，认知能力很低，知识结构单一，无论从事现实问题的探究还是科技性问题的研究，他们都不具有相应的认识和实践能力。所以，小学阶段的探究式主题活动主要选择学生现实生活中常见的现象和问题，且必须在老师的指导下，家长共同参与才能完成一定的主题探究活动。初中学生展开探究式的主题活动，其主题的选择也必须适应初中学生的能力，无论选择自然、社会还是自我领域中的问题，都应分三个年段区别对待：初一学生探究的问题仍侧重于问题的现象认识和直观化分析与理解；初二、初三学生对问题的探究应具有一定的技术性，并逐步认识和分析问题的本质。对于需要持续性研究的主题，老师应指导学生有计划地通过三年时间连续开展完成。高中学生思想已基本成熟，具有一定的知识结构和认知能力，也具有一定的社会实践能力。高中学生开展探究式主题活动时，与初中学生相比，着重于对自然、社会生活中问题的本质性研究，高中生对科技类主题很感兴趣，学生在选择主题时，较重视科技项目的开发研究，如对生活中低碳行动的探究、对城市交通问题的探究、对环境问题的研究等。

【学习资源链接】

赵书超、郑爽. 小学综合实践活动设计与实施[M]. 北京：清华大学出版社，2013.

杜建群. 综合实践活动课程理论与实践[M]. 2 版. 北京：北京师范大学出版集团，2016.

关注"综合实践活动课程研究"公众号。该公众号主要是发布中国教育学会教育管理分会综合实践活动管理与研究学术委员会课题研究、学术活动信息，以及一些优秀的经典综合实践活动课程案例，可以帮助学校教师更好地进行综合实践活动课程建设。

【教与学活动建议】

(1) 教师引导学生(学员)采取小组合作的方式，访问中国知网网站(https://www.cnki.net/)或通过各种搜索引擎(如百度等)搜索，查阅有关小学综合实践活动课程内容与活动方式相关资料，在小组内进行充分的交流讨论。目的是通过这种方式，让学生(学员)能够对小学综合实践活动课程的内容维度、选择与组织原则和活动方式等相关知识进行深刻的理解与把握。

(2) 指导学生(学员)进行一个主题综合实践活动课程(或者主题综合实践活动课程中的一个课时)的活动方式的设计。

① 学生(学员)在设计活动方式的时候可以有以下选择：只有一种活动方式；以一种活动方式为主，兼顾其他活动方式；整合活动方式。

② 列出活动方式设计与选择的依据。

③ 对活动方式的实施做可行性分析。

④ 其他学生(学员)和教师帮助完成活动方式的选择与设计。

在这个活动过程中，教师适时地对学生(学员)的活动方式的选择与设计给予合理的建议。

本章小结

综合实践活动课程的课程内容是广泛的，是学生的整体生活世界，具体来说是围绕学生与自然、学生与社会、学生与自我这三个关系维度开展和设计的。面对如此广泛的内容题材，选择和组织综合实践活动课程内容就需要十分慎重，否则就会扭曲综合实践活动课程的功能与作用。因此，在实践中，要坚持自主性、实践性、开放性、整合性和连续性的原则。综合实践活动课程的内容范围虽然广泛，但是活动的方式却十分具体，是以考察探究、社会服务、设计制作、职业体验为主，当然，也可以将党团教育、博物馆参观等活动作为综合实践活动课程的活动方式。在活动中，要以一种活动方式为主，兼顾其他方式，或者以整合方式实施。

思考与实践

一、理论思考

1. 简述小学综合实践活动课程的内容维度。

2. 简述小学综合实践活动课程内容选择和组织的原则。

3. 什么是考察探究？它具有什么样的特点？这种活动方式的综合实践活动课程的要点有哪些？

4. 什么是社会服务？这种活动方式的综合实践活动课程的基本要求是什么？

5. 什么是设计制作？这种活动方式的综合实践活动课程的基本要求是什么？

6. 什么是职业体验？这种活动方式的综合实践活动课程的基本要求是什么？

二、实践探索

结合引导案例中该教师的思考，谈谈你对综合实践活动课程内容选择与活动方式设计的看法。

儿童是有主动性的人，他们的活动受兴趣和需要的支配，一切有成效的活动必须以某种兴趣做先决条件。

——皮亚杰(1896—1980)，瑞士著名心理学家

第5章　小学综合实践活动课程设计的原则

学习目标

知识目标
➢ 了解影响小学综合实践活动课程设计的主要因素。
➢ 知道小学综合实践活动课程设计的基本要求。
➢ 掌握小学综合实践活动设计的一般原则。

能力目标
➢ 能按综合实践活动课程设计的基本要求进行课程设计和整体规划。
➢ 能遵循综合实践活动课程的基本原则设计综合实践活动。

核心概念

课程设计(curriculum design)　影响因素(influence factor)　设计原则(design principle)

引导案例

一次失败的选题经历

一位综合实践课程老师在组织学生开展了一次综合实践活动后，在个人博客上写下了一段话："最近的一次综合实践活动课让我倍感郁闷。我们学校有一支古筝表演队，多次在各类比赛中获奖，也在各类演出活动中受到好评。学校领导很重视，把古筝确定为学校的特色活动之一。我就想把学校的特色资源作为综合实践活动的主题内容。但遗憾的是，在五年级上《走近古筝》时，遇到了令人尴尬的一幕：在讨论主题时，有三个小组居然不约而同地提出，老师我们能不能换一个内容？"

……

思考：为什么教师设计好的主题，学生不感兴趣，导致活动无法正常开展？

从引导案例中可以发现，古筝表演队仅有少数学生参与，从范围上并没有涵盖全员。

另外古筝作为一种古典乐器，对大多数家庭来说距离比较远，也远离学生的生活。在该校未全面或大部分普及古筝的情况下，选择该类主题内容，学生必然缺乏基本的认识，当然不能引起兴趣。所以，该如何选择合适的主题，如何设计综合实践活动课程呢？

5.1　影响小学综合实践活动课程设计的主要因素

综合实践活动是在教师指导下学生自主进行的跨学科、跨领域的实践性、体验性、探究性的学习活动。在设计小学综合实践活动时受诸多因素的影响，如课程目标、学校条件、学生已有的经验、学生的兴趣爱好、教师的观念等。在这里把这些因素分为四个方面进行分析，即课程目标、学生因素、教师因素和学校的教育条件。

5.1.1　课程目标

课程目标是影响综合实践活动课程设计的决定因素。

综合实践活动课程目标反映的是学生通过综合实践活动课程的实施应达到的发展状态。一般而言，课程目标，既是选择、创造和组织学习经验的指南，也是课程内容选择与组织的决定性因素，还是开发评价程序和评价工具的依据。可见，课程目标是课程设计与实施的基本立足点和出发点。

由于综合实践活动课程强调"做中学""活动中发展"，因此任何综合实践活动设计都必须以课程目标为依据。不以课程目标为依据，设计就是无的放矢，即使实施了，实施效果也会大打折扣。2017年的《指导纲要》中提出，本门课的课程目标是"学生能从个体生活、社会生活及与大自然的接触中获得丰富的实践经验，形成并逐步提升对自然、社会和自我之内在联系的整体认识，具有价值体认、责任担当、问题解决、创意物化等方面的意识和能力"。与学科课程目标相比，综合实践活动课程目标更关注学生发展的综合实践能力、创新精神和探究能力，以增强学生对自然、社会和自我的责任感，培养学生的综合素质。

在进行课程目标设计时，要注意以下几点：首先，设计目标要合理，不能偏离学生经验和知识结构。其次，不要设立"纯知识"目标，偏离课程总目标和学段目标。综合实践活动课程所追求的知识是方法性知识、综合性知识、体验性知识。综合实践活动需要学生在已有知识的基础上开展对新知识的探索，并通过对各种知识的综合运用，寻求实际问题的解决方案。再次，目标的设计不能忽视过程与方法，不能偏离课程探究的价值。综合实践活动课程更关注活动过程与方法，关注学生通过活动所进行的自我发现与自我塑造，以及真实的、具体的个人体验。如果学生没有机会对具体的现场经验和抽象的知识进行重组和建构，没有实践能力提高和情感态度价值观的变化，设计将成为泛泛的和缺乏深度的行为，综合实践活动课程也将失去其本身的价值。最后，学生是实践活动的主体，最终能由学生自行制定目标是最理想的目标确定方式。

5.1.2　学生因素

对学生而言其已有经验、兴趣爱好以及身心发展特点等都是影响综合实践活动设计的重要因素。

1. 学生的已有经验

学生的已有经验包括直接经验和间接经验。直接经验主要涉及有关学生生活、社会环境与自然事物方面的现象层次的经验，而间接经验主要涉及经过判断、推理和抽象概括后获得的系统化、结构化的理论层面上的知识经验。

学生的生活经验是课程的重要组成部分，同时，也是课程生成和发展的基础。过去，在课程单纯的知识传递过程中，学生的生活经验被忽视，被排斥在课程之外。而在综合实践活动课程的研制过程中，吸收了建构性学习理论："学习不是简单的知识的转移与传递，而是学习者主动地建构自己的知识经验的过程，学习者要将正式的知识与自己日常的直觉的生活经验联系起来"。缺少生活经验的课程，是不完整的课程。

综合实践活动更注重学生直接经验的获得，特别强调学生通过亲力亲为获得的体验。这种体验既包含对各种知识经验的理解，同时又超越了认知层面的机械接受，而更主动地从内心接受。这就要求课程设计要引导学生对所获取的各种活动经验及原有经验进行提炼，引导学生充分吸取经验中的精华，并自觉地纳入自己已有的知识储备和活动设计中，形成情感、态度、价值观等的体验，避免活动经验和原有经验不能发挥出真正的教育价值。

2. 学生的兴趣爱好

杜威认为，儿童有四类兴趣(本能、冲动)：第一类是"社会本能"(the instinct of social)，是指儿童在谈话、交际和交往中所表现出来的兴趣，语言本能是表现儿童社会本能的最简单的形式。第二类是"制作本能"(instinct of making)，是指儿童在游戏、运动、制作材料等方面表现出来的兴趣，又称"建造性冲动"(constructive impulse)。第三类是"探究本能"(instinct of investigation)，是指儿童探究或发现事物的兴趣。儿童并没有多少抽象的探究本能，探究本能是建造性本能与交往本能的结合。第四类是"艺术性本能"(instinct of art)，亦可称为"表现性冲动"(expressire impulse)，它也产生于交往本能和建造性本能，是交往本能和建造性本能的精致化与完满表现。杜威认为，这四类兴趣是儿童的自然资源，儿童后天的经验是在这四类兴趣的基础上发展起来的，儿童心智的积极生长依赖于对这四类兴趣的运用。因而，课程设计需要建立在这四类兴趣及相应经验的基础之上。

3. 学生的身心发展特点

在教育过程中必须遵循人的身心发展规律，才能收到预期的效果，教育才能促进人的身心得以健康发展。人的身心发展主要包括身体发展和心理发展。身体发展主要是指身高、体重、各种器官及其技能的发展。心理发展主要指人的感知、想象、思维、创造力、情感、意志等。每个学生在这些方面都有属于自己的特点，遵循这些身心发展特点，综合实践活动设计就容易获得成功。小学生的年龄比较小，其活动的内容、深度也必须是浅显和简单的，因此必须要突出"小"活动的特点，要注意在"小"字上下功夫。在诱导学生的思维时要把握好这一点，不能脱离学生的实际知识，把思维诱导的目标定得过高。学生的思维扩展是由小到大的，因此，我们要使思维的感知材料着眼于小的事物，不放弃任何的细枝末节，努力做好每一件小事。

综合实践活动课程的性质决定了学生是设计活动课程的主体，他们不仅参加活动，而且在活动的设计和实施过程中都要体现出主体性。课程的主体是学生,因此要从学生的实际出发,尊重学生的兴趣、爱好和需要,发挥学生在活动过程中的主动性和积极性。而学生之所以能积极主动参与、全程参与,也主要是因为活动设计是以他们的已有经验(包括知识结构)、兴趣爱好、身心发展情况为前提的。

5.1.3 教师因素

教师的观念、习惯、知识结构、整体活动规划和活动方案设计能力是影响综合实践活动设计的直接因素。

旧的教学观念以及教学习惯影响综合实践活动的设计。综合实践活动超越了传统单一学科的界限,它是基于学生的直接经验,密切联系学生自身生活和社会生活,体现了对知识的综合运用的课程形态。其课程价值是很明显的,但不少中小学教师至今没有真正理解综合实践活动的课程价值,部分教师将活动"资料包"奉为圭臬,导致课程实施出现教材化、学科化倾向。要想改变这种情况,就必须从转变观念入手,将转变观念贯穿活动设计的全过程。教师要想适应综合实践活动设计及实施,就必须抛掉狭隘的学科课程观和习惯,防止综合实践活动课程出现学科化倾向。

此外,小学中不乏在专业领域具有较高素养的教师,但具备多元化知识结构的教师却不多。长期以来的分科教学,致使教师被大纲、教材的樊篱禁锢着,没有机会拓宽知识面。再加上在校读书时有限的专业知识不断缩小到与考试有关的知识范围内,导致知识结构单一、老化,更谈不上与生活联系的知识了。面对综合实践活动,许多教师无知识优势可言,难以应对综合实践活动对教师跨学科的综合知识结构的要求。

教师对综合实践活动规划与设计的能力,是指教师整体规划、方案设计、目标编制、内容选择、活动过程与课程评价设计等的能力。综合实践活动为教师和学生提供了宽广、自由的活动空间和广阔的活动背景。指导教师要能够在这种广域的课程环境中,善于根据学生的生活经验、已有的知识基础和特定的背景与条件,让学生自主、自由、灵活地选择活动主题或课题、设计活动过程,这就要求指导教师具有较强的规划能力和设计能力。

5.1.4 学校的教育条件

学校的教育条件直接影响着综合实践活动的实施效果,进而影响着综合实践活动课程的实现情况。

学校的教育条件,如地理环境、物质条件、人文条件、学校氛围、所处社区等都是综合实践活动设计的基础条件,它为综合实践活动课程的设计和实施提供了生存土壤、活动场地、发展空间和成功机会。如果不注意利用这些基础条件,就会极大地影响综合实践活动课程设计的效果。

另外,综合实践活动课程的开放性和实践性等特征,也决定了其活动设计必然要求大大地扩展教育资源的开发利用范围。与学科课程相比,综合实践活动对教育资源的需求量更大,依赖程度更高。没有这种教育资源的合理开发与充分利用,再好的设计也只是一种空想。

5.2 小学综合实践活动课程设计的基本要求

5.2.1 目标具体明确

《指导纲要》对综合实践活动课程目标作出明确规定，强调综合实践活动的设计与实施必须围绕课程目标进行，注重引导学生在活动中体认、践行社会主义核心价值观，培养学生的社会责任感、创新精神和实践能力，增强活动的育人效果。考虑到综合实践活动课程的跨学段性质，为便于操作，在提出总目标的基础上，将综合实践活动课程目标具体分为价值体认、责任担当、问题解决、创意物化四个方面，并对小学、初中、高中三个学段分别提出了相应的学段目标。

扩展阅读 5-1

小学阶段具体目标

(1) 价值体认：通过亲历、参与少先队活动、场馆活动和主题教育活动，参观爱国主义教育基地等，获得有积极意义的价值体验。理解并遵守公共空间的基本行为规范，初步形成集体思想、组织观念，培养对中国共产党的朴素感情，为自己是中国人而感到自豪。

(2) 责任担当：围绕日常生活开展服务活动，能处理生活中的基本事务，初步养成自理能力、自立精神、热爱生活的态度，具有积极参与学校和社区生活的意愿。

(3) 问题解决：能在教师的引导下，结合学校生活、家庭生活中的现象，发现并提出自己感兴趣的问题。能将问题转化为研究小课题，体验课题研究的过程与方法，提出自己的想法，形成对问题的初步解释。

(4) 创意物化：通过动手操作实践，初步掌握手工设计与制作的基本技能；学会运用信息技术，设计并制作有一定创意的数字作品。运用常见的、简单的信息技术解决实际问题，服务于学习和生活。

(资料来源：2017 年《中小学综合实践活动课程指导纲要》)

综合实践活动课程的总体目标不是所有活动主题的具体目标，在设计具体实践活动时，要根据活动总目标和学段要求，针对具体活动主题或活动项目，将这些目标进一步具体化、明确化，将课程总目标细化为可操作的具体目标。如果只有抽象的目标设计和笼统的目标要求，开展的综合实践活动的有效性是很难得到保证的。

案例 5-1

"学做叶脉书签"的目标设计[①]

某学校在"学做叶脉书签"这个活动开始研究时，就有教师制定了以下研究目标。

(1) 搜集关于各种植物的叶子，以及叶脉书签的知识。

---

① 孙燕妮. 把握《指导纲要》本质 优化活动目标设计——以小学六年级综合实践活动"学做叶脉书签"为例[J]. 名师在线，2018(5)：34～35.

(2) 学会制作叶脉书签，进一步了解叶子的结构和用途。

(3) 通过实验制作，培养学生具有独立制定研究方案的能力和自主获取信息的能力，养成合作、交流、分享的良好态度和能力，具有较强的探究意识。

(4) 培养学生的兴趣及审美情趣，体会大自然的神奇，传达环保理念。

显然，这样的目标设计是模糊而笼统的，缺乏质和量的明确规定。从这几个目标中，我们看到的各项指标都是极其"宽泛的"，似乎都很合理，但是从中读不出学生通过这次具体的小课题研究活动要学习哪些知识、掌握哪些方法、发展哪些能力、形成哪些技能和情感态度。这样的活动目标对于小课题研究的开展没有指引、导向的作用，并且很难用于评价目标的达成，容易导致小课题研究流于形式。经过实践与思考，教师又制定了研究目标，如表5-1所示。

表5-1 "学做叶脉书签"的研究目标

主要流程	子课题	课时目标
主题生成阶段	片片绿叶 化朽为奇	了解树木，观察树叶，了解树叶的结构和用途。知道哪些树叶能制作出叶脉书签
活动准备阶段	制叶成签 各显神通	搜集资料，学会制作叶脉书签的方法及步骤
动手制作阶段	历历叶脉 悠悠情思	学习制作叶脉书签，学会制定制作方案，自制实验记录单
成果展示阶段	叶脉传情 书签达意	通过交流、评议作品，发现自己或他人作品中的问题，并提出解决问题的方法和建议

案例分析：这一番修改让抽象的目标清晰了许多，并且具体到每一阶段，这样教师在指导学生开展小课题研究时，就有了具体的操作、制作方法和技能等行为化的目标要求，课题研究能得以有效实施。

5.2.2 内容综合、富有生活气息

综合性是综合实践活动的基本特征，是由综合实践活动中学生所面对的完整的生活世界决定的。学生的生活世界是由各种复杂的关系构成的，它们像"灌木丛"一样，相互交织在一起。在这些关系中，学生与自然、学生与他人或社会、学生与自我的关系是生活世界中最普遍的关系，也是最富有生活气息的内容。

第一，选题设计要尽可能来自学生周围的真实世界(如家庭、学校、社会、个人、自然环境、社会环境等)，从大处着眼，小处着手，从实际生活中获得适合自己特点、力所能及的探究题目。

第二，设计要以整合的方式最大限度地整合课程内容，以融合的形态呈现、引导学生处理好人与自然、社会、自我的内在关系，养成负责任的生活态度和生活能力，培养良好的问题解决、创意物化能力。

第三，基于学生的生活经验进行设计。立足于学生认知能力的发展特点，着眼于学生真实生活，选择学生熟悉的、感兴趣的、有意义的课题为学习对象，《指导纲要》里推荐的70个小学阶段的主题活动基本就是从学生的学校生活、家庭生活、社会生活、自然生活中提出的鲜活的活动内容。如果让小学生探索"宇宙的奥秘""克隆人"等问题，则远离

了学生的生活经验。通过自主的体验、尝试和生活实践活动，促进他们自身的全面发展，为其学会生活、学会学习、学会交往、学会生存打下良好的理论基础和素质基础。

第四，适当地选择一些高于学生已有认知水平的探究课题。探究活动主题的选择可以高于学生已有的认知水平，不能完全迁就学生的生活背景，让学生"跳一跳，够得着"。没有固定答案或学生知识背景无法直接获得答案的课题，容易引起学生的探究兴趣，这种课题也是学生未来生活的一部分，但不宜安排得太多。

5.2.3 活动过程突出参与、探究与体验

1. 参与

综合实践活动充分体现了对学生的全面教育功能，设计时要考虑学生有参与的机会。首先要做到"全员参与"。综合实践活动应面向全体学生，让每一位学生都有机会参与实践过程，从而得到发展。其次要做到"全程参与"。学生要参与综合实践活动的全部过程，在过程中感受、体验、探究、发展。最后要"全身心主动参与"。学生要积极、主动地参与综合实践活动。

要创设"全员参与""全程参与"的情境，让每个学生切实经历主题活动实施的全过程。一是给予每一位学生自主学习的时间，让学生有充足的时间去探索、去思考、去交流；设计活动的准备阶段，引导每一个学生自主地关注生活中和学习中的各种现象，继而提出自己感兴趣的问题，让学生自主制定活动方案，并为活动的开展做好充分的准备，发展他们规划与组织的能力。二是给每一位学生质疑的权利和机会，欢迎学生提出自己的独到见解，保护学生的创新精神。三是教师要加强对学生探究过程与方法的指导。

2. 探究

"探究"是综合实践活动的手段和途径，问题是进行探究的起点。综合实践活动的探究，既是学生发现问题和解决问题的过程，也是教师指导学生进行探究的过程。通过自主探究，学生的学习兴趣得到激发，而这种兴趣正是学生持续探究的源泉。在探究的过程中，学生一般会选用合适的方法进行独立思考和操作，会调动自己的情感和意志等因素维持探究活动的进行。具体来说，教师指导学生进行探究的策略主要有以下几个方面。

(1) 为学生提供必要的指导说明。在学生对探究活动的程序和方法还不熟悉时，老师要为学生提供必要的指导说明。比如，教师为学生提供探究活动过程的大致框架或提示，说明进行某种活动的大致过程，但不要用死板的模式限制学生的探究活动。

(2) 指导学生搜集、整理相关资料。考虑到学生已有经验的广度和深度是有限的，所以，教师还要给学生提供资料，指导学生查阅文献资料，进行论证；指导学生分析、研究取得的资料，得出结论。

(3) 采用多方互动、合作的策略，让学生的探究更加深入。师生之间、学生之间、学生和社会各界人士之间的互动合作是学生深入探究的策略。在学生进行合作探究的过程中，教师可以提供问题引发学生思考，生成新问题，提出不同的或反面的意见，以激发学生的求知欲，通过活动与合作共同探究，解决深层次问题。

3. 体验

综合实践活动要求学生积极参与各项实践活动中去，在"考察探究""社会服务""设计制作""职业体验"等一系列活动中应用知识，感悟人生，积累经验，认识事物之间的联系和关系，建构活动的意义，获得整体发展。要想使学生有深刻体验，需要做到以下几点。

（1）贴近学生的经验基础和知识结构，引导学生亲力亲为。综合实践活动主题要贴近学生的经验基础和知识结构，要建立在学生能够切实感受的基础上，适应学生的年龄特点和成长要求，使学生能够在自己的"生活世界"中进行探究和体验。综合实践活动强调学生亲力亲为，使学生在各种活动中获得真实感受，这种内心的真实感受是学生形成认识、转化行为能力的原动力，也是他们的情感、态度与价值观健康发展的基础。

（2）应用多种活动方式，提供多种途径。综合实践活动设计要引导学生应用多种活动方式，如尽量采用参观、访问、调查、实验、测量、采访、宣传、郊游、野营、义务劳动、公益服务、设计、制作等能调动学生多种感官参与，动手与动脑相结合的活动方式。要为学生提供多种途径，特别注意要提供具体的、现实的情境，如让学生走出课堂，置身于广阔的大自然和丰富的社会生活中，通过实际操作与活动来获得丰富的体验。

（3）要善于组织学生反思、体验、分享。所谓善于组织，就是在实施的过程中，要引导学生总结活动中的实际感受，总结分析活动过程中成功或失败的原因、形成的各种观点和认识、具体方法和程序的合理性。反思是重要的学习方式，通过反思可以发现一些独特且深刻的体验。在反思交流活动中，要做到学思结合，学生要学会倾听、慎思、明辨、合作。

✿✿ 案例 5-2

"今天我当家"活动过程设计

第一次活动：
1. 去菜市场买菜，知道如何鉴别蔬菜的质量，学会买不同的蔬菜。
2. 向父母请教各种菜的做法。
3. 自己学会做 1~2 道菜。

第二次活动：
通过多种渠道搜集资料，了解各种不同的蔬菜中所含的营养价值。

第三次活动：
利用周日，请学生问家长要 30 元钱，去菜市场买菜，学会烧菜，为家人准备一份营养可口的午餐。

第四次活动：
根据自己所学到的营养方面的知识，根据家庭收入情况，设计一周既营养又经济的菜谱。

案例分析：综合实践活动就是以学生的学习兴趣和求知欲为前提，使学生随时随地从生活中选择自己感兴趣的问题作为研究对象，自然地、综合地学习，在活动过程中通过学生的参与与体验，不仅能培养学生的综合实践能力，更能教育孩子怎样做人，培养他们对家庭和社会的责任感。

5.2.4　活动方法得当、形式多种多样

综合实践活动以活动为主要方式，活动形式多种多样，2017 年的《指导纲要》中提出了考察探究、社会服务、设计制作、职业体验、党团队教育、博物馆参观等活动方式。

综合实践活动的目标是综合的，内容是综合的，与之相匹配的活动方法也应该是综合的。它要求在完成综合实践活动课程的某一具体主题研究或活动过程中，能够根据需要采用多种相关的学习活动及方法，如观察、考察、参观、阅读、思考、实验、制作、表演、竞赛、采访、宣传、义务劳动、公益服务等。一方面根据学生的特点与发展要求恰当地选择学习活动方式，另一方面也应根据课程目标，创造性地将多种活动方式在学生的活动中加以综合运用，双管齐下，促进学习目标的实现和学生学习方式的转变。

在实施过程中，不要局限在某一学习领域、某一活动方式，而要注意把握各种活动方式、活动内容之间的内在联系，合理地整合各种活动方式，促进各活动内容之间的融合，最终实现各学科的渗透融合，形成有机整体。要想实现这一目标，在开发活动时可以设计一些能够涵盖多种活动方式的大主题，如开展"我爱我的家乡"主题活动可以包含以下内容：学生走出校门开展社会调查，如调查家乡特色文化传承与发展状况，考察家乡特产生产销售的基本过程，为家乡发展提出建议；参观当地农业基地、农副产品生产企业，了解家乡的风土人情；举办家乡变化宣传会或家乡物产推介会，制作演示文稿宣传家乡物产；选取感兴趣的家乡标志性建筑，利用多种材料制作模型。

✿✿ 案例 5-3

《生活中的垃圾》活动方案设计(节选)

一、课题的产生

开学初，学生身上的零用钱较多，短短一个中午的时间，教室中的纸篓已放满了各种各样的食品包装袋、塑料瓶之类的垃圾。教师对学生进行一番教育之后，让学生进行了一个简单的计算，算一算，按这样的速度，学校一天会产生多少垃圾，所在区域一天会产生多少垃圾。真是不算不知道，一算吓一跳，产生的垃圾数量竟会如此巨大。接着学生七嘴八舌地说开了，这么多垃圾怎么办？往哪儿放？这些垃圾会产生多少危害？……面对这么多的问题，学生的研究热情高涨，自由组成了三个小组，分别从"学校""家庭""社会"三个方面来调查研究垃圾的问题。

二、活动目标(略)

三、活动时长(略)

四、活动步骤

第一阶段，学校：

1. 学生通过自己的值日工作总体了解学校产生垃圾的数量、垃圾的种类，以及产生垃圾的主要渠道。

2. 针对学校的情况，对学校的部分学生进行调查，为活动开展提供方向。调查内容：

①调查学生对学校的垃圾现状的了解。②调查学生对垃圾的有关知识的了解情况。③对学生不清楚或感兴趣的问题进行收集。

第二阶段，家庭：

1. 结合当地社区的具体人口数，算一算每天、每月产生多少垃圾，为下面的调查提供依据。

2. 调查现在家庭中人们处理垃圾的方式。(设计调查表)

3. 按小组对情况进行整理分析，得出人们处理垃圾的现状。

第三阶段，社会：

1. 学生分小组到周边的社会场所了解垃圾的来源、数量及种类。(用电脑制作统计图)

2. 用图片与视频记录人们处理垃圾的方式及垃圾现场。(信息技术处理)

3. 观察社区周边的垃圾对人们生活环境的影响。(图片)

……

案例分析：这样的设计运用了观察、调查、访谈等多种手段开展生活垃圾研究等考察探究活动，了解环境污染的原因，提出治理方案或建议，在研究过程中，将学问性知识与体验性知识、社会问题与学生问题、理论与实践、课内与课外、校内与校外有机地结合起来。后续还可设计在社区中开展环保宣传，开展力所能及的义务劳动，在学校内创建"环保银行"等活动，时刻提醒大家注意保护环境。同时，在所有的活动中注意发挥信息技术的支持作用。这样就能把综合实践活动的各个内容有机地结合起来，合理整合各种活动方式，这样更有利于达成综合实践活动的课程目标。

5.2.5 活动方案切实可行、操作性强、安全可靠

一个好的活动方案，都是广泛听取意见后，经过反复斟酌和修改，在设计上凝结了教师、学生、家长、专家们的智慧后才形成的。

1. 活动方案要切实可行、操作性强

活动方案是否切实可行，主要取决于方案是否完整合理，如活动目标是否符合有关规定以及学生的身心发展特点；活动内容是否符合整合的理念，是否体现学生的生活学习经验、兴趣爱好；活动方式是否多种多样，是否综合运用多种活动方法和活动形式；学生是否有体验的安排等。学生是综合实践活动的主体，所设计的活动步骤、活动方式要具有可操作性，如设计调查、观察、种养、制作、展示、反思等。

2. 设计要考虑活动的安全可靠

如果没有"活动"，就没有综合实践活动课程，综合实践活动要求学生走出校园、走向社会、走进自然。然而在现实生活中，学校对师生走出校园开展综合实践活动课是心存疑虑的，因为学校和教师首先必须对学生的人身安全负责。安全问题虽然不是综合实践活动课本身的问题，但却有可能成为该课程设计与实施的一个障碍，所以必须从积极的方面考虑活动各个环节的安全可靠措施的问题。一是要加强安全教育，让学生学会对自己的行为负责。二是学校和教师应该提供必要的机会，让家长了解综合实践活动课程的重要性，并了解学校的安全措施和规章制度，以此赢得家长对这门课程的支持。三是师生在设计具

体活动内容时要考虑安全性问题，如在开展《水资源调查》相关活动时，有教师布置了"河边取水"这样的任务，这里的安全隐患就比较大，需要慎重考虑。

5.2.6　形成特色、体现创新

综合实践活动课程的设计重要的是抓好活动目标的制定、学生学习内容的选择以及活动方式的选择。课程资源无处不在，问题在于教师是否有一双发现资源的眼睛。每个学校的条件、环境各不相同，但我们只要"有心"，将本地的地域特色优势加以挖掘、整合，通过一系列实践活动探究体验，发挥有利于综合实践活动课程实施的一切有利条件，一定可以走出一条个性化的课程开发之路。

1. 内容特色

每一个设计无论是其活动主题的提出还是活动的开展过程，都有独特的地方，因为设计综合实践活动要充分考虑学校自身的办学条件、师资力量、所处的社区、学生的兴趣和爱好等各种因素。学校特色是由学校的地域社区环境、管理特点、师生特点等多方面因素共同作用形成的，所以，教师要分析和研究地方和社区的背景和条件，充分挖掘地方自然条件、社会经济、文化状况、民族文化传统等方面的课程资源，优化组合学校课程资源和社会课程资源，形成具有地方特色和学校特色的综合实践课程。

案例 5-4

延庆区太平庄小学的冰雪课程[①]

自北京延庆区和河北张家口市成为 2022 年冬奥会举办地后，全民迎接冬奥会的热情一路高涨，对滑冰、滑雪都产生了浓厚的兴趣。延庆区太平庄中心小学地处冬奥会主办地，由于地形地貌的影响，常年气温比延庆城区还低 3℃～5℃，有着得天独厚的气候条件；在东校区有一块劳动实践场地，同时有极其热衷于冰雪项目的体育师资，学生有多年轮滑的基础。基于以上分析与思考，太平庄中心小学整合教育资源，融合学校的德育、体育、智育、美育和劳动教育，打造适合本校及区域特点的"滑动四季"特色综合实践活动，进行"点""线""面""体"的活动整体设计，努力形成浓厚的冰雪文化氛围，将滑冰实践升华到精神层面，实现滑冰五育并举的教育功能，让孩子收获一生的财富。

2. 目标特色

每个地方的资源都具有地域性、独特性和多样性的特点，这为小学综合实践课程的特色化开发提供了丰富、便捷的素材源泉，在充分理解本地地域优势的基础上，巧用本地资源，发挥其教育功能，能够真正让实践活动课程与学生的生活紧密相连，让实践活动的特色化开展事半功倍。如以乡村自然资源为基础开发综合实践课程，可以让学生回归大自然，在感受自然中提高自身的能力；以认识乡村、改造自然的活动来开发综合实践课程，可以

① 丁建培，哈淑英. "滑动四季"特色综合实践活动——北京市延庆区太平庄中心小学冰雪课程开发[J]. 体育教学. 2018，38(3)：74.

培养学生热爱劳动的品格，锻炼学生的动手能力；从学生的现实生活出发，将影响力较大的身边名人和榜样作为课程资源进行开发，能够起到理论与实践相结合、弘扬身边美德文化的作用；把综合实践活动的实施与校本特色有机整合起来，能进一步彰显综合实践活动课程的独特功能，培养学生的创新精神和动手能力，促进学生个性化发展。

案例 5-5

厦门市海沧区农村小学综合实践活动课程资源开发[①]

福建省厦门市海沧区新江中心小学地处著名的武术之乡新垵村，此地有习武练武的传统和丰富的武术学习资源，传统拳——少林五祖鹤阳拳在武术前辈沈阳德的推广下，人才辈出，武风浓郁，武德感人。学校自建校以来，一直把五祖拳作为学校的校本课程，五祖拳也广受学生喜爱。很多学生想知道五祖拳的历史由来，于是学校因势利导，开展"新垵五祖拳"的研究性学习。活动以学生亲身体验、感悟体验为向导，以学生内化提升为目标，同时努力将勇于尝试、勤于实践、追求创新、提升自我的深刻内涵渗透到综合实践的活动中。具体到实践活动的课程开发操作，学校举办了关于五祖拳的专题讲座，聘任当地较出名的武术教练作为校外辅导员，并在此基础上开展一系列活动，让学生访谈村中老前辈、老师、同学，深入社区调查、查阅资料等。活动激发了学生学习五祖拳的兴趣，促使他们积极地融入调查、参与搜集，全身心地投入到了实践中；也让学生认识到本地民间武术文化是一种活化石，拳术丰富，武德高尚，应该在不断的传承中得到发展、创新，在潜移默化中感染和熏陶学生的性情。

3. 活动方式的特色

综合实践活动课程让学生大胆地去实践、充分地发现以及发挥个性和能力，它不是针对个别学生，而是面向全体学生，并且在综合实践活动中，每位学生的个性以及需求都应该得到尊重，这是其他课程教学无法实现的。所以在设计综合实践活动时，教师要更多地以研究性学习或项目式学习方式展开活动，让学生能根据自身的特长和兴趣展开研究，在学习的过程中培养综合运用各学科知识解决问题的能力。除此之外，还可以采用更加开放自主的形式。

案例 5-6

童眼看南京[②]

南京市雨花外国语小学开设了"童眼看南京"场馆学习课程，学校精选了南京市内 24 个适合小学生参观的场馆，根据场馆的特点拟定学习任务单，设计"雨外小学生场馆学习护照"。学生每学期完成两次场馆学习，每学年还可自选一个场馆参观。学生在场馆学习

① 陈美英. 发扬地域特色，构建个性化课程——以厦门市海沧区农村小学综合实践活动课程资源开发为例[J]. 新教师，2017(7)：56～57.

② 石莉. "玩学融通"理念下学校综合实践活动特色课程群的建构[J]. 江苏教育，2018(17)：14～15.

中寻访、观察、触摸这座城市，了解它的历史，同时选择自己感兴趣的内容进行深入研究，实现了"玩学融通、跨界整合"。

5.3　小学综合实践活动课程设计的一般原则

由于综合实践活动具有开放的教育目标、综合性强的活动内容和生动活泼的实施方式，强调学生在主动实践的过程中，获得充分的体验并得到多方面的教育经验，决定了综合实践活动课程的设计不能简单地照搬目标模式，而应该结合自身特点，寻求综合实践活动课程设计的一套思路和办法。

5.3.1　自主性原则

柏拉图在《理想国》中指出："教育无需强迫，也不能强迫，更无法强迫。任何填鸭式的教育方式只会让人们头脑空空、一无所获。"只有让学生成为综合实践活动的主体，才能实现学生在知识、能力、情感方面真正的飞跃。综合实践活动要充分尊重学生的兴趣、爱好，要求学生主动参与，积极地发现问题，探索问题和解决问题，鼓励他们自主发展，充分发挥自身的选择性、主动性、创造性和想象力。在综合实践活动中，教师不是单一的知识传授者，而是学生活动的开发者、引导者、组织者、参与者、协调者、评价者，为学生开展综合实践活动创设良好的自主学习情境，并且尊重学生的个体差异，鼓励学生选择适合自己的方式开展活动。

在主题开发与活动内容选择时，要重视学生自身的发展需求，尊重学生的自主选择。现代小学生的生活丰富多彩，接受知识、了解社会的途径很多，他们又有着不同的个性特长、兴趣爱好。在开展选题时，由学生自发提出有价值、有创意的研究课题。教师还可以通过观察、调查问卷、热点讨论等多种形式走近学生，发现他们的兴趣点。教师要善于引导学生围绕活动主题，从特定的角度切入，选择具体的活动内容，并自行制定活动目标和任务，提升自主规划和管理能力。同时，要善于捕捉和利用课程实施过程中生成的有价值的问题，指导学生深化活动主题，不断完善活动内容。只有抓住学生的兴趣点，并以包容的胸怀让学生自主选择活动的主题，学生的参与热情才会高涨，综合实践活动也才会收到事半功倍的效果。

案例 5-7

初夏，学校的草地已是绿茵茵一片。某日，教师发现有几个小脑袋凑在一起，走近一看，几个学生正盯着一只小昆虫，有的猜它叫什么名字，有的夸张地形容它的长相，有的询问伙伴怎样养活它……可见他们就像法布尔一样，已被草地上的小昆虫吸引住了。这时教师若将昆虫的观察与研究引入综合实践中，引导学生进行选题，学生就不再会是纸上谈兵，而会积极地投身于这项有意思的活动之中。

案例分析：教师要注重学生在综合实践活动过程中的自主实践。综合实践活动课程是与学科课程相对应的活动课程、经验课程，注重学生在调查、考察、实验、探究、设计、操作、制作、服务等一系列活动过程中发现问题和解决问题，积累经验，体验和感受生活，发展实践能力和创新能力。在活动实施过程中教师要尊重学生的自主选择,鼓励学生以自己独特的方式开展活动。学生有了参与活动的自主性,才能以极大的热情投入到活动中去,真正发挥综合实践活动课程的价值。

案例5-8

在某校开展的"身边的环境"主题活动中,有一个小组决定研究身边的水环境,他们分别观察了周边的河流,发现大河河水发绿,而小河普遍存在河边垃圾堆放的现象。他们拍摄、录像并进行了现场报道。为什么会有这么多的垃圾呢?小组成员又了解到同学笑笑的奶奶是负责清理河道的工作人员,于是与笑笑奶奶约好在有垃圾的河道边进行现场采访并通过录像向同学们汇报。最后呼吁人们改变陋习,保护水资源。在小组活动过程中,同学们通过观察、亲身体验,发现问题,并努力解决问题,培养了多种能力。

案例分析: 在实践过程中学生通过自主学习,获取知识,提高能力,体验情感,发展个性品质,这就是综合实践活动自主性的独特魅力之一。

5.3.2 实践性原则

综合实践活动是基于学生的直接经验、密切联系学生的自身生活和社会生活,体现对知识的综合运用的实践性课程。综合实践活动课程设置的指导思想就是学生要参与真实的社会实践,它的课程价值就在于学生通过参与多种形式的社会实践活动,在"动手做""实验""探究""设计""创作""反思"的过程中进行"体验""体悟""体认",在全身心参与的活动中,发现问题、分析问题和解决问题,体验和感受生活,发展实践创新能力。综合实践活动以活动为主要开展形式,强调学生的亲身经历,要求学生积极参与各项活动中去,它试图走出教育与生活的割裂、儿童与课程之间的对立状态,形成学科课程与综合实践活动课程一体化的"课程连续体",实现学生的学做合一,切实做到让学生在实践中体验,在体验中领悟,在领悟中获得理性知识。

美国教育家杜威曾说:"个体要获得真知,就必须在活动中主动体验、尝试、改造,必须去做。"学生是实践活动的主体,要想获得真知,重要的是要强化实践,即动手动脑的过程。课堂教学是学生接受知识的有效途径,但当课堂教学变成学生获得知识的唯一方式时,势必造成学生与社会的脱离,与日常社会生活的隔绝,学生的社会认知、社会生活体验、创新的意识被消耗掉。实践活动的开展,就是要给每个学生的主动探究搭建平台,满足每位学生的个性需求,一改往昔单一的接受学习,引导学生乐于探究、勤于动手和勇于实践,在教育实践中体验成功的快乐,感受过程的艰辛和付出,实现学习方式的变革。

案例5-9

提供平台创设探索途径,让学生重于实践

在某校开展的《飞机为什么能飞起来》航空模型制作课中,教师并没有机械地、简单地让学生制作飞机模型,而是给学生创设了多种探索途径,让学生走出课堂,到操场、到大自然中去实践、去体验,给学生提供飞机放飞的机会。在活动中,人人都有提问、探究、

展示的机会，共同学习交流，体验成功的喜悦。学生通过亲身体验，知道了飞机能够飞起来的原因，能够制作飞机模型，并能够根据试飞过程调试飞机。

　　案例分析： 实践活动的开展，要给每个学生的主动探究搭建平台，满足每位学生的个性需求。那种把课堂视为唯一的教育场所，把书本视为唯一的知识来源，把教师视为唯一的知识拥有者和权威者的观念已经过时了，取而代之的是更加重视在生活中、工作中和实践中学习。

5.3.3　整合性原则

　　所谓整合性原则，是指综合实践活动的设计不应该是孤立和封闭的，而应该围绕一个问题、主题，选择、加工、改造、统合相关内容、材料与活动，将之融合成一个有机的、完整的、具有多种功能的教育活动。

　　2017 年的《指导纲要》在"课程内容与活动方式"部分将"整合性"作为综合实践活动内容选择和组织的基本原则，文件指出："综合实践活动课程的内容组织，要结合学生发展的年龄特点和个性特征，以促进学生的综合素质发展为核心，均衡考虑学生与自然的关系、学生与他人和社会的关系、学生与自我的关系这三个方面的内容。对活动主题的探究和体验，要体现个人、社会、自然的内在联系，强化科技、艺术、道德等方面的内在整合。"

　　设置综合实践活动课程的意图主要是突破单一学科课程的模式，既实现学科之间的沟通，又加强学生的实践体验，拓展其生活经验，在更高的层次上实现学科与经验的统合。与知识本位的学科课程不同，综合实践活动课程基于学生的生活经验，从学生的直接经验出发，通过学生真实的经历与体验，促进学生经验的丰富与人格的完美。可以说，综合实践活动课程是基于学生的经验与当下的生活，属于经验形态的课程，它对学生经验的全面关注甚于对学科知识的系统追求，它强调学生对问题的整体审视，而不是进行学科式的分解。学生经验在综合实践活动课程中具有本体价值，生活经验的获得、丰富、拓展和提升就是综合实践活动追求的根本目标。所以，综合实践活动主题的确定和内容的组织，最好能够与其他课程内容和学习经验整合起来，在已掌握知识的基础上、在学生学习的过程中，寻找到综合实践活动的"生长点"和"支撑点"。例如，以现实生活中的某个问题为中心，面对这一问题，学生应该能够运用在学校里所学的知识和本领进行思考，调动多门学科的知识来寻求解决问题的办法。

　　遵循整合性原则，要注意以下几个问题：第一，活动主题不能太单一、狭小，应尽量避免学科化，以保证活动主题具有一定的宽度与容量。当然，简单的主题也可以进行多方位的内容挖掘，从不同角度切入，凸显主题的多面性、复杂性。第二，活动内容的选择与组织应保持较大的开放度与时代性，突破单一的学科视界，进行多学科的交叉与融合，融合科学、历史、艺术、文化多个领域的内容，进行整合设计。第三，加强活动内容与当代社会生活、与学生经验实际的联系，促进课内与课外、学习与生活、学校与社会的有机联系，实现知识、社会、学生的融合。

⚙ **案例 5–10**

韩晓英老师以"茶文化"为主题,设计了综合性主题实践活动,具体内容如表5-2所示。

表5-2　茶文化研究[①]

活动主题	活动领域	活动内容
茶文化研究	语文领域	小小新闻员、自主阅读、茶的诗文欣赏、调查参观记录、活动心得体会、讨论汇报交流等
	数学领域	采茶工作量以及茶叶价值构成的计算
	科学领域	实地考察茶叶产地、研究茶的种类与茶区分布、茶叶加工技术、茶具材料特性等
	体育与健康领域	攀登茶山、茶的保健功效
	艺术领域	茶的鉴赏,茶技茶艺,有关茶的曲艺、书画等
	品德与社会领域	茶的历史研究、实地考察、社会调查、交流汇报展示、敬茶活动

案例分析: "茶文化研究"主题活动突破了单一的学科视界,进行多学科的交叉与融合,涵盖语文、数学、科学、体育、艺术、文化等多个领域的内容,进行整合设计。同时,加强了活动内容与当代社会生活、与学生实际经验的联系,设计了茶的历史、茶的科学、茶的礼仪、茶艺表演、茶的文学、茶的诗词等活动内容,很好地实现了综合实践活动的综合价值。

5.3.4　生成性原则

综合实践活动着重于课程实施动态运行过程中学生多方面经验的获得,由于教育情境是复杂多变的,学生在活动过程之中的学习行为和心理活动是独特的,所以在活动开始之前很难预测学生的发展变化,而预设的目标也不一定能够准确无误地达成。因此,综合实践活动的设计不能像学科课程那样明确具体,综合实践活动设计也不是简单的知识再现、转换或聚合,而应该把重点放在有利于教育性经验生成的情境创设上,放在相关活动的呈现及操作方式的提示等方面。在实施过程中,随着活动的不断展开,在教师的指导下,学生可根据实际需要,对活动的目标与内容、组织与方法、过程与步骤等作出动态调整,使活动不断深化。

借鉴斯坦豪斯的过程模式,综合实践活动的设计首先需要确定一个一般性的、宽泛的教育目标,以帮助教育者明确教学过程内在的价值标准及总体要求,然后把更多的精力集中在过程的设计上,着重考虑活动展开的方式、条件以及活动结果的评价等问题。由于综合实践活动强调学生在活动过程中的主动参与和探究,如何有效地激发学生探究的欲望、调动学生参与活动的积极性,就是综合实践活动设计时需要思考的问题。根据小学生的年龄特点,可以在活动内容的有趣性、活动方式的生动性、活动场所的新鲜性、活动要求的挑战性等方面下功夫;又由于综合实践活动旨在增强学生的探究和创新意识、问题解决能

---

① 韩晓英,等. 茶文化研究[EB /OL]. [2018-04-20]. http://ipac.cersp.com /BMF/SZF/200510/46.html.

力、价值体认等，而这些东西是无法用一个统一的标准或简单的"纸笔测验"来衡量的。所以，对每一个学生在实践过程中的体验与收获的关注，是衡量综合实践活动效果的主要内容。因此，过程性评价的方法以及灵活多样的评价标准就显得非常必要，需要在活动的过程中对每个学生的发展变化进行有针对性的评价和指导，评价标准不是"整齐划一"的，面对同样的任务，不同的学生有不同的要求。

案例 5-11

创意物化成果是如何诞生的？①

武汉市光谷第六小学开设了"KEVA 积木搭建"课程，一个学期下来，孩子们不仅学会了"KEVA"积木搭建基本技法：平搭、侧搭、竖搭，还掌握了不少基本结构，如螺旋结构、碗形、圆顶、球体、悬臂结构、之字形塔。学生合作探究、动手实践的能力得到了很大的提升。

此时，课堂上出现了"问题"：积木条为什么都是相同的尺寸？这个尺寸是怎样确定的？这些基本结构——螺旋结构、碗形、圆顶、球体等在我们的生活中尤其在武汉地区有哪些具体运用？学会这些技能在生活中有用吗？基于学校真实学习和学生真实生活两方面的认真考量，教师选择了学校附近影响力最大的武汉网球公开赛的主场地——光谷国际网球中心。这个武汉市地标建筑和新的城市名片，从空中看是一个高速旋转的网球造型，动感十足。学习积木搭建课程的孩子来到场馆实地考察，他们参观了这一灵动建筑的全貌；倾听了场馆建设方工程师关于施工中如何实现设计的故事，触摸了网球中心的建筑模型和剖面模型，感受到学校课程内容生动地应用于建筑设计中的无限魅力。

考察参观后，网球中心的工程师和师生一起设计了新的研究内容：一是用积木搭建一个"网球中心"，看看用到了哪些基本结构和基本原理。二是有了这些基本结构和基本原理，你还有哪些生活创意和想法？对于带回的两个问题需要跨学科"多科会诊"的深度学习和研究，学生和教师分为几个小组进行研究。

数学小组：根据网球中心的实际比例和积木的尺寸，进行缩小比例关系的设计，确定复制品的基本大小。

美术小组：完全复制可能性不大，要进行外形简化，设计最能代表网球中心特点的外形设计。

科学小组：运用积木探究"网球中心"工程结构，重点设计平衡力、重力、支撑力、对称性等原理在搭建中的具体操作方法。

三个小组既分工研究又相互合作，你中有我，我中有你，每周社团时间师生们在搭建教室讨论、设计、修改、完善，以多种方式记录、搭建半成品或关键部分。近一个月的时间，师生们以再造"网球中心"任务为动力，在科学、美术、数学学科之间穿梭，发现问题，研究问题，设计解决方案，动手实施，各学科的知识在现实问题的分析与解决中产生了有意义的关联。

---

① 王萍. 创意物化成果是如何诞生的？——综合实践活动课程"问题生成—转化式"教学完整示例[J]. 人民教育，2018(Z1)：90~91.

两个月后，积木搭建小组宣布达成了两项"预期"研究成果：一是他们成功地搭建了微型的"网球中心"，二是用火柴棒、瓦楞纸、彩色黏土等材料做成了四座色彩各异、观感十足的"网球中心"。

研究主题看似结束了，但带回的第二个研究主题却更具有挑战性——"有了这些基本结构和基本原理，你还有哪些生活创意和想法？"这不仅是孩子们的学科知识又一次用于分析解决实际问题，而且是在第一个研究主题研究的过程中产生的延伸、综合乃至提升。

案例分析：综合实践活动课程是强调从学生的真实生活和发展需要出发，从生活情境中发现问题，生成活动主题，通过探究、服务、制作、体验等方式，培养学生综合素质的跨学科实践性课程。在这个过程中，问题的生成和转化是关键环节。案例以综合实践活动课程"KEVA 积木搭建"为载体，在学习情境中生成问题，在研究中转化问题，在实践中解决问题，在创意制作中升华问题，在提升学生综合素质方面作出了有益的尝试。

5.3.5 开放性原则

综合实践活动课程面向学生的整个生活世界，具体活动内容具有开放性。教师要基于学生已有经验和兴趣专长，打破学科界限，选择综合性活动内容，鼓励学生跨领域、跨学科学习，为学生自主活动留出余地。

构建开放性的学习时间和空间。要引导学生把自己成长的环境作为学习场所，在与家庭、学校、社区的持续互动中，不断地拓展活动时空和活动内容，使自己的个性特长、实践能力、服务精神和社会责任感不断地获得发展。

综合实践活动中参与研究的人员选择也应是开放的，不再是以往课堂教学中的教师与学生，而是要向各种机构和人员开放，充分利用一切可利用的资源，一起进行实践活动。

教师对综合实践活动的设计应该有开放的思路，坚持学生是实践活动的主体，摆正与学生在综合实践活动中的地位和关系，教师的角色从单一的信息传播者，转变为"学习伙伴""合作者""问题咨询者""辅导者"等角色。要学会在活动开展的过程中，创造性地利用各种教育因素、捕捉恰当的教育时机，以强化综合实践活动的教育功能，使更多的学生在活动中学有所获、学有所悟。

案例 5-12

课堂开放不局限教学空间[①]

心理学告诉我们，自由能激发人的潜能，也能将人的潜能发挥到最大。学生们需要的是自由的发挥空间，他们都渴望释放个性。作为教师的我们就要给学生多创造这样的机会。例如，在《校园里的浪费现象》活动课上，教师给了学生们一个开放性的讨论话题："同学们，当你们看到主题为'校园里的浪费现象'时，你们有什么想对老师说的吗？如果有同学不想参加这样的活动，你们又想说些什么呢？你能把哪些是校园里的浪费现象说给大家听吗？"这样的话题顺应了学生们的心理需求，很快就让学生们的话匣子打开了，学生们自动地去寻找倾诉对象，自由地去捕获自己需要的信息。这次的主题活动，教师带领学

---

① 张晓丽. 小学综合实践课程的开放课堂教学探索[J]. 文化创新比较研究. 2019(13)：111～112.

生走出课堂，走遍校园的每个角落，指引他们仔细地观察校园的各个角落并做好记录，然后再回到课堂，利用开放性的讨论方式，让学生畅所欲言，可以同桌组合，可以自由地找合作伙伴，可以小组与小组结合，也可以邀请教师和大家一起交流在校园内看到的各种现象。最后，教师提出了一个辩论问题："怎样看待校园里的浪费现象？"让学生们分成两大组，一组为正方，一组为反方，开始进行辩论。课堂上同学们七嘴八舌地开始争论，学生们的回答积极，声音洪亮，辩论激烈。就连平时胆最小又不爱说话的同学在这次辩论会上也大胆地发表了自己的见解，真正做到了全员参与。也正是这种平等和谐的气氛，让学生得到了心理的安全和自由，学生参与的热情非常高，思维开放活跃，也使师生之间的信息交流和情感交流变得非常自然、顺畅。

案例分析：给学生一个空间，他会拥有一片蓝天；给学生一个支点，他能撬起一个地球。而爱因斯坦也曾说过：把学生的热情激发出来，那么学校所规定的功课，就会被当作一种礼物来接受。那么如何才能燃起学生的热情呢？那就要让学生感兴趣，而让学生感兴趣的主题必然是从学生生活中来，所以我们要坚持综合实践课程的开放性原则，鼓励学生深入生活，去发现问题、解决问题。

5.3.6 循序渐进原则

循序渐进原则，是指综合实践活动的设计应该基于学生可持续发展的要求，以学生能力发展的序列为线索，设计长短期相结合的主题活动，体现由低到高、由易到难的顺序，将综合实践活动设计为一个层次清楚、排列有序的系统；要促使活动内容由简单走向复杂，使活动主题向纵深发展，不断地丰富活动内容、拓展活动范围，促进学生综合素质的持续发展。

尽管综合实践活动的设计不像学科课程那样强调内在的逻辑顺序，但是注意到活动与活动之间的顺序性，可能更有利于开展活动并取得预期的成效，要避免安排随意、东拼西凑、难度不当等问题。在一个主题活动之下，综合实践活动涉及多方面的内容，可以包含一些具体的能力训练，如观察能力、思维能力、动手操作能力等，通过综合实践活动，在达到其他目标的同时，循序渐进地对能力进行训练。在能力训练方面，活动与活动之间，能力训练可以渐次增强，同一个能力点可以通过多次活动逐渐提高；能力训练也可以逐步扩展，按照活动安排的次序，能力的训练可以由简单走向复杂、由局部走向整合。例如，培养学生的创造能力，可以将创造能力分解为一些基本能力要素，如想象能力、思维能力、动手操作能力、表达能力等，设计一系列的综合实践活动，各项综合实践活动在兼顾多项教育目标实现的同时，有意识地将某项能力训练包含在活动之中。随着这些活动的实施，某项能力得到锻炼，而综合实践共同努力，可以使学生的创造能力得到充分的锻炼。

案例 5-13

某校基于学生可持续发展的要求，以学生能力发展的序列为线索，按由低到高、由易到难的顺序，将综合实践活动内容设计为一个层次清楚、排列有序的系统，以促进学生综合素质的持续发展。具体内容如表 5-3 所示。

表 5-3　某校各年级学习训练重点①

年级	学习训练内容
三	学习内容：资料搜集、书籍查阅、上台发言、小组交流、采访或调查、小组计划填写、简单合理评价 训练重点：资料卡制作、调查表设计
四	学习内容：调查统计、绘画或设计、阐述讲解、拍照、上网搜索、小组活动方案设计、客观的自评与互评 训练重点：调查统计图表绘制、平面图设计、资料归类编制
五	学习内容：采访设计、调查问卷设计、录像、成果展示形式设计、欣赏或赞美别人 训练重点：调查报告撰写、PPT制作、与陌生人交往技能
六	学习内容：主题设计、实施方案执行、综合评价 训练重点：海报或作品集出版、宣传设计、对外联系能力、汇报或表演编排

案例分析： 遵循能力训练的阶梯性原则，综合实践活动的设计需要注意两个问题：一是综合实践活动的规范设计与实施。既然综合实践活动是一种专门的课程形态，那么其开发应该是有目的、有组织的。随着地方与学校课程开发自主权的增大，防止综合实践活动开发的盲目性和随意性是十分必要的。当前一些地方和学校把综合实践活动当成"应景文章"来做，当成一种可有可无、可多可少的"装饰品"，当成应付各类检查、验收的"花架子"等，这些都不利于综合实践活动教育功能的正常发挥。二是综合实践活动的统筹安排。应该把综合实践活动放在学校课程系统中加以考虑，建构合理的课程结构，处理好综合实践活动与其他课程形态的关系，把握合理的比例关系；处理好学期之间、学年之间、学段之间综合实践活动的衔接关系，构建一个合理的综合实践活动序列。

节水行动在
校园

📖 **扩展阅读 5-2**

依托融合课程　开展综合性学习②

　　北京市海淀区五一小学经过多年的实践摸索，根据学校的办学理念以及各年级的特点在各年级开发出一系列综合性课程：一、二年级的幸福起航课程，三年级的主题研究课程，四年级的创意实践课程，五年级的戏剧课程，六年级的幸福明天课程。这些融合课程的设置，其突出特点就是关注学生综合素质和关键能力的培养。例如低年级的幸福起航课程，从兴趣、习惯、能力三大发展要素入手，设置孩子们喜欢的、有价值的主题作为研究内容，课程最大的特点就是打破学科壁垒，连接社会生活，突出融合性、综合性、游戏化，成为孩子们非常喜欢的课程。以下是幸福起航课程中《春天》系列课程结构。在"春天"总的主题下，分为"春之觅""春之声""春之嬉""春之绘"四个系列活动。每个系列活动下，又有若干小的主题活动由学生以各种活动形式展开深入探究学习与实践体验。具体内容如表5-4所示。

---

① 倪以军. 细化课程目标　实现课程价值[J]. 课程教学研究，2018(2)：50～54.

② 申春娟. 依托融合课程　开展综合性学习[EB/OL]. 综合实践活动课程研究微信公众号，2019-5-28.

表 5-4　五一小学"幸福起航"课程设置

活动主题	系列主题		活动形式	活动内容	课时
春之觅	春天在哪里	看春	读绘本	遇见春天，引出主题	0.5 课时
			用手机或平板电脑记录，小组展示	走进校园的春天	1.5 课时
		听春	个人展示	走进大自然的春天	1.5 课时
			填色图、绘画	春天的色彩	0.5 课时
		春天的样子	制作超轻黏土	我眼中的春天	2 课时
	我和春天有个约会		植树活动	植树节的来历、时间	0.5 课时
			种植体验活动	自带种子，种植实践，尝试记录，写观察日记	1.5 课时
			创编课本剧	听故事，说小动物怎样迎接春天；看图片，描述对话；小组分角色练习、表演	2 课时
	春天的节气	立春	设计制作	感受立春习俗，制作春字画、拜春	2 课时
		春分	护蛋活动	了解春分习俗，体验护蛋、画蛋、竖蛋活动	2 课时
		清明	学生讲解	清明节的由来、故事、习俗和纪念方式	0.5 课时
			诵读及诗配画创作	诵清明节气农谚和诗歌，进行相关创作	1.5 课时
			祭扫活动	与家长一起去给去世的亲人扫墓	课外
春之声	唱春天	放风筝	歌曲学唱	播放、欣赏儿歌《放风筝》，跟唱、加入动作跳唱	2 课时
		节气歌	读唱节气歌	熟读节气歌，查找并分享交流相关资料	0.5 课时
			练习、创编节气歌	学习相关音乐知识，设计服装和道具，创编节气歌	1.5 课时
	唱春天	春天在哪里	学唱歌曲	学唱《春天在哪里》，全班进行大合唱	0.5 课时
			创编歌曲	小组合作，自创《春天在哪里》，小组展示	1.5 课时
	颂春天	遇见春天	绘本阅读	学习并朗读绘本《遇见春天》	1 课时
				阅读有关春天的绘本	课外
			绘本朗诵	录制一个有关春天的绘本故事，上传到班级微信群，进行分享和评比	1 课时
		一片树叶	课文学习	读《一片树叶》	0.5 课时
			儿童剧创编	了解儿童剧的形式，根据课文编写剧本《一片树叶》；小组剧本练习；汇报展示	1.5 课时
春之嬉	风车转	春天的风	学习与体验	了解春风，感受欣赏春风	1 课时
		风车	设计制作	制作风车，让我的风车转起来	1 课时
	风筝飞	了解风筝	音乐欣赏及绘本阅读	学习风筝的起源，阅读绘本《喂！风筝》	1 课时

续表

活动主题	系列主题		活动形式	活动内容	课时
春之嬉	风筝飞	画风筝	绘画	感受潍坊非遗风筝,学习色彩搭配并进行风筝绘画	1 课时
		放风筝	年级活动	放风筝、展风筝;汇报心得、交流体会	2 课时
春之绘	画春天		绘本创作	利用画图工具软件创作以春天为主题的绘本故事	2 课时
			长卷绘画	以班为单位进行春天主题长卷创作	4 课时
	写春天		词语搜集	搜集能够代表春天的词语,并造句	0.5 课时
			诗歌创作	集体创编诗歌《春风》	0.5 课时
				小组创编《春雨》	1 课时

【学习资源链接】

潘洪建.《中小学综合实践活动课程指导纲要》的创新[J/OL]. 2018-09-11. http://www.cssn.cn/jyx/jyx_ptjyx/201809/t20180911_4558370_2. shtml.

微信公众号: 综合实践活动课程研究

关于综合实践活动课程的即时动态、专家讲座、理论研究等。

冯新瑞,郝志军. 主题选择的依据与原则——《中小学综合实践活动课程指导纲要》活动主题解读[J]. 人民教育,2018(Z1): 49~53。

【教与学活动建议】

(1) 教师组织学生深入研读《中小学综合实践活动课程指导纲要》及相关政策解读文章,分析新纲要关于小学综合实践活动课程设计的基本要求,总结要点和基本原则。

(2) 教师引导学生采取小组协作的方式,访问相关网站或通过搜索引擎(如 http://www.baidu.com 等)搜索学校综合实践活动课程方案,并通过小组协商讨论,选择一项作为典型案例,分析其优点和不足。

(3) 各小组选派一名代表进行主题发言,汇报本组的讨论结果。

(4) 教师总结评价,在交流讨论中理解综合实践活动课程设计的基本要求和原则。

(5) 实地考察学习学校优秀案例,深化学习成果。

本章小结

影响综合实践活动课程设计的因素是多方面的,包括课程目标、学生因素、教师因素、学校教育条件等,因此,在设计综合实践活动时,要注意以下几点:①综合实践活动设计不能以书本为中心;不能以获取系统知识为目的;不能以教师讲解为主;不能以书面作业为主,要以"活动"为主要形式;②综合实践活动课程不是教师"教"出来的,而是学生在教师的指导下通过自己的探究活动、体验活动、设计制作活动等实践形式"学"出来的,使学生在情感、意志领域和认知领域都得到发展;③没有实践,就没有综合实践活动;没有实践,就谈不上综合实践活动课程价值;④综合实践活动不仅指知识层面的综合,也指应用层面的综合，新知识与技能的综合；⑤关于综合实践活动课程资源，学生的经验是教学的起点，兴趣是学习的动力，课程的多元化是学生全面发展的源泉。

思考与实践

一、理论思考

1. 影响小学综合实践活动课程设计的因素有哪些？

2. 小学综合实践活动课程设计的要求有哪些？

3. 小学综合实践活动课程设计的指导原则有哪些？

二、实践探索

当代小学生学习压力大，很多家长在孩子繁重学习的同时，还给孩子报钢琴班、书法班、绘画班、舞蹈班等各种课外班，加重了小学生的学习负担。为了更好地处理这个问题，学校决定与家长和孩子开展一次名为"为孩子减压、为未来蓄力"的主题活动。如果你所在的班级开展这次活动，你打算怎样设计？

个体要获得真知，就必须在活动中主动体验、尝试、改造，必须去做。

——杜威，美国著名教育实践家和教育理论家

第6章 小学综合实践活动课程设计的过程

学习目标

知识目标
➢ 知道综合实践活动课程设计准备阶段需要注意的关键内容。
➢ 了解小学综合实践活动课程设计的整体过程。
➢ 知道综合实践活动主题选择的基本原则和主要方向。
➢ 明确小学综合实践活动方案的撰写、呈现形式。

能力目标
➢ 能在综合实践活动设计前做好周密的准备工作。
➢ 能在相关原则和理论指导下科学地确定活动主题和活动方案。
➢ 能根据活动实施情况修改并完善活动方案。
➢ 能撰写出规范的综合实践活动方案。

核心概念

设计过程(process of design) 设计准备(design preparing) 过程设计(process design) 方案生成(programme generating) 方案撰写(programme writing)

引导案例

抱怨引起的活动主题

课间，我在教室里整理作业本，忽听到值日生王路在抱怨："哎呀，真烦，又是一身灰。"(她刚擦完黑板)"是的，每次都这样，要是能发明一种可吸尘的黑板擦就好了。"旁边的许伊伊接过话茬。"对，就像吸尘器一样，把灰全部吸进去。"付倩倩小手一挥，似乎所有的灰真的一下子就被吸进去一样。"那你们有没有办法解决这个问题呢？"深受粉笔灰之苦的我对这个话题也很感兴趣。她们几个你看看我，我看看你，都没辙了。

上课了，我把刚才的话题带进了课堂。学生们你一言，我一语，都议论开来。从粉笔灰的问题，我们又谈到了生活中的诸多不便，如用钥匙开门，却常常忘记取下；笔放在文

具盒里，一颠簸，墨水就洒出来；下雨天打着雨伞，裤脚却容易被弄湿……这些问题虽然很小，但和生活息息相关，给人们的生活带来诸多不便。"那么，你们想不想解决这些问题呢？"趁热打铁，我问学生。"想！"学生们异口同声地回答。于是，"生活中的发现与创新"主题实践活动就此确立。

评析： 综合实践活动是一门没有通常意义上的教材作为依托的新课程，选取什么样的活动主题开展活动，是一个很现实的问题。其实，有时在教育教学活动中的一瞬间，往往蕴藏着一些活动主题，教师要善于抓住这种契机，引导学生从中发现问题，提出活动主题。本课题的指导老师，就是根据"粉笔灰"这个话题引导学生发现"生活中的发现与创新"这个活动主题的。

综合实践活动开展的过程比较长，一般可以分为准备、实施和总结三个阶段。活动准备阶段也就是活动筹备阶段，主要内容是收集相关问题或主题，做好主题活动的物质准备、心理准备和知识准备。实施阶段是开展课程设计与活动实施阶段，主要工作内容包括：确定活动主题、制定活动方案、实施活动方案或搜集资料等。总结阶段是对实践活动设计及实施的反思、评价和总结，主要工作内容包括：搜集处理资料和数据、提出观点和结论、活动方案评价等。

6.1 小学综合实践活动课程设计的准备

综合实践活动设计的准备工作是综合实践活动的基础工作，也是综合实践活动进行的前提条件。

6.1.1 了解学生

综合实践活动课程是在教师的引导下，学生自主进行的综合性学习活动，是基于学生的直接经验，密切联系学生自身生活和社会实际，体现对知识的综合应用的实践性课程。学生是综合实践活动课程的主体，他们的生活经验、知识基础、能力水平等因素决定了活动的水平和深度；他们的兴趣爱好、个性特点、学习风格等则会影响活动的方式。因此，小学综合实践活动的设计应重视准备工作，其中了解学生是一项不可忽视的内容。教师进行综合实践活动设计前必须从以下几个方面了解学生。

1. 了解学生的知识基础和知识结构

教师在活动设计前可以进行以下工作：查阅学生所使用的各学科的课本，分析各年级各学科的知识点和知识结构；访谈部分学生，了解学生已经接触到哪些知识，哪些基础知识对学生来说已经实现了内化、类化，哪些基础知识对学生来说已经可以应用或熟练运用；和各学科教师沟通，了解各学科的教学进度和学生的掌握程度。

2. 了解学生已有的生活经验

学生学习不是简单的知识转移和传递，而是学生将知识与自己日常的直觉经验联系起来、主动建构新知识的过程。在综合实践活动设计前，教师要通过与其他学科教师的交谈、与学生家长的交谈、对学生在校行为的观察、指导学生主动回忆个人经验等方式了解学生已有的生活经验。

3. 了解学生的学习方式

学习方式是指学生在教学活动中的参与方式，既包括学生的行为参与、情感参与，又包括认知参与，是学习、认知和情感参与的总和。教师要了解学生学习方式的多样性、差异性和选择性，使学生在综合实践活动中能灵活运用自己的学习方式，并使之得到充分的发挥。有研究表明，学生在听教师讲课时学习效率最低，而在自己积极参与学习活动中时学习效率最高。教师要真正从学生的学情出发，设计活动内容，实现学生的多向交互合作学习，让学生真正经历学习的具体过程，从而获得学习质量的提升。

图6-1用数字形象展示了采用不同的学习方式，学习者在两周以后还能记住多少内容。

图6-1　学习金字塔

(资料来源：美国缅因州国家训练实验室。)

4. 了解学生的兴趣爱好和发展需要

综合实践活动的设计必须针对学生的兴趣爱好和发展需要。学生的发展是实施教育的直接目的，是课程设计的根本方向。只有了解学生最缺什么、最需要什么，综合实践活动的设计才能促进学生的发展。

5. 了解学生的个性特点

个性是指在一定社会条件和教育影响下形成的一个人比较固定的特性。每个学生的个性都是不同的，教师通过对学生个性的全面了解，可以为分组探究、相互促进的设计打好基础。

6. 了解学生已有的实践经验

如果学生已经参与过综合实践活动，还要了解他们以前参加活动的选题、开展情况、活动方式、学生状态以及经验教训等，为本次活动的设计提供参考和借鉴。

一"键"钟情

6.1.2　调查课程资源

课程资源是指形成课程的要素来源及必要而直接的实施条件，是构建课堂教学内容和实施教学活动的基本条件。综合实践活动课程要从学生的真实生活和发展需要出发，进行实践的探索，它的实施需要打破传统课程材料和课堂的限制，让学生进入一个色彩缤纷、不断变化的现实世界。这就需要教师在综合实践活动课程设计中，将视角扩展至生活和社会实践等多个领域，获取生活中既有趣又有意义的现象作为课程资源，让综合实践活动课程资源更加丰富，使综合实践活动更具有生命活力。

1. 调查当地地域资源

开发综合实践活动课程的最佳策略是利用地方文化资源优势，地方资源是平时学生在生活中都能接触到的，学生对此更感兴趣，也更了解，更适合课程教学活动。因此，要充分认识学校周围的环境价值，如自然资源、生产劳动资源、民俗资源等，建立校外活动基地，与学校周围的社区、乡村等建立联系。

2. 调查校内资源

开展综合实践活动要充分利用校内资源，调查学校内部实施课程的物理环境，包括相关硬件设施设备、活动场地、校园自然环境等，分析是否能支持学生立足校园展开体验与探究等实践活动，努力把整个学校变成学生可参与的学习空间；另外，还可以调查学校的教师资源，了解学校教师有哪些特长可以作为综合实践活动课程的资源，努力让所有的教师都参与综合实践活动课程，成为综合实践活动课程的指导教师。

3. 调查家长资源

家长资源是综合实践活动课程资源的有力补充，其职业千差万别，兴趣爱好多种多样，人生经历丰富，能大大丰富综合实践活动的内容。调查家长资源，首先要了解学生家庭基本成员、工作单位、生活状况、特长爱好、是否愿意参与学校活动、是否愿意与学生分享其才能等；其次，分析调查结果，建立家长资源库；最后，进行培训，使之做到有效指导。

4. 调查当地场馆资源

美国学习改革委员会将"场馆"定义为一系列具有教育意义的社会资源的总称，既包括博物馆、图书馆在内的室内机构，也涵盖动物园、植物园、体育场、活动基地等室外场所[1]。利用场馆资源，在场馆中学习，是学校开发综合实践活动课程的重要途径，对于培养学生的核心素养、拓宽学生的认知视野、提高创新精神和实践能力具有积极的促进作用。学校领导、教师应该主动熟悉场馆，了解场馆已有的各种可以利用的资源和条件。教师可以根据学科内容，学生的年龄、兴趣等特征，与场馆沟通，结合场馆时间、空间、资源等条件，制订场馆利用计划。

---

① 葛明兰. 双向建构，发挥场馆教育功能[J]. 中国校外教育，2019(15)：5～6.

6.1.3 教师自身的准备

与其他课堂教学相比，综合实践活动课更侧重于培养学生自主、探究、合作的学习方式，促进学生个性的发展。在整个活动过程中，教师是学生学习的组织者、引导者，在这样的学习环境中，课堂关注的焦点不再是教师声情并茂的表现能力、展示能力，而是教师的指导能力、引领能力、组织能力。教师要想适应这种转变，就要做好以下几方面的准备。

1. 有关指导能力和教学理念的学习

综合实践活动课程要求指导教师具备跨学科知识整合能力，观察、研究学生的能力，指导学生规划、设计与实施活动的能力，课程资源的开发和利用能力等。教师要按照课程要求进行系统学习。通过学习，解决好新课程意识的问题，领会综合实践活动课程的性质、特点，知道和掌握综合实践活动总体规划、活动方案设计的有关要求和方法技能。没有这方面的准备，设计就会失去方向。

2. 教学方法和教学内容的准备

综合实践活动课程指导教师既不能"教"综合实践活动，也不能推卸指导的责任，而应当成为学生活动的组织者、参与者和促进者。教师的指导应贯穿于综合实践活动实施的全过程，教师要了解和掌握综合实践活动各阶段需要进行指导的关键环节和方法。另外，综合实践活动课程的内容是开放性的，空间非常广阔，教师如果兴趣广泛、涉猎面广，就能胜任多个主题活动的设计和指导。

3. 有关资料的准备

综合实践活动的资料来之不易，必须将每份资料都妥善地处理好。教师将搜集到的原始资料进行整理、归纳、分析与概括，从中找出规律性的东西，得出与自己准备的活动课题有关的结论，进行设计，从而达到预期效果。

4. 有关条件的准备

这里的条件主要是指活动设计中所需要的有关条件。从校内角度来讲，主要包括信息网络、图书资料、器材和工具、有关材料、有关场地、参与合作的教师、学校的支持等。从校外角度来讲，主要包括来自学生家长的支持、有关单位及有关社会人士的支持、有关实践基地的准备等。从学生角度来讲，包括学生的思想基础、学习态度、个性特点、动手能力、健康状况等。

思考交流

小学综合实践活动的设计准备需要了解学生的哪些方面？

6.2 小学综合实践活动课程设计的一般过程

小学综合实践活动的设计一般包括以下内容：确定活动主题、设计活动方式、设计活动内容和活动方案、设计总结展示方案、设计评价方案。其中，恰当并有价值的选题是综合实践活动设计的核心环节。

6.2.1 确定活动主题

综合实践活动强调从学生的真实生活和发展需要出发，从生活情境中发现问题，转化为活动主题，以问题的发生、探索与解决为主线串起各个活动环节。学生在学习和生活中会遇到形形色色的问题，并不是所有的问题都值得探究，也不是所有的问题都需要转化为课程进行探索实施。那么，活动主题该如何确定呢？

1. 选题的基本原则[①]

1) 立足学生综合素质培养的需要

综合实践活动课程是培养学生综合素质的跨学科实践性课程，在选择主题时要从学生自身成长需要出发，精选生活中对学生综合素质发展有价值、意义的内容，引导学生从日常学习生活、社会生活或与大自然的接触中提出具有教育意义的活动主题，通过探究、服务、制作、体验等方式，使学生形成价值体认、责任担当、问题解决、创意物化等方面的意识和能力。

2) 体现综合实践活动的本质特征

主题活动要落实《指导纲要》的基本要求，把综合实践活动的内容与活动方式具体化。因此，主题活动必须体现综合实践活动的本质特征：回归生活、立足实践、着眼创新、体现开放。根据综合实践活动课程的理念和目标，尽可能从学生的真实生活和发展需要出发进行选题，使学生能结合主题开展各种实践活动，发现问题、分析问题并解决问题，体验和感受生活，发展实践创新能力。

3) 反映时代发展和科技进步要求

科学技术迅猛发展，新知识、新技术日新月异，综合实践活动课程的实施要密切联系当前学生的生活实际，关注社会的热点问题，反映社会发展对教育的要求，如可以设计"我是'非遗'小传人"反映传统文化教育的主题，开展机器人体验、3D 设计与打印技术的初步应用、清洁能源发展现状调查及推广、创办学生公司等可以提高学生的技术意识，培养学生的环保素养、公民素养及财经素养的跨学科主题活动。

4) 贴近学生的生活实际和年龄特征

综合实践活动本身要求从学生的生活情境中选题，因此主题选择一方面要贴近学生的生活实际，关注并充分利用学生的生活经验；另一方面也要考虑学生的年龄特点，从学生的年龄特点出发，设置不同难度的活动主题，由浅入深、循序渐进，反映学生成长需求，使活动具有可行性。如社会服务活动可从学生由小到大能服务的范围逐步展开，包括自我服务、家庭服务、班级服务、校园服务、社区服务和社会服务等。

---

① 冯新瑞，郝志军. 主题选择的依据与原则——《中小学综合实践活动课程指导纲要》活动主题解读[J]. 人民教育，2018(Z1)：49～53.

2. 选题的主要方向：从人与自然、社会、自我维度选择

综合实践活动主题有很多，按组织线索，可以从"我与自己""我与社会""我与自然"三个维度确立课程主题。自然方面的选题主要引导学生走进自然、感受自然、探究自然，针对身边的自然资源、生态环境、能源利用、科技发展等问题开展研究，如"我与蔬菜交朋友""神奇的影子"等。社会方面的选题主要引导学生关注和探究社会热点问题，如社会发展、社会保障、公共设施、传统文化等方面的问题，如"生活垃圾的研究""我看家乡新变化"等。学生自身生活方面的选题主要引导学生反思自我、认识自我、发展自我，针对现实生活中的问题与烦恼展开研究，分析问题产生的原因，探索解决问题的方法，养成负责任的生活态度，实现积极、健康的发展，如"生活自理我能行""今天我当家"等。

3. 活动主题类型选择

1) 考察探究类活动

考察探究活动是综合实践活动课程重要的活动方式，在改变学生以单纯地接受教师传授知识为主的学习方式、提高学生解决实际问题的能力、促进学生形成科学精神方面具有独特价值和重要作用。在考察探究活动中，学生可基于自身兴趣，从自然、社会和自身生活中发现并提出问题，确定主题，开展研究性学习，综合运用所学知识和多种方式方法分析问题并尝试解决问题，从而提高主动获取知识的能力、分析并解决问题的能力，获得参与研究的亲身体验，培养科学精神。考察探究类活动具体有野外考察、社会调查、研学旅行等。

2) 社会服务类活动

社会服务是指学生在教师的指导下，走出教室参与社会活动，以自己的劳动满足社会组织或他人的需要，如公益活动、志愿服务、勤工俭学等，强调学生在满足被服务者需要的过程中，获得自身发展，促进相关知识技能的掌握，提升实践能力，成为履职尽责、勇于担当的人。随着学生年龄的增长及知识、经验、能力的不断积累，社会服务主题可从自我服务、家庭服务、学校服务逐渐延伸到社会服务，可包括关爱他人、绿色环保、文化宣传、社区公益和赛会服务等多种具体的社会服务形式。

3) 设计制作类活动

设计制作是指学生运用各种工具、工艺(包括信息技术)进行设计，并动手操作，将自己的创意、方案付诸现实，转化为物品或作品的过程，如动漫制作、编程、陶艺创作等，它注重提高学生的技术意识、工程思维、动手操作能力等。《指导纲要》将设计制作活动分为两类：信息技术和劳动技术。

小学阶段信息技术的主题设计在于通过动手实践与动脑思考相结合的方式，体验使用信息技术的乐趣。学习信息技术的基础知识，初步掌握信息技术应用的基本技能，结合社会生活与学习实际认识信息技术的重要性；丰富对信息技术应用的感性经验；逐渐形成应用信息技术的良好行为和习惯；通过学习程序设计的方法，树立积极利用信息技术解决日常生活与学习问题的意识和信心。[1]其具体内容包括硬件基础与系统管理、网络与信息交流、

---

① 林众. 全面提升学生信息素养《中小学综合实践活动课程指导纲要》"设计制作(信息技术)"主题解读[J]. 人民教育，2018(Z1)：59~63.

信息加工与表达、数据与程序设计、STEAM 教育等。

劳动技术是以学生获得积极劳动体验、形成良好技术素养为目标，以操作性学习为特征的学习领域。学生通过经历丰富多彩的劳动活动，在了解劳动世界、理解劳动意义、获得积极劳动体验的基础上，形成较强的劳动意识，尤其是尊重他人劳动、愿意参与劳动等积极的劳动观念和态度。劳动与技术教育要不断地挖掘本地、本校的各种资源，其内容的整合，既要与本地的生产实际、社会实际和学生的生活实际紧密联系，又要与学生各方面的实际水平相适应，便于学生操作、教师指导。可以与学校科技活动相结合，把校园内的场地、树木花草、建筑、橱窗以及教室的墙面、绿地等划分成包干区，让学生清理、布置与维护，使学生获得劳动技术的实践与体验；可以开辟综合实践活动校外体验基地，让学生参与一些劳动；让学生走出教室，参与家庭劳动、社区服务和社会实践活动，以便获得直接经验。

4) 职业体验类活动[①]

《指导纲要》指出："职业体验是指学生在实际工作岗位上或模拟情境中见习、实习，体验职业角色的过程，如军训、学工、学农等，注重让学生获得对职业生活的真切理解，发现自己的专长，培养职业兴趣，形成正确的劳动观念和人生志向，提升生涯规划能力。"作为一种体验式学习，职业体验的目的并不是简单地让学生参与生产劳动、学习生产技术，而是让学生在亲身经历和直接参与职业活动的过程中，获得真切的职业认识与情感体悟，形成深刻的职业理解，自觉地将自身成长、个人梦想与社会进步、国家发展、人类文明联系起来，在选择中平衡家庭与社会的需求，兼顾个人价值与社会价值的实现，过上有意义的人生。

小学职业体验活动在 3～6 年级开展，这个年龄阶段的学生大多处于职业幻想期，他们能从外界感知到许多职业，对自己觉得好玩和喜爱的职业充满幻想并进行模仿。这一阶段开展的职业体验活动，以理解并遵守公共空间的基本行为规范、初步建立自我与职业之间的关系为目标，主要从学生身边对技能要求较低的职业中选择体验岗位，了解职业的基本环节和流程。《指导纲要》推荐了"找个岗位去体验"这一开放性主题，意在让学生通过在学校周边商场、图书馆、派出所、环保局等单位体验理货员、图书管理员、协警、清洁工等岗位，感受不同职业的劳动，体会各种职业劳动的艰辛，培养尊重他人劳动成果的意识，体会劳动创造幸福生活的内涵。

5) 其他

综合实践活动除了以上活动方式外，还有党团队教育活动、参观博物馆等。可以结合学校的主题教育活动统筹设计，也可以充分利用场馆资源，走进博物馆、科技馆等，进行现场学习和体验。

综合实践活动推荐主题如表 6-1 所示。

---

① 黄琼. 中小学职业体验活动要抓住关键要素——《中小学综合实践活动课程指导纲要》"职业体验"主题解读[J]. 人民教育，2018(Z1)：69～72.

表 6-1　综合实践活动推荐主题

活动方式 学段	考察探究活动	社会服务活动	设计制作活动		职业体验及其他活动
			信息技术	劳动技术	
1~2年级	1. 神奇的影子 2. 寻找生活中的标志 3. 学习习惯调查 4. 我与蔬菜交朋友	1. 生活自理我能行 2. 争当集体劳动小能手		1. 我有一双小巧手 ——手工纸艺、陶艺 2. 我有一双小巧手 ——制作不倒翁、降落伞、陀螺等	1. 队前准备 2. 入队仪式 3. 少先队员代表大会 4. 红领巾心向党
3~6年级	1. 节约调查与行动 2. 跟着节气去探究 3. 我也能发明 4. 关爱身边的动植物 5. 生活垃圾的研究 6. 我们的传统节日 7. 我是"非遗"小传人 8. 生活中的小窍门 9. 零食(或饮料)与健康 10. 我看家乡新变化 11. 我是校园小主人 12. 合理安排课余生活 13. 家乡特产的调查与推介 14. 学校和社会中遵守规则情况调查 15. 带着问题去春游(秋游)	1. 家务劳动我能行 2. 我是校园志愿者 3. 学习身边的小雷锋 4. 红领巾爱心义卖行动 5. 社区公益服务我参与 6. 我做环保宣传员 7. 我是尊老敬老好少年	1. 我是信息社会的"原住民" 2. "打字小能手"挑战赛 3. 我是电脑小画家 4. 网络信息辨真伪 5. 电脑文件的有效管理 6. 演示文稿展成果 7. 信息交流与安全 8. 我的电子报刊 9. 镜头下的美丽世界 10. 数字声音与生活 11. 三维趣味设计 12. 趣味编程入门 13. 程序世界中的多彩花园 14. 简易互动媒体作品设计 15. 手工制作与数字加工	1. 学做简单的家常餐 2. 巧手工艺坊 3. 魅力陶艺世界 4. 创意木艺坊 5. 安全使用与维护家用电器 6. 奇妙的绳结 7. 生活中的工具 8. 设计制作建筑模型 9. 创意设计与制作(玩具、小车、书包、垃圾箱等)	1. 今天我当家 2. 校园文化活动我参与 3. 走进博物馆、纪念馆、名人故居、农业基地 4. 我是小小养殖员 5. 创建我们自己的"银行"(如阅读、道德、环保) 6. 找个工作岗位去体验 7. 走进爱国主义教育基地、国防教育场所 8. 我们过 10 岁的生日 9. 红领巾相约中国梦 10. 来之不易的粮食 11. 走进立法、司法机关 12. 我喜爱的植物栽培技术

🔑**思考交流**

　　小学综合实践活动的主题是如何生成的?

6.2.2　制定活动方案

　　"凡事预则立,不预则废。"在主题综合实践活动实施之前,教师要设计好整个主题活动的方案。综合实践活动课程主题活动方案的设计是指对某一主题活动的目标、内容、方式、步骤、教师的指导重点、实施的要点以及评价的建议等进行具体的预设，形成一个具体的综合实践活动实施的总方案。综合实践活动课程"主题活动"方案的设计就是要通过预设，增强教师指导的计划性，有利于明确教师的指导任务，落实具体的指导行为，更好地、更有效地生成课程，切实地把每个活动环节和每节课规范、有效地实施起来。本着"预设须简约，生成要灵动"的原则，方案的设计一定要简约、概要，抓住基本要素及重点、要点、要领。

1. 活动方案的基本要素

一般来说，一个主题活动的教学设计方案应包含以下基本要素：主题名称、活动背景、活动目标、活动对象、活动时长、活动过程(活动的内容、方式、步骤、教师的指导重点、实施的要点等)、评价建议、实施建议等。

2. 方案制定的基本要求

1) 活动主题

按照学生对选题决定权的大小划分，选题方式可分为：开放性自主选题、协商性合作选题、规定性指定选题。学生决定权越小，所选课题往往越远离学生兴趣、经验和生活，因此，一般来说，教师在设计选题时，应当遵循以下原则。

(1) 选题来源于学生。综合实践活动的价值追求在于让儿童自由探究生活，而探究是从选题开始的。只有从学生的兴趣和学习需求出发，组织各种主题活动，尊重学生的个性和学生的"主人公"地位，才能正确、有效地引导学生。

(2) 选题来源于生活。课程的生活化是小学综合实践活动的内核。所选课题只有来源于学生的生活，才能激发学生的探究热情。因此要从学生的现实生活出发，从学生熟悉的生活环境中选取学生关注的问题。这里的生活包括学生的家庭生活、学校生活、社会生活、文化生活。

(3) 选题具有可操作性。小学生知识储备量少，不可能进行高层次和深程度的实践和研究活动。因此，要根据学生现有的知识储备和能力，引导学生开展小课题研究和实践。要立足于学校现有条件，因地制宜进行选题。

2) 活动目标

《指导纲要》中明确指出了综合实践活动课程的总目标，但对于每一个教师来说，在活动实施前需要对每个主题活动有一个清晰的、具体的目标，这是教师设计活动内容、确定指导重点、提供评价方式的前提。正确、合理的教学目标会让一切教学资源发挥出最大的使用价值，教学活动效果也会很明显、很突出。

(1) 活动目标具体化。由于综合实践活动项目的千差万别，因此活动的目标也不尽相同，在对一个具体的活动项目进行目标设计时，首先要对照综合实践活动指导纲要，在头脑中确立一个大致的目标框架，然后根据具体的活动主体和活动内容再确定具体的活动目标。

(2) 活动目标综合化。综合实践活动的目标设计要求能够综合学生在生活世界中的各种关系及处理这些关系的各种技能和经验，充分挖掘学生的潜力，培养学生多方面的才能。也就是说，在目标的设计中要注意价值体认、责任担当、问题解决、创意物化等多方面的目标，考虑学生综合素质的发展，而不是仅仅局限在某一方面。

（3）活动目标生成性。综合实践活动是生成性的，它强调学生的亲身经历，要求学生参与活动本身，在活动的过程中获得发展，因此，综合实践活动的目标设计必须是生成性的，需要教师和学生在活动的过程中发现新的问题、制定新的目标。

3）活动过程及内容

一项完整的综合实践活动一般包括确定活动主题、制定活动方案、落实活动方案、活动总结交流几个阶段，是综合实践活动设计的主体内容，在设计时要注意以下几方面。

（1）活动内容与活动方式的融合性。活动内容的选择与组织应保持较大的开放度与时代性，突破单一的学科视界，进行整合设计。设计丰富多样的活动实施方式，通过多种学习方式的运用，发挥每一种方式的教育作用，释放综合实践活动的整合功能。

⚙⚙⚙ 案例 6-1

中小学如何开展考察探究活动①

梁烜老师建议以考察探究活动作为活动的基础和核心，将几种主要活动方式融合在一个主题活动中实施。

首先，通过参观、考察确定活动主题。教师带领学生走进自然，走进周边的社区、公共场所、厂矿企业等，进行实地参观和考察，引导学生注意观察，多方面搜集信息，从中发现并筛选出有研究价值的问题。其次，研究分析问题产生的原因。教师引导学生围绕主题开展各种研究活动，如问卷调查、访谈、实地考察、科学实验等，多方面搜集信息和证据，分析导致问题的原因，提出解决问题的思路和方法。再次，运用技术尝试解决问题。教师引导学生充分运用信息技术和劳动技术搜集信息，交流研讨，进行创意设计，寻求解决问题的办法，或者设计制作相关模型、工具、装置等解决问题。在这个过程中，可能会用到其他一些方法，如技术试验、活动策划、方案设计等。结合活动主题，学生还可以选择与之相关的职业进行体验，获得对职业角色和工作要求的真切理解，修改和完善解决问题的方案。最后，应用研究成果开展社区服务。学生可以应用考察探究活动取得的成果在社区开展宣传推广活动，改善社区的环境和设计，面向社会开展服务。

（2）活动过程与方法的设计要有利于课程目标的实现。课程目标的整体实现，是通过活动过程进行的。综合实践活动要重视过程，重视学生参与实践的过程和学生解决问题的过程。教师要在活动过程中设计包含观察、实验、情感体验等活动内容，使学生在活动过程中获得多种体验、学会多种问题解决策略、学会与他人合作、学习表达和交流、积累经验、提升自身素养。

（3）尊重学生，放手让学生活动。学生是综合实践活动的主体，要设计自主、合作、探究的活动，让学生自主地完成方案制定、活动实施、总结交流各项任务，教师要尊重学生的意见、想法和决定。

---

① 梁烜. 中小学如何开展考察探究活动——《中小学综合实践活动课程指导纲要》"考察探究"主题解读[J]. 人民教育，2018(Z1)：54～58.

4) 学生评价

评价是综合实践活动课程实施的重要组成部分，是实现综合实践活动目标的有效手段和保障，它贯穿于综合实践活动的全过程。各学校和教师要以促进学生综合素质持续发展为目的设计与实施综合实践活动评价。要坚持评价的方向性、指导性、客观性、公正性等原则，具体要做到以下几点。

(1) 突出发展导向。坚持学生成长导向，通过对学生成长过程的观察、记录、分析，促进学校及教师把握学生的成长规律，了解学生的个性与特长，不断激发学生的潜能，为更好地促进学生成长提供依据。评价的首要功能是让学生及时获得关于学习过程的反馈，改进后续活动。要避免评价过程中只重结果、不重过程的现象。要对学生作品进行深入分析和研究，挖掘其背后蕴藏的学生的思想、创意和体验，杜绝对学生的作品随意打分和简单排名等功利主义做法。

(2) 做好写实记录。教师要指导学生客观记录参与活动的具体情况，包括活动主题、持续时间、所担任的角色、任务分工及完成情况等，及时填写活动记录单，并搜集相关事实材料，如活动现场照片、作品、研究报告、实践单位证明等。活动记录、事实材料要真实、有据可查，为综合实践活动评价提供必要的基础。

(3) 建立档案袋。在活动过程中，教师要指导学生分类整理、遴选具有代表性的重要活动记录、典型事实材料以及其他有关资料，编排、汇总、归档，形成每一个学生的综合实践活动档案袋，并纳入学生综合素质档案。档案袋是学生自我评价、同伴互评、教师评价学生的重要依据，也是招生录取中综合评价的重要参考。

(4) 开展科学评价。原则上每学期期末，教师要依据课程目标和档案袋，结合平时对学生活动情况的观察，对学生综合素质发展水平进行科学分析，写出有关综合实践活动情况的评语，引导学生扬长避短，明确努力的方向。

案例 6-2

"梦想茶镇"的评价设计[①]

浙江省杭州市某学校地处茶乡，是西湖龙井的重要原产地之一，学校充分利用地域资源，开发、设计了"茶"主题贯穿于 6 个年级的课程体系，引导学生了解龙井茶、理解茶道、传承茶文化。其中四年级小组设计了"梦想茶镇"的评价项目，形成聚焦信息处理能力、创意策划能力、设计制作能力和分享交流能力 4 个维度 11 个要素构成的评价目标。同时，教师应结合学生的实际情况，回顾学生以往的表现，借助各自的教育背景和经历，从不同专业的视角提出匹配于真实任务和评价内容的 15 项预期行为，形成基于标准的"教—学—评"一体化方案。在学生分组实施的过程中，参与评价观察的教师根据任务分工专注地观察，或观察评价项目实施过程中全员的某一类行为，或观察、记录特定学生的所有相关行为，以简洁而清晰的语言、符号记录学生的行为表现。参与观察的教师还可以在学生汇报、分享的环节，与学生进行必要的互动，使观察获得的数据更加丰富、翔实。

---

① 包新中. 综合实践活动评价项目的设计与操作策略[J]. 中国考试，2019，(7)：72～77.

表6-2是"梦想茶镇"评价项目的具体内容。

表6-2 "梦想茶镇"评价项目

评价维度	关键要素	预期学习行为表现
信息处理能力	识别、提取	(1)在众多的信息中筛选需要的信息
	整理、归类	(2)用一种以上的方法记录所需要的资料
创意策划能力	整合、概括	(3)分类陈列所需要的信息资料
	提炼、表述	(4)能用自己的语言解读信息,形成新观点
	综合、应用	(5)认真倾听同学的表达
设计制作能力	整体设计、策划	(6)参与讨论交流,表达自己的观点和想法
	工具选择、运用	(7)将相关的资料用适合的形式呈现出来
	制作、创作	(8)遇到困难时能寻求帮助
分享交流能力	表达、交流	(9)有任务分工,有合作协调
	倾听、评价	(10)运用工具完成分配的任务
		(11)及时回应他人的质疑和提问
		(12)虚心接受同伴的建议和意见
	反思、改进	(13)运用资料来证明观点
		(14)能进一步思考、深化后续的活动
		(15)其他相关行为

案例分析:综合实践活动课程有价值体认、责任担当等必备品格的培育,也有问题解决、创意物化等关键能力的培养。这些品格、能力无法通过书面形式监测、评价,学生在这个过程中表现出来的综合性品质,需要在分析情境、提出问题、解决问题、交流结果中测评。因此,本案例中的活动评价没有沿用固有的方式,而是在真实情境中实施评价,从结果取向走向过程取向,通过观察、访谈等技术手段,分析学生在真实、复杂情境下的行为过程与表现,为学生综合实践活动课程评价提供判断依据,并评估学生的综合素质发展状况,让学生在与知识、技能、方法相结合的复杂情境中,充分展现学业成就。

6.2.3 评价活动方案

综合实践活动主题活动设计方案一般由主导教师在主题活动实施前开发完成,并提供给其他参与指导的教师参考,再由各小组指导教师在活动过程中完成各小组活动指导计划的开发工作。它是一个预设方案,这个方案是否可行?活动效果如何?如何进行修改和完善?这些都需要进行反复的斟酌和考虑。因此,对活动方案进行评价,是课程设计的重要组成部分,是实现综合实践活动课程目标、发挥评价导向功能和进行质量监控的有效手段与方法,可以更好地促进综合实践活动课程的开发,保证课程的顺利实施,真正使综合实践活动课程发挥它的作用。

1. 评价依据与内容

综合实践活动方案评价主要包括对综合实践活动方案进行实施前的诊断性评价,以实现对方案的目标、内容(包括课程资源)、过程与方法的优化;对综合实践活动方案进行实施过程中的形成性评价,以使方案在实施过程中得到及时改进;对综合实践活动方案进行实施后的终结性评价,以实现方案的整体优化。

1) 实施前的诊断性评价

综合实践活动方案实施前的诊断性评价,主要是在方案初步设计完成后对方案的理论导向设计、主题设计、目标设计、内容设计、过程与方法设计等方面进行评价,分析其合理性和科学性,以及是否符合综合实践活动课程的基本理念。

2) 实施中的形成性评价

形成性评价主要分析活动方案的问题,使方案在过程中得到优化。这种评价适应方案不断生成的特点,对生成的目标、主题、活动方式给予充分的肯定,使方案各要素尤其是活动过程、活动方式得以优化。

3) 实施后的终结性评价

综合实践活动方案实施后的终结性评价,主要是对方案设计、实施情况、学生的发展情况、教师的指导情况、学校课程管理等进行评价。与实施前及实施中的评价相比,总结性评价能更加全面、更加细致地反映活动方案的概貌。

2. 基本要求

1) 综合运用诊断性方法评价

活动方案是否可行,方案目标、方案内容(含课程资源)、过程与方法是关键。在综合实践活动课程实施前的诊断性评价,能够产生最大的收益。通过诊断性评价,综合实践活动课程中出现的错误或不足之处可以在其有可能产生负面影响之前就被发现并得到纠正。活动方案的诊断性评价经常采用汇报、报告、提问、辩明、调查、讨论等具体方法进行。

2) 引导学生反思整个设计过程

反思是重要的学习策略和学习方法,有助于学生回顾整个设计过程,使教师及时了解学生的心理愿望,为分析方案的成败得失和今后更好地设计活动方案提供第一手资料。学生需要完成的任务主要有:系统回顾方案设计全过程;反思方案设计全过程;评价设计效果,对设计作出评价。

3) 教师进行自我反思,为改进设计做好积累工作

教师的反思主要体现在与学生平等对话交流上,这本身就是学生学习的范例。进行自我反思有利于促进活动方案的改进与提高教师自身的专业化水平;教师在反思的过程中应及时记录交流的全过程,既为活动方案的改进与提高,也为今后设计积累经验。

4) 双管齐下,主动汇报

这是指教师和学生分别向学校教职工、社区有关人士、学生家长征求意见,使方案得到改进与提高。

6.3　小学综合实践活动方案的生成

综合实践活动的本质特性是生成性,随着活动的不断开展,新的目标、新的主题和新的活动方式会不断生成。方案的预设就是为了使生成性发挥得更有方向感、更富有成效。

活动方案设计者在设计预期的活动方案时要留有足够的生成空间,要有因生成变化而需要不断修改、调整、变化的思想准备,在活动的实施过程中,要处理好预设与生成的关系,要根据活动实施的实际情况实时进行调整,以使预设的活动与生成的活动相协调。

6.3.1　活动主题的生成

由于综合实践活动方案是过程取向的,强调的是学习者与具体情境的交互作用,因此,除预先规划与设计活动主题外,还需要高度重视主题在活动中的"可变性",关注活动过程中主题的"生成性"。活动开展后,一般都会出现意想不到的变化,教师要根据变化的情况调整主题。对于无意义的或者不能操作完成的活动主题要果断放弃,对于在活动过程中发现的新生成的有意义的主题,要高度重视并引导学生进行探究。

1. 从学校、班级对综合实践活动的统筹安排中生成主题

每一所学校、每一个班级甚至小组都事先有综合实践活动的计划、有活动的设计,提出的研究范围,这是原计划的一面。教师与教师之间或教师与学生之间要民主协商,必要时可以邀请一些社会人士或家长参与讨论,写下能够参考的或想到的任何与主题有关的内容,使探究主题不断丰富。

综合实践活动的本质特性是生成的。在活动过程中,学生从自己所能接触到的情境和资源中搜集解决问题的资料,必然会遇到很多问题。有的问题在横向方面可以拓展内容成为子课题;有的问题在纵向方面可以加深主题,也可能生成新的具体的课题。要特别注意在活动过程中增加新的有意义的主题,放弃无意义或经过努力仍然很难完成的主题。

2. 改造外来的参考课题,增删活动主题

在初次开展综合实践活动的情况下,教师往往会参考外来的活动课题。这时,教师就必须分析、研究这些课题的价值,清楚明白地了解本班学生的发展水平,读懂学生的生活经验,了解学生的基础知识,以便考查主题对学生的适宜度,对学生提出适宜的课程要求。在活动过程中,应该允许学生变动主题,以最大程度地契合学生的兴趣和经验。

随着学生能力的不断发展,教师应放手让学生自主确定主题、活动项目或具体小课题。在学生初步选择或自主提出系列活动主题、活动项目或具体小课题后,教师要引导学生对主题、活动项目或具体小课题进行论证,以便确定合理可行的主题、活动项目或具体小课题。

3. 从社会热点问题或突发事件中生成主题

当今是一个信息时代,社会上的一些热点问题,也会成为学生关注的话题。很多有价值的研究主题往往蕴含在我们不经意的一些热点事件、偶发事件中。我们要善于从本地区或某一时间段的社会热点中挖掘主题,引导学生就社会发生的某一现象进行调查,弄清发生这种现象的原因及解决的方法,从而培养学生接触社会,感受生活,学会人与人之间的合作、交流,锻炼学生的社会实践能力。如某校以2019年巴黎圣母院发生火灾为切入点,在本校开展的"国宝探秘"主题实践活动中增加了"文物保护——火灾防治"这一主题活动。

4. 从学科教学中生成主题

综合实践活动与各学科领域存在三方面的联系:第一,学科领域的知识可以在综合实

践活动中延伸、综合、重组与提升；第二，综合实践活动中所发现的问题、所获得的知识技能可以在各学科领域的教学中拓展和加深；第三，在某些情况下，综合实践活动可与某些学科教学结合，同时进行。如果在教学中把学科知识的丰富内涵放到开放的综合实践天地中，鼓励学生自主地探讨，自由地交流与总结，那么学生的收获会远远超出课堂所获，远远超出教师的想象。如在进行三年级数学下册的"轴对称图形"学习时，活动流程是收集图形、观察特点、寻找并画出对称轴、创作轴对称图形。活动前教师要鼓励每一个学生走进生活、走向大自然、走入社会，用自己极具个性的方式捕捉身边的轴对称图形，如拍照、绘画、录像、采集等。学生亲自实践了，他们的感官印象才深刻。又如，在进行一年级数学下册的"人民币的认识"学习时，在学生认识人民币之前，可以让学生搜集人民币相关资料，可以针对人民币上面的图案、文字等内容进行整理交流。认识人民币之后，又可以通过"爱心小超市"等活动让学生扮演顾客、导购员、收银员等，自由购物、自行结算。在现实情境中，让学生认识人民币的单位元、角、分及它们之间的关系。在模拟实践中积累"买"与"卖"的经验，在简单的购物生活中，使学生初步体会人民币在社会生活中的作用，初步形成合理使用和爱护人民币的意识。

5. 通过其他多种渠道生成主题

除了以上介绍的方式外，还可以在调查中生成主题，在互动中生成主题，在疑问中生成主题，在评价、反思中生成主题，在争论中生成主题，在错误观点中生成主题。

6.3.2 活动目标的生成

综合实践活动的目标设计不是一成不变、自始至终的，它需要指导教师和学生在活动的过程中发现新的问题，制定新的目标。这也就意味着综合实践活动中的每一个活动都是一个有机的整体，而不是按预定目标机械运转的过程，随着教育情境的变化、活动过程的不断延伸，学生不断有新问题、新体验，新的目标也随之产生。活动目标的生成是指在具体的教育情境中，随着综合实践活动过程的开展而自然产生的新目标。在活动过程中，学生对学习目标有一个动态的构建，教师也会根据实际情况，对预设的活动目标进行拓展和延伸，此时活动目标便是一种情境化、过程化、个性化的教学目标。[①]

1. 在活动过程中适时调整活动目标

综合实践活动大多以主题活动的形式呈现，给定学生一个具体的情境，让学生通过自我探索，发现并解决问题。在这个过程中，学生容易产生新的问题，这些问题实际上是学生创造性思维发散的最佳时机。教师要对学生出现的问题进行即时评估，判断教学事件的性质，生成新的教学内容和目标。不能机械、单纯地实施预设的活动计划，而要从生成性维度设计目标，在活动过程中根据活动情况的改变而调整目标或增加目标。这种方式是没有准备的，完全根据活动的发展而变化。例如，在进行综合实践活动《蚕》的学习时，预设的教学目标是让学生观察蚕的生长过程，培养学生良好的学习习惯，提高观察技能。但有些学生可能会由蚕的生长提出问题：为什么蚕卵一定要在春天孵化？此时教师就要迅速

---

① 汪明春. 预设与生成——关于课程目标的研究[D]. 武汉：华中师范大学，2004.

判断这个问题有没有必要生成新的知识点，然后就此拓展延伸。

案例6-3

小学六年级综合实践活动"学做叶脉书签"①

在"学做叶脉书签"活动的"制定活动方案"阶段中有这样一个环节。

师：通过课前的搜集查找，你们都知道了哪些制作叶脉书签的方法呢？

学生汇报。(自然发酵法、酶解法、煮制法)

师：煮制法又可以用好几种腐蚀剂来煮，都有什么呢？

生：洗衣粉、洗洁精、氢氧化钠、碳酸钠等。

师：在这些制作方法中，哪一种方法用的时间最短呢？(学生不懂如何回答)

师：用化学药品来煮，所用时间是最短的，所以也比较适合我们拿来在课堂上做……

学生开始做实验，没想到一节课下来，实验做得一塌糊涂。而且化学药品具有一定的危险性，课堂上一度出现混乱紧张的状态。所以教师赶紧叫停了实验。

后来，教师修改了这节课的目标，采用较为安全的洗衣粉、洗洁精来煮制不同的叶子。这些实验都是对比实验，因此可让学生掌握对比实验的相同条件与不同条件。在不同时间煮制相同的树叶实验中，有个学生在家做实验时意外地发现先用化学药品浸泡，再用洗涤品来煮制，这样叶肉腐蚀得最快。因此教师又生成了新的教学目标，即树叶用化学药品浸泡多久合适，在洗涤品中煮制多久合适……实验在不断生成的新目标中完善，学生的能力也在不断地发展。

2. 在活动的准备阶段设计总体目标，在活动的各个阶段再设计分目标

案例6-4

我们的低碳生活

在活动的准备阶段先设计出活动的总目标。

认知和技能：通过实践体验活动，学生了解自己的日常生活离低碳还有多远，了解长期高碳生活将带来何种严重的后果。

过程和方法：通过选择自己喜欢的内容，提出问题，与小组成员进行合作、探究，找到有效解决问题的方法与途径。

情感态度与价值观：明白环保节能的低碳生活与我们息息相关，也人人有责；从现在起逐步养成绿色生活方式和生活习惯，并做好环保小卫士和低碳生活的宣传者。

(1) 在活动的第一阶段(准备阶段)活动目标如下。

围绕主题生成研究子课题，建立课题小组，学生学会并着手制定小课题研究方案。

学生学会调查、访问，分工合作。

(2) 在深入问题方面即第二阶段(课题实施阶段)提出了如下目标。

---

① 孙燕妮. 把握《指导纲要》本质 优化活动目标设计——以小学六年级综合实践活动"学做叶脉书签"为例[J]. 名师在线，2018(5)：34～35.

按预定的方案，分工合作，通过上网查资料、问卷调查、采访、考察等形式，获取各种资料。

(3) 随着问题的不断深入，活动发展到研究交流成果阶段时，新的目标又出现了，具体如下。

做好资料的汇总，形成结论，做好展示的各项准备。

以各种形式展示研究成果，在这个过程中善倾听，会发现，能质疑，巧答辩，为活动的进一步延伸奠定基础。

在成果汇报、展示的过程中，体验实践出成果的喜悦感和成就感。

(4) 在有了理论上的收获后，学生需要把它付诸实践(活动延伸阶段)，新的目标也会随之产生。

做好低碳小小宣传员和环保小卫士，让更多的人有低碳生活的意识。

案例分析：认真分析以上目标的形成过程，我们会发现：这样的设计，既可以将总目标分解成一个个小目标来完成，又可以根据活动情况设计出新的目标，这个新的目标就是生成性目标，它可以满足学生发展的需要。

3. 根据系列活动主题的预期目标生成子课题的目标

案例 6-5

活动主题：美丽的中国，多彩的世界(北京市朝阳区芳草地小学)

活动总目标：

(1) 认识中华民族传统文化精髓，了解了世界文化的多元性。

(2) 开阔视野，学会基本的交往礼仪，初步具备规则意识。

(3) 学会尊重、理解、包容，深刻体会"美丽的中国，多彩的世界"的内涵。

在此大主题下，又生成了系列活动，形成子课题，如表6-3所示。

表6-3　"美丽中国，多彩世界"系列主题实践活动

系列活动子课题	主题实践活动	活动目标
建筑	登万里长城，赏国内外经典人文景观	从了解具有中华民族象征意义的长城开始，了解国内著名的人文景观，最后了解国外著名的人文景观
民俗	逛中华民俗园，参与中外节日赶集	了解中国的传统节日和各民族的传统节日，在活动中了解和体验各民族的风俗习惯
文学	读中外名著	感悟中外文学魅力
艺术	唱中国国粹——京剧	体验中国传统艺术的精髓
体育	练民族传统体育项目——空竹	体验中国传统体育项目
财经	参与储蓄实践	了解国内外金融领域的知识
科技	学习中国四大发明	感受中国科技发展的辉煌

6.3.3　活动方式的变化

综合实践活动的方式是根据综合实践活动的主题内容、目标来定的。从大的活动方式来看，《指导纲要》中总结了几种活动方式：考察探究、社会服务、设计制作、职业体验、

班团队活动等。从活动展开的具体方式来看,以探究为主的活动的方式,包括制定方案、调查、访问、观察、实验、统计、信息收集与处理等;以社会服务活动为主的活动,包括参观、考察、服务、宣传、义务劳动、经济活动等;以设计制作为主的活动,包括设计、制作、研制、种植、养殖、信息发布,以及科技小发明、小创造等。在具体的活动过程中,随着活动的主题内容、目标的不断生成,活动方式也处于不断变化之中。

案例 6-6

助力中轴申遗,守护古都有我[①]

北京市朝阳外国语学校开发了 "助力中轴申遗,守护古都有我" 系列课程,活动形式多种多样,精彩纷呈。

活动第一阶段为 "初识中轴线"。教师布置了三个平行任务: "我走中轴线" "我画中轴线" 和 "我讲中轴线"。学生利用假期、周末,去感受、记录、描绘心目中的中轴线。图 6-2 所示为学生手绘的中轴线。

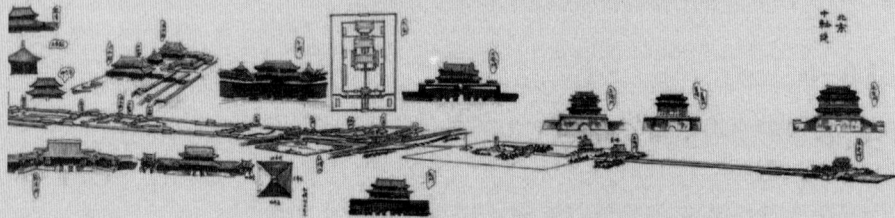

图 6-2　学生手绘的中轴线

第二阶段为 "研读中轴线"。利用课堂教学,补足知识,更好地了解中轴线。学校开设了多门专题探究课程: 地理学科引导学生从北京城产生和发展的地理因素入手,认识中轴线和北京城的历史变迁;语文学科通过 "建立联系——认识中轴线" "深度阅读——细品建筑之美" "拓展延伸——我为 '中轴线古建筑' 代言" 等教学活动,层层递进,带领学生感悟中轴线建筑之美。

第三阶段为 "守护中轴线"。小学部开展了语、数、英、美学科融合课程。学生从立体、全面的角度审视中轴线,真正理解中轴线作为城之轴、民之轴、情之轴、心之轴那份壮丽的文化之美。数学课——城之轴的 "秩序之美",带领一年级的孩子们在中轴线的起点——永定门上寻找图形之 "轴",探寻图形对称之美。语文课——民之轴的 "文化之美",讲述紫禁城或悲或喜或令人敬佩的故事;孩子们化身皇帝和皇子公主,体验皇族的一天生活。英语课——情之轴的 "文化自豪",孩子们摇身一变成了新时代的小导游,介绍北京中轴线的景点。美术课——心之轴的 "记忆镌刻",孩子们用自己的画笔描绘永定门,把关于中轴线的点滴记忆洒落在纸上。

案例点评: 经过这样的实践与学习,中轴线再也不是一个定义、一个地点,它是孩子们丈量过的国之轴线,它是孩子们感受过的城之轴线,它是孩子们体验过的民之轴线,它

[①] 张媛,段玮慧. 悠悠中轴线,深深古都情: 北京朝阳外国语学校 "中轴线申遗" 综合实践课程[J]. 北京规划建设,2019(1): 65~69.

是孩子们为之自豪的情之轴线，它更是镌刻在孩子心头的心之轴线。孩子们带着这样深刻的记忆，终将成为古都的守护者和文化的传承人！

6.4　小学综合实践活动方案的撰写及呈现

6.4.1　综合实践活动方案的撰写

主题活动设计方案是针对一个具体的主题进行的开发工作，它对整个主题活动进行了分阶段的预设，明确了一个主题活动目标及各阶段学生活动的主要内容及方式、教师的指导重点、实施的要点以及评价的建议等，也可以称作教师指导方案，它是综合实践活动课程开发的基本呈现形式。设计与制定主题活动方案可以增强教师指导的计划性。综合实践活动的实施通常是由教师团队协作完成的，因此主题活动设计方案一般由指导教师在主题活动实施前开发完成，并提供给其他参与指导的教师参考，最后由各小组指导教师在活动过程中完成各小组活动指导计划的开发工作。

一般来说，一个主题设计方案中包含几个基本要素：活动主题(主题名称、背景分析)、活动目标(总目标、具体目标)、活动适用对象、活动设计与指导者、活动准备、活动时长、活动实施过程(分阶段的学生主要活动、时长、教师指导重点等，根据活动形式的不同而异)、活动实施建议、活动评价建议等。

1. 主题名称的撰写

主题名称是某个活动的名字，要求高度概括活动的内容，既能传递综合实践活动中某一活动或项目的主要信息，又能吸引读者。综合实践活动主题的题目要醒目具体、准确，要求准确反映活动主题的内容、范围以及研究的深度，特别是关键词选用要准确、贴切，切忌模糊。如"关于××市××路交通状况的调查"这个课题，从标题中就能够非常清楚地反映研究内容、范围和方向。

同时，综合实践活动主题有很多类型，主题表述要求能反映活动的基本类型，如"学习习惯调查"。此外，综合实践活动的主题表述，要求直接明了地说明活动研究的问题，使读者看到主题就对活动研究的主要内容一目了然；要求在确定标题时要改变正常的语序，用短语形式来表达，如"小学生追星现象的探究"等。

无论采用哪种主题表述方式，一个好的主题名称的表述应该是简洁、清晰、完整、准确、概括性强的。主题名称的表述应该有一定的综合性，便于学生在这一主题下开展各种类型的活动。在文字表述上要贴近学生生活，既不要太口语化，也要避免过于生硬和书面化。

2. 活动背景的撰写

活动背景就是解释为什么要选择这个主题。可以简要阐述主题形成的起因和经过，简要分析主题活动的内在意义和价值。如案例"安全自护我能行"的活动背景，首先根据中小学生安全教育问题的现状，说明安全自护问题的重要性和紧迫性，即回答为什么要选择这样一个主题；进而简要地分析此主题活动的内在意义和价值，即培养学生的安全意识，提高自救自护能力，在探究活动中成为安全"专家"，把安全教育解决在事故发生之前，并在安全探究活动中成长，懂得如何认识生命、欣赏生命、尊重生命、珍惜生命，对生命产生敬畏与热爱，让学生平平安安走入社会。

3. 活动目标的撰写

活动目标是指在主题活动中学生将获得什么。主题活动的目标是学校综合实践活动课程总目标的细化、具体化、操作化，是有计划、有步骤地具体落实学校综合实践活动课程的总目标。在表述时，通常是回答学生通过此主题活动有什么样的情感体验、能增进哪些知识技能、能培养什么兴趣和态度。也可以以综合目标的形式表述或按主题活动的主要任务分项表述。而在活动主题确定以后，活动计划实施的各阶段，如某次具体活动、不同类型的活动，在目标的制定上均有要求。

1) 各阶段目标的表述

这是指学生参加某一阶段活动应达到的要求，如选题阶段活动目标、实施阶段活动目标。综合实践活动是由师生双方在其活动展开过程中逐步建构生成的课程，随着各阶段活动的不断展开、学生的体验与认识不断深化，不断会有新的活动目标生成。因此，在不同的活动阶段要考虑制定不同的目标。

案例 6-7

购物的学问阶段目标设计

活动准备阶段：

通过交流分享购物经历，梳理关于购物的各种问题，确定小组研究主题，激发学生参与研究购物学问的兴趣和热情。

活动实施阶段：

(1) 围绕小组的研究主题，合作制定、交流行动方案，从中感悟到做事情要思维缜密、有计划，活动方案要具体详细、切合实际。

(2) 结合组员优势，小组分工合作开展关于"购物的学问"实践活动。锻炼学生搜集资料、记录及语言表达的能力。

活动总结阶段：

通过对搜集资料的整理，运用手抄报、表格、数据等多种形式，交流分享购物经验，敢于发表自己关于如何选购商品，以及对于商品价格、商品质量的见解，并在此基础上树立勤俭节约、合理消费的观念，提高了解商品、合理选购商品的能力，懂得文明购物的策略。

2) 一次具体活动目标的表述

这是指学生参加某一次活动应达到的要求。一次具体的活动是一个主题活动最基本的构成要素，它可以是一次课堂内的教学活动，也可以是一次课外的实践活动，它的目标是对主题活动总目标与阶段性目标的分解与细化，在设计上更具体、更有针对性、更具有操作性。

案例 6-8

节水行动在校园目标设计[1]

活动总目标：

(1) 通过汇报交流，引导学生结合学校用水情况发现并提出感兴趣的问题，提出自己的想法，形成初步解决问题的方法。

(2) 通过交流讨论设计方案，初步掌握设计与制作的基本思路和技能，养成做事严谨、认真的良好习惯。

(3) 能够运用视频、照片、实物等多种方式展示交流小组的实践活动成果，培养学生合作探究、总结归纳、语言表达的能力。

阶段目标：

第一课时：调查校园用水情况

(1) 通过调查校园用水情况，培养学生观察、搜集、整理和处理信息的能力。

(2) 通过汇报交流，引导学生结合学校用水情况发现并提出感兴趣的问题，提出自己的想法，形成初步解决问题的办法。

(3) 通过本次活动，培养学生小组合作能力，强化节约用水的意识和行为，养成节约用水的良好习惯。

第二课时：设计制作节水提示牌

(1) 通过交流讨论设计方案，初步掌握设计与制作的基本技能，养成做事严谨认真的良好习惯。

(2) 通过小组合作修改完善设计制作方案，学会善于听取不同意见，总结设计制作的方法。

(3) 通过交流讨论，鼓励学生积极思考，大胆创新，提高学生的技术操作和知识迁移能力。

第三课时：节水器具成果展

(1) 能够运用视频、照片、实物等多种方式展示交流小组的实践活动成果。

(2) 小组成员能够分工合作地进行展示交流；认真倾听，积极表达自己的意见。

(3) 通过参与展示交流活动，培养学生合作探究、总结归纳、语言表达的能力。

(4) 能够把研究成果进行应用、推广和宣传，实现活动的外部价值。

4. 活动对象

活动对象是指适合参加此主题活动的学生。一般来说，不同年级的学生具有不同的年龄特点及认知水平、生活经验和成长需求，因而不同年龄段的学生有不同的适合主题。如案例"安全自护我能行"的主题活动就比较适合小学五年级的学生，因为此年龄段的学生已有一定的生活阅历和生活经验，独立参与的活动增多，遇到的安全问题也就逐渐增多，因此迫切需要掌握一定的安全自救自护能力，提高安全自护的意识。此外，有些主题在不同的年级均可实施，但由于不同年级的学生具有不同的年龄特点及认知水平、生活经验和

[1] 北京市顺义区北石槽中心小学王新。

成长需求，所以这种主题在不同年级设计的活动目标要求、内容、活动方式等方面会有所不同，如活动主题"我校绿化管理设计"。五年级学生要完成的目标任务可以有采访校长、学校花木管理员、社区书记、园林管理局技术人员；搜集大量资料并学习整理资料；绘制学校现有绿化分布平面图和学校绿化分布改进平面图；制作"绿化知识"问卷；起草"绿化建议书"；编写"学校花木知识简介"；设计盆栽花木造型图等。三年级学生要完成的目标任务难度可以适当降低，如有认识学校的花草树木；画喜欢的花草、写观察日记；向同学介绍喜欢的花草树木；交流经验；对"爱护花草树木"谈谈感想等。

5. 活动设计者与指导者

活动设计者即主题活动的主要设计人员，既可以是一位教师，也可以是一个教师团队。标明设计者，一方面可以明确责任，另一方面也明确了知识产权或开发的版权，是对教师创造性劳动的一种保护。另外，由于开发成果是可共享的，因此开发者与实施者有时并不相同，标明设计者还有利于实施者与开发者的沟通。

指导教师团队即承担活动实施任务的教师团队。许多主题活动的指导不是教师个体能够承担的，它需要教师根据主题活动的需要，组成相应的教师指导团队，共同实施。明确教师指导团队，有利于该团队的形成以及各成员明确各自的任务，进而有利于活动的落实。

6. 活动准备

活动准备是指实施活动必要的资源准备。它既包括活动所需的文本资源，如文献、档案、课外读物、音频、视频资料等，也包括一些超文本式资源的准备，如学校现有场地资源利用、校外实践基地、社区、名胜古迹等开发，还包括人力资源的利用和学校内部教师以及校外参与活动人员的准备。在活动中，需要多少物资材料，需要多少经费等都必须事先进行分类分项作出估算。如有条件，尽量和本校课程资源结合起来考虑，坚持低成本、本土化原则。

7. 活动时长的设计

活动时长是指活动起始至活动结束之间的时间长度。活动时长包括活动的总时长和具体活动环节安排的课时数。在当前教学管理体制下，在设计时既要有总长度，如几个月，又要有具体的课外活动的时长和课内活动的时长。这样的时长设计，便于学校的管理以及对活动进行整体规划。

8. 活动过程的撰写

活动过程是综合实践活动方案的主要部分，包括活动的内容、方式、步骤、教师的指导重点、实施的要点等。这个环节是方案撰写的重点，它一般分为以下三个阶段。

1）准备阶段

准备阶段的设计要明确的主要工作如下。

(1) 成立活动小组。以师生共同总结、归纳的问题为依据成立活动小组，学生根据自己的兴趣、爱好和特长决定自己要参加的活动小组。由学生民主选举小组长，小组长主持小组的全部活动。

(2) 制订活动计划。在小组长的主持下，对本组活动的主题进行讨论，制订本小组的活动计划。计划的内容一般包括活动主题的名称、预设的活动目标、预设的活动步骤和方法、拟调查，以及采访的对象、时间安排和人员分工。

(3) 提出注意安全等要求。

2) 实施阶段

实施阶段是设计活动过程的主要阶段。本阶段要阐明的内容包括：开展什么活动；运用什么方法；时间、地点的安排；注意形成个人的富有特色和深刻的体验。设计要预留活动生成的空间，要求学生对生成活动主题、活动目标、活动方式，给予足够的重视。

3) 总结阶段

在总结阶段，各小组应做好如下几项工作。

(1) 资料整理与归类。

各小组对本组成员通过各种渠道搜集的资料，包括查阅的或网上下载的文字资料、拍摄的图片资料、访谈记录的整理资料、录音录像资料等进行整理与归类。

(2) 撰写研究成果。

各小组总结归纳，用不同的形式呈现自己活动的成果，其内容包括调查报告、研究报告、研究论文、心得体会、活动感想、活动日记、活动资料的整理与摘抄、访谈实录等。

(3) 成果展示。

最终成果可以以班为单位进行展示，也可以在全校范围内展示，还可以走出校门，到社区进行成果展示。总之，一切从实际出发，从需要出发。

展示的形式可以多种多样，可用论文、调查报告、心得体会、感想、日记、图片等各种资料表现出来，也可以以班级、年级或全校报告会的形式进行汇报，还可以采用各种文艺活动的形式，如短剧、相声、小品、朗诵、歌舞、快板书等进行汇报演出，甚至可以把学生的各种成果汇编成册向社会进行宣传等。

(4) 成果介绍。

成果介绍是交流活动成果的常用方式。通常情况下，由小组成员在全班同学面前汇报自己小组的活动成果，介绍活动的过程、收获和体会，回答同学们的提问或质疑，并展开讨论。这是对学生活动成果的检验，也是对其他同学的促进。

案例 6-9

活动过程可用"活动过程序列表"的形式表现，简明扼要，突出重点。主要内容可包括活动阶段、课型、活动的实施要点与教师的指导重点、课时等。核心是活动的实施要点与教师的指导重点。活动的实施要点与教师的指导重点可分阶段、课型来预设。

表 6-4 所示为某校的具体活动计划。

表 6-4　北京××小学五年级走进"纪念馆"活动计划[①]

日　期	活动内容	学生活动形式
课程前	课程背景的前期准备	前期调查、分析、走访
×月×日(课上)	前置课程(考察方法培训、背景介绍、安全及注意事项、布置初访任务单)	阅读初访任务单；听、看、记录感兴趣的内容，为参观作准备。

① 北京市房山区霞云岭中心小学党和心。

续表

日　期	活动内容	学生活动形式
×月×日 (参观)	基地参观：讲解员讲解、学习了解纪念馆展出的内容	观看、聆听、感受，演唱红歌，完成学生活动手册
×月×日 (课上)	选题指导课：提出具体学习要求；头脑风暴，引导学生提出感兴趣的问题，并进行聚焦，确定研究主题，分好学习小组	阅读学生活动手册；学习相关资料，思考有关发展历史及探究的问题；讨论研究题目，自由分组并合理分工
×月×日— ×月×日 (分组)	拟订计划：指导学生自行分组研讨，拟定专题研究的题目并制订研究计划	会见导师并开会讨论题目的可行性，讨论研究计划并分配工作。完成指导记录单、完成计划草案
×月×日 (大小课)	方案指导课：组织交流讨论并确定活动计划方案	填写并汇报活动计划方案，修改并定稿
×月×日— ×月×日 (自主)	活动实施：自主探究，搜集资料并整理，开展作品设计、红歌练习等	到图书馆及互联网上搜集资料；阅读有关资料，梳理重点摘要；确定演讲主题、演唱歌曲、美术作品构图等
×月×日 (课上)	成果总结指导课：活动成果初稿汇报、交流	会见导师，汇报资料，交流讨论；完成《指导教师记录表》
×月×日 (课上)	展示交流指导课：面见导师汇报学习成效、制订展示交流的计划	会见导师，汇报资料，交流讨论
×月×日 (课上)	展示交流课：展示研究成果；欣赏及评估其他同学的研究报告或表演	展示分享交流，对他人的评价；自我总结与反思

在活动方案制定的过程中，活动内容和方法的设计是关键。教师在方案制定之前要预设各小组的活动内容和方法，要引导学生参与和经历多种方式的活动，从而更好地实现综合实践活动的课程价值。可以将考察探究、社区服务、职业体验、设计制作等活动方式进行整体设计、综合实施，使不同活动方式彼此渗透、融会贯通，实现多种活动方式的整合。

✿✿ 案例 6-10

"关于饮料的研究"过程设计[①]

本次活动分为三个阶段完成。

第一个阶段：认识并调查关于饮料的相关知识。(面向全体四年级学生)

学生通过讨论提出了很多问题，最后经过筛选，提炼出 6 个研究主题，分别为：采访本校学生对饮料概念的理解；本校学生饮用饮料情况的调查；研究添加剂饮料对身体健康的影响；调查某一超市零添加饮料的种类；超市中酸奶成分的调查；探究自制饮料的制作方法等。通过调查问卷、实地考察、查询采访等实践活动方式探寻答案。

第二阶段：饮料 DIY 工坊的建立。(面向部分四年级学生)

---

① 北京市顺义区后沙峪中心小学吴静。

本阶段是根据学生实际需求而生成，打破了原有班级模式，教师引导主动发起的学生成立研究工坊，根据 DIY 需求商榷所需部门，自荐或推荐部长，讨论招聘需求，设计制作招聘海报，开展招聘面试等，真实地模拟公司的运营模式，在实践中进行职业体验，初步感受责任担当。

第三阶段：关于饮料的推介会。(推介会成员：DIY 工坊的所有参与者+雏鹰探秘小队)

在前两个阶段活动的基础上，把饮料的知识、挑选饮料的技巧及自制饮料的经验以推介会的形式介绍给本校其他年级的学生。

9. 评价建议的撰写

评价是综合实践活动课程实施的重要组成部分，是实现综合实践活动目标的有效手段和保障，它贯穿于综合实践活动的全过程。

1) 评价内容

(1) 情感态度：对本次活动是否有兴趣；是否能坚持完成每一个活动；是否能主动提出设想和建议；能否形成一定的科学态度和意识；遇到困难能否克服等。

(2) 能力发展：能否提出有价值、有意义的问题；是否掌握调查的方法，会写简单的调查报告；能否坚持观察、记录实验数据，对实验结果作出分析；能否进行简单的图纸设计和制作；是否有与人沟通合作的技巧和愿望，小组成员间是否各司其职、各负其责，共同完成任务；能否用多种方法和形式表达自己的学习过程与结果。

(3) 知识了解：是否了解主题相关内容。

2) 评价方式

通过教师观察、学生活动过程评价表、学生的作品对学生给予总评。在每项活动过程中，也要注意给学生及时进行评价。教师定期把学生在前一个阶段的表现在小组活动中传达给学生，使学生更清楚地了解自己的状态，从而不断地进行自我调整和激励。评价的对象可以是撰写小课题报告、阶段小结、幻灯片、学生作品，也可以是创作的网页或其他内容。

3) 评价主体

与通常教师对学生进行的学业成绩评价不同，"综合实践活动课"的评价者是不确定的，既包括教师或教师小组，也包括学生或学生小组、家长、社会机构和社会上的个人。例如：组织课程时教师是评价的主体；同学评议、小组评议时学生或学生小组是评价的主体；在实施课题或活动中，相关的企业、社区、机关、专家以及其他社会机构和个人都是评价的主体。评价主体的多元性增加了评价的难度，但更容易通过评价鼓励学生进行探索和实践。

10. 活动实施建议

活动实施建议是对主题活动实施过程中可能遇到的问题、困难及相关对策的预设。由于主题活动是由一个教师团队共同实施的，所以明确的实施建议将帮助团队成员了解活动中可能出现的难点及相关对策，关注活动细节，有效地减少活动的阻力，保障活动的顺利进行。

6.4.2　综合实践活动方案的呈现

任何一种形式的综合实践活动计划都可以广义地称为综合实践活动方案。从学校管理的角度来看，活动方案包括整体实施方案与个体实施方案；从教师指导的角度来看，可分为教师的活动指导方案和学生活动方案；从综合实践活动的主题构成情况来看，可分为系列主题活动方案与单一主题活动方案。

📖 **扩展阅读 6-1**

关于课程知识选择的研究[①]

我国台湾学者黄政杰的《课程设计》一书对课程选择进行了研究，认为课程选择基本上是优先和均衡两个问题，需要进行理性选择。选择内容的标准包括目标、范围、重要性、正确性、难度、实用、缺乏、弹性、资源和时间等十项，在活动选择上的标准有五项："练习机会的目标；达成多重目标；活动多样化；符合学生的能力、需要和兴趣"，并纳入各种适当媒体的采用。

我国香港学者李子建、黄显华在《课程：范式、取向和设计》中从学习机会选取的角度研究课程内容的选择，从选择知识的取向、课程选择的原则、课程取向与课程选择的关系、不同课程范式的课程内容选择进行了分析。课程选择的问题包括核心问题和相关问题，认为核心问题是"什么知识最有价值"，相关问题包括什么是知识、选择知识(作为课程内容)的取向有哪几种、知识选择是不是课程选择最重要的决定等问题。选择知识的取向包括内在价值与文化、用途、关联和现实、知识的形式、个别学生的需要/兴趣。

我国台湾学者黄光雄、蔡清田在《课程设计——理论与实际》中对课程内容选择进行了研究，认为"课程选择"(curriculum selection)是从社会文化、学科知识与学生学习经验等课程内容当中，萃取精华，并根据选择的标准(selection criteria)，以及参考选择的原则(selection principle)，以达成预期课程目标与教育理想的一种细致化的课程设计。课程选择的来源至少包括社会文化内涵的学科知识课程内容与学生学习经验两种。课程选择的标准包括内容的有效性与重要性、可学习性、合乎学生兴趣与需要、深度与宽度的均衡、达成范围宽广的课程目标，并与社会一致等。课程内容选择的原则包括练习原则、效果原则、能力原则、弹性原则、经济原则、动机原则、适当原则、应用原则、指导原则、继续原则等十项选择原则与指导方法。

施良方教授在《课程理论——历程的基础、原理与问题》中分析了课程内容的三种取向、课程内容选择的准则、课程内容组织的原则、课程类型和结构。在具体的选择中应注意以下准则：注意课程内容的基础性、课程内容应贴近生活、课程内容要与学生和学校教育的特点相适应。

靳玉乐教授的《多元文化课程的理论与实践》对多元文化课程内容的选择进行了研究，认为"什么知识最有价值"和"谁的知识最有价值"也是多元文化课程内容选择中的核心问题。多元文化视野下课程知识的选择主体更广泛，内容更加丰富多彩，体现出以下特征：选择主体的多元化、课程知识的综合性、文化的兼容性。

廖哲勋教授和田慧生教授的《课程新论》认为课程内容的基本性质是知识，它包括认知性知识或经验要素、审美性知识或经验要素、健身性知识或经验要素、道德性知识或经验要素、劳动技术性知识或经验要素等五种要素。课程内容选择的制约因素主要包括社会

---

① 肖庆顺. 校本课程开发的知识选择研究[D]. 重庆：西南大学，2015.15～20.

因素、受教育者身心发展的规律、科学文化知识。学科课程内容的选择要根据科学的基本事实、科学的基本概念、科学的基本原理和方法来选择；活动课程内容的选择的依据和标准是学生的现实生活需要以及学生社会性发展的要求，学生生活的逻辑是起点，同时还要注意内容的系统性、结构性、知识性、操作性、应用性和发展性。

余文森教授在《个体知识与公共知识——课程变革的知识基础研究》中从个体知识与公共知识的角度出发，对课程内容的选择进行了研究，探讨了个体知识的准入机制和公共知识的准入机制。

石鸥教授认为，课程内容的选择就是知识准入课程的问题，应遵循知识性原则、学科性原则、适应性原则、方向性原则。在选择课程内容时应注意基础性、生活性、时代性。我国新课程改革在课程内容选择上就体现了以下特点：知识与能力并重；学生的发展是课程内容选择的出发点和归宿。

蒋建华教授的《知识·权力·课程——政策视野中的课程研究》从政策的视野出发，对课程内容的选择进行了研究，具体研究了课程知识选择的政策定位基础、课程知识选择的政策定位内涵、改进课程知识政策的基本思路。我国课程内容选择政策中存在着单一性的特征，这一特征是学校教育教学活动问题的总根源，要解决现在学校教育教学活动中所表现的问题，实现课程知识多样化是重要的政策选择。

张肇丰教授研究了研究性学习的课程内容选择地位原则，认为研究性学习的内容具有开放性、生成性和非线性的特征，内容选择的原则包括：注重与学生个人经验的联系；注重与社会生活实际的联系；注重与现代科学发展的联系；注重与各科知识的联系。

杨爱程教授对课程内容选择的标准进行研究，认为课程内容主要有学科内容的总和、学习活动、学习经验三种观点，课程内容选择的标准主要有合法性、整体性、适切性、结构性、多样性。他还从社会文化系统分析的视角对课程内容的选择进行了研究，认为选择课程内容最重要的依据是对社会文化的系统分析，社会文化系统从四个方面对学校课程内容的选择提出了要求。

【学习资源链接】

林众. 全面提升学生信息素养《中小学综合实践活动课程指导纲要》"设计制作(信息技术)" 主题解读[J]. 人民教育，2018(Z1)：59～63.

黄琼. 中小学职业体验活动要抓住关键要素——《中小学综合实践活动课程指导纲要》"职业体验" 主题解读[J]. 人民教育，2018(Z1)：69～72.

梁烜. 中小学如何开展考察探究活动——《中小学综合实践活动课程指导纲要》"考察探究" 主题解读[J]. 人民教育，2018(Z1)：54～58.

刘玲. 中小学如何开展社会服务活动——《中小学综合实践活动课程指导纲要》"社会服务" 主题解读[J]. 人民教育. 2018(Z1)：64～68.

【教与学活动建议】

(1) 教师引导学生搜集多份综合实践活动方案，了解每一方案的结构，并比较其异同，分析比较其基本要素是否完整，说说你最喜欢的方案，并陈述理由。

(2) 组织学生进行思考与讨论：什么样的活动方案比较可行？设计活动方案时要考虑哪些因素？

(3) 撰写一份小学综合实践活动方案,重点陈述选题的理由、目标的设计及活动过程的设计。

(4) 作品展示与交流。

(5) 教师适时指导与总结评价,在交流讨论中理解综合实践活动课程设计的过程,掌握综合实践活动方案撰写的基本要求。

本章小结

本章详细阐述了小学综合实践活动设计准备的各个细节及方案设计的整个流程,并详细分析了主题选择、目标确定、活动设计、活动评价的具体要求,为教师设计综合实践活动指明了方向。同时,综合实践活动课程的设计面向的是学生的整个生活世界,应随着学生生活的变化而变化。这就要求教师不能为学生提供一成不变的主题,而应该适应时代的变化、学生生活的变化,不断地更新活动主题、活动目标和活动方式。本章最后介绍了综合实践活动课程设计的成果——活动方案的撰写及呈现方式,供教师参考。

思考与实践

一、理论思考

1. 小学综合实践活动课程的设计在准备阶段都要做哪些方面的工作?

2. 小学综合实践活动设计应该怎样选择活动主题?

3. 小学综合实践活动方案包括哪些基本要素?

4. 小学综合实践活动方案的目标是如何生成的?

5. 撰写小学综合实践活动方案需要注意什么?

二、实践探索

案例分析:

"走进我的家乡"综合实践活动课程整体方案设计[①]

一、活动背景

我的家乡大安山是一个美丽的小山村,我爱这大山里的一景一物、一草一木,爱这里淳朴的民风。在它的滋养下,我们长大成人,学有所成,拥有幸福的生活,感谢这大山的养育之恩。现在,因城乡发展的不平衡,以及地理条件的限制,孩子们走出去的机会不多,和六年级学生深度交流,发现孩子们只对本村的人文、地理、物质方面有初步的了解,却不了解大安山乡更深层次的人文、历史知识。虽然生于斯长于斯,对它的爱却不深厚,觉得这里不够繁华、热闹,也没有便利的居住条件,更没有大型的商场超市……孩子们更渴

[①] 本案例由北京教育学院乡村教育联盟特色课程群项目组提供。

望认知新知识的机会，他们渴求漂亮的居住环境，渴求现代繁华的都市生活，渴望走出大山见识不一样的东西。孩子们把注意力集中到了热闹的都市，对于生养自己的大山似乎已经没有更多的热爱。殊不知大山里也有宝，只是缺少一双善于发现的眼睛。基于这样的分析，我决定带孩子们深度探究家乡的人文、地理、经济、物质和历史。

(一)地区资源分析

大安山乡位于房山区西北部深山区，属太行山余脉，位于百花山中山地带，大石河流域，距区府良乡镇 50 公里，距市区 90 公里，辖大安山、西苑、赵亩地、寺尚、中山、水峪、瞧煤涧、宝地洼 8 个行政村和大安山矿社区。曾因出产黑金而名噪一时，也因转型阵痛而历尽艰难。这里的人民勤劳质朴，世世代代经历着自己的欢乐与忧愁。这些欢乐与忧愁就是这里人们过的小日子，而小日子汇聚起来也就形成了独特的民风与民俗，积淀出了独特的历史与文化。这些民风、民俗、历史和文化在浩瀚的人类历史中只不过是沧海一粟，却作为整个民族鲜活的历史素材而存在着。不仅如此，它对于继续生活在这里的后辈更是弥足珍贵，因为这就是他们祖祖辈辈生活的方式，是他们生命和生活的根源。

(二)学生情况分析

学生认识事物的能力是由年龄特点、生活经历和知识经验所决定的。对于六年级小学生来说，大部分孩子对家乡的概念不太清楚，以为自己从小居住的地方就是家乡。对家乡物质方面的了解仅限于自己看到的，对于大安山的人文、地理、经济和历史的了解也只限于听长辈讲的。为了深度了解家乡的人文、地理、经济、物质、历史，我准备把学生分为五个组进行探究。人文组在探究过程中借助网络资源和书籍汲取信息了解当地人物事迹，通过调查访问了解当地文物、美食、民俗与艺术；地理组通过实地考察，了解家乡特别的地理风貌及其带来的经济影响；经济组通过查阅文献资料和走访百姓了解家乡经济的发展；历史组通过查阅网络资源和书籍，拜访当地老者，了解家乡的历史。经过五年多的学习，孩子们在资料搜集和信息技术的运用、表达方面有了一些收获，但也存在很多不足，需要教师进行适当的方法指导。他们能够从网络中找到相关资料，但是在资料的筛选中还难以取舍，能够将搜集的资料做简单的整理，但缺乏分类、归纳和分析的能力；孩子们以前没有进行过访谈，所以不知道从何谈起，教师不仅需要帮助学生列出访谈提纲，还需要指导学生访谈的方法；孩子要表达流畅，声音清晰响亮，态度认真诚恳，能吸引听众的注意；在展示交流中，如何制作精美的 PPT，也需要方法上的指导；在时间管理上，孩子们缺乏自主性，需要教师帮助其梳理出各个时段的任务。所以本次设计的重、难点主要是鼓励孩子们自主选择感兴趣的研究内容，根据所选内容分成五个小组，设计任务单，进行相关的方法指导，完成相应的研究任务。

(三)教学内容分析

设计本次实践活动的目的，旨在紧紧围绕令孩子们既熟悉又陌生的家乡，经历亲身实践之后，加深对家乡的认识，从陌生走向熟悉乃至发自内心的热爱，并期待将来会变得更美更好。在实践活动中更多地发挥学生的主体作用，不仅能提高他们的学习能力，还能锻炼他们的表达能力，从而提升其文化素养。

二、教学目标

1. 通过对历史、人文的探究，了解大安山的风土人情，提高学生提取信息的能力，培养学生弘扬家乡本土文化的意识。

2. 通过实地调查、走访等方式对地理的探究，了解大安山本土的地域特色，学会分工合作，进而提高信息技术能力。

3. 通过对经济的探究，感知家乡经济发展的美好前景，提高学生搜集、整理和运用信息的能力。

4. 通过调查访问等方式探究当地物产，感受家乡物产之丰富，同时提高与陌生人沟通的能力。

5. 通过绘制思维导图，提高学生的思维能力。

6. 通过交流展示，提高学生的表达能力。

7. 通过成果展示，提高学生的书写能力和绘画能力，激发学生热爱大安山、热爱乡村的感情，从而产生努力学习、建设乡村的愿望。

三、活动准备

1. 学校准备：确定活动内容，制定活动方案。

进行活动前的安全培训。

进行活动部署，责任到人。

2. 教师准备：考察本地资源，制定活动方案。

进行活动前的安全培训。

对考察方法进行培训。

做足网络资源、书本资源等方面的准备。

设计课前任务单，引导本班学生分组。

3. 学生准备：班里一共有20名同学，按照自己选定的探究内容分成5组。

4. 方案准备：

(1) 前置课程：讲解社会实践活动课程的安全注意事项。

(2) 初步走访，对家乡有一个整体认识，完成任务单。

(3) 聚焦分组，根据自己感兴趣的研究内容分成5个小组，选定组长，初步设计小组的研究方案(说明调查方法、呈现形式)。

(4) 方案设计，明确分工和方法，完成详细过程记录。还可以根据孩子们的需要上方案指导课。

(5) 展示交流，形式多样。

四、活动形式

1. 活动前学生分组调查访问、获取信息、整理资料。

2. 活动中分组展示、介绍。

3. 活动后展示成果 (手抄报)、展示实践探究成果。

五、活动过程

(一)时间安排

活动的具体时间安排如表6-5所示。

表 6-5　时间安排

时　间	任　务
5.6—5.8	前置课程：安全教育、活动内容
5.9—5.12	初步走访：整体感知家乡
5.13—5.17	聚焦分组：选定组长、设计组内方案
5.20—5.22	方案指导课
5.23—5.31	完善方案，明确职责及分工
6.1—6.9	分组活动、整理材料
6.10—6.14	展示交流

(二)分组展示汇报内容

1. 人文

(1) 人物：刘仁恭父子、通理大师、通圆大师、于振边、杨怀清、张茂忠、大安山烈士及劳模名单。

(2) 文物：大安山烈士碑亭、重善桥、延福寺、二郎庙。

(3) 美食：十二八酒席、炸油香、猪头压肉、核桃酱、烙黄儿等。

(4) 民俗与艺术：大安山村山梆子剧团、偷龙王。

2. 地理：瞧煤涧越野赛道、寺尚最美梯田、峪壶峰登山步道、中山红叶村。

3. 经济

(1) 第一代信用社。

(2) 京煤集团大安山煤矿。

(3) 瞧煤涧养鸽场、文玩核桃、民俗客栈。

4. 物质：煤炭、核桃、柿子、杏、山楂、山桃、木耳、蘑菇、中草药。

5. 历史

(1) 大安山抗战史。

(2) 元港村抗日纪事。

(三)拓展延伸

用自己喜欢的方式展示大安山之美。

六、活动指导

1. 活动前：学校各部门密切合作，完成外联工作，做好充分准备，重视安全工作。相关教师指导学生完成小组准备活动，确保细致周密、万无一失。

2. 活动中：学校领导、老师各负其责，保护学生安全，班主任和任课教师指导学生完成实践活动工作。

3. 活动后：

(1) 学生以小组为单位，交流活动收获。

(2) 收集活动后学生的作品，物化成册。

4. 后续教育计划

(1) 做力所能及的小事，利用周末的时间，学生以村为单位，组成爱村小分队，清扫街道、照顾老人、爱护花草树木，将愿望付诸实践。

(2) 拓展探究，继续了解美丽的乡村，从房山区的美丽乡村建设开始，吸收好的建设经验，领略乡村的美丽风光。

(3) 拓展视野,观看《美丽的乡村》系列节目,以观看纪录片的形式"走出去",拓展视野,升华感情。

(4) 付诸实践,领略了其他乡镇的建设经验后,再次组织讨论活动,如何用学到的经验建设好自己的家乡。

七、注意事项

1. 安全无小事,一定要确保学生安全。

2. 活动前期准备要充分,分配要合理细致,责任到人,做好记录。

3. 活动中尽量发挥学生主观能动性,完成实践活动任务。

4. 活动后有序地按照计划完成后续工作。学生、教师、学校合作顺利地完成本次综合实践活动。

八、活动评价

1. 评价方式:自我评价、同学互评、家长反馈、教师评价。

2. 总体评分的成绩将以下列公式计算。

活动过程(100分)+核心能力指数评价(32分)+学生及指导教师评价(18分)=总分(150分)

学生及指导教师评价总名次,第一名得18分,第二名得16分,第三名得14分,依此类推。

根据学生专题研习的总成绩,颁发以下证书,如表6-6所示。

表6-6 颁发的证书

证 书	分 数
一级荣誉证书	120分或以上
优异证书	100分或以上
合格证书	70分或以上

69分以下的学生将被评定为不合格,需于暑假期间参加补习班及补交另一报告,如表6-7所示。

表6-7 综合实践探究类学习组员评估表

姓名:_____ 专题题目:_____

请你对自己和组员的工作能力及工作态度进行评分,每项最高5分,最低1分。

工 作	组员姓名		
	自己		
1. 资料搜集			
2. 资料整理			
3. 问题分析			
4. 编写报告			
5. 演示报告			
6. 积极性			
7. 合作性			
总分			

请对自己做以下评估，请在适当的方格内打"√"，最高 5 分，最低 1 分，如表 6-8 所示。

表 6-8　综合实践探究类学习自我评估表

研究能力		5	4	3	2	1
1	清楚理解主题					
2	能从阅读及资料搜集中获得知识					
3	能进行资料整理及分析					
4	能提出自己的见解及意见					
5	能掌握本次研究的结论					
信息技术及资料搜集能力						
6	能制订工作计划					
7	能利用各种方法搜集资料					
8	能利用各种信息技术手段进行沟通及交流					
9	能利用信息技术手段制作报告					
10	能利用信息技术手段演示报告					
学习态度						
11	积极参与讨论及研习过程					
12	负责任					
13	乐于与人合作					
14	接纳及尊重别人的意见					
15	努力寻找与主题有关的资料					
16	能按时完成工作					
17	敢于创新思考					

完成下面家长意见书，见表 6-9。

表 6-9　家长意见书

您对孩子的研究报告有什么意见：	
开学至今，您对孩子的学习态度及状况有何意见：	
对学校进行的这项主题探究类学习有何具体建议：	
家长：	日期：

完成日期：　　年　月　日。(学生填写)

九、资源支持

1. 学校与大安山乡政府及各村委会联系活动事宜。

2. 按要求报批教委,取得上级领导的支持。

3. 学校与卫生院联系,确保活动中学生的安全防护。

4. 通过家长委员会,寻求家长全方位支持(邀请部分家长作为家长志愿者参与本次实践活动)。

分析讨论1: 以上活动方案的要素是否完整? 应该从哪些方面完善?

分析讨论2: 仔细研读方案,试分析其目标设计、主题选择、活动过程、活动评价等内容的设计是否科学合理?

人的心灵深处，总是有一种把自己当作发现者、研究者、探索者的固有需要，这种需要在小学生的精神世界中尤为重要。

——苏霍姆林斯基(1918—1970)，苏联著名教育实践家和教育理论家

第7章　小学综合实践活动课程设计的方法

学习目标

知识目标
➢ 理解综合实践活动课程总体规划的含义、内容及方法。
➢ 理解系列主题实践活动设计的思路和方法。
➢ 知道单一主题实践活动的设计方法和基本内容。

能力目标
➢ 能利用所学方法对学校综合实践活动课程进行整体规划。
➢ 能利用所学方法设计系列主题实践活动。
➢ 能利用所学方法进行单一主题实践活动设计。

核心概念

总体规划(master plans)　系列主题实践活动(series of theme practice activities)　单一主题实践活动(single theme practice activities)　系统分析法(systems analysis method)　演绎分析法(deduction analysis method)　联想生成法(association generation method)

引导案例

零食对小学生的影响

【活动背景】

随着经济的发展，国民膳食模式和饮食行为均发生了较大的变化，儿童吃零食的现象也变得非常普遍。健康的零食行为可以在正餐之余为儿童提供一定的营养补充；不健康的零食行为则会影响儿童正常的生长和发育，导致肥胖、龋齿和营养缺乏，还可能会为将来的健康埋下隐患。本课题的研究旨在了解学龄儿童的零食行为现状及存在的问题，引导学生建立健康的零食行为。

【活动目标】

1. 通过课题小组的集体探究，培养团队意识和团队协作精神。

2. 体验学习的快乐和成功感，享受探究、合作、成功的喜悦，增强自信心，提高学生的学习兴趣。

3. 通过与社会接触，增强社会交际能力和语言表达能力。

【活动设计】

一、自由组合，制订计划

1. 讨论确定探究方向和方法。

组织学生讨论为什么喜欢吃零食，喜欢吃零食好不好，吃零食对学生成长有什么影响。让学生在讨论中找到自己最感兴趣的问题。在这里要引导学生思考在遇到问题时，除了问老师、家长外，自己怎样找答案，用什么方法(让学生说)，然后老师总结一下学生说的方法。

2. 围绕主题，展开讨论，生成子课题研究内容。

3. 建立子课题小组，设计子课题研究方案。

(1) 在老师的指导下，根据自己的兴趣爱好、特长等自由组合成研究小组(根据途径的不同，分成三大组：采访组、考察组、网络组)。

(2) 以小组为单位，讨论设计子课题研究方案(教师参与其中进行指导，但以学生意愿为主，不必过细，让学生在实践中学习、掌握)。

4. 交流课题方案，指导完善。各小组代表介绍自己的课题研究方案。师生共同评议，完善方案。

二、分组活动，进行吃零食对学生成长的影响调查

1. 分组搜集，确定搜集的内容。

各研究小组分头行动，通过上网、查阅书籍、调查、访问他人，明白吃零食对学生成长的影响，遇到解决不了的问题，可以请家长、老师一起探讨、研究。

2. 做好活动记录和研究工作。

各研究小组对自己搜集到的资料及过程进行整理，并填写《走访记录》，各小组分工协作，在搜集信息之后各组将搜集到的信息进行汇总、整理。

三、小组汇报，分享成果

1. 各小组对研究资料进行统计、归类、汇总、筛选、整理，分析研究，形成结论。

教师进行相关指导(如资料有效性分析、剔除无关材料、表述语言的斟酌，还需要补充调查的材料搜集等)。

2. 指导学生对实践活动过程进行交流、反思。

3. 撰写结题报告和体会文章，教师重点指导课题报告的撰写。

4. 讨论课题展示内容、形式。师生一起讨论各种表现的手段和形式，如展示小报、表演小品、朗诵、图片课件展示等，鼓励创新展示。预期成果形式：研究报告、体会文章、成果课件等。

四、活动展示

1. 全班交流。

各小组将自己搜集整理好的信息在全班展示、交流。全班交流后可能有生成性问题，有的学生听到别人搜集的资料之后可能会改变自己的观点、立场、感兴趣的问题，这时让

学生再次分组有利于解决这个问题，让学生在自己最感兴趣的小组里活动，是活动能够继续开展的前提。

2. 分组。

学生展示了自己搜集的信息，看了别人的展示之后，对吃零食这个问题可能会有新的认识，学生按自愿的原则分成：正方，零食对我们有好处，可以多吃零食；反方，我们应该少吃零食。

3. 准备辩论会。学生按照自己的观点组成新的小组，各小组选出组长，组织组员，制定本组任务，准备辩论会。学生准备文字资料、图片、影视资料等来证明自己的观点。根据学生的情况，如果学生没有参加过辩论，可以给学生看其他学生的辩论录像，给学生提出辩论需要注意的地方，以便学生下一步活动的顺利开展。

4. 唇枪舌剑辩论会。

布置会场，让学生分成正、反两方开展辩论，辩论会又是这次综合实践活动的展示会。请家长和领导参加，提出意见。

思考与讨论：

这样的活动设计是否符合综合实践活动课程设计的要求？是否符合小学生的兴趣与接受能力？是否有利于学生综合素养的培养？……

7.1 综合实践活动课程总体规划及其方法

7.1.1 总体规划的含义及内容

1. 总体规划的含义

所谓总体规划，是指具有整体性的、时间比较长的一种计划。作为学校课程的重要组成部分，综合实践活动课程与学科课程一样，也是有目的、有计划、有组织地进行的。与学科课程不同的是，综合实践活动的开展是依据各地区、各学校的实际情况进行的，学校是综合实践活动课程规划的主体。

《指导纲要》提出，学校应在地方指导下，对综合实践活动课程进行整体设计，将办学理念、办学特色、培养目标、教育内容等融入其中。要依据学生发展状况、学校特色、可利用的社区资源(如各级各类青少年校外活动场所、综合实践基地和研学旅行基地等)对综合实践活动课程进行统筹考虑，形成综合实践活动课程总体实施方案；还要基于学生的年龄特点、阶段性发展要求，制定具体的"学校学年(或学期)活动计划与实施方案"，对学年、学期活动作出规划。要使总体实施方案和学年(或学期)活动计划相互配套、衔接，形成促进学生可持续发展的课程实施方案。

2. 总体规划的内容

综合实践活动的总体规划通常包括以下几项主要内容。

(1) 学校及活动背景。概述学校情况，阐述开设综合实践活动有关课题的背景及意义。

(2) 相关人员及事件。包括课程准备、时间安排、课程支持等。其中课程准备包括思想、业务、人员等的准备；课程支持包括资源开发、政策支持、组织协调、教学研究、物质准备等。

(3) 课程设计。课程设计一般包括课题设计理念、课程目标、课程结构(内容)。不但要体现全校共同的目标、内容,还要体现各年级的目标、内容。

(4) 课程实施要求。课程实施要求主要包括实施步骤活动的内容、过程、方法,活动的管理等。

图 7-1 显示了学校与学生和家长共同推进课程规划的一种模式。

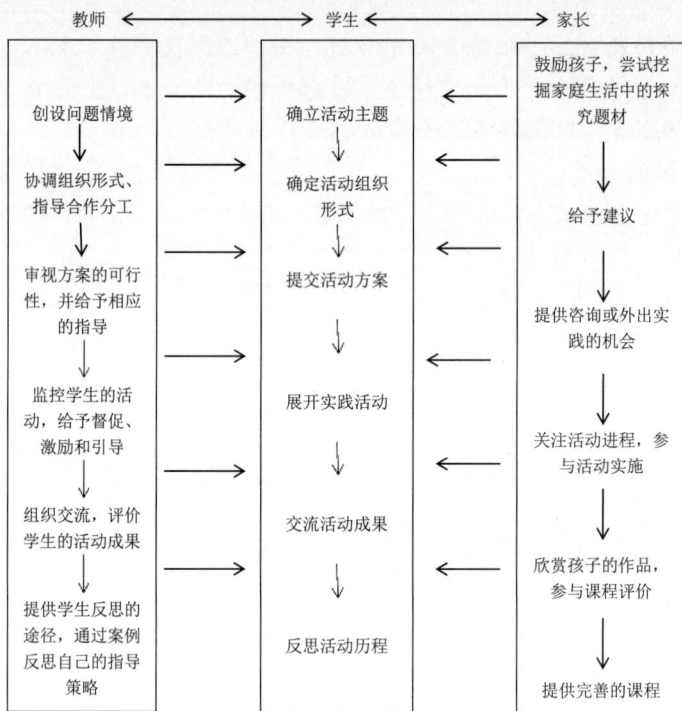

图 7-1　综合实践活动的参考模式[①]

(5) 课程评价、反思的设计。强调综合实践活动评价的理念、特征、评价方法,强调活动实施后的反思等。

但是,综合实践活动总体规划的内容也不是一成不变的,各校、各年级、各班应根据各自的实际情况来确定。

7.1.2　总体规划的方法

1. 系统分析法

系统分析法是应用系统理论和方法,为了寻求系统总体的优化目标,对系统的要素和各个方面进行的定性与定量分析的方法。这种方法是从整体(教育系统)与部分(教育系统的各要素,如师资、学生、设备等)之间,系统与环境(社会的政治、经济等)的相互联系、相互作用、相互制约的关系中综合地考察教育的一种方法。学校综合实践活动总体规划就是

---

① 钟启泉,崔允漷.新课程的理念与创新——师范生读本[M]. 北京:高等教育出版社,2003:231.

运用系统分析的方法，针对学生的实际需要，有机地整合各种课程资源，从整体出发安排活动的相关要素而进行的活动构想或策划。

在运用系统分析法进行综合实践活动的总体规划时，主要分析如下几个方面的情况。

(1) 立足于学生的实际需要，着眼于学生的全面发展，对各个环节进行系统分析，对其内在的逻辑关系进行整体把握。要全面分析学生已有的知识积累、经验背景、兴趣需要、思维特征、学习风格、能力水平等，了解学生多层次、多样化的客观需要，分析学生多元的个性差异，确定学生不同的发展途径。

(2) 分析综合实践活动课程的总目标、学段目标和具体目标，分析课程目标的设计与课程性质及价值、社会发展需要、学生发展需要等方面的内在联系。

(3) 分析综合实践活动课程的内容领域，突出对地方课程资源的分析。如地方和社区的自然因素及其状况、地方和社区的社会因素及其历史与现实状况、地方或社区的社会活动状况、社区和地方的民族文化传统、学校的传统、学生家庭的课程资源状况等。

(4) 分析活动环境。如学校在综合实践活动方面的安全问题主要来自校外活动过程中的不确定因素，因此，要注意分析校外活动中的安全问题，要对校外活动的空间、情境进行合理的规划。

2. 综合法

综合法就是指将分析过的过程或现象的各个部分、各种属性联结起来，作为一个统一的整体加以考虑，从内在的相互关系中把握事物的本质、整体特征的方法。它不是把过程或现象的各个部分、各种属性简单地罗列或相加，而是依其内部联系进行有机结合。如综合分析和把握综合实践活动课程的总目标、年段目标，以便落实课题的具体目标。学校或教师在综合分析和整体把握活动总目标、年段目标、特点之后，结合本校实际，就可以较正确地提出学校层面课题的目标、年段或活动小组的具体目标。

3. 基于多元智能理论进行总体规划的方法

多元智能理论由美国哈佛大学教育研究生院教授霍华德·加德纳提出。多元智能理论认为个体存在着七种相互联系的智力：语言的智力、逻辑的智力、视觉空间的智力、身体动觉的智力、音乐的智力、人际交往的智力以及自我反省的智力。各种智力在每个人身上的表现程度是不同的，而且个体身上也可能存在着其他智力。按照多元智能理论，每位学生都可以获得个性化教学和获得成功的目标，这种教育目标使每个学生都能获得有效的发展。这对综合实践活动课程的设计大有裨益，追求内容、方法、评价等方面的综合，活动主题可以从言语、逻辑、空间等维度进行组织。

✿ 案例 7-1

表7-1所示为深圳市南山区中小学基于多元智能理论的综合实践活动总体规划。

表7-1 综合实践活动总体规划

多元智能的种类	多元智能与主题的融合	多元智能学习成果展示
言语—语言	书籍、故事、诗、演讲、名人访谈	写小故事、剧本、诗歌或讲故事
数字—逻辑	练习、训练、解决难题	数数、计算、推理、论证、电脑设计

多元智能的种类	多元智能与主题的融合	多元智能学习成果展示
音乐	音乐会	表演、唱歌、做游戏、作曲
视觉—空间	海报、艺术作品、幻灯片、制图表、参观博物馆	绘画、手抄报、手工作品、摄影、小视频
身体—运动	电影、动画、韵律运动	舞蹈表演、运动表演或技能竞赛
人际交往	团队、小组合作	角色扮演、小组讨论、辩论会
内省	信息反馈、方式训练	成长记录袋、日记、论文集
自然观察者	饲养动物、植物，参观博物馆、植物园、郊游	收集物品、关爱自然环境中的各类动植物
存在	为理想而工作、关注慈善事业	参与社会服务

4. 情境分析法

所谓情境分析法，就是指学校围绕开展综合实践活动所涉及的相关因素，如学校规模、地理环境、教师资源、行政人员、学生、家长、社区参与、地方资源等，分析其优势与劣势、机会点与威胁点，全面把握课程资源的现实特征，然后在此基础上制定出综合实践活动的总体规划。

综合实践活动是在一定的课程资源(包括学生经验)的基础上开展的，学校的总体规划必须立足于对校内、校外教育资源现状的调查研究，从而为学生的直接经验和亲身体验创造条件。

案例 7-2

××小学综合实践活动课程总体实施方案(节选)

表7-2所示为××小学综合实践活动课程总体实施方案。

表7-2 ××小学综合实践活动课程总体实施方案

年级	活动板块	建议活动主题	实施要点	年段目标
三年级	人与自然	1. 认识天气 2. 校园绿化情况调查 ……	与科学、思品课相结合，培养学生热爱科学、热爱自然的思想感情	1. 通过调查、访问，走向田间地头，了解当地的特产，感受家乡农产品的种植情况，培养学生对家乡的热爱之情。 2. 养成良好的学习习惯，从身边的小事做起，爱护图书，学会给图书包上漂亮的书皮，整理书包和班级图书箱，维护班级图书的干净整洁，让浓浓的书香陪伴学生快乐成长。 3. 让队员们参与种植、浇水、修剪、收获等活动，充分发挥他们的主人翁精神，锻炼他们的创造能力，使队员们在活动中动手操作，亲身体验，学习环保的知识，提高环保意识
	人与社会	1. 走进当地特产 2. 秋天的田野 ……	借助当地特产、地域展开	
	人与自我	1. 我们都来爱护书 2. 班级小主人 ……	良好习惯的养成有助于学习水平的提高，开学后与班级"开门红"活动结合。	

年级	活动板块	建议活动主题	实施要点	年段目标
四年级	人与自然	1. 千姿百态的桥 2. 寻找春天	了解认知桥的各方面知识,培养学生的各种能力。 让学生走进大自然寻找春天,培养学生的各种能力	1. 让学生了解桥的知识,培养学生热爱家乡、热爱祖国的思想感情。通过研究桥,动手制作各种各样的桥模型,在活动中让学生欣赏美、创造美。通过寻找春天让学生发现美,培养热爱自然的思想感情。 2. 通过环保行动培养学生关注社会,关注环保的思想感情,培养学生的自主意识。 3. 通过一系列的班级活动,培养学生自主学习的能力,培养学生热爱读书的情感
	人与社会	1. 关注身边的垃圾 2. 节水行动有你、有我 ……	环保教育,落实行动,节约用水,刻不容缓	
	人与自我	1. 课间十分钟 2. 班级图书角 ……	与班集体建设结合。发展学生的认知能力,发展学生的个性特长	
五年级	人与自然	1. 我与蔬菜共成长 2. 家乡水环境调查 ……	通过一系列实践活动,了解蔬菜对于人类的重要性。养成常吃蔬菜的好习惯。了解家乡水环境的变化	1. 通过参观蔬菜市场、蔬菜种植基地以及搜集各种蔬菜的资料并进行交流探讨,培养学生的合作交流能力。 2. 让学生通过关心母亲,为母亲做事,来引导他们关注生活,关注身边的人或事,培养学生的小组合作意识和与人沟通交往的能力。 3. 关注生活中的浪费现象,宣传节俭是美德的思想,倡导低碳生活,节约能源从我做起,培养学生的社会责任感。 4. 通过开展水环境调查,培养学生强烈的社会责任感和环保意识。增进学生爱国、爱家乡的情感
	人与社会	1. 感恩母亲 2. 寻找生活中的浪费现象 ……	与校园安全活动、传统体育活动相结合	
	人与自我	1. 我们的零花钱 2. 社区是我的家 ……	与低碳环保教育、社区服务相结合	
六年级	人与自然	1. 我们需要新鲜空气 2. 走进中国饮食文化 ……	让学生在考察探究、撰写调查报告、实际烹饪等实践活动中获得亲身感受和直接经验	1. 通过调查空气污染的程度,让学生了解清新空气的重要性。 2. 通过设计调查问卷,提高综合分析、数据统计的能力,初步具有搜集和利用资料信息的能力;通过活动,提高观察、思考和综合分析的能力,会运用所学的知识解决实际问题。 3. 学生通过查找资料,了解老年人的生活,研究老年人的愿望与困难,探究关爱老人的方式。使学生在活动中感受到老年人为国家的建设和子孙后代付出了很多,培养他们尊重老人、关爱老人的意识。 4. 通过采访老师、同学,回忆自己的小学生活,感受小学生活的多姿多彩,从而更加珍爱生活、感谢生活,培养学生对生活的美好情感
	人与社会	1. 关注留守老人 2. 难忘小学生活 ……	采用调查、访问的形式了解老人们的生活。与元旦活动、语文综合性学习相结合	
	人与自我	1. 网络生活你、我、他 2. 你快乐吗?学生快乐指数调查 ……	关注生活,学会生活,从生活中感受智慧的力量	

7.1.3　加强小学综合实践活动课程的整体设计

当前，综合实践活动课程设计层面缺乏整体规划的问题愈发凸显，小学综合实践活动课程进行整体设计是推动综合实践活动课程常态发展的途径之一。

1. 学科资源整合

这里的学科资源是指存在于如语文、数学、英语等教学科目中的可利用的课程资源。在课程的整体设计的过程中，要注意从学科知识内容或学科与学科之间的联系出发，寻求相关的、学生感兴趣的主题内容。避免活动的重复开展，提高活动开展的有效性。如"家庭中的我"主题活动设计运用多种形式，整体规划，将多学科课程资源综合协调，引领学生从"书本世界"走向"生活世界"，真正地走进生活、回归生活，在生活中学习、发展，促进学生整体性的发展。

案例 7-3

三年级上学期"感受自我成长"单元之"家庭中的我"主题活动。
主题一：家庭树(英语学科)
主题二：在关怀下成长(道德与法制学科)
主题三：生命中处处有爱(语文学科)
主题四："我爱我家"音乐会(音乐学科)

2. 校内与校外资源整合

凡属学校范围之内的课程资源就是校内资源，超出学校范围的课程资源就是校外资源。无论是校内资源还是校外资源，都包括了物质资源、文化资源、人力资源以及信息资源等。一方面应高效使用校内资源；另一方面，筛选校外资源，需要与开发能力结合进行选择。

案例 7-4

四年级上学期"感受自我成长"单元之"校园中的我"主题活动。
主题一：我们的学校(校内资源)
主题二：我和同桌(校内资源)
主题三：老师爱我，我爱她(校内资源)
主题四：我与敬老院(社会资源)

3. 活动方式整合

综合实践活动的方式是多种多样的。对话式是教师与学生、学生与学生就某一活动主题共同交流、讨论，以深入开展活动的方式。探究是基于学生的兴趣，通过教师与学生共同设定问题情境，提出活动任务，让学生利用已有的学习能力，自主地查阅相关资料和信息，综合运用所获取的知识，解决现实问题的活动方式。在具体的活动过程中，对话式和探究式是灵活变化的。如在"关注生态平衡"主题活动中通过"绘画、资料搜集、测量、实验"等活动方式引领学生进一步深入了解身边的自然环境，掌握一些保护、改善以及利用自然环境的技能。经动脑类如"调查、访谈、总结、宣传"等方式引导，使学生理解人与自然不可分割的内在联系。

7.2 小学综合实践活动系列主题活动的设计

从主题结构来分，综合实践活动可分为系列主题活动与单一主题活动，或总课题与子课题。学校在进行总体规划时，可以提出总课题，也可以只提出总的要求。学校的总课题往往是一个系列主题或几个系列主题。

综合实践活动方案的设计有别于以往学科课程的备课，它不是一个知识传授过程的教案，而是一个在充分考虑校内外课程资源情况下的主题活动的实施计划，是对实现主体活动目标的步骤和过程的综合计划。

7.2.1 系列活动主题内部的关系及活动主题、活动目标、活动方式三者之间的关系

1. 系列主题与单一主题的关系

单一主题是从系列主题派生出来的，系列主题是由单一主题构成的。系列主题与单一主题的关系是整体与个体的关系，是"森林"和"树木"的关系。所以，有时又把系列主题活动的设计称为整体设计。下面这个案例(见图7-2)展示的就是由总主题——"快乐种植"派生出来的很多单一主题，学校对综合实践活动课程进行了整体系统规划，将独立的种植和阅读内容资源进行了整理和归类，整合种植与阅读教学资源，以种植活动为载体，开展阅读活动，使学生体验种植与阅读相结合带来的乐趣，进一步提升阅读深度。课程分为叶、花、果实、种子、树五大主题，串起绘本、科普、童书、诗歌、语文书，形成植物系列主题阅读，促进课内外良性循环。①

系列主题下又有各年级单一主题活动设计，如三年级围绕花主题规划的课程活动，先以绘本《花婆婆》的阅读开启"给世界带来美"的哲学启蒙。接着，让学生体验养花的经历，观察和感受花的生命成长历程，从不同的角度了解大自然中的花。同时，以绘本、诗歌、科普读物的拓展阅读了解与花相关的文本，并围绕"花"进行艺术体验，绘画、摄影、剪纸折纸等，感受并创造艺术之美。最后，倡导多角度表达，让学生以观察日记、好书推荐等形式进行展示。

这两类活动方案的设计都涉及活动主题、活动目标、活动方式、活动过程、活动方法等内容。系列主题活动的设计主要涉及活动主题的设计，重点在于提出活动的过程与方法。单一主题活动方案的设计除涉及主题设计之外，还涉及活动目标、活动过程、活动方法的设计。

---

① 阮欢欢，王海英. 基于校园屋顶农场建设的小学"种植+"课程实践探索[J]. 教育与装备研究，2018(1): 17~19.

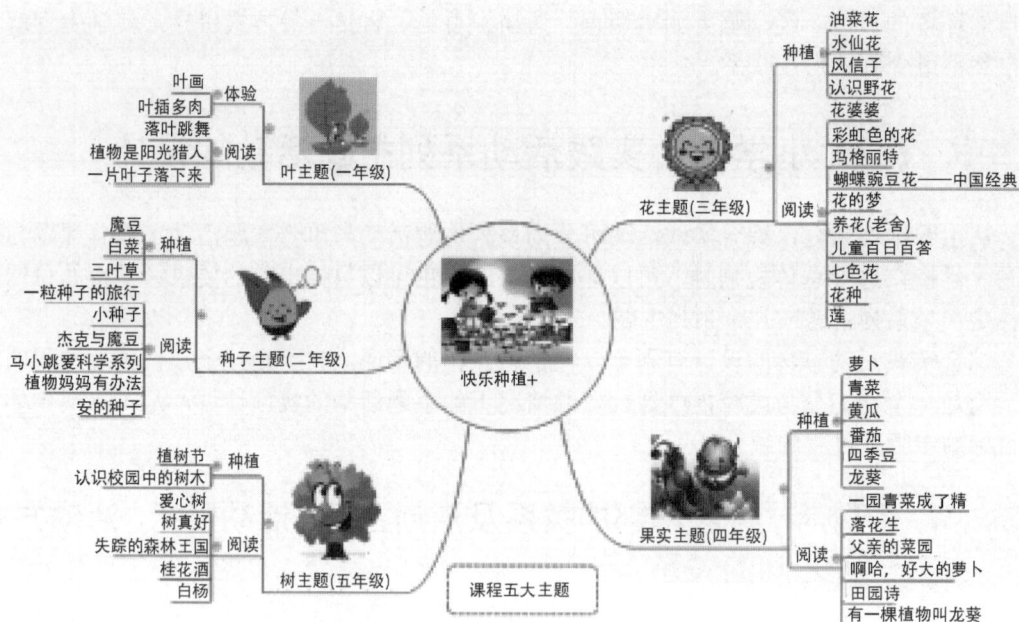

图 7-2　某校种植+课程体系

2. 活动主题、活动目标、活动方式三者之间的关系

系列主题活动的主题是综合的，可以进一步生成许多单一主题，这必然促使目标的生成，并使目标逐步具体化，同时也会促使活动方式的多样化。

✿✿ 案例 7-5

"零花钱理财师"复合式系列实践活动[①]

活动总体目标：

学生经历"具体体验—反思性观察—抽象概念化—主动尝试"的体验式学习过程，培养"智商、情商、财商"兼备的"多商人才"，如表 7-3 所示。

表 7-3　"零花钱理财师"复合式系列实践活动

活动主题	活动内容	活动目标	活动方式
零花钱调查	设计制作《关于"小学生零花钱使用情况"的调查问卷》，展开调查及统计分析；围绕"小学生该不该有零花钱""零花钱怎么花最合适"等问题设计访谈活动，并进行采访	培养学生正确的金钱观和基本的理财技巧	问卷调查、访谈

---

① 姜晨颖. 基于财商教育的小学综合实践活动的设计与探究——以"零花钱理财师"复合式系列实践活动为例[J]，西部素质教育，2018(4)：63～64.

续表

活动主题	活动内容	活动目标	活动方式
挣零花钱	制作《"君子爱财，取之有道"挣钱计划表》； 实践演练：做基层服务工作者、做父母工作体验者、做手工 DIY 设计者； 总结反思	学生通过亲身体验，明白劳动创造财富的道理，同时培养学生尊重别人劳动成果的意识	实践体验
巧用零花钱	"不一样的秋游采购"活动： 采购预算； 市场调查； 采购实践	学生学会正确地花钱，懂得合理消费	考察探究 实践体验
银行卡里的零花钱	家长课堂：学习银行、利息等知识 角色扮演：办理银行业务 实践演练：办理一张属于自己的银行卡，并进行存款	学生真正走进银行，认识银行机构，了解银行机构的职能，为更好地融入社会做好准备	实践体验

7.2.2　系列活动主题的设计

主题设计是综合实践活动教学设计中最重要的一环。有哪些方法可以帮助我们设计好的活动主题呢？下面介绍几种常用的方法。

1. 演绎法

演绎法是运用一般原理于特定的事物推导出个别结论的一种研究方法。运用演绎法研究问题，首先要正确地掌握作为指导思想或依据的一般原理、原则；其次要全面了解所要研究的课题、问题的设计情况和特殊性；最后推导出特定事物的结论。

使用这种方法的前提是地方或学校在总体规划中已确定了活动领域，并从活动领域演绎出了系列活动的主题。各年级、班级或小组在此领域内，根据实际情况，共同讨论，选择适合的活动领域，然后将其拓展为系列活动主题。

在综合实践活动的设计过程中，从活动领域演绎出系列活动主题，经常采用横向统整和纵向递进的方法，或直接根据课程资源设计系列活动主题。

1) 横向统整

横向统整是指依托学校现有资源和条件，围绕共同主题多视角开发活动内容，实现多领域、多层次的研究与实践。这些内容之间是并列的、独立的，不存在顺序先后和逻辑关系，活动之间无须特别的组合排列。这类活动主题涉及方方面面，可以调动学生所掌握的各学科知识，很符合综合实践课程强调内容统整性的特点。所选择的内容越丰富，就越能表现主题。在有限的活动时间内，学生可以学到多方面的知识，获得多方面的感受。活动所涉及的具体内容可以根据情况增减，增减后不影响活动的正常开展。

如今手机已成为人们生活中不可缺少的用品，某班以"手机的变化"为主题开展实践活动，各小组根据与手机相关的知识，分成不同的研究小组，展开多方面的研究，如图 7-3

所示。

2) 纵向递进

纵向递进是指以某一特定主题为线索分学段或年级递升设计分主题，使研究目标、内容及方法等方面逐渐拓展深化。这一类的活动都是围绕一个主题展开，将主题逐步推进，不断升华。这种形式要求每个内容层次之间必须能够衔接、推进、升华，一般来说，顺序不能颠倒。这样层层推进、环环紧扣、由浅入深、由感性到理性、由一般活动到高潮的活动，能较好地促进综合实践活动课程的系统开发和宏观建构，对于综合实践活动课程的常态化实施具有较大价值。如前文提到的"快乐种植"案例就是其典型应用。

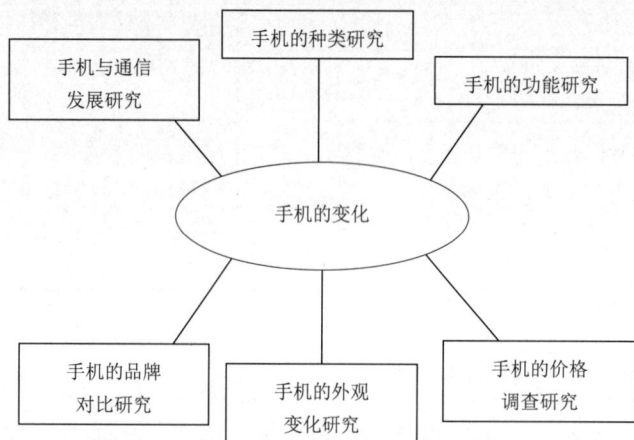

图 7-3　"手机的变化"系列主题实践活动

2. 联想生成法

所谓联想生成法，是指学生通过联想，掌握事物之间的联系和事物的本质，并鉴别或比较它们的重要性，生成许多有联系的事物的方法。更确切地讲，就是通过创设情境和问题，激发学生进行多方向、多角度、多层次的思维。通过这一过程，既能使学生巩固所学知识，又能使学生学会处理所持信息，同时，还能培养他们的创造性思维能力。联想生成法是综合实践活动主题生成的最简便且最有效的方法。

1) 头脑风暴法

头脑风暴法是将有关人员召集在一起，以会议的形式(头脑风暴法也因此被称作"圆桌会议法")，对某一问题进行自由地思考和联想，提出各自的设想和方法。它是由学生和教师等平等讨论，以协商的方式共同选择和确定主题的一种方法。头脑风暴法是最实用的一种集体式创造性解决问题的方法。头脑风暴法既是学习的有效方法，也是综合实践活动设计的好方法。

使用头脑风暴法时要想保证其有效，就必须抓好几个关键环节：教师与教师之间或教师与学生之间尽可能民主协商；必要时可以邀请一些社会人士或家长参与讨论；写下能够参考或想到的任何与主题有关的主题，要尽可能具体。

案例 7-6

提出《我看校园垃圾》活动主题以后，教师让学生自己讨论：你们觉得围绕校园垃圾，可以做什么？学生讨论后认为，这一主题可以从很多方面来开展，如垃圾产生的原因；垃圾的危害；垃圾的分类、回收与处理；垃圾的变废为宝及利用；减少垃圾的办法；白色污染及其危害；乱扔垃圾的原因；垃圾与其他物品的化学反应及其危害；垃圾与害虫的关系等。可以说，围绕校园垃圾能够开展的调查活动，学生几乎都讨论出来了。如果由教师直接告诉学生活动主题，非但得不出更多的主题，而且会限制学生思维的发展。

2) 画问题树法

问题树是一种树状的网络结构示意图，树干部分为核心问题，树根部分是产生问题的原因，树冠部分为问题可能带来的影响，果实是解决问题的策略。问题树是一种直观、形象的图形工具，它能够帮助我们分析一个特定问题的原因和影响，并看到其中的联系，将这些结构要素组织成一个树状图。通过树状图便于找出解决问题的途径和方案。画问题树法是指以所要分析的问题为树基，用提问的方式，教师围绕一个中心问题，把一个个可能的原因和结果，以及对策放在树枝上，以便帮助教师和学生选择和确定活动主题，如图7-4所示。

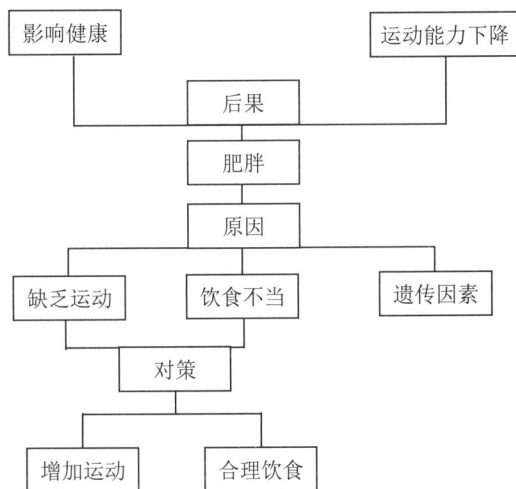

图 7-4　问题树

3) 思维导图法

综合实践活动课程是以"问题"为线索展开的课程。学会提问，是综合实践活动课程的重要价值所在，也是主题生成课的首要任务。教师应注重学生的发散思维，借助思维导图，引导学生由点及线，再由点及面系统地思考问题，从而确定研究主题。

综合实践活动是由一个个主题活动构成的，主题的生成过程实际上就是思维训练的过程。在主题生成环节，引导学生画思维导图，让学生利用发散思维联想到与主题相关的诸多方面，或并列或递进，进行思维的逐级发散。用形象的图像、线条来代替文字描述，直观形象，富有条理，比纯粹的文字更适合小学生的心理特点。如"车迷天地"主题实践活动，围绕"走进汽车"这个主题，师生共同构建思维导图，提出的问题包括"汽车有哪些危害""汽车的发展史""汽车的构造""未来的汽车"等。思维导图把研究主题的生成交给了学生，充分发挥学生的自主性，体现了综合实践活动的课程开放理念。图7-5所示为师生共同绘制的思维导图。

图 7-5　"走进汽车"思维导图

　　思维导图还可以用于制订学生活动计划，以培养学生解决问题和统筹规划的能力，如图 7-6 所示。

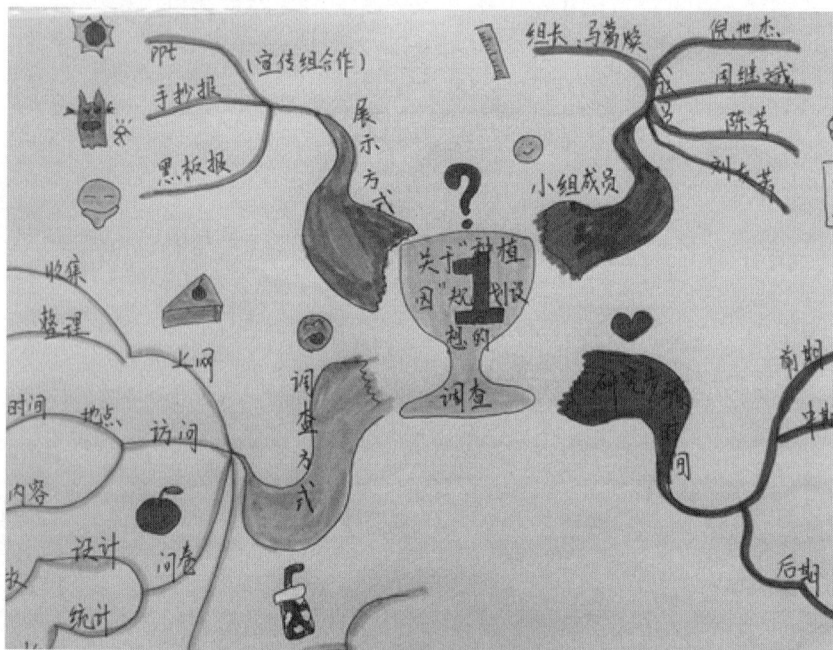

图 7-6　"活动计划"思维导图

7.3　单一主题活动的设计

　　单一主题活动是指除系列主题活动外的综合实践活动，它强调主题的单一性、适切性、可行性和灵活性，常见的类型有研究性课题探究活动、应用性设计制作活动和体验性学习实践活动。

7.3.1 活动目标的设计

1. 活动目标设计的含义

综合实践活动的课程目标是引领综合实践活动设计与实施的核心要素，具有导向、激励、评价等方面的功能。小学综合实践活动目标的设计要从课程总目标和学段目标出发，从整体上把握认知目标、能力目标和情感目标之间的相互关系，还要从实际出发，缜密地考虑课程的特点以及学生、课程资源等方面的因素，合理地确定每一个主题及每一个阶段的活动目标，做到定位准确、难易适度、重点突出、循序渐进、表述清晰。

❋❋ 案例 7-7

例一：家用电器与生活活动目标

1. 通过对本课题的研究，能给学生搭起一座现代科技与现实生活的桥梁。
2. 让学生懂得知识来自生活，知识还要为生活服务。
3. 培养学生参与生活和运用所学知识去解决实际问题的能力；培养学生的科技意识、动手能力和创新精神。

例二：家用电器与生活活动目标(适用于四年级)

1. 知道家用电器的种类、作用，掌握常用家电的操作方法。
2. 引导学生概括、提炼问题，把自己对家用电器感兴趣的、想探究的问题转化为研究课题。
3. 指导学生运用观察、文献搜索、调查等方法了解家用电器与人们生活的密切关系，激发学生对家用电器的探究热情，培养学生的科技创新意识。

案例分析：

从上述同一主题活动目标的不同设计可以看出，例一的活动目标模糊，操作性不强，年段要求不明确。例二的活动目标较好地体现了课程目标，操作性很强，适合四年级小学生的能力发展水平。

2. 主题活动目标设计方法

主题活动目标设计的一般过程是：首先根据活动内容寻找目标设计的依据；然后再对照《纲要》考察活动内容及其所属的领域，分析活动的主体，最后再来设计具体活动的目标(总目标、阶段目标、具体一次活动的目标等)。

1) 分解式的目标设计

分解式的目标设计是指按主题活动目标所涉及的学生发展的知识、能力、情感态度三个维度进行设计。

(1) 知识维度的目标。这主要是指学生通过主题活动在对自然、社会、文化及自我等认识方面应达到的要求。综合实践活动的主题活动不能没有知识与技能这个维度的目标，但它在设计上又不等同于其他学科课程目标在这个维度上的设计，一方面，它更注重知识的创新性、综合性和广博性，以任务为中心，将知识学习融入任务完成的过程中，尽可能综合地运用知识，并在活动中具有自主获取新知的欲望；另一方面，综合实践活动还注重方法性知识的获得。

(2) 能力维度的目标。这主要是指学生亲身经历与体验整个过程,在过程中创新实践、处理信息、解决问题等能力发展方面应达到的要求。这个目标的达成强调在活动中,并以直接经验的获得为主要目的。

(3) 情感、态度维度的目标。这主要是指学生通过主体活动在情感、态度、价值观、个性品质等方面应达到的要求。

2) 整合式的目标设计

整合式的目标设计是指将主题活动的多维目标整合在一起,分要点进行集中表述。在整合式的目标设计中,各个目标要点的表述为并列的关系,所有要点要能涵盖主题活动目标的三个维度,体现出综合性、行为体验性及生成性的价值取向,使目标的各个要点形成一个合理的结构。

✿✿ 案例 7-8

小学六年级主题活动 "商业活动" 中的目标设计

活动目标:

1. 指导学生关注生活中的一些商业现象,用比较理性的眼光看待生活中随处可见的交易、广告等商业现象,提高学生参与生活的能力,引导学生合理消费。

2. 在情境活动中让学生体验常见的买卖形式,尝试进行广告宣传活动,并不断地总结反思自己的行为,不断地思考商业活动对人类生活的影响。

3. 通过案例讨论,逐步形成学生的诚信意识、公德意识。

案例分析: 本案例在目标设计上,侧重于在情境活动中培养学生的商业意识及诚信的道德品质,引导学生合理消费方面。当然,在活动中,也会提高学生搜集信息、处理信息的能力以及学生的合作意识,但在设计时没有列出,使本案例的目标设计更加具体、集中,便于操作。

3) 生成式的目标设计

生成式的目标设计即根据国家规定的课程目标进行符合逻辑的分解或根据活动的特殊要求由教师、学校、有关部门提出或在活动实施中不断调整、不断生成目标的方法。

在某小学实施的 "漫话端午节" 活动中,指导教师很注意把握生成式目标的设计。活动开始时,学生采取多种方式搜集了很多资料,但是记录的方式却不科学,不方便分析整理,老师在这里意识到要以恰当的形式培养学生表达信息的能力,于是引导学生设计记录表;后来研究粽子的小组给老师送来粽子时,老师发现很多学生不会包粽子,于是又想到了让学生学会包粽子的目标,基于此,师生们又开展了学包粽子比赛的活动。

4) 参照式的目标设计

参照式的目标设计即充分借鉴各类、各种活动主题的理论性和操作性目标的研究成果进行主题目标设计,或参照类似的活动目标来进行主题活动具体目标的设计。

3. 单一主题活动目标的设计要点

根据活动方式的不同,综合实践活动的主题研究可分为几种基本的类型:以社会考察为主的主题活动；以文化探究为主的主题活动；以科学探究为主的主题活动；以设计制作为主的主题活动；以社区服务与社会实践为主的主题活动。每一类型的主题活动目标是有所侧重的(见表 7-4)，指导教师在制定活动方案时，要合理设定活动目标。

表 7-4　单一主题活动目标的设计要点

主题活动类别	活动目标的侧重点	活动目标设计示例
社会考察类	提高学生的社会公共意识、社会道德意识，激发学生的社会责任感	《第一次挣钱》的目标设计 1. 知道挣钱的目的、目标、项目、基本步骤及主要注意事项；
文化探究类	提高学生的文化素养，培养学生的人文精神	2. 知道如何恰当地使用挣到的一笔钱； 3. 知道《挣钱计划》和《挣钱体会》的写作格式； 4. 会自主确定一个项目，有计划地挣到 8～15 元人民币； 5. 撰写《挣钱计划》和《挣钱体会》； 6. 亲历挣钱过程，体验挣钱的艰辛
科学探究类	培养学生科学思维能力，养成良好的科学素养和品行	《关于近视问题的研究》的目标设计 1. 通过参与测查视力的活动，了解自己的视力状况； 2. 对全班、全年级、全校的视力状况进行调查统计，发现学生中存在视力及用眼问题； 3. 通过各种探究活动，了解眼球的结构及人们用眼的基本原理，寻找造成近视的原因； 4. 通过实验了解眼镜的秘密并学会正确使用眼镜； 5. 寻求防治近视的策略； 6. 能以适当的方式向全校发布研究的成果
设计制作类	培养学生的技术意识和动手操作能力，形成良好的劳动习惯和信息意识	
社区服务与社会实践类	丰富学生的社会阅历和生活积累，培养学生服务社会、服务他人的公民意识	《走近敬老院》的目标设计 1. 由近及远，由此及彼，由己到人，了解老人的生活状况、主要困难及需求； 2. 参观敬老院，学会与人交流，了解敬老院中老人的基本情况； 3. 协商能为老人做些什么，制订服务计划，体验服务的过程； 4. 能够对活动情况进行记录，并能根据需要调整服务的项目及内容； 5. 具备一定的责任意识，能分工协作，在长期服务工作中承担一定的义务； 6. 懂得搜集反馈信息，并知道如何得到敬老院工作人员的支持与帮助

7.3.2　活动方式的设计

1. 考察探究类活动的设计

1)　考察探究类活动的整体设计[①]

整个考察探究活动可分为三个阶段，包含六个基本环节或关键要素。

[①] 高振宇. 综合实践活动课程之"考察探究"：内涵、价值与实施[J]. 基础教育课程，2017(23)：11～15.

(1) 阶段一：课题的确立与启动阶段。此阶段的主要任务是学生从自己的生活世界中发现问题，形成相应的课题，并制订出详细程度不同的研究计划，来指引后续的整个研究活动。具体包含两个关键要素。

其一是发现并提出问题。学生用怀疑与好奇的眼光，从自然、社会和个体生活中主动发现问题，并结合自身兴趣以及教师的指导、同伴的协助，提炼并确定合适的课题。这个要素一般遵循先构思学生个人的研究问题，后集体交流各自的选题，最终实现研究问题的精致化，并确立小组合作团队的步骤。需要注意的是，课题质量的高低会对后续的研究活动产生根本性的影响，而高质量的课题通常具有如下 9 个基本特征：对学生有吸引力、源自现实的生活世界、学生前期已有一定的相关经验、便于学生展开探究获得一手经验、对书本及成人不过度依赖、会衍生出许多相关问题、可从家长那里获得专业支持、能生成新的研究课题、有助于学生到校外寻找资料来源。

其二是提出假设、选择方法和研制工具。研究小组形成之后，就会制订初步的研究计划，在这个计划中，提出研究假设以及选择研究方法是最重要的环节。学生不能只满足于提出问题，应事先预想在实施过程中会出现什么难题，以及可能得到的解决方案是什么，由此形成自己的一个或多个假设。学生须在教师的指导下了解常见的研究方法，并根据课题实施的需要来选择部分适用的研究方法。最后，为使学生在研究过程中及时、准确地搜集所需资料，必须在这个阶段设计好相应的现场观察表、访谈提纲、实验方案或社会调查表等。

(2) 阶段二：课题的实施阶段。此阶段的主要任务是进入现场，通过多方搜集资料来解决学生前期所提出的问题，分析所得资料并提出自己的观点，进而检验上述研究假设。具体包含两个关键要素。

其一是获取证据，学生须带着研究问题和假设走进现实的情境或现场，进行一系列的研究活动。这种现场主要设在教室外甚至是学校外，旨在使学生将学校和社会、教育与生活联系起来。可以说没有现场工作，就没有真正意义上的研究性学习。在现场，学生所开展的研究活动包括观察、访谈、实验、调查、考察等，并通过这些方法搜集所需资料，以便更好地理解、解决开始阶段预设的问题以及研究过程中生成的新问题。

其二是提出解释或观念，资料搜集完成后学生须对其进行适当的编码、归档或整理，并进行不同深度的反思与分析。分析时可利用不同的形式与工具，如文字描述、图表呈现、照片诠释、思维导图绘制等，以使研究资料的呈现更加丰富和清晰。在此基础上，学生对研究资料进行解释，提出自己的看法与观点，进而对之前提出的假设进行验证，如果假设成立，则将假设视为研究的结论；如果假设不成立，则作出相应的调整或改变，并继续搜集相关的证据来进行佐证。

(3) 阶段三：课题的总结和展示阶段。本阶段的主要任务是将最终的研究发现汇总起来得出结论，并以多种方式予以呈现，而后进行系统反思、欣赏、展示和评价，从而为未来的考察、探究奠定更坚实的基础。具体包括两大关键要素。

其一是交流、评价探究成果，学生通过海报、板报、制作品、表演、绘画、音视频、地图等多种方式呈现研究的主要结论和心得体会，并进行相互交流与讨论。学生可以将最终的研究成果以及研究过程中所积累的素材全部纳入小组档案袋之中，以供教师、家长、同伴作出多主体性的评价。评价时可根据事先设计好的评价表格，进行文字描述或打分，表格中所涉及的评价维度一般包括知识与技能、过程与方法、情感价值观和学习态度三大方面。

其二是反思和改进，对考察、探究整个活动进行评价的最终目的不是班级或学校的荣誉，而是学生个体的发展。因此无论每个小组呈现的研究成果为何，以及思考到何种深度，都应鼓励学生反思整个研究过程，诸如课题本身质量如何、计划完备与否、工具准备是否妥当齐全、小组合作是否顺利、研究方法的选择和运用是否适宜、方法实施过程中遭遇了哪些挑战、分析与解释资料是否全面、结论提出是否合理等。在反思这些问题的基础上，学生意识到自己研究的价值及局限所在，进而可提出改进研究的策略与方法，为未来的研究奠定基础。

2) 考察探究类活动具体方法设计

(1) 问卷调查法。

问卷调查法是以书面或通信形式进行调查、搜集资料的调查形式，即研究者根据研究目的将编制成的系统问题或表格发给被调查对象，请其填写。然后回收，加以整理、分析和研究。问卷调查法是一种非常重要而又被广泛运用的研究方法。

在面对面的访谈调查中，人们往往难以同陌生人谈论有关个人隐私、社会禁忌等敏感性话题。但在问卷调查中，由于被调查者在回答这类问题时没有其他人在场，问卷本身又要求匿名，所以问卷调查能减轻被调查者的心理压力，从而保证获取资料的真实性。在问卷调查中，由于每个被调查者所得的都是完全相同的问卷，这样就能很好地避免由于人为原因造成的各种偏误。由于问卷中的问题是研究者把所研究的概念、变量进行操作化处理的结果，而各种答案又都进行了编码，因此，问卷调查所得到的原始资料很容易转换成数字，因此特别适合用电子计算机进行处理和做定量分析。

根据载体的不同，问卷调查可分为纸质问卷调查和网络问卷调查。纸质问卷调查就是传统的问卷调查，这种形式的问卷分析与统计结果比较麻烦，成本比较高。

而另一种网络问卷调查，就是依靠一些在线调查问卷网站，这些网站提供设计问卷、发放问卷、分析结果等一系列服务。这种方式的优点是无地域限制，成本相对低廉；缺点是答卷质量无法保证。目前国内有问卷网、问卷星、调查派提供这种问卷调查服务。

案例 7-9

一种全新的调查方式：二维码调查

二维码调查方法是问卷调查的一种，它改变了传统的面对面调查、电话调查、邮寄调查、电子邮件调查等方式，打破了传统的被动式调查方法在设备、时间和环境上限制；受访者可以随时随地使用随身携带的移动终端设备扫码参与调查，大大地减少了调查对象参与调查的阻力与成本；通过断点续答功能(回答部分内容退出后下次登录可继续回答)，还能有效地利用调查对象的碎片化时间。

问卷调查法的基本步骤如下。

第一步，明确调查主题，确定问卷类型。

第二步，围绕研究目的，设计调查问卷。

第三步，把握发放时机，及时回收问卷。

第四步, 统计问卷结果, 分析调查数据。

第五步, 撰写调查报告, 展示活动成果。

采用问卷调查时, 应注意: 一是设计出来的问卷的内容要符合实际情况; 二是所问问题的内容必须明确具体, 不能似是而非; 三是提问用词要通俗易懂, 避免专业化; 四是要避免使用带有诱导性和明显倾向性的语言。

(2) 访谈法。

访谈法是指研究人员通过与被调查者直接交谈, 来探索被调查者的心理状态的研究方法。访谈调查时, 研究者与被调查对象面对面地交流, 针对性强, 灵活并真实可靠, 便于深入了解人或事件。但访谈法比较花费人力和时间, 调查范围比较窄。

访谈可以是个别访谈, 与被调查者逐个谈话; 也可以是集体访谈, 即以座谈会的形式展开访谈; 还可以是非正式或正式访谈。非正式访谈不必详细设计访谈问题, 可自由交谈, 还可根据实际情况展开; 而正式访谈有预先的较完善的计划, 可以按部就班地进行。

访谈过程包括以下四个步骤。

第一步: 访谈开始, 应向被调查者说明访谈的目的和基本要求。

第二步: 逐步提问, 倾听回答。对于谈话要收集的内容可以用脑记, 也可以用笔记, 还可以用录音设备记录, 以备日后整理分析。

第三步: 访谈结束, 要专门对材料做整理, 形成陈述性材料, 并做一定的统计整理。

第四步: 得出结论。例如, 被调查问题的现状、性质, 产生问题的原因, 等等, 并随之提出建议、意见。

(3) 观察法。

观察法是指人们有目的、有计划地通过感官和辅助仪器, 对处于自然状态下的客观事物进行系统考察, 从而获得经验事实的一种科学研究方法。观察是一种有计划、有目的、较持久的认识活动, 科学研究、生产劳动、艺术创造、教育实践都需要对目标对象进行系统、周密、精确、审慎的观察, 从而探寻出事物发展变化的规律。

观察法的基本原则如下。

① 观察的目的性原则。根据研究的需要, 为解决某一问题而进行的观察。因此, 观察前应有明确的观察目的, 并确定观察的范围、形式和方法。

② 观察的客观性原则。在自然状态下, 不改变对象的自然条件和发展过程, 直接观察某种现象的发生发展过程, 并对观察结果做明确、详细、周密的记录, 分析所搜集到的第一手材料, 而不带任何预期的主观倾向或偏见。

③ 观察的计划性原则。观察要有计划, 按照事先制定的提纲和程序进行观察, 而不是随意地观察。

观察法的常用方法如下。

① 翔实记录法, 即连续记录法, 是指在某段时间内, 连续而翔实地把观察对象在自然状态下的行为表现记录下来的一种观察方法。运用翔实记录法要注意三个问题: 第一, 根据观察的目的确定观察的场景和时间; 第二, 要善于借助先进的设备; 第三, 记录要全面、客观。

翔实记录法能提供详尽的行为事件及其发生的环境背景等资料; 记录下的资料系统、完整并可做长久保留, 以供反复观察与分析使用。但翔实记录法对记录的技术要求比较高,用人工记录很困难，用现代化设备记录成本高，记录和整理资料比较费时。

② 日记描述法，简称日记法，是指以日记的方式记录观察对象行为表现或现象的一种观察方法。日记描述法可以分为两类：综合性日记描述，即把观察对象的各个方面如实记录下来，为全面研究观察对象所用。主题日记描述，即只记录观察对象某一方面或某几方面的情况，为专项研究观察对象或某种特征所用。日记观察内容广泛，动物植物、环境气象、天文地理、人文生活等一切自然界、社会界存在的现象都是观察日记的内容。日记描述法是一个传统的观察研究法，适用于长期跟踪观察研究和个案研究。记录的材料真实可靠，具有顺序性和连续性，并且操作方法简单。但是样本和观察结果缺乏代表性，且长时间连续记录比较费时费力。

✿✿✿ 案例 7-10

观察日记的基本格式

第一行，写题目。题目是文章的眼睛，拟题要新颖，观点要明确。如连续观察可在每段日期前再加一个小标题。

第二行，写明日记的时间，即：×年×月×日，星期×，最好把天气情况也进行说明，以备日后查证。

正文。一是表格式和坐标式记录，如天文气象、生长变化、分类比较、统计数据等，其形象直观；二是用记叙、描写、议论、说明等形式表达，如动物、植物新现象、新发现等。

③ 事件取样法。事件取样法是指首先确定要观察的行为类目，然后把行为记录在预先制作的观察记录表上，记录特定事件发生的次数，或事件的特点及过程的一种方法。

采用事件取样法应该注意两点：观察前，确定所要研究的行为或事件，确定记录哪些现象与相应的记录形式，制作出相应的记录表格。观察时，只要预定的现象、行为一出现，就要进行记录，并且可随事件的发展持续记录。

事件取样法可在有准备的情况下获取有代表性的可行样本，搜集资料所用的时间比较经济。但是集中观察特定事件本身，对导致其发生的条件和环境等信息不能充分了解。

观察法运用的基本步骤如下。

第一步：明确目的。

第二步：充分准备。制订观察计划、制作观察记录表、准备观察工具、确定观察途径、进行小组分工等。

观察计划是观察法实施的蓝图，是确保观察有目的、有计划进行的指导性文件。当活动主题确定后，可根据观察的全面性和可重复性确定观察的内容，并通过表格等形式对拟观察的内容及进程做好安排，制订观察计划。

✿✿✿ 案例 7-11

××研究观察计划

一、研究课题

二、观察目的、任务

三、观察对象、范围(观察谁)

四、观察内容(要搜集哪些资料)

五、观察地点(在什么地方观察)

六、观察的方法和手段(选用哪一种具体的观察方法,采用什么仪器设备,如何保持观察对象和情境的常态等)

七、观察步骤和时间安排(观察如何进行,包括观察的次数、程序、间隔时间,每次观察要持续的时间等)

八、其他(包括组织、分工和有关要求)

拟订计划人:

年　月　日

第三步:实际观察。

观察者通过适当的方式进入观察情境,围绕观察对象,深入观察。在实际观察中要注意几点:第一,灵活地执行观察计划;第二,抓住观察的重点;第三,注意做到观看、倾听、询问、思考等几个方面的配合;第四,做好观察记录,记录要准确、全面、有序。

第四步:整理与分析观察资料。

在结束观察后,要对观察资料进行初步整理,整理时要注意以下几个问题:第一,检查观察资料是不是严格遵循科学方法的程序获得;第二,如果资料是用多种方法搜集的,应该把通过观察获得的资料与通过其他方法获得的资料进行比较;第三,当观察是以小组进行时,可将观察者之间所获得的资料进行比较;第四,对于较重要的问题应注意观察时间的长短,一般来说,长时间的观察比短时间的观察更加真实可靠。

(4) 文献法。

文献法也称历史文献法,就是指搜集和分析研究各种现存的有关文献资料,从中选取信息,以达到某种调查研究目的的方法。它所要解决的是如何在浩如烟海的文献中选取适用于该课题的资料,并对这些资料作出恰当分析和使用。

文献研究方法的具体步骤如下。

第一步:搜集文献信息。确定有关题目、部分(篇、章、节、段),确定有关内容,对那些有价值的文献篇、章、节或段应做好记录工作,以备以后使用。

第二步:明确查阅文献的种类。围绕活动主题确定需要查阅哪些文献资料,可根据各小组的分主题进行查阅。

第三步:实地查阅文献资料。学生可通过图书馆、互联网等查阅相关资料,该环节可在课内进行,也可安排学生在课外完成。

第四步:处理文献资料。对搜集到的资料进行筛选、整理,以获取有用的资料。

第五步:交流分享。在全班交流分享搜集、整理的资料。

2. 社会服务类活动的设计

1) 社会服务的含义

社会服务是指学生在教师的指导下,走出教室,参与社会活动,以自己的劳动满足社会组织或他人的需要，如公益活动、志愿服务、勤工俭学等。它强调学生在满足被服务者需要的过程中，获得自身的发展，促进相关知识技能的学习，提升实践能力，成为履职尽责、敢于担当的人。

从定义上来讲，"社会服务"被赋予了更丰富和完整的内涵，即强调社会服务活动本身的服务意义和学习价值的有机统一。一方面，作为一个教育学概念，它注重活动本身对学生的道德学习价值和知识学习价值；另一方面，它并非只把服务看作一种手段，而是同样强调服务活动对他人和社会的贡献和意义，即服务本身也是目的，实际上，正是在认真对待这种贡献和意义的过程中，社会服务对学习的价值才更能得到扩展和深化。

按照上述的定义和解释，如只让学生考察一条被污染的河流是不够的，学生只是从中获得一些表面的体验和认识。社会服务要求活动本身要体现出某种"服务"性质，因此需要学生做出相应的服务行动，譬如如果河流被污染的原因之一是垃圾污染，则可以让学生清理河岸的垃圾。不过，这种服务活动的意义还是有限的，服务的层次总体来说还是表面的，学生从中也只是浅层次地收获了一些道德体验，尤其是服务过程和结果与学生的知识技能的学习几乎都没有交集，或者说对学生的知识和技能学习几乎无法产生什么影响。因此，根据学生的年龄特点和学习阶段，可以在更高标准和层次上设计社会服务活动，以便更好地提升服务水平和推进学生的道德认知、理智成长和技能学习。例如针对河流污染状况，可以让学生结合科学课的学习，从河流中获取水样本，接着分析样本和证实结论，并向相关的污染控制部门提供研究结果或者通过各种媒体向大众发布和宣传自己的研究结果。

2)　社会服务的基本实施步骤[①]

社会服务的实施过程会因服务的类型和内容等的不同而有形式上的差异，但一般来说，所有经过精心设计的社会服务过程都包含几个关键要素，这些要素实际上也构成了服务学习的基本实施环节。

第一步：明确服务对象和需要。

开展一项社会服务活动是从确定服务对象及其需要开始的。服务对象的选择可从以下几个方面来考虑：一是它可以是人，也可以是机构或组织；二是除了人之外，还包括动物、植物、环境等；三是从地域上来看，服务对象可以来自学校、社区、国家和国际社会。

确定服务对象就是确定服务对象的需要。开展高质量的服务是社会服务的基本标准之一，而要保证服务活动的高质量，在技术层面上首先要深入研究服务对象的真实需要，不认真研究服务对象需要的社会服务活动，往往是无效和无意义的，甚至可能给服务对象造成干扰或损害。

学生可直接接触的社区主要有学校、学校周边社区、家庭所在社区，因此，从有利于直接开展服务活动的角度来说，社会服务活动的服务对象主要来自这样的社区。相应地，对于开展社会服务活动来说，通常是调查所在社区和周边社区的需要。调查的方式包括个人的观察和体验、关注媒体报道、问卷调查和访谈以及咨询社区机构等，通过调查得出服务对象的需要，例如校园的某一处需要绿化，低年级的某些学生需要学习辅导，社区里某所孤儿院的孩子需要陪伴和关心，社区里某个孤独的老人在生活上急需他人帮助照料，

---

① 仲建维. 综合实践活动课程之"社会服务"：内涵、价值与实施[J]. 基础教育课程，2017(23)：16～20.

等等。

第二步:制订服务活动计划。

制订服务活动计划是非常重要的,这在很大程度上决定着服务过程的质量。制订计划要经历一个前期调查研究和协商讨论的过程,虽然在这个过程中要尊重学生的主体性,即推动学生以主体身份参与服务计划的构想和设计,但是这个过程离不开教师的参与指导。

制订服务活动计划要通盘考虑社会服务活动的各种要素。可根据服务学习的内容和形式制订不同形式的服务活动计划,但一般来说服务活动会包括服务对象及其需要、活动目标、活动内容、需要运用的资源和前期准备、活动时间和地点安排、反思方式、展示和交流方式等。

第三步:开展服务活动。

开展服务活动是社会服务过程中最有生机和活力的一个环节,因为在这个环节真实体现着个人与社会之间的鲜活交互关系。

不过,在进入服务现场之前必须做好扎实的准备工作。这里的准备除了指物质资源等方面外,更重要的是要做好行动前的培训工作。培训内容主要包括三个方面:相关的知识、技能方面的教育培训;使用工具等方面的专门培训;安全等活动过程注意事项的培训。

在行动阶段,要求学生必须做的一项工作是做好行动记录。做行动记录的意义有二:直接的意义是记载和留住一段过程,进而和他人一起分享行动过程中所发生的故事;更重要的是,做记录的过程是一个推动学生进行思维整理和反思的过程,在记录的过程中,学生留意某些事情,并在这种留意中发现某些信息、整理自己的体验、检讨过程中的问题和提出进一步的行动设想,进而通过这种思维整理,可以保证行动的连续性和合理性。

第四步:反思服务经历。

反思是社会服务非常重要的构成部分。反思本质上是一种发现联系的探索,对于社会服务来说,反思至少包含两种意义:一是反思促进形成自我意识。反思嵌入人们的意识,推动着人们思考自己的所见、知识、经验和情感,从而获得情感和认识的转变和成长。二是反思改进和完善服务学习过程。服务行动的过程会有许多看不见的思维盲区、行动缺点和迷思,反思带来的学习成果会被吸纳到服务活动的过程之中,从而成为进一步影响和改进服务活动的过程和特征的建构性要素,并且维系着服务学习过程的持续性。

反思渗透于服务活动的全过程,但是反思也是社会服务过程的一个专门步骤和阶段,这个阶段发生在服务行动结束之后,它有助于学生更全面、更完整地审视整个服务过程和学习体验。就反思形式来说,可以运用多种形式,如撰写小论文和组织讨论。

第五步:分享服务活动经验。

分享服务活动经验是社会服务活动过程的一个必要阶段。分享本质上即展示、庆祝和邀请。学生都有表达和表现的需要,创造舞台让学生公开展示自己的成就,这体现了对学生的社会服务活动成果的认可和尊重,这种认可和尊重会激励和鼓舞学生进一步参与社会服务活动。对于参与这种分享的他人来说,自然也能通过这种分享获得某种间接经验和启发。

分享的形式多种多样。从学校的层面来说,学校可以编制一份报纸或者在校园里开辟展示专栏,展示服务学习参与者的名字和照片以及服务学习的成果。不过,学校更应该充分尊重学生对某种分享形式的偏好,如鼓励学生通过文章、图片、艺术作品、视频、幻灯片和表演等进行展示和分享。

3. 设计制作类活动的整体设计

1) 设计制作的含义

设计制作是以解决一个比较复杂的操作性问题为主要目的，其目标是设计制作出比较科学合理、有一定创造性的方案或作品，一般包括社会性活动的设计和科技类项目的设计制作，主要涉及图纸设计和亲自实践。适当的设计制作活动也是一个发现问题、界定问题，通过创造性使用各种材料、工具和技术解决问题的学习与创造过程。

从狭义上说，"设计"是为了提升后续创新行为品质，而在开发某事物或者解决某问题之前所进行的系统精细的规划、观念生成的过程。从广义上说，设计本身就是一种建构，而不是为建构所做的准备，包括视觉的、空间的、造型的以及问题解决方案构思等方面的建构。综合实践活动课程中的设计正是通过为现实世界中的问题建构创造性解决方案而进行学习的过程，具有"基于项目学习"和"基于设计的学习"的特征。

"制作"是儿童的本能之一，通常是指对原材料进行手工拆解、装配或加工，形成人工制品并理解其工作原理。相对于基于教科书的文化知识传授倾向来说，基于制作的学习具有典型的"操作学习"(hands-on learning，又译为"动手学习")特征，更加倾向于杜威(John Dewey，1859—1952)所提出的"做中学"实用主义教育观，强调在真实世界中开展实践性操作、体验性学习。技术孕育的是一种更加强调动手能力的、基于活动的教育。综合实践活动课程通过为学生提供手工制作、数字制作实践机会与环境，促使其成为人工制品的制造者，而不仅仅是消费者。

2) 设计制作活动的基本步骤[①]

虽然不同类型的设计制作过程不尽相同，但从总体来说，设计制作类活动的基本步骤一般如下。

第一步：创意设计。

设计作为一种"热情的目的性行为"，本身是关于多元解决方案的提出与选择。因此，几乎所有的设计活动都有两项关键要求：创造性和想象力、全面性和苛求性。这一阶段主要包括：首先是定义问题，即明晰"问题"的本质属性，全面考虑设计的约束条件(如可用材料的限制)，厘清与该问题相关的学科知识(如科学概念)；然后进行猜想，通过集体讨论并运用大量的独创性设计理念和解决方案，表达出(如用思维导图画出)设计理念，并将不同的解决方案呈现出来，接着，从中选出一个设计理念和一套解决方案。

第二步：选择活动材料或工具。

选择合适的材料和工具是使创意设计变成现实的重要条件。设计制作的材料可以包括纸、木、皮、布、纱、线、泥沙、金属制作材料等；工具可以包括锯、钳、锥、钻、锉、针、仪器、炊具、笔、电加工等传统工具，编程工具、数据库、可视化工具、概念图、超媒体等思维工具以及激光切割机、3D打印机、摄影摄像机、机器人等数字化、智能化工具。

在这个过程中，需要注意的是要为学习者对材料的判断、自身能力的判断提供机会。材料的判断是指能够根据解决问题的需要、现实条件及材料本身的属性特征选择恰当的材料。为了发展这样的"材料认知技能"，需要为学习者提供一个独立判断与选择的机会，

① 钱旭鸯. 综合实践活动课程之"设计制作"：内涵、价值与实施[J]. 基础教育课程，2017(23)：21～25.

哪怕是作出不恰当的甚至是错误的选择，也可以是反思性学习的契机。能力的判断是指学习者可以观察并判断自身能力的极限。在实践过程中，学习者若夸大自己能做的事情，也需要通过体验其后果才能进行学习，因而教师仍需为此提供机会。

第三步：动手制作。

创意物化意味着学生需要进行现场工作，进行系列程序的"动手"操作——将创意物化为人工制品。动手制作的程序可能包括折叠、裁剪、切割、测量、浇铸、制模、作图、激光雕刻等手工制作，以及建模、编程、3D 打印等数字制作。例如，在小学阶段，学生可以开展手工设计与制作；也可以借助信息技术，设计并制作有一定创意的数字作品。

当然，制作活动并不仅限于"手"，通常还包括心、眼、耳、口、足等方面的技能和动作的相互适应和协调。在这个环节中，需要特别注意工具使用的安全性与规范性。

第四步：交流展示物品或作品。

交流展示物品或作品是设计制作过程中不可或缺的一个环节。学习者通过交流设计制作的实践过程(包括其间所经历的快乐乃至痛苦)，展示实践成果，解释其工作原理，阐明并提升其思维过程等，以期与同伴在思维、情感上"相遇"。

在此过程中需要注意：一是鼓励以多元方式进行交流、展示，促进多元化自我表达能力的发展。例如，可以用戏剧表演、绘画、数字故事等方式进行表现；以展板、橱窗、电子显示屏等多种手段展示物品或作品。二是鼓励相互欣赏、相互关心，不断践行积极的倾听与对话，避免消极的批评与指责。这既有利于审美意识、交流能力的发展，也有利于团队意识和互助精神的形成，为学生社会责任感的发展奠定重要基础。

第五步：反思与改进。

反思与改进过程是学生发展反省思维必不可少的环节，且这里的反思具有双重意义：第一个意义在于学生通过对实践过程中的行动及其结果作出思考，可以使行动及其结果更趋完善；第二个意义在于学生的"在行动中反思"变得更加娴熟，从而成为反思性实践者。反思主要指提示学生评估和评价自己的工作，以及问题解决方案的适切性，并思考是否有更好的方式来解决问题、实现目标。而以更好的方式来解决问题，并对新设计再一次进行测试的过程即为改进。

此外，为使设计制作活动具有真正的教育价值，还应满足以下几方面的条件：一是以特定活动目的和行为激发、支持学生持久的兴趣；二是避免只有琐碎的活动、暂时的娱乐性，而是要让活动本身具有内在的价值；三是在设计制作开展过程中要适当地提出问题，以唤起学习者新的好奇心与求知欲望，以将其思维引向一个新的境界；四是要有充足的活动时间，以确保设计制作活动过程的连续性，而不是零散的、无关联行动的拼凑。学习者通过经历这一多阶段、多步骤、多维度的设计制作过程，既加深了对设计、制作内涵及其特征的理解，也发展了社会理解力和责任感。

设计制作校园
导示图

4. 职业体验类活动设计

1) 职业体验的含义

综合实践活动课程中的"职业体验"是以体验式学习过程为基础，并与职业生活息息相关的一种活动方式。职业体验将体验式学习与职业生活情境联系起来，就是让学生置身于丰富的、与各种职业活动相关的情境之中，让其全身心地参与各种职业性的实践活动中去，使其获得相应的真切认知与情感体悟，从而加深对自我世界、生活世界、职业世界和社会发展的理解，并将这样的理解与其自身的未来相联系。从这个意义上来说，它关乎学生的生涯发展，而《指导纲要》将"职业体验"作为综合实践活动课程的一种主要活动方式单列出来，是学校中生涯规划教育日益受到重视的必然结果。因此，"职业体验"也是综合实践活动与生涯教育的交集所在。

职业体验类学习活动是学生接触社会、了解社会，从而增加学生对社会的生活积累，并获得对社会物质文化、精神文化和制度文化的认知、理解、体验和感悟的学习活动。体验性学习活动不以发展探究能力、操作能力为根本目标，而以丰富学生的社会阅历、生活积累和文化积累为目标。

2) 职业体验类活动的基本步骤

《指导纲要》指出，职业体验的关键要素包括：选择或设计职业情境；实际岗位演练；总结、反思、交流经历过程；概括提炼经验，在实际中应用。这四大关键要素实际上体现了体验式学习过程的四个基本步骤，也是我们在实施过程中需要遵循的几个关键环节。

第一步：选择或设计不同的体验情境。

任何职业体验都发生在特定的情境之中，因此实施过程的首要环节是选择或设计职业情境，这是为了确定学生进行职业体验的具体情境，是开展职业体验的前提。

体验的情境可以分为两大类：一类是根据职业情境的真实程度来划分，一类是根据主体是否直接置身于职业情境来划分。根据情境的真实性程度不同，体验的情境可以分为真实情境和模拟情境。对于真实情境主要在于选择，对于模拟情境主要在于设计。因为真实情境即生活中各种真实的职业场所，在真实情境中的职业体验通常采用参观、见习、实习、师徒制等形式。模拟情境即所设定的环境是抽去了真实环境本身所具有的复杂性之后所做的一种再现。也就是说，模拟情境其实是一种简化了的环境，但一般具有真实情境中最基本、最具有代表性的要素，这种情境的呈现需要经过设计，可以反复给出，也可以远离工作现场。虽然在模拟情境中获取职业体验相对于在真实情境中会欠缺一些体验的丰富性和全面性，但是由于真实情境对于社会资源的依赖程度较高，模拟情境的营造可能会更可行、更便捷一些，因此可以给学生在学校里创造更多的体验机会。根据主体是否直接置身于职业情境，可以将体验分为直接体验和间接体验。上述真实情境和模拟情境中的体验都属于直接体验，除此以外还可以利用诸如访谈、讲座、经验交流等形式使学生获得相关的间接体验。

案例 7-12

重视有助于达成有效职业体验的支持条件

因地因校制宜开发多元的职业体验资源：一方面可以与适当的社会资源，如社区、企业、高校、公益组织等建立基地性联系，确定能使学生获得多样化工作现场经验的真实情境，另一方面可根据学校既有的空间、设施、课程特色等实际情况，挖掘出在校内可能创设模拟情境的资源；同时也需要发掘各类职业的相关校外人员，如校友、家长、行业代表等，作为为学生提供间接职业体验的资源储备。

第二步：实际岗位演练。

实际岗位演练即学生在具体情境中的体验。本阶段的主要活动有：职业观察与学习，实际岗位演练、亲身体验。

① 职业观察与学习。学生在学校及教师的指导带领下进入职业体验场地进行现场观察。教师可鼓励学生采用多种方式进行观察记录,如拍照、文字、录音、写日记等。小组成员可以相互配合,采用多种方式,记录活动过程中的认识、体会与反思,记录活动过程中的过程与方法,记录观察中发现的问题,记录活动过程中的相关数据及搜集的文字资料。在活动结束后,每位学生需完成观察记录表。观察记录表要包含项目名称、体验人、体验时间、体验地点、体验时长、小组成员、活动目的、体验过程、体验感悟等内容。

② 实际岗位演练、亲身体验。学生在真实的职业场景下进行职业角色体验,掌握基本的职业技能,体会不同岗位的特点与责任,有利于形成理性的职业认知。每完成一次体验,指导教师都要提醒学生填写《职业体验记录表》。《职业体验记录表》详细地记录了学生的体验时长、体验内容与体验感悟,并且指导教师要签字、写评语。

在职业体验活动中教师不仅要让学生体验岗位工作,还要注意价值观的引导,组织学生开展有关职业的反思研讨,从中帮助学生分析社会分工,了解职业只有分工不同没有高低贵贱之分,正确认识职业对个人素质的要求,让学生克服职业偏见,形成健康积极的职业心态,树立正确的劳动观念。

学生在职业体验中体验与思考的深度及广度与教师的指导紧密相关。在有效的职业体验中,教师指导不应是直接的"指令式"或"告诉式"指导,而应借助一些工具,如提问、量表、价值澄清、任务驱动等,引发学生对体验情境的选择、对体验过程的回顾、对体验感受的体悟与分析等。只有富有引导性的指导,才能激发学生进行批判性反思并进一步做好对经验的提炼概括,从而达到综合实践活动课程中"职业体验"的相关目标。

第三步:总结、反思、交流经验。

总结、反思、交流经验过程是对一定情境中的具体体验进行反思分析的现实过程,这个环节实际上包含并反映了体验式学习过程"体验+思考"的关键特征。

首先是整理资料。活动结束后,每个学生要整理好个人材料,并由小组长对小组成员的材料汇总、分类整理。可参照以下模式进行分类:①文字类,包括日记、访谈记录表、观察记录表、活动反思等;②实物类,包括小制作、照片、模型、录音带、光盘、学生种植的植物等。

其次是展示成果。小组成员讨论成果展示方法。成果展示方式多样:学生可以表演职业中的事情;可以以晚会或主题活动的形式在全校进行交流;可以制作宣传手册等;同时还可以对自己的未来职业进行畅想,根据自己的职业体验,设想自己将来的职业或社会中可能会产生的新职业,以此来开发学生的创新能力。

此外,还要进行组间交流。各小组之间进行初步交流与沟通后,学生交流小组体验的主题、过程及在职业体验过程中的情感体验。教师鼓励学生提出疑问与建议。同时,小组之间进行互动交流,让学生学习其他小组的成果,了解其他职业的基本特点,开阔视野。

最后,要撰写职业体验活动总结报告。活动结束后,小组成员讨论活动收获,拟写活动成果,形成对职业的系统化认识与评价。

第四步:概括提炼经验与行动应用。

概括提炼经验与行动应用作为反思分析的结果,既是前一个体验式学习循环的终点,也是下一个循环的起点,其反映了体验式学习过程螺旋上升的特性。

教师指导学生依据生活情境,将自己所学应用到社会生活中,实现活动的深化与升华。

经过几个月的学习、观察与体验，学生已具备多方面能力，在日常的生活学习中，教师和家长要适当地创造条件，让学生学会运用自己所学的技能。

5. 博物馆参观的整体设计

《指导纲要》中指出综合实践活动除了以上活动方式外，还有党团队教育活动、博物馆参观等。其中，博物馆参观是许多学校经常组织的一种综合实践活动。它的具体步骤如下。

健康饮料宣传
小使者

第一步：提出或选择参观、访问的主题，提出活动目标，确定参观、访问的地点、对象和时间。

第二步：由学生自主地制定考察、参观、访问的活动方案。

第三步：与参观、访问的对象(人或机构)取得联系，通过交流和磋商，确定活动的具体时间表。

第四步：准备必要的活动设备。

第五步：进入现场，展开实质性的参观、访问活动，搜集资料。

第六步：撰写考察、参观、访问的活动报告，并相互交流，进行活动的总结。

6. 活动方式设计的注意事项

1) 将几种主要活动方式融合实施

推荐主题是按照四种主要活动方式——考察探究活动、社会服务活动、设计制作活动、职业体验活动划分的。这种划分也是相对的，其目的是学校和教师能更容易理解该课程的活动方式和准确把握每种活动方式实施的关键要素。事实上，综合实践活动的很多主题活动本身就是综合的，实施中往往会以某一种方式为主，其他活动方式交叉进行，这样才能使活动更加深入并更好地体现课程的综合性，也更能发挥综合育人的作用。除了以上四种主要活动方式外，还有党团队教育活动、场馆教育活动、项目设计活动等方式，在使用推荐主题时提倡整体设计、综合实施，使不同活动要素彼此渗透、融会贯通，这样既节省了活动时间，也能使活动效果最大化。

如推荐主题为"当地老年人生活状况调查"活动，学生可以先通过考察探究活动了解当地老年人的生活状况和遇到的困难及问题，然后针对老年人的需要开展设计制作活动，再为老年人提供帮助，开展社会服务活动和职业体验活动，这样才能使活动更深入，学生才能有深度体验和感悟，其综合素质才能真正得到提高。

2) 将综合实践活动与学科实践活动相融合

现在各学科也都在开展学科实践活动，可以将两类实践活动通过综合主题的形式打通实施。如家庭用水状况调查活动，学生通过一段时间的观察、记录，学习数学中统计和平均数，达到数学实践活动的目的；再通过比较分析让学生发现每个家庭的用水量和节水意识的关系，让学生进一步探究、设计、交流家庭节水的方案和装置，并推荐给家庭、社区，这样又达到了综合实践活动发现问题、提出并解决问题的目的。

3) 将综合实践活动与其他学科相关内容相融合

综合实践活动的主题主要来源于自然、社会和自身生活，学生选择的主题往往会与《科学》《道德与法制》等学科相关内容重复，同样一个主题在不同学科培养学生的目的和角度是不同的，但都是为了提高学生的综合素质，完全能打通课时、整合实施。如校园植物主题，既可以开展科学课中的科学探究、科学实验活动，也可以开展综合实践活动的考察探究活动、设计制作活动、社会服务活动等，还可以开展美术课的绘画及语文课的写作等活动，同时将思想品德教育贯穿始终。这样既能解决课时不足的问题，也能达到提高学生整体素质的目的。

7.3.3 活动过程的设计

1. 综合实践活动的一般流程

单一主题综合实践活动一般分为三个阶段，第一阶段为主题确立阶段，第二阶段为活动实施阶段，第三阶段为总结展示交流阶段。各阶段的活动过程设计如表 7-5 所示(参考)。

表 7-5　综合实践活动过程设计[①]

时　段	基本课型	基本流程(教学建议)	课　时
第一阶段：主题确立阶段			
选题活动	主题确定课	1. 确定主题，包括确定班级主题、班内各小组主题。 2. 分组，并指导学生填写完整的《小组基本情况表》	1 课时
	文献查阅课	指导学生怎样进行文献的查阅，并提示他们查阅资料应该注意的问题	1 课时
方案策划活动	方案策划课	学习方案样例，明确要素，拟定方案，讨论修改	1 课时
	开题课	对方案做修改和评议，注重各小组之间提出的宝贵意见	1 课时
第二阶段：活动实施阶段			
主题实践活动	方法指导课(包括多种调查研究方法，如问卷调查法、访谈法)	问卷调查法： 1. 明确调查的主题，围绕调查目的，指导学生设计"调查问卷"。 2. 指导学生发放和回收问卷。 3. 指导学生对数据进行统计与分析。 4. 指导学生撰写调查报告	2～3 课时
		访谈法： (一)指导学生制订访谈计划 1. 回顾活动进程，明确本节课的目的。 2. 案例呈现，通过案例学习，指导学生掌握制订访谈计划的基本要素以及访谈计划各要素如何设计。 3. 练习提升。 (二)指导学生对访谈资料进行整理 1. 回顾导入。 2. 指导学生掌握科学的资料整理方法。 3. 分组整理，形成访谈成果。 4. 交流分享	2 课时

① 根据百度文库相关文献整理形成。

时 段	基本课型	基本流程(教学建议)	课 时
主题实践活动	阶段性交流课	1. 各小组以合作的方式，回顾总结小组在某个活动阶段的所有成果，并在班级中展示、交流。 2. 指导学生整理阶段活动成果，选用适合的展示交流方式方法，展示活动亮点。 3. 及时填写《活动小组成果展示评价表》《组员活动过程表现评价表》	2～3 课时

第三阶段：活动总结阶段

总结活动	成果整理课	基本流程：小组协作，提炼成果→初步交流，意义建构→修改完善，形成成果，填写《成果展示活动计划表》	1 课时
	成果展示课	基本流程：回顾导入→分组展示→总结评价，填写《成果展示活动评价表》	2 课时

2. 活动过程关键环节设计要点

1) 活动开端的设计

采用多种方式让学生具有良好的情绪状态，探究类活动可以从调查研究开始，制作类活动可以从设计开始。注意从学生已有的知识和生活经验出发，选择恰当的方式。如以视频、图片、谜语、故事、游戏、现场新闻事件分析、实物模型、学生生活见闻、科学小实验等创设具体的谈话情境，激发学生的学习兴趣，调动学生参与的积极性，引出要研究内容的大致范围即"话题"，形成探究活动的主题。

设计情境引入的要求包括：情境引入与要研究的内容能够对应起来；情境引入要能产生问题或能呈现问题，但开放度不能太大，避免产生太多无法研究的问题；情境引入要考虑学生的生活经验和实际需要，不能距离他们的生活太远；情境引入的活动要难易适度，要基于学生最近发展区，要能制造一定的认知困境，具有一定的挑战性；情境引入最好要有一定的趣味性，要能引起学生的好奇与注意。

案例 7-13

"生活中的标志" 主题生成课

课前已经向孩子们布置了这学期的活动主题，并要求孩子们搜集资料。当孩子们听说今天要上主题生成课时纷纷把资料拿给我看，图画、文字、照片每个人都拿着厚厚的一摞，让我吃惊的同时也多了一份感动，没想到经过一学期的活动，孩子们对综合实践这门课程兴趣如此之大。看着孩子们画的各种生活中的标志，我突然决定把预先设计的主题生成课的导入环节调整一下，由我在大屏幕中出示生活中的常用标志，调整为孩子们自己介绍搜集到的生活中的标志，不全面的部分由我来补充。分小组比赛竞猜孩子们画的各种公共场所标志分别代表什么，猜对一张 10 分，分数最高组为第一名。课堂气氛一下子活跃了起来，讲台上的孩子有模有样地提问，台下一个个高高举起的小手，一阵阵不约而同的掌声，倒让我这个老师在这一刻显得有点多余。

案例分析： 小组比赛猜标志趣味活动充分调动了学生的积极性和自觉性，大大激发了学习的兴趣。活动开端的设计把主动权交给学生，不失为一个正确的选择。

2) 主题选择的设计

主题选择即通过师生合作交流，围绕提出的问题进行讨论、分析与论证，形成合理的、可行的活动主题。其方法有：①引导学生充分讨论，交流搜集的资料，分享彼此的想法，互相启发，互相学习，使问题逐渐清晰。②引导学生收集整理资料，包括查阅文献和社会调查。③创设情境，提供背景知识和必要的方法引导。

确定班级主题后，还要学会分解话题。问题与课题之间有着密切的联系，但也有区别。简言之，课题是值得研究的问题，即有一定的研究价值，能回答和解释某种现象的问题，符合学生知识能力水平及教师的指导能力，对学生有教育意义。主题选择的步骤如下：①从问题中筛选课题。在众多问题中选出一个能转化为研究课题的问题不是一件容易的事。首先，应该学会将问题库中的问题进行分类，这将有利于确定哪些问题能转化为课题以及转化为怎样的课题。在分类时，根据回答问题的要求进行划分，包括"是什么"的问题、"为什么"的问题、"怎么办"或"如何做"的问题。②将问题归类、整合、提炼，转化为学习课题。③规范地陈述主题。在课题的陈述中，一般采用叙述的形式，常见的课题在名称中应尽可能表明三点：研究对象、研究问题和研究的方法。

案例 7-14

"保护眼睛的研究" 主题生成课教学活动设计

活动过程：

一、创设情境引出主题

导入：大自然是非常美丽的，灿烂的太阳，皎洁的月亮，蓝蓝的天空，广阔的大地，无边的海洋，万紫千红的花草树木，各种各样的动物，你们喜欢吗？这美丽的大自然，我们是用眼睛看到的，你们想想，如果眼睛不好，还能看清楚吗？所以，保护眼睛是非常重要的，今天我们学习"保护眼睛"(板题：保护眼睛)。

二、认真观察激发兴趣

1. 过渡：同学们，眼睛，你有他有我也有，可我们很少关注它。下面让我们开展一个活动。

2.(出示活动一)同桌之间互相观察眼睛，说说发现。

3. 汇报发现：眼睛的构造，眼睛形状的不同，眼睛颜色的不同等。

三、小组讨论选出问题

1. 过渡：通过观察，我们发现了许多问题。面对明亮的眼睛，你小小的脑袋里一定充满了疑问，你最想了解什么？(学生答)哦，这么多疑问，下面我们进行小组讨论。

2.(出示活动二)交流感兴趣的问题，生读建议和要求。

3. 小组活动预设问题有以下几个(将各组最有价值的问题贴在黑板上)。

(1) 眼睛为什么能看得见？

(2) 人的眼睛为什么颜色不一样？

(3) 眼睛的形状有哪些？

(4) 视力会遗传吗？为什么会近视？

(5) 眼睛构造是怎样的？

(6) 我们周围有多少人近视？

(7) 如果近视了，应该怎么办，戴什么样的眼镜最好(眼镜的种类调查)？

(8) 如何选择合适的眼镜？

(9) 如何预防和矫正近视？

(10) 眼睛容易得哪些疾病？

……

4. 梳理问题：默读问题，说说发现(小组交流)，汇报梳理(提炼概括梳理问题的方法)。

(1) 明确问题(问题表达准确，无异议)。

(2) 分类合并(相同的、相近的、相互包含的进行合并)。

(3) 筛选(没有研究价值的或没条件和能力研究的剔除)后的问题有哪些？

四、问题转化课题表述

1. 过渡：通过梳理，我们保留这几个问题，可它们还不是研究的课题。怎样将问题转化为研究的课题？你认为该怎样表述呢？

学生表述(发现表述不规范及时引导)。

2. 举例：白色垃圾的处理方法有哪些(问题)？

白色垃圾处理方法的调查(课题)。

3. 小组探讨规范表述课题的方法：研究对象+研究内容+研究方法。

4. 小组交流汇报分解后的子课题。

(1) 眼睛疾病的调查。

(2) 保护眼睛方法的调查。

(3) 眼睛构造的调查。

(4) 如何选择合适的眼镜矫正近视。

老师：通过大家的共同努力，我们围绕"保护眼睛"这个主题确立了几个子课题，大家读一读，看看这样表述可以吗？

五、归纳总结升华主题

1. 通过这节课的共同学习与探讨，你有什么收获？

学生谈收获：了解了眼睛的知识，并懂得从生活现象中提出问题；学会了梳理问题的方法；掌握了规范表述课题的方法等。

2. 小结：同学们，大千世界无奇不有，我们要用一双慧眼去发现生活中的现象，用睿智的大脑去思考生活中的疑问，还要学会团结协作，共同解决问题。

3) 学生活动方案制定环节的设计

方案制定是综合实践活动的重要环节，是研究活动有序开展的重要条件。由于主题活动时间、地点较为分散，加之小学生的自控能力较差，所以制定活动方案就成了必不可少的活动环节，缺少了它，活动就极易陷入随意性，活动效果也就可想而知了。

通过综合实践活动方案指导课的教学，让学生对完整的方案有基本的认识，了解活动方案的基本要素和基本格式，理解各部分的基本要求，通过小组合作、同伴互助、小组交流，逐步完善方案的各个环节，明确活动目标和活动步骤，使学生的活动过程更科学。

制定主题活动方案主要包括：研究哪个子课题；选择哪种研究方法；研究时间怎样安排；小组成员怎样分工才更合理，更能发挥每个同学的聪明才智；研究成果采用哪种汇报形式；可能出现哪些问题等。

其具体操作模式为：激趣导入—方案预设—合作探究—矫正指引—问题反思—总结提升。

激趣导入：教师可用"凡事预则立，不预则废"的事例或小故事等导入，让学生明白制订计划的重要性和必要性。

方案预设：学生通过小组讨论，共同策划，初步制定活动计划表。

合作探究：各组学生通过汇报、实物投影等形式，分别交流展示本组研究制定的活动方案，让大家共享活动成果的同时，针对活动方案的具体细节组织小组之间、同学之间的对话、辩论等，论证方案的可行性，指出方案的亮点和不足之处，提出修改意见和建议，让学生明白应从哪些方面去完善自己小组的计划。

矫正指引：对学生普遍存在问题的研究方法或操作细节，教师要有针对性地引导学生进一步理解该方法的定义、功能、适用范围、操作步骤、注意事项等，使学生切实掌握该方法的基本特征和操作要领，构建一个正确、全面的方法操作模型。

问题反思：学生根据大家的建议和教师的引导，反思自己制定的活动方案问题出在哪里，是方法选择不适当，还是操作不够规范，还是忽视了某些细节，或是时间安排不合理、人物选择不符合实际、方法操作不清晰等，根据所提的意见和建议修改完善本组的活动方案。

总结提升：师生对全课进行总结。

4) 活动总结阶段的设计

活动总结阶段是教师根据学生活动开展的情况，指导学生对通过实践、体验、探究、制作搜集的大量子课题信息资料进行筛选、整理，用自己的语言进行概括，或把制作的模型、手工艺品等进一步完善，组织学生采取不同的形式把自己最满意的作品在全班展示、汇报的过程。这一阶段的基本任务是整理活动过程中获得的资料、经验、结果和感受，形成对问题的基本看法，获取问题解决的基本经验，发展实践能力以及良好的情感态度价值观。

它通常是主题活动过程的最后一个阶段，主要目的有两个：一是学生展示与汇报自己的成果，包括成形的小调查、小论文、幻灯片，或是实物模型、手工艺品，也可以是过程中产生的体会、经验与疑惑。二是对下一研究主题的拓展，可以在学生交流时生成新的有研究价值的问题。

其具体操作模式为：教师导入—活动准备—小组介绍—成果展示—互动评价—总结延伸。

教师导入：一般采用谈话导入。

活动准备：各小组拿出所有的相关资料，整理、讨论汇报形式与分工。

小组介绍：各小组以自己喜爱的方式汇报调查研究成果。

成果展示：利用大屏幕或直接展示各小组制作的手抄报、幻灯片、音像作品、图片、手工作品等。

互动评价：①学生自我反思：在成果展示完成之后，让每位学生根据自己在研究小组中的具体表现进行反思，在此基础上对自己的工作作出评价。②学生互相评价：同一研究小组内组员之间可以互相评价，也可以评价其他小组的表现。

总结延伸：教师对整个主题活动过程进行回顾和反思，引导学生回忆开展了哪些活动，在活动过程中有哪些感受和体验，从这个过程中发现要开展一个活动需要些什么条件、必须做哪些事情，帮助学生在头脑中形成解决问题的基本程序和方法。对活动中新生成的有研究价值、可操作的问题，可引导学生将其作为新的活动主题开展研究。

这一阶段要注意的问题有以下几方面。

(1) 总结交流的内容要全面。涵盖活动的过程与方法、结论、收获、经验等。

(2) 成果的表达方式应多样。既可以是动态的表现方式，如一次讨论会、一场答辩会、一场主题演讲、一次口头报告、一个节目、一场比赛、演示操作过程或谈心得体会，也可以是静态的表现方式，如一幅绘画作品、一份调查报告、一件小工艺品等。不同类型的主题要有不同的表达方式：主题探究类活动成果展示可以有实验展示、写调查报告、小讨论等形式；项目与应用设计类活动成果应以展示作品(模型、小件作品、小发明、设计图)及自己的探究过程为主；参观与考察类的活动成果展示可以办摄影展、放影像、开讨论会、演讲、展示调查报告为主；社会调查与社区服务类活动成果的展示，可以让学生展示资料集、写体验日记、文艺演出、写建议书、开交流会、办板报等。

(3) 交流的方式应多样化。可以是辩论、研讨、展览、墙报、刊物、网页、小报等。要依据实际情况选择交流方式，设计与学生情况、学校条件及活动实际情况相符合的表达方式。

案例 7-15

某校开展了以"感恩的心"为主题的一系列活动。在活动成果展示过程中，学生以自己独特的方式奏响了爱的旋律。

调查组成员展示了一本本亲情账，那一笔笔清晰的亲情账目，让学生感到吃惊，从没有想到曾经从亲人那里索取了那么多，感受到了父母为我们付出的辛劳。一本本亲情账折射出了亲人对我们的付出，我们学会了懂得珍惜。

感恩行动组成员通过体验活动，交流了自己的体验日记。"今天是妈妈的节日——三八妇女节。我为妈妈洗脚，这是我第一次为妈妈洗脚，也是我第一次有机会这样近距离接触妈妈的双脚。当我的手触摸到妈妈的脚时，我哽咽了。原来妈妈的脚是那么大、那么粗糙，长满了茧，厚厚的老皮，已没有一点皮肤的弹性。这是我的妈妈吗？每天在我耳边唠叨的妈妈吗？总是整天学习、学习，让我成为天下最苦的孩子……妈妈，从今天起，我要每天为您洗脚。"

案例点评：综合实践活动的成果无论以何种方式来展示，我们必须要尊重学生的自主性，让学生自主决定结果的呈现方式。只有他们自己决定的呈现方式才是学生内心对活动的感受的一种真实反映，更是一种真实情感的自然流露。鼓励学生发挥自己的个性，施展自己的才能，说出自己的特色，让展示活动闪耀着创造的火花，闪耀着灵动的个性，而不是千人一面、千篇一律。

扩展阅读 7-1

优质学校课程建设的专业规范(节选)[①]

在新课程实施国家、地方、学校三级课程管理制度的背景下,学校一级的优质课程建设有两个维度:一是依据课程标准、教材等,落实好国家一级设计的课程,属于国家课程的有效实施(教学)范畴;二是依据本校的育人目标,开发好满足本校学生多样化需求的课程,属于校本课程的合理开发范畴。从目前中小学的实际情况来看,这两个维度的课程建设要想达到优质境界,首先必须确立专业规范。

一、优质学校教育的分析框架:课程视角

如上所述,没有课程就没有专业的教育。学校教育之所以专业化,是因为学校教育有家庭教育、社会教育无法企及的课程,课程撑起了学校教育的专业门面。因此,要探讨优质学校教育,就必须从课程的专业视角来揭示其优质的内涵。

何为课程的专业视角?课程,简单地说,是用"课"的方式规范、引导学生学习的过"程";专业地说,课程是经过专业化设计的学习经验,从学习方案的设计、实施到评价。如果从课程的专业视角界定学校教育,学校教育就是通过教师、方案、学生三要素的互动来实现教育意义的专业实践,如图 7-7 所示。每一个学生带着原有的经验与知识进入学校现场,经过专业训练的教师以学生学习为中心,借助文件课程(课程标准与教材)设计专业化的学习方案,与学生进行深度互动,学生经历有目的、有计划、有指导的学习,形成新的成长。这种教师、方案、学生三要素互动理论超越了经典的教师、教材、学生三要素理论,凸显出深度互动的育人价值,从理论上消解了教师主体与学生主体的二元论,诠释了教师是用教材教(设计、实施与评估方案)的专业人员,而不是教教材的教书匠。

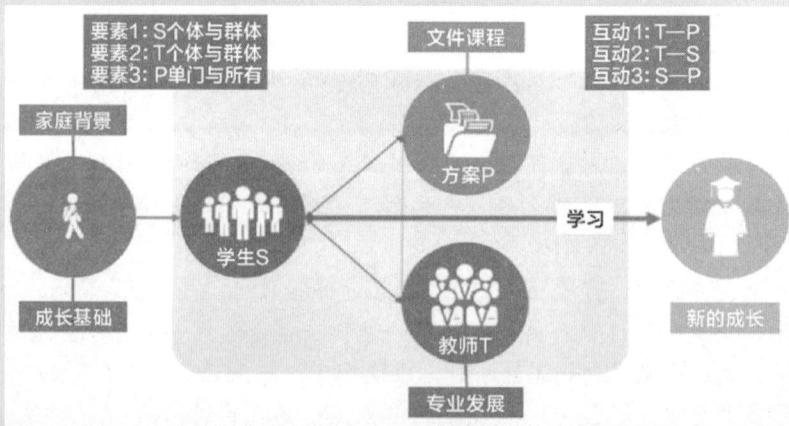

图 7-7 学校课程实施互动理论图解

结合我国中小学的现实情况与课程传统,学校一级的课程方案涉及三个层面:学校课程规划方案、学期课程纲要和单元/课时方案。也就是说,学校依据文件课程(课程方案、学科课程标准和教材),围绕本校的育人目标(毕业生形象),在学段、学期、单元/课时三个层

---

① 崔允漷,雷浩. 优质学校课程建设的专业规范[J]. 人民教育,2019,(Z2),37~40.

面整体建构学校课程体系。优质学校课程建设就是建立一套专业的规范，以服务或引领从宏观至微观的课程发展。

学校课程规划方案是指学校依据自己的教育哲学对全校学生在该学段要学的全部课程进行整体规划，具有长远性、全局性、战略性、方向性、概括性和引领性。它是三级课程管理政策背景下学校一级课程管理的重要标志，也是学校课程领导力的具体表征。

学期课程纲要是指教师(个体或团队)对学生在某一学期所要学习的某门课程(语、数、外等国家课程或某门校本课程)的目标、内容、实施与评价进行整体的设计。这里的"学期课程纲要"有别于原来的"教学进度表"，前者是学校层面课程发展或者说是国家课程校本化的具体体现，也是教师作为专业人员发展课程的重要标志，而后者只是使用教材的具体安排，无法体现教师对本班级学生学习的个性化设计。

单元/课时方案是指教师依据教材、课程标准的要求以及对应的"课程纲要"，对某一单元或课时的教学进行专业设计的文本，通常称之为"教案"或"学习方案"。而对于国家课程而言，也可称之为师本化、班本化的课程方案。

这三层方案自上而下逐步分化和具体化；自下而上不断整合，融为一体。三层课程方案充分体现了学校课程建设的专业性，也体现了课程育人的复杂性和一致性。正因为如此，课程建设似建筑，是一种专业实践。

二、优质学校课程建设的专业规范

如上所述，学校课程建设主要是学校课程规划方案、学期课程纲要和单元/课时方案三层方案的一体化发展，如图 7-8 所示。那么，它需要哪些专业规范呢？具体地说，涉及下面三个方面。

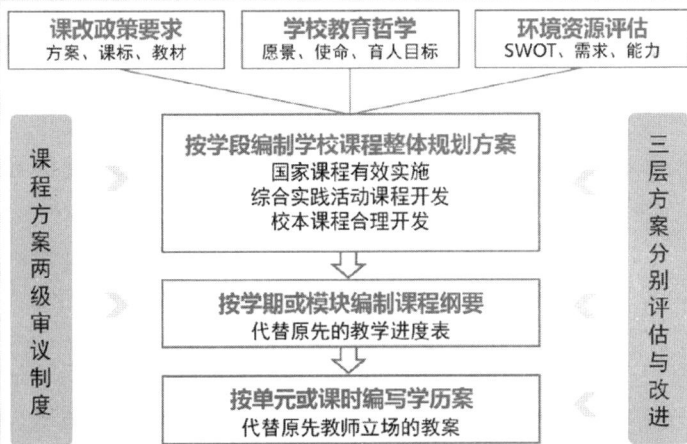

图 7-8 学校课程建设系统

第一，学校课程规划方案如何编制？学校课程规划方案作为一所学校对该校学生在某一学段的课程学习进行的整体谋划，其专业规范主要涉及：其一，要有明确的依据(必要性和可能性)，即在课程规划之前，学校要对国家课程改革政策(课程方案、课程标准与教材)、学校教育哲学(愿景、使命、毕业生形象)与可获得的资源(SWOT 分析、学生需求评估、师资能力评估)等进行研究，体现课程发展的科学性。其二，要有学年或学期的课程方案或者计划，即为了实现学校的育人目标，准备安排哪些课程，这些课程之间是什么关系或结构，如何按学年或学期安排课程，这些课程有无说明等。其三，要有针对性的建议和保障措施，即学校需要提供哪些资源和机制上的保障、建议，以确保上述规划能够落到实处。

第二，教师如何编制学期课程纲要？编制学期课程纲要的关键是一致性地处理好课程四要素。就国家课程而言，教师必须依据学科课程标准、教材与学情一致性地设计某一学期或学年某门课程的目标、内容、实施与评价，以规范并指导学生的学习与自己的教学。就校本课程而言，教师必须依据学校教育哲学，在评估学生课程需求与可获得的课程资源后，一致性地设计某门校本课程的目标、内容、实施、评价与所需条件。这会涉及一系列课程专业规范，如以国家课程校本化发展为例，涉及的专业规范有以下几方面。

目标确定和叙写：教师要依据学科课程标准、教材、学情、资源等确定每一个学期的目标，这就需要分解课程标准的相关条目，并按目标叙写的规范呈现目标。

内容处理：教师要依据上述目标重组内容，关键是把"教材内容"变为"教学内容"，即通常所说的"用教材教"。教材内容即专家编写的教科书上的内容，而教学内容是指与本学期的目标相匹配、需要用来教与学的内容。教材处理的具体方法，一般来说不外乎增、删、换、合(整合)、立(重新排序)。内容处理还包括课时的分配与安排，即教师需要根据学习内容的知识地位确定课时，并且第一课时一定要与学生分享本学期的课程纲要。

课程实施：教师要把所学的知识条件化，让知识学习变得"有趣"；把所学的知识情境化，让学到的知识变得"有用"；把所学的知识结构化，让学习变得"有意义"。因此，教师要探索指向学科核心素养的学习方式，选择与目标相匹配的教学策略，体现学科化、本学期化和任务化，以便让学生看完学期课程纲要后能够对本学期的课程有一个整体感知，明白自己的学习责任。

课程评价：教师要依据目标设计学生学习的过程评价与结果评价，并明确这两类评价所占比重、内涵、各自的观测点以及及格线。过程评价特别要关注学科核心素养中无法用纸笔测验落实的内容，并且要重视学生学习习惯的养成。评价形式应该是多样化的，评价主体是多元的，同时还需要注意表现标准的制定。结果评价则应该根据学习目标设计期末考试或评价方案。

第三，教师如何设计单元/课时方案？随着学习中心教学理念逐渐得到教育研究者的关注，长期以来的"教之案"设计逐渐走向"学之案"设计。因此在单元/课时方案设计的时候，教师应该秉持学生立场编制学生的学习方案。完整的学习方案包括六个要素：学习主题和课时、学习目标、评价任务、学习过程、作业与检测、学后反思。学习主题和课时回答"在多少时间内学习什么主题"，这需要根据学习内容之间的逻辑关系以及所学知识的重要地位来确定。学习目标回答"让学生学会什么"，这需要根据学期课程纲要、课程标准、教材、学情和所获得的资源来确定，目标采用"主体(学生)+行为+条件+程度"的方式来叙写。评价任务回答"何以知道学生是否学会"，教师可以根据目标的数量、难度、关联、种类来确定评价任务的数量和难度，评价任务的设计应该包括情境、知识内容、任务，评价任务指向能够引出学生目标达成的表现证据。学习过程指向"学生何以学会"，这主要涉及资源与建议、课前预习和课中学习。其中课中学习是关键，课中学习应该呈现学习进阶，嵌入评价任务，体现学生建构或者社会建构的真实学习过程。作业和检测指向"如何巩固或检测已学会的内容"，教师需要针对课前、课中和课后作业进行整体设计，作业数量适中，目标指向明确。学后反思指向"学生通过反思与分享什么才能通向素养"，主要是引导学生梳理已学的内容、梳理学习策略，管理和分析自己的收获和感受等。

此外，在学校课程建设过程中，三层方案中的每一层都需要持续评估与改进，这就要求建立两级课程审议制度：一是每所学校的课程规划方案需要地方教育行政部门组织专家审议；二是教师开发的学期课程纲要，特别是校本课程纲要需要学校组织专家审议。两级审议机制，不仅是课程发展质量的保障机制，而且还能部分地解决课程监管上长期存在的"一统就死，一放就乱"的顽症。

【学习资源链接】

小学综合实践官网：http://www.zxxzhsj.com/。

以"小学综合实践活动课程"为主题的官方网站，主要关注关于综合实践活动课程的最新资讯、研究动态、课程研究、活动设计、校本课程、地方课程以及学生成果等。在该网站上，教师可以查询到很多优秀的综合实践活动课程设计案例以及最新的研究动态，借鉴与学习在综合实践活动课程中学生成果的呈现形式以上网站提供了大量综合实践活动课程研究的论文、教学设计、教学反思、学校案例等。

【教与学活动建议】

(1) 教师引导学生采取小组协作的方式，访问相关网站或通过搜索引擎(如百度等)搜索学校综合实践活动课程总体规划方案，并通过小组讨论，确定为典型案例，分析其使用了哪些设计方法，使其理解课程总体规划的含义和方法。

(2) 围绕"设计一个单一主题综合实践活动"这一任务开展如下活动。

① 各小组学习综合实践活动设计方法，深刻理解每一种设计方法的内涵和实施步骤。

② 分小组活动，在小组内讨论并达成一致，确定每组设计的活动主题，然后各组内再进行分工，制订活动计划。

③ 各小组选派一名代表进行主题发言，汇报自己本组的活动设计方案。

④ 各小组把自己的活动结果发布在自己的个人主页或博客上，参与日志的评论和交流。

⑤ 采用个人自评、小组互评和教师评价相结合的办法，进行评价、讨论。

在这个活动过程中，教师指导主题活动，收藏相关网络资源，观察学生的表现，解答学生活动中出现的问题，指导小组学习并进行评价。

(3) 布置阅读任务，让学生阅读一些关于方法论文的文章或书籍。

本章小结

小学综合实践活动课程的设计方法，就是指运用现代教育学的理论和方法，根据其活动设计的理念、特点、方法，对综合实践活动课程进行整体设计的过程。本章详细阐述了小学综合实践活动整体规划和系列综合实践活动设计的主要方法，并提供了具体的参考案例。最后，以单一主题综合实践活动为例详细介绍了活动设计的整个流程，以及各环节设计的关键要素，对综合实践活动课程设计提供了具体的指导。

思考与实践

一、理论思考

1. 小学综合实践活动课程总体规划的方法是什么？

2. 小学综合实践活动系列主题活动设计的方法有哪些？

3. 单一主题活动的设计主要包括哪些内容？

二、实践探索

案例分析

我与绿色同行

我们学校是一所农村小学，长期以来利用地缘优势，不断地开发植物资源，进行绿化、美化，使之成为花园式校园。时逢春风送暖，万物复苏的三月，校园里到处春意盎然，散发出蓬勃的春天气息。孩子们在感受春暖花开的美丽的同时，也对各种植物产生了浓厚的兴趣，并提出了各种各样有趣的问题。孩子们为了解决自己感兴趣的问题，通过民主商议，确定这一学期的活动主题为"我与绿色同行"。活动目标具体如下。

(1) 了解植物在人类生活中的重要性。

(2) 获得亲身参与研究活动的积极体验和丰富经验，感受植物给自己带来的乐趣，逐渐养成爱植物、护植物的习惯。形成对自然、社会、自我之间内在联系的整体意识，发展对自然的关爱，以及对社会、对自我的责任感。

(3) 引导学生在植物王国中学会观察、学会发现，并通过提问的方式激发初步的研究性学习意识，启发学生主动探究问题，形成从周边生活主动发现问题并独立地解决问题的态度和能力，发展实践能力及对知识的综合运用和创新能力。

(4) 通过学习研究设计以及实施研究方案，培养学生探究学习的能力以及养成合作、分享、积极进取等良好的个性品质。

练习1：请根据本章所学内容对案例《我与绿色同行》的活动目标进行评析并写出你的目标具体化方案。

练习2：请根据你拟定的活动目标设计整个活动过程，设计要体现本章相关内容的要求。

教学系统设计主要是以促进学习者的学习为根本目的，运用系统方法，将学习理论与教学理论等的原理转换成对教学目标、教学内容、教学方法和教学策略、教学评价等环节进行具体计划，创设教与学的系统"过程"或"程序"。

——何克抗(1937—2021)，北京师范大学教育技术学院教授、博士生导师

第8章 小学综合实践活动课程方案的优化

学习目标

知识目标

➢ 了解综合实践活动课程方案评价的依据。

➢ 理解综合实践活动课程方案评价内容。

能力目标

➢ 能够运用一定的方法进行综合实践活动课程方案评价。

➢ 能够在合理评价方案的基础上进行方案优化。

核心概念

课程方案(curriculum programme)　　方案评价(programme evaluation)　　方案优化(programme optimization)

引导案例

北京史家营小学开发了以"走进圣莲山感受老子文化"为主题的综合实践活动课程，以下是课程方案的初稿[①]。

一、活动背景

圣莲山位于北京市房山区北部的群山之中，整个景区面积 28 平方公里。于 2000 年开发，2004 年对外开放，2005 年被评为国家 4A 级景区，2006 年被评为世界地质公园——体验观赏区。圣莲山是集雄、险、绝、奥、秀于一体，汇自然风光、地质遗迹和传统文化于一处的综合文化旅游度假区。

---

① 本案例由北京教育学院乡村教育联盟特色课程群项目组提供。

二、活动目标

1. 通过游览圣莲山文化长廊拓印名家书法字体、登老子祭拜台、过长生桥、游真武庙，使学生初步感悟我国传统文化的博大精深及其蕴涵的深刻哲理。

2. 结合学拓印字体、画老子像、摄美丽山景、过长生桥、了解北方建筑特点等内容开展活动，培养学生热爱祖国传统文化、热爱家乡的优秀品质；培养学生的口语交际能力、构图绘画能力以及战胜困难的勇气等意志品质。

三、活动准备

1. 学校请示教委报批本次实践活动。

2. 了解天气状况，学生准备适合的衣物、鞋等用具。初步掌握绘画、摄影技巧。

3. 景区调研，制作导学方案。

4. 排除活动安全隐患，对学生进行安全教育。

四、活动形式

1. 教师讲解与小组合作研究相结合

2. 集体体验尝试与小组填写学案相结合。

3. 班级内交流展示与学校美篇宣传相结合。

五、活动过程

1. 活动前：

(1) 前期进入景区调研，确定活动内容及活动路线。

(2) 校务会研讨确定活动主题"弘扬传统文化走进圣莲山"综合实践活动。

(3) 设计活动方案，对学生进行安全教育。

2. 活动中：

活动一：尝试碑拓艺术，感受书法魅力。

活动二：诵读道德经，感悟老子文化。

活动三：欣赏北方建筑风格，锤炼学生的意志品质。

3. 活动后：

(1) 返校后以班级为单位，交流活动收获。以小组为单位展示交流《弘扬传统文化走进圣莲山导学案》，可制作成演示文稿。

(2) 学校制成美篇进行宣传。

六、活动指导

1. 活动前：学校各部门密切合作，完成外联工作，做好充分准备，重视安全工作。相关教师指导学生完成小组准备活动，确保细致周密、万无一失。

2. 活动中：学校领导、老师各负其责，保护学生生命安全、饮食安全、交通安全，班主任和任课教师指导学生完成各项体验实践活动工作，搜集信息，做好个别学生的心理疏导。

3. 活动后：班主任组织小组讨论、交流，完成活动导学方案。以小组为单位展示交流。学校派专任教师搜集活动材料通过美篇、展板进行宣传展示。

七、注意事项

1. 安全工作是首要问题，不能出现任何意外，以确保师生安全。

2. 学生前期准备要充分、细致，班主任检查学生准备情况，适当提出建议。

3. 活动中尽量引导学生发挥主观能动性完成实践活动任务。

4. 活动后利用一周时间完成后续工作。学生、教师、学校合作顺利完成本次综合实践活动。

八、活动评价

1. 学生自评：学生利用多种形式(低年级：低年级以绘画的形式；中年级：以手抄报的形式；高年级：以撰写活动感受的形式)评价本次活动。

2. 班主任评价：结合学生参与表现及成果展示整体评价本班学生表现。

3. 家长评价：评价自己孩子的收获变化。

九、资源支持

1. 学校与圣莲山风景区联系活动事宜。

2. 按要求报批教委，取得上级领导支持。

3. 通过家长委员会，寻求家长全方位支持(邀请部分家长作为志愿者参与本次实践活动)。

上面的课程方案在规范性、完备性、可操作性等方面显然存在不足。综合实践活动课程的评价依据是什么？应该从哪几个方面展开对方案的评价和优化？本章将就这些问题展开系统论述。

8.1　小学综合实践活动课程方案的评价

教育评价是在系统调查与描述的基础上对学校课程满足社会与个体需要的程度做出判断的活动，是对学校课程现实的(已经取得的)或潜在的(还未取得，但有可能取得的)价值做出判断，以期不断完善课程，达到教育价值增值的过程[①]。课程方案评价是教育评价的重要组成部分。综合实践活动方案的评价直接关系着综合实践活动能否沿着正确的方向发展，关系着活动方案的目标能否实现，关系着综合实践活动方案能否不断优化。

课程方案是教学设计的文本体现，是教学实施的依据和蓝本，教学方案越规范、越完整、越科学，教学实施就越顺利、越有效。

综合实践活动课程方案的评价是综合实践活动课程评价的一个重要组成部分，尤其是对于当前新课程改革来说，综合实践活动是新课改的亮点，因此其方案的评价是保证课程改革成功的重要策略。

8.1.1　评价依据

综合实践活动课程与国家课程并列开设，隶属于课程的总体范畴，在评价其课程方案时要以新课改的导向、《指导纲要》的精神、学生的学情和校本文化为依据。

1. 新课改的导向

2001 年，教育部正式颁布的《基础教育课程改革纲要(试行)》强调："改变课程实施过于强调接受学习、死记硬背、机械训练的现状，倡导学生主动参与、乐于探究、勤于动手，培养学生搜集和处理信息的能力、获取新知识的能力、分析和解决问题的能力以及交流与

---

① 叶澜. 课程改革与课程评价[M]. 北京：教育科学出版社，2002：136～137.

合作的能力。"而且在强调师生关系变革的背景下，要求教师"在教学过程应与学生积极互动、共同发展，要处理好传授知识与培养能力的关系，注重培养学生的独立性和自主性，引导学生质疑、调查、探究，在实践中学习，促进学生在教师指导下主动地、富有个性地学习"。综合实践活动是我国新一轮基础教育课程改革中提出的一个全新的课程领域。作为新课改的重要内容之一，在对其方案进行评价时必须要以新课改的导向为依据。综合实践活动课程方案的设计和评价要以新课改的理念为依据，课程方案要符合国家课程计划的有关规定，体现教育性；方案要指向提高学生综合素质，体现全面性；方案要体现对学生的创新意识和能力的培养，体现先进性；方案要体现出如何帮助学生提高思想品德修养，认同自己的文化归属；方案还要体现科学精神和人文精神的结合，体现对学生批判精神的认可和对学生大胆探索的鼓励；方案还要认真考虑安全因素及其措施，考虑各个方面人员的协调等，这些都是方案评价的依据。

2.《指导纲要》的精神

2017 年教育部印发的《中小学综合实践活动课程指导纲要》开启了综合实践活动课程研究与实践的新时代。综合实践活动课程的教学方案评价要以《指导纲要》为准绳，《指导纲要》中的相关规定是进行活动方案评价的直接依据。《指导纲要》中规定了综合实践活动课程的课程性质是跨学科课程。课程目标以培养学生综合素质为导向，课程开发面向学生的个体生活和社会生活，课程实施注重学生主动实践和开放生成，课程评价主张多元评价和综合考察。综合实践活动课程以提升学生价值体认、责任担当、问题解决、创意物化等方面的意识和能力为总体目标，并区分小学段、中学段、高中段的学段目标。在综合实践活动课程的内容选择与组织上体现自主性、实践性、开放性、整合性、连续性。该课程以考察探究、职业体验、设计制作、社会服务为主要活动形式。在评价课程方案时，要聚焦课程方案的每个要素是否体现了《指导纲要》的相关规定。《指导纲要》是综合实践活动课程方案评价的直接依据，必须时时检查是否符合纲要的相关规定，以确保综合实践活动课程评价和优化的科学性。

3. 学生学情

学情是指学习者在某一个单位时间内或某一项学习活动中的学习状态[1]。中小学对学情的关注始于 20 世纪 50 年代，但是直到 20 世纪 80 年代，学情问题才得到研究者的重视[2]。基于学生学情进行课程方案评价是学生主体地位的体现，也是课堂有效性提升的关键，学情是方案设计的基点，也是方案评价的依据。课程方案中能否体现出教师根据学生的群体特征、年龄特征和时代特征，预设教学场景和内容、制定群体基本的教学目标、选择相应的教学方法等是方案评判的重要内容。同时将群体基本教学目标进行层次性和多元性的划分，由学生根据自己的情况选择适合个体的学习目标。使不同认知水平和不同认知特征的学生选择合适的学习目标，愉快地参与学习，获得身心发展是评价综合实践活动方案优劣的依据。

① 李伟雄，李杨. 学情分析的内涵、角度与方法[J]. 中学政治教学参考(下旬，理论版)，2011(7)：55.
② 袁小梅，王纬虹. 学情分析的实践意蕴与价值[J]. 中国民族教育，2017(2)：59～60.

4. 校本文化

综合实践活动课程是由国家设置、地方和学校根据实际情况开发的课程领域。课程方案能否体现校本性是方案评价的主要依据之一。在进行教学设计前，设计者首先应该明确学校的教育哲学，明确学校的愿景、使命和育人目标。教学设计的主题、目标及活动内容要高度契合学校的校本文化。教学方案中选择的教育资源要彰显学校所在地区的资源特色。方案所利用的资源是否符合当地和学校的具体实际，方案中的主题是否放在学校课程体系的序列中，与其他课程有无序列性、梯度性关系等都是评价的依据。

8.1.2　评价内容

1. 对综合实践活动方案实施前的诊断性评价

诊断性评价是指对事件进展过程中可能出现的互有关联的系列问题做出评价诊断，也是事件进行之前或事件进展至某一阶段的开始之前所做的评判，以求发现问题所在并且确定下一阶段的任务。诊断性评价的作用是在摸清情况、条件、基础和可能性等前提下，设法发现问题，诊断缘由。而可以利用诊断性评价的结果进一步修订完善后一阶段的发展目标，并帮助指导今后发展的计划[①]。可见，诊断性评价在综合实践活动方案实施之前进行，用于考察方案需要的准备状态，从而提供有针对性、迫切性的优化意见。这里的方案是指实施前的方案，包括教师指导方案和学生活动方案。综合实践活动方案是教师或师生共同编写的实施课程的一个规划和蓝图，它主要包括对活动目标、活动内容、活动过程、活动方式、课程资源等的制定和叙写。对综合实践活动方案实施前进行诊断性评价的主要目的在于诊断方案是否切实可行，从而对综合实践活动方案做出鉴别与选择，为进一步的方案优化提供信息，为学生进行选择做出前期的质量监督。

2. 实施前对方案各要素的评价

从方案构成要素的每个维度分别进行评价。

(1) 理论导向设计：是否符合国家课程计划的有关规定，体现教育性；是否对全面提高学生素质有利；是否以多种形式提倡科学精神和科学态度，具有科学性；是否体现了对学生的创新意识和能力的培养，体现先进性；能否帮助学生提高思想品德修养，认同自己的文化归属；是否关注培养学生可持续发展的观念；能否体现科学精神和人文精神的结合；是否重视培养学生敢于提出不同意见的批判精神；是否有利于学生崇尚科学并树立正确的世界观；是否认真考虑了安全因素及其措施；是否考虑了各方面人员的协调；是否考虑了学生共同参与设计过程；方案的设计思路是否新颖，能否体现独创性。

(2) 主题设计评价：主题选择是否符合综合实践活动课程设计的价值取向，是否符合综合实践活动"以培养学生综合素质为导向""注重学生主动实践和开放生成"等基本理念和价值追求。

(3) 目标设计评价：活动目标是否与国家、地方、学校教育目标一致，与综合实践活动总目标、学段目标一致；活动目标是否科学、合理、有效；活动目标是否符合综合实践

---

① 钟启泉. 课程设计基础[M]. 济南：山东教育出版社，1998：418～419.

活动课程的特点；目标设计是否充分基于学生的经验基础；活动目标是否符合学生当前身心发展的需要，符合学生的兴趣、爱好，能否对其心理发展有所促进；活动目标对知识与技能，过程与方法，情感、态度与价值观取向如何；活动目标的阐述是否具体、明确、可行，是否全面、科学、均衡和现实；各项目标与内容之间能否协调统一，形成有机整体；设计目标时是否考虑到目标不断生成的问题，是否考虑了预设的目标与生成的目标相协调发展的问题；所提目标是否有一定弹性，可以为不同特点的学生提供发展空间；所提目标是否具有操作性与可检验性，便于实施；所提目标是否适合社会需要，特别是社会未来发展的需要。

(4) 内容设计评价：活动内容是否反映学生现实生活的需要；活动内容是否符合青少年学生身心发展的特点，活动内容是否与学生的生活经验密切相连；活动设计是否体现开发了学校课程资源，是否选择了有特点、价值的课程内容；活动方案是否给活动内容生成留有足够的生成空间；内容是否具有科学性；所选择的内容能否联系社会生活与生产实际，是否能为学生现在及将来适应社会生活做准备；能否激发学生的学习动机，引发学生的思维积极性；能否使学生产生各种情感体验，如美感、理智感、道德感等；能否发挥学生的主体性。

(5) 过程与方法设计评价：活动方案设计是否体现了过程与方法的综合；是否考虑了方法的多样性、丰富性；是否考虑了方法得当、切实可行；是否考虑了学生的深刻、独特体验；活动方案时间和地点安排是否合理；是否体现了学生心理发展阶段特征；是否考虑了活动方式的生成性。

3. 实施中的形成性评价

综合实践活动设计方案一般由主导教师在主题活动实施前开发完成，并提供给其他参与指导的教师参考，再由各小组指导教师在活动过程中完成各小组活动指导计划的开发工作。它是一个预设方案，这个方案是否可行？活动效果如何？如何进行修改和完善？因此，对活动实施进行评价，是课程评价体系的重要组成部分，是实现综合实践活动课程目标、发挥评价导向功能和进行质量监控的有效手段与方法，可以更好地促进综合实践活动工作的开发，保证课程的顺利实施，真正使综合实践活动课程发挥作用。形成性评价主要分析活动方案的问题，使方案在过程中得到优化。这种评价适应方案不断生成的特点，对生成的目标、主题、活动方式给予充分的肯定，使方案各要素尤其是活动过程、活动方式得以优化。

4. 实施后的终结性评价

终结性评价是在学习阶段结束之后，为报告方案实效而进行的评价，为设计者做出有关优化的决策提供信息。综合实践活动方案实施后的终结性评价，主要是对方案设计、实施情况、学生的发展情况，教师的指导情况等进行的评价。与实施前及实施中的评价相比，总结性评价能更加全面、细致地反映活动方案的概貌。

1) 学生方面

(1) 参与活动的态度：学生在综合实践活动中的积极性和主动性，如学生是否积极参与每次主题活动，主动提出活动设想和建议，积极做好资料积累和分析处理工作，是否表现出不怕困难、勇于合作、善于倾听、乐于分享等品质。

小学综合实践活动课程的设计、实施与评价（第 2 版）

160

（2）创新精神和实践能力的发展状况：学生在综合实践活动中能创造性地解决问题，善于在活动中发现问题并提出问题，取得创造性的成果，动手能力强，完成富有创意的作品等。

（3）学习方法和研究方法的掌握情况：学生在综合实践活动中查阅资料、实地观察、记录、调查研究、整理材料、处理数据、运用工具、交往表达等的水平及表现。

（4）获得的感性经验和情感体验情况：学生在开放的生活空间中获得的对自然、社会、他人和自我的鲜活的、丰富的体验和感悟，学生良好的个性品质、思想意识、情感信念、价值观等的形成和发展情况，获得的成功经验和失败教训等。

2）教师方面

（1）跨学科知识整合情况：具备丰富的通识性知识、深入的学科性知识、"怎么教"的条件性知识、智慧的实践性知识等。

（2）观察、研究学生情况：了解学生的身心特点、兴趣爱好；活动内容适合学生的心理生理发展水平与实际需要；客观评价学生的学习活动过程及成果等。

（3）指导学生规划、设计与实施活动的情况：能指导学生转变学习方式，引导学生自主实践；与社区人士、家长的沟通与交流更加得心应手；能顺利协调学生活动所涉及的各个部门之间的关系等。

（4）课程资源的开发和利用情况：对课程规划不再束手无策，对活动方案设计更有把握；能够自觉地利用课程资源设计学生活动方案。

3）学校方面

（1）课程设置：形成了反映地方和学校特色的课程，实践基地、课时安排和实施等成果。

（2）方案和计划：既有总体活动规划，也有年级活动计划。

（3）教师队伍和组织机构：学校已形成了校内校外的指导队伍。

（4）家庭与社区的参与和评价：社会对学校的总体印象更好了；家长主动参与学校的活动；学生为自己的学校感到自豪；社区以学校为荣。

扩展阅读 8-1

教学是教与学的双边活动。学情分析是指教师在教学活动中对学生的学习状态进行调查、了解，并在教学活动中充分利用的过程。

学情分析的实践意蕴

在教学实践中，学情分析应具有以下四个方面的意蕴。

学情分析是个性学情与共性学情的统一。学生是个性和共性的存在。每个学生由于成长经历和生活体验不同，在某一项或某一阶段的学习活动中的学习状态，都会呈现出个体的差异性，以及群体特征、年龄特征和时代特征。教学只有针对具体的学生才能产生意义。教师应根据学生的群体特征、年龄特征和时代特征，预设教学场景和内容，制定群体基本的教学目标，选择相应的教学方法。同时，教师要将群体基本教学目标进行层次性和多元性的划分，由学生根据自己的情况选择适合个体的学习目标。教学的目的是促使学生成长。教师要根据学情提供不同层次的、多元的学习目标，使不同认知水平和不同认知特征的学生选择适合的学习目标，愉快地参与学习，获得身心发展。

学情分析是静态学情与动态学情的结合。教学是一个创造的、不断生成的过程。在教学过程中，学生的潜在学习素养被激发，不断生成新的学习状态。因此，教师既要对学生已有的学习状态，如兴趣、认知水平、认知方式等进行调查和了解，预设教学各环节和教学重难点，又要根据学生在教学过程中不断被激发和生成的学习状态顺势引导，使学生不断深入体验学习的过程。在这一动与静结合的过程中，师生都在交互中获得成长。

学情分析要贯穿教学的各个环节。学情是教学活动的基点。学情分析既不是教学设计的栏目，也不是教师的教学准备，更不能分为"课前""课中""课后"几个环节。教师一旦进入教学场域，在备课、课堂教学讲解、学生小组讨论、学生作业、作业评价与反馈等活动中，都必须及时关注学生的学习状态，并根据学生的学习状态变化及时调整自己的教学行为。教与学的不可分割性，就意味着学情分析发生在教学的各环节中，并围绕教学目标贯穿于教学的各个环节。

学情分析要以促进学生的发展为目的。"教育的目的在于使个人能够继续他们的教育"，获得终身发展。教师在预设教学情境、选择教法、制定教学目标的过程中，应根据学生现有的学习状态，制定和规划提升学生学习能力的方案，培养并激励学生的学习兴趣和学习动机，促进学生的能力发展，并为学生的终身发展奠定基础。

学情分析的价值

我国基础教育历经多年的课程改革，教学内容、教学形式和教学手段都发生了很大的变化。但是，"以教师为中心""以教材为中心"的局面并未彻底改变，学生依然处在教师"满堂灌"或"一言堂"模式中，被动接受学习内容、学习方式。在深入推进素质教育的过程中，学生的主体地位如何体现？课堂有效性如何提升？要实现这些目标，学情分析有其不容忽视的重要价值。

学情分析可以促进学生主体性的发挥。教师一旦将学情分析引入自己的教学活动中，就不会再自顾自地满堂讲解，而是即时关注学生的学习状态，及时调整自己的教学方法，以随时调动学生的学习兴趣，不断激发学生的学习动机。学生在学习中的个体差异就会尽可能在班级群体中被教师关照、鼓励和引导，学生就可以根据自己的认知起点和兴趣自主地选择适合的学习目标，从而获得主体的发展。教师只有通过学情分析，才能根据学生的学习差异，促进学生主体性的发挥。

学情分析是提升课堂有效性的根本路径。在对课堂"有效性"不断升级的过程中，从"有效"地让学生参与课堂，到"高效"地在课堂中生成，再到在"卓越"中让师生对话，教师的教学形式、教学内容并没有实质性的改变，但是学生参与课堂的重要性日益凸显出来。"有效"的教学不再是投入和产出之间的关系，而是体现在学生课堂教学的参与度上。提升学生课堂教学的参与度，就需要教师对学情充分了解和利用，学情分析就成为提升课堂教学有效性的根本路径。教师唯有进行学情分析，关注并引导学生的学习状态，课堂教学才会焕发出活力，实现学生认知、情感和能力的增强，提升课堂教学的有效性。

学情分析是教师教学活动的基本行为，是与教师的教学活动共生共存的组成部分。学情分析具有即时性、情境性、动态性、生成性[①]。

---

① 袁小梅，王纬虹. 学情分析的实践意蕴与价值[J]. 中国民族教育，2017(2)：59～60.

8.1.3　评价方法

1. 个人报告，协商评价

设计者以书面材料的形式系统介绍方案的产生过程、方案名称、方案目标、方案内容、活动主题、活动过程的设想、活动主题、活动成果、管理、评价、反思等内容，然后由学生小组、学校评价小组、家长、社区评价小组分别根据有关内容协商评价。

2. 专家审议

由于有的方案设计、模型制作涉及某一专业领域的相关知识，需要相关专家的支持，这样才能保证评价的公正性和合理性。因此，在进行这类综合实践活动方案的评价时，我们还要邀请相关专家，请他们对活动方案作专业的分析和判断，以形成专业的建议。专家审议小组在对活动方案进行审议时，要注意解决其科学性、合理性、可行性等问题。

3. 口头评价

口头评价是最直接、最快捷的一种评价方法，其具体做法如下。

细——目标细(要求发现细小而具体的目标)。

小——主题小(激励发现小主题)。

勤——勤评价(及时将评价后的内容增加进课题)。

快——快反馈(迅速将评价意见反馈到方案改进中)。

4. 行为观察

行为观察是在记录学生、教师在综合实践活动过程中的真实表现的基础上，进行分析和价值判断，对被观察者的表现进行综合评定的一种方法。

5. 档案袋法

收集、分类整理、遴选学生在各个活动中具有代表性的重要活动记录、典型事实材料以及其他有关资料，将其编排、汇总、归档，形成每一个学生的综合实践活动档案袋，并纳入学生综合素质档案。档案袋是学生自我评价、同伴互评、教师评价学生的重要依据。

8.1.4　评价主体

1. 自我评价

自我评价是由设计者和实施主体自己进行的评价。

2. 他人评价

他人评价是指设计与实施主体以外的其他人进行的评价，包括家长、社区、社会机构、专家、同行等。

8.1.5　评价要求

1. 综合运用诊断性方法评价

活动方案是否可行，方案目标、方案内容(含课程资源)、过程与方法是关键。在综合实践活动课程实施前的诊断性评价，能够产生最大的收益。通过诊断性评价，综合实践活动课程中出现的错误或不足之处可以在其有可能产生负面影响之前就被发现并得到纠正。活动方案的诊断性评价经常采用汇报、报告、提问、辩明、调查、讨论等具体方法进行。

2. 引导学生反思整个设计过程

反思是重要的学习策略和学习方法，有助于学生回顾整个设计过程，使教师及时了解学生的心理愿望，为分析方案的成败得失，以及今后更好地设计活动方案提供第一手资料。学生需要完成的任务主要有：系统回顾方案设计全过程；反思方案设计全过程；评价设计效果，对设计做出评价。

3. 教师进行自我反思，为改进设计做好积累工作

教师的反思主要体现在与学生平等对话与交流上，这本身就是学生学习的范例。进行自我反思有利于促进活动方案的改进，提高教师自身的专业化发展；教师在反思的过程中应采取及时记录全过程的方法，既为活动方案的改进与提高提供帮助，也为今后设计积累经验。

4. 双管齐下，主动汇报

这是指老师和学生分别向学校教职工、社区有关人士、学生家长征求意见，以便使方案得到改进和提高。

📖 扩展阅读 8-2

教师反思是学术反思和专业发展强有力的工具。反思要求教师以研究者的眼光审视、反思、分析和解决自己在综合实践活动过程中遇到的问题。杜威说过：只有对我们从事的活动不断反思，才能真正做到"做中学"。这里所说的反思是指思考、分析、评价所获信息，以及利用反思结果提高未来设计水平的过程。

新一轮基础教育课程改革强调建立促进教师专业发展的教师评价体系，倡导教师反思性教学，成为反思性教学的实践者。反思性教学是教师在教学实践中(包括对活动方案设计过程中)批判地审视自己的教学行为、教学观念、教学结果、教学理论、教学背景等，或给予肯定、支持与强化，或给予否定、思索与修正，从而不断提高教师主体性的过程。在综合实践活动课程设计过程中，教师要进行自我反思，为改进方案设计做好积累工作。在综合实践活动设计的过程中，反思贯穿整个活动的始终，教师只有不断地进行反思，才能真正发现问题，并开展基于问题解决的研究，不断找到解决问题的方法和途径。综合实践活动方案中，教师的反思可分为活动方案实施前、实施中、实施后的反思。

(1) 活动方案实施前的反思。

要求教师对学生的需求、基础，教师的设计能力、特点，活动目标，设计策略等进行反思，为优化方案奠定基础。

(2) 教师在实施中的反思。

教师在实施中的反思主要体现在与学生平等对话与交流上，这本身就是学生学习的范例。

(3) 教师在实施后的反思。

教师就这个过程追问自己如下问题：这个主题活动是怎样进行的？在这个活动中达成

了方案中目标的哪些方面？在主题活动的实施中改变了方案的哪些内容？为什么会有这样的变化？在哪个环节中学生收获最大，是哪个方面的收获？我参与了主题活动的哪些环节？我是否存在包办代替行为，为什么？在主题活动中，我进行了哪些有意识的活动方法上的指导？……

通过实施前、实施中、实施后的反思，教师可以清醒地意识到自己设计的价值，自己是否成功地完成了活动目标，这样的反思能有效地提高教师的设计能力，使今后的设计更具理性色彩[①]。

活动方案评价量表，如表 8-1 所示。

表 8-1 活动方案评价量表

活动方案名称：   评价者：

评价的项目	等级的评定			文字描述 （各项均要列出优缺点所在）	备注
	优良	尚可	再改进		
主题表意准确、简洁明了					
背景介绍包含政策背景、校本文化、资源价值。对资源的教育价值表述明确					
学情分析细致阐述学生现有的知识、能力、情感等方面的水平					
目标体现学生主体性，表述具体清晰、简洁，分点列出。可实现、可检测。与活动相对应					
活动过程具备活动前、活动中、活动后的三段式设计，时间跨度明确。活动主题明确					
活动形式体现组织方式多样性及活动方式多样性					
预期成果表述清晰，与学情分析相对应					
活动评价方法科学、量规清晰、体现过程与结果评价相结合及评价主体多元化					
总结反思包含预设与生成的偏差及原因分析，目标的达成情况，学生探究和教师指导的成功及失误之处					
……					
总评：给出文字叙述，且总结各项指标的评估结果，并且提供原则性的建议和评价，如目标达成否					

8.2 小学综合实践活动课程方案的优化

8.2.1 小学综合实践活动方案评价的目的

斯塔弗尔比姆(D. L. Stufflebeam)曾说过，"评价'最重要的意图不是为了证明(prove)，而为了改进(improve)'"[②]。综合实践活动方案的评价直接关系到综合实践活动能否沿着正

[①] 文可义. 综合实践活动方案的优化[J]. 广西教育学院学报，2005(6)：4～8.

[②] [美]斯塔弗尔比姆(D. L. Stufflebeam). 方案评价的 CIPP 模式[M]. 陈玉琨，译. 北京：人民教育出版社，1994：298.

确的方向发展，关系到设置该活动方案的目标能否实现，以及综合实践活动方案能否得到不断优化。

8.2.2　小学综合实践活动方案的优化

综合实践活动方案本身所涉及的要素主要有：情境与主题要素、任务与目标要素、组织要素、过程要素、资源要素、评价要素等。这些也必然成为综合实践活动方案优化的要素。各个要素的优化问题一旦解决，就会为方案的整体优化奠定扎实的基础。

1. 情境与主题要素的优化

综合实践活动特别强调问题的情境性，即根据学生的学习生活和社会生活确定活动主题。换言之，在真实情境下的充分体验和对困惑的感受，是活动主题产生的根源。

如何对创设情境进行优化呢？一是创设与小学生日常生活相关的情境；二是创设与小学生知识基础相融合的情境；三是创设与学生社会生活相关联的情境。

主题优化要考虑的问题包括以下几种。①主题内容的适应性。主题内容适应相应年级学生的兴趣，难度应与学生的知识结构和能力水平相适应。②可操作性。研究性学习的活动设计，应尽量做到工具简单、材料易得、花费节省、操作容易，所选课题不妨舍大取小、舍远求近、舍难求易。在主题确定之前，就应该考虑这一课题可以分解为哪些问题，涉及哪些活动形式，能否落实到每次的具体活动内容，是否每个学生都能参与，是否具备必要的资源支持。③包容性。探究的课题应有一定的内涵，不能过于简单，缺乏探究的深度。否则浅尝辄止，索然乏味，学生能力得不到应有的培养。④增益性。探究活动应使学生有所收益，课题或具有实用性，或有意义，能促进学生综合素养的提升。⑤新颖性。主题具有新意，或来自热点新闻，或具有地方特色，或视角独特。⑥科学性。拟定的学习主题不能违背科学。⑦探究性。研究性学习应探索未知的领域，而不是既有的知识。

2. 任务与目标要素的优化

综合实践活动课程的各项任务，都必须与课程的整体学习目标一致，并且要根据不同的学段和年级分阶段目标来确定。进行任务与目标要素的优化主要解决以下几个问题。

(1) 活动主题的任务、目标要符合综合实践活动课程的要求。

(2) 活动主题的目标不能仅仅停留在概括化、原则化目标的基础上。

(3) 活动主题的任务、目标不能过高、过大。

(4) 活动主题的任务、目标的制定要体现学生的自主性。

3. 组织要素的优化[①]

组织要素，一是指小组合作探究、个人独立探究以及在班级、年级或更大范围内展开的合作研究三种不同的学习组织形式。优化活动方案时，教师要根据不同的具体情况给予指导，做好安排，不留死角。二是指活动内容组织要素。在优化中，针对考察探究、社会服务、设计制作与职业体验及其他活动形式的要素，要注意根据学生的不同特点、不同年龄段有所侧重，合理处理好人与自我、人与自然、人与社会三种维度间的比例关系，有计

---

① 文可义. 综合实践活动方案的优化[J]. 广西教育学院学报，2005(6):4～8.

划地设计和组织三种维度的综合实践活动主题，同时注意整体把握，以融合的方式把四大活动的内容以及其他活动形式的内容组成活动主题。

4. 过程要素的优化

过程要素是指整个活动方案设计的探究过程，包括活动主题的产生过程、活动目标的制定过程，此外还包括学生制订活动方案(计划)的过程、具体探究实践的过程、交流总结的过程、评价的过程等。活动探究的过程，是学生实践的核心阶段。这一阶段包括调查访问、收集资料、深入探究、经验分享、科学实验、小发明、小制作等方法。探究活动要求学生走出课堂、走出校门，积极开展社会调查和社会实践活动，要求把"死"的文献资料与现实生活中"活"的资源结合起来，引导学生充分关注当地的自然环境、人文环境和现实的生产、生活，把自己身边发生的事情纳入探究的内容，从而发现更多、更好的需要探究和解决的问题。许多问题的发现、丰富的情感体验、各种学科知识的学习及综合运用等目标都在这一过程中达成，所以尤其要重视探究实践过程的优化。

5. 资源要素的优化

影响综合实践活动方案设计的资源要素是多元的，涉及人、物、环境等多个方面，这些都是基础要素。除了这些基础要素之外，还要特别强调学生发展的需要、教师开发综合实践活动课程的能力、学校特色与社会发展的需要这些资源要素的优化。

6. 评价要素的优化

这里主要是指评价活动方案设计中的"评价"要素的优化。一是分析评价的指导思想是否符合新课程评价的思想；二是分析其评价方法是否适宜，使活动方案本身的评价要素得到明确而具体的要求；三是评价的内容和维度设计是否合理。

【学习资源链接】

叶澜，陈玉琨，等. 课程改革与课程评价[M]. 北京：教育科学出版社，2002.

钟启泉. 课程设计基础[M]. 济南：山东教育出版社，1998.

顾建军. 小学综合实践活动设计[M]. 2版. 北京：高等教育出版社，2011.

李伟雄，李杨. 学情分析的内涵、角度与方法[J]. 中学政治教学参考(下旬，理论版)，2011(7)：55～56.

袁小梅，王纬虹. 学情分析的实践意蕴与价值[J]. 中国民族教育，2017(2)：59～60.

文可义. 综合实践活动方案的优化[J]. 广西教育学院学报，2005(6)：4～8.

【教与学活动建议】

学校组织"课程方案大比拼"活动，请综合实践活动课程指导教师在修改、优化历次活动方案后提交较为成熟的活动方案。学校设计方案评价量表，采用教师自评、教师互评、专家评审、校领导评审相结合的方法评选出优秀教案，设立奖项，并在全校范围内推广。

本章小结

综合实践活动方案的评价直接关系着综合实践活动能否沿着正确的方向发展、活动方案的目标能否实现、综合实践活动方案能否不断优化的问题。在评价课程方案时要以新课改的导向、《指导纲要》的精神、学生的学情、校本文化为评价依据，从方案的规范性、完整性、连续性、可实现性、预见性等方面，对方案进行诊断性评价、形成性评价、终结性评价，以实现方案目标、内容、过程与方法等方面的优化。

思考与实践

一、理论思考

1. 综合实践活动课程方案的评价有什么意义？
2. 综合实践活动课程方案评价的依据有哪些？
3. 综合实践活动课程方案评价的内容是什么？
4. 如何对方案进行评价和优化？

二、实践探索

1. 相对于导入案例的活动方案，史家营中心小学《走进圣莲山感受老子文化》这一课程方案已经有所完善。通过本章的学习，你认为这个方案还可以怎样优化？

走进圣莲山感受老子文化课程方案

一、活动背景

(一)资源简介

圣莲山位于北京市房山区北部的群山之中，整个景区面积 28 平方公里。于 2000 年开发、2004 年对外开放、2005 年被评为国家 4A 级景区、2006 年被评为世界地质公园——体验观赏区。圣莲山是集雄、险、绝、奥、秀于一体，汇自然风光、地质遗迹和传统文化于一处的综合文化旅游度假区。作为我校实践活动教育基地之一的圣莲山风景度假区有五大教育资源，分别是：以老子文化资源为特色的国学资源；以地质和植被科普为特色的自然地理资源；以近代史为特色的历史文化资源；以壁画、石刻、根雕为特色的艺术资源；以登山运动为代表的体育文化资源。本课程侧重于对老子文化的探究，景区内塑有整体总高 57 米、基座 18 米、像高 39 米、占地面积3500 平方米，号称"天下第一"的老子坐像(见图 8-1)，基座之上刻有整部《道德经》。"名家论道"长廊以碑刻的形式呈现 44 幅书法作品，涵盖了各种字体，汇聚了古今名人对"道"的理解。老子像正对祭拜台，正中是体现道教精髓的太极八卦图。穿过长生桥(铁索桥)是一组道教宫观——真武庙，于 2004 年重建，占地面积 3000 多平方米。真武庙的中轴线建筑为三殿二进院。前殿为真武庙的山门，中殿为五祖殿，正殿为真武殿，真武殿是建筑文化最具代表性的一

图 8-1 老子坐像

组宫殿。如此彰显传统文化的本土资源，学生却知之甚少、探究不足，导致家乡独有的文化资源没有成为提升学生核心素养，培养学生热爱家乡、建设家乡的情怀的教育资源。基于此，史家营中心小学对老子文化资源进行系统梳理，借助家长资源、依托社会资源在五年级开设了"走进圣莲山感受老子文化"综合实践活动课程。学生通过这一主题下的子课

题研究共同感悟我国传统文化的悠久历史和其蕴含的深奥哲理，开阔眼界，丰富课外知识，加深热爱家乡的意识。

(二)学情分析

五年级的学生对老子文化认识比较浅显。他们虽然诵读过《道德经》，但只是背诵部分章节，对于老子文化的精髓——"道"，即顺其自然，随缘而安；独立思考，做人适度；眼光长远，顺逆皆宜；懂得柔弱，和光同尘等深刻内涵还领悟不到。在绘画碑拓方面本年级的学生已初步掌握了绘画构图、版画拓印、书法鉴赏等方面的基本知识，但是由于动手操作、亲身体验的机会并不多，所以在户外完成真实碑拓、写生、鉴赏等体验还存在着诸多技能方面的障碍。小组合作虽然在课堂学习中是一种经常用到的学习方法，但是由于分工不明确、学生团结合作的意识不强烈等问题导致学习效果欠佳，实效性不强。在汇报交流方面，大部分学生能够层次清楚、逻辑较强、抓住重点发表自己的见解，汇报不能充分体现活动过程。平时的教与学的过程中，学生的主体性没有得到彰显，学生习惯于按老师设计的既定步骤进行活动，很少有自己设计学习活动方案的机会，学生独立生成方案的能力不足，画思维导图的困难重重，需指导老师加强指导，进一步完善。

二、活动目标

(一)总体目标

通过游览圣莲山文化长廊拓印名家书法字体、登老子祭拜台、诵读道德经、过长生桥、游真武庙的系列活动，初步感知老子文化的核心观点和主张，唤醒热爱家乡的情怀。

(二)具体目标

1. 通过资料的搜集与整理，学生能够提升信息的采集、加工、处理的能力。

2. 通过探究方案的设计，学生能够提高统筹规划的意识和能力。

3. 通过汉字拓印，尝试不同的拓印技法，分析比较不同拓印技法的优缺点，初步掌握汉字拓印技术。通过拓印成果的展示和分析辨认不同字体。

4. 通过画老子像、拍美丽山景，巩固写生、构图的技法，提升审美能力，感悟家乡美。

5. 通过登老子祭拜台、过长生桥，提升克服困难的勇气，增强自信心，养成同学之间互助互爱的优良品德。

6. 通过集体诵读道德经，初步感知国学诵读的韵味，以及老子文化的核心观点；通过游真武庙，了解北方建筑特点。

7. 通过小组合作进行探究活动，学生能够感知团队合作的重要性，自身的团队意识也得到了提升。

8. 通过汇报交流，提高口语表达、认真倾听、日常交际的能力。

三、活动准备

(一)教师准备

1. 亲子活动准备

(1) 景区调研，确定活动内容，制作活动方案、研习手册。

(2) 拟定致家长的一封信告知家长(或召开家长会)，征求家长意见。

(3) 发放亲子活动任务单。

2. 探究活动准备

(1) 召开相关教师(部分家长)会，进行活动部署，责任到人。

(2) 辅导教师考察资源，制定辅导方案，准备教具。

(3) 前置课程：绘画构图、摄影技巧、《道德经》研读、书法、老子文化等相关知识的科普讲座；研学活动安全培训。

(二)家长准备

1. 亲子活动准备

(1) 签订安全协议书。

(2) 家长进行景区游览的线路准备,为孩子做心理建设。监督孩子进行登山的物质准备。

2. 探究活动准备

(1) 亲子活动后根据任务单指导孩子制作汇报交流材料(以 PPT 形式呈现)。

(2) 亲子活动之后针对孩子的表现按评价量规给予客观评价。

(三)学生准备

1. 亲子活动准备

(1) 针对天气状况,准备合适的衣物、鞋等生活用具。

(2) 准备好亲子活动任务单及相机等学习用品。

2. 探究活动准备

(1) 班里一共有 27 名同学,按照自己选定的探究内容分成 4 组,并制订研习计划建议书。

(2) 通过读书、上网、调查、访问等形式,搜集绘画、摄影、朗诵、书法、碑拓、建筑等相关知识以及老子生平及其贡献的相关资料。

(四)方案的主体流程

1. 前置课程: 讲解社会实践活动课程的安全注意事项。

2. 亲子进景区,对各景点有一个初步感知,完成任务单。

3. 聚焦分组,根据自己感兴趣的研究内容分成 4 个小组,选定组长,初步合作规划各组组内的研究设想(说明调查方法、呈现形式)。

4. 方案设计,明确分工和方法,完成详细记录过程。辅导教师还可以根据孩子们的需要上方案指导课。

5. 方案、成果展示交流,形式多样。

四、活动形式

(1) 前置课程与现场课程、拓展课程相结合。

(2) 教师讲解与自主探究相结合。

(3) 集体体验与小组探究相结合。

(4) 班级交流展示与学校美篇宣传相结合。

五、活动过程

活动过程及内容如表8-2所示。

表8-2 活动过程及内容

日 期	内 容	学生活动	教师指导
5月31日 (课上)	前置课程——召开家长会,明确社会实践活动课程的安全注意事项;签订安全协议书。在游览路线等方面给予游览建议	学生应明确的任务: 针对天气状况,准备适合的衣物、鞋等生活用具;亲子活动任务单、相机等学习用品	家长会上讲清活动目的、意义、注意事项,给出游览建议

日　期	内　容	学生活动	教师指导
6月1日 至6月12日 (景区)	亲子活动——家长带领孩子初次走进圣莲山风景区，领略家乡的美，初寻老子文化	聆听、感受与记录； 在家长的指导下完成亲子活动任务单； 活动后根据任务单，制作汇报交流材料(以 PPT 方式呈现)	收集任务单，提炼学生观点
6月13日 (课上)	质疑选题——头脑风暴，提出感兴趣的问题，并进行聚焦，选择其一做专题研究	分享亲子活动成果； 根据兴趣选子课题，生成小组	根据学生汇报情况适当引导和调剂，帮助学生实现分组，组织学生选出组长
6月13日 (课上)	分组研讨——学生须自行分组研讨，拟定专题研究的题目及制订研究计划思路	会见导师并开会，设计研究计划及分配工作	跟组教师参与研讨，出示方案模板，指导学生画思维导图
6月14日 至6月19日 (课下)	研究计划制订——各组辅导教师指导学生制订计划建议书	制订计划草案	帮助确定每个学生的活动任务，学生遇到困难给予指导
6月20日 (课上)	研究计划汇报——汇报展示各组制订的计划建议书	展示汇报；交流评价；完善修改	组织展示，适当引导
6月24日	提交计划——正式提交主题选择及活动计划建议书	继续完善修改主题计划建议书，并上传指导教师	评阅
6月24日 至6月25日 (课下)	第一阶段数据搜集及整理	研学绘画构图、摄影技巧、《道德经》研读、书法、老子文化等相关知识，到图书馆及互联网上搜集信息；阅读有关资料，梳理重点摘要；初步整理及分析	解惑答疑、给出建议
6月26日 (课下)	前置课程——研学活动安全及如何进行主体性探究学习培训	针对天气状况，准备适合的衣物、鞋等生活用具； 研习手册、相机等学习用品	讲解活动目的、意义及注意事项，提出具体要求
6月27日 (景区)	实践活动——教师引领第二次走进圣莲山，分组分主题探究老子文化	主题一：尝试碑拓艺术，感受书法魅力——书法教师； 主题二：诵读《道德经》，感悟老子文化——美术教师； 主题三：勇过长生桥，锤炼学生意志——体育教师； 主题四：走进真武庙，了解传统建筑特征——品社教师	适时给予指导

续表

日 期	内 容	学生活动	教师指导
6月28日 至7月10日 (课下)	第二阶段数据搜集及数据整理	整理活动记录,物化成果(照片、作品等),感受体会。制成演示文稿	信息技术辅导
7月11日 (课上)	成果展示——课上展示活动成果;欣赏及评估其他同学的研究报告;家长参与展示活动并评价	展示交流活动成果及对他人的评价(组内评价和组间评价)	组织实施

六、活动评价

(一)评价方式

1. 学生自评:学生利用多种形式进行评价(物化成果:绘画、手抄报、撰写活动感受等形式)。

2. 同学评价:结合伙伴参加活动的表现进行评价。

3. 教师评价:结合学生参与表现及成果展示整体评价本班学生表现。

4. 家长反馈:结合学生的日常表现(活动前后的对比)进行反馈。

(二)评价体系

总体评分(150分)=活动过程(100分)+核心能力指数评价(32分)+同学、家长及指导教师评价(18分)。根据同学专题研习的总成绩,将颁发如表8-3所示的证书。

表8-3 颁发的证书

证 书	分 数
一级荣誉证书	120分或以上
优异证书	100～119分
合格证书	70～99分

(三)评价量规

评价量规如表8-4所示。

请你对自己和组员的工作能力及工作态度进行评分,每项最高5分,最低1分。

表8-4 "走进圣莲山感受老子文化"——阶段自我及组员评估表

姓名:＿＿＿＿＿＿＿ 专题题目:＿＿＿＿＿＿＿＿＿＿＿＿＿＿＿＿＿

工作	自己	组员姓名		
1. 资料搜集				
2. 资料整理				
3. 问题分析				
4. 编写报告				
5. 演示报告				
6. 积极性				
7. 合作性				
总分				

自评量表如表 8-5 所示。

请对自己做以下评估，请在适当的方格内打"√"，最高 5 分，最低 1 分

表 8-5　自评量表

研究能力	5	4	3	2	1
1　清楚理解主题					
2　能从阅读及资料搜集中得到知识					
3　能将资料整理及分析					
4　能提出自己的见解及意见					
5　能掌握今次研究的结论					
信息技术及资料搜集能力					
6　能制订工作计划					
7　能利用各种手段搜集资料					
8　能利用各种信息技术手段进行沟通及交流					
9　能利用信息技术手段制作报告					
10　能利用信息技术手段演示报告					
学习态度					
11　积极参与讨论及研习过程					
12　负责任					
13　乐于与人合作					
14　接纳及尊重别人的意见					
15　尽力寻找与主题有关的资料					
16　能依时完成工作					
17　敢于创新思考					
活动收获					
活动感受					
有何建议					

完成日期：　　年　月　日(学生填写)

下面是王国宾和杜平平两位老师的《走进秦皇台》综合实践活动方案，请结合所学的理论和方法对此方案进行评价和优化。

《走进秦皇台》综合实践活动方案设计[①]

一、课题的由来

秦皇台位于滨州城区以北偏东 15 公里处，台高 19 米，底周 188 米，面积 2826 平方米。秦皇台历史底蕴丰厚，滨城区投资 1100 多万元将秦皇台开发成了风景旅游区，新建了秦皇台民俗文化大院、徐福祠、秦皇台奶奶庙、文曲庙、黄河名胜浓缩壁等五大景观，与秦始皇铜像、秦皇台碑亭、阙门、八角龙井、英贤桥、龙王庙等相互辉映，成了黄河下游的著名旅游景区。

作为滨州市秦皇台乡的学生，对秦皇台的知识又了解多少呢？为此，我们确定了以"秦

---

① 王国宾，杜平平.《走进秦皇台》综合实践活动方案设计[J]. 中小学教学研究，2009(5)：38～39.

皇台"为主题开展一次综合实践活动，课题是《走进秦皇台》。此次活动，学生表现出了空前的热情，他们不但积极参与活动的全过程，而且提出了很多发展秦皇台的好建议。

二、活动目标

(1) 指导学生走访调查、翻阅图书、查找网上资源、参观秦皇台风景旅游区等，熟悉搜集资料的多种方法和途径，学习搜集民间传说、实物、图片、音像资料的方法，培养收集、整理资料的能力。

(2) 强调学生合作意识，注重学生个人特长的发挥，培养学生的想象力、创新思维能力、口头表达能力、动手制作能力等。

(3) 学习采用多种方式来展示活动成果的能力。

(4) 通过本次活动，增强学生对家乡的热爱之情，并力图为建设家乡贡献力量。

三、活动准备

(1) 布置学生搜集与秦皇台有关的民间传说、实物、图片、音像资料，指导学生了解搜集资料的方法和途径，如调查走访、翻阅图书、网上资源、参观秦皇台风景旅游区等。

(2) 教师指导学生将搜集的资料进行分类、整合，确定活动主题，制订活动计划。

(3) 学生准备材料，分组活动，形成成果并展示。

(4) 学习设计成果展示的评比标准，由各组推选一名同学和教师共同组成评委团，评选出本次活动的优秀作品。

四、活动基本设想与计划

第一阶段：启动课(40分钟)。

第二阶段：教师、学生活动(两周)。

第三阶段：活动成果展示(40分钟)。

五、活动形式

(1) 分小组进行探究性学习。

(2) 汇报展示活动。

六、活动过程

第一阶段：启动课(40分钟)。

1. 教学准备

(1) 教师准备：搜集有关秦皇台的文字和视频资料进行展示。

(2) 学生准备：搜集各种各样的有关秦皇台的资料。

2. 引入课题

(1) 学生介绍"我眼中的秦皇台"。

(2) 教师播放秦皇台的视频资料。

3. 提出问题

师：你们想了解有关秦皇台的哪些方面的问题？走进秦皇台你们想做些什么？(学生小组讨论，提出问题)经过近20分钟的讨论，学生们想到了许多问题：①去打扫卫生。②去看兵马俑。③了解秦始皇的功绩。④揭开秦皇台顶上的棋局之谜。⑤调查游客的来源。⑥调查不文明行为。⑦为秦皇台做导游。⑧制作旅游手册……面对一个个问题，我和学生们试着将问题进行合并、分类，并想想怎么解决这些问题。经过整理，最后我们确立了以下6个方面的研究内容，并大体确定了解决问题的方式、方法。

(1) 调查秦皇台的游客主要来自什么地方？他们是怎么知道秦皇台的？他们对秦皇台的印象怎样？他们对秦皇台发展有何建议？

(2) 为秦皇台的游客做导游。

(3) 制作旅游手册，发放给游客。

(4) 对秦皇台的纪念品进行调查。

(5) 对秦皇台的不文明行为进行调查。

(6) 针对"我眼中的秦始皇是个什么样的历史人物"进行讨论。

4. 选择课题

我发动全班同学根据各自的爱好及特长，从 6 个课题中确定一个自己喜欢的课题，凡是选择同一课题的同学组成一个合作小组，并推选出一位组长。在组长的召集下，小组讨论，制订研究计划。

5. 教师小结

师：这节课上，我们一起确定了自己的研究课题，在以后的两周里，大家要积极采用各种方式，研究你们的课题，相信每一位同学都会有不同的收获。

第二阶段：教师、学生活动(两周)。本次实践活动先由教师和学生共同确定活动的内容，由大家一起讨论提出研究的课题，从中确定自己小组的子课题，各自相对独立地开展研究活动，用两周的时间完成探究性作业。小组成员需要围绕同一个研究子课题，各自搜集资料，开展探究活动，取得结论或形成观点。把一个班的同学随机分成 6 个小组，每组 6～7人，并推选出组长。在探究过程中，课题组成员各有独立的任务，既有分工，又有合作，各展所长，协作互补。

第 1 小组(6 人)

探究性学习内容：调查秦皇台的游客主要来自什么地方？他们是怎么知道秦皇台的？他们对秦皇台的印象怎样？他们对秦皇台发展有什么样的建议？

方法：观察、访问、统计。

第 2 小组(6 人)

探究性学习内容：为秦皇台的游客做导游。

方法：查阅资料、采访、解说。

第 3 小组(7 人)

探究性学习内容：制作旅游手册，发放给游客。

方法：查阅资料、采访。

第 4 小组(6 人)

探究性学习内容：对秦皇台的纪念品进行调查。

方法：参观、采访、调查。

第 5 小组(6 人)

探究性学习内容：对秦皇台的不文明行为进行调查。

方法：调查、访问、写倡议书。

第 6 小组(6 人)

探究性学习内容：我眼中的秦始皇是个什么样的历史人物。

方法：查阅书籍、上网搜集、调查访问。各小组按照活动计划，在组长的组织下开展探究活动。

第三阶段：活动成果展示(40分钟)。

各小组通过开展探究活动，完成探究成果，利用综合实践活动课堂，组织学生进行成果展示交流。展示内容如下。

第1小组：展示游客调查报告，包括游客来自什么地方、知道秦皇台的方式、对秦皇台的印象、对秦皇台发展的建议等内容。

第2小组：包括导游自我介绍的小资料、导游解说词等内容的导游手册。

第3小组：展示包括各个景点的旅游手册。

第4小组：对纪念品种类、价格、销售情况等内容的调查，展示学生自己设计的富有秦皇台风景旅游区特色的纪念品。

第5小组：对秦皇台不文明行为的调查报告，秦皇台环保倡议书。

第6小组：展示《我眼中的秦始皇》小论文。

成果交流以后，大家一起对提出的建议进行了汇总整理，并提出了秦皇台发展的四项建议：①建议对秦皇台风景旅游区进行宣传，提高秦皇台风景旅游区的知名度。②提倡设计并发行有秦皇台风景旅游区特色的纪念品、旅游手册。③建议告别不文明行为，建设环保型的秦皇台。④建议围绕秦始皇这一中心人物，建设秦皇台的各个景点。

七、活动总结

这次综合实践活动，学生们通过走访、调查、参观、翻阅图书、查找网上资源等多种方法，学到了许多有关秦皇台的相关知识，培养了学生的想象力、创新思维能力、口头表达能力、动手制作能力等，增强了学生合作的意识、保护环境的意识及对家乡的热爱之情。

把学校与家庭构成一体，彼此可以来往，教师不再孤立，学校也不再和社会隔膜，而能真正地通出教育的电流，碰出教育的火花，发出教育的力量。

——陶行知(1891—1946)，中国著名教育家和思想家

第9章　小学综合实践活动课程的实施

学习目标

知识目标
➤ 能够理解小学综合实践活动课程的实施特点。
➤ 能够列举出小学综合实践活动的实施主体并明确他们各自的任务。
➤ 能够正确说明小学综合实践活动实施过程中各个环节的实施顺序。

能力目标
➤ 能够运用一定的方法进行综合实践活动课程方案评价。
➤ 能够在合理评价方案的基础上进行方案优化。

核心概念

实施主体(implementing subject)　实施过程(implementation process)　实施特点(implementation characteristics)

引导案例

一位综合实践活动课的兼职老师说："我十分认可综合实践活动课程的教育价值，学生们也乐在其中，但这样的课程实施起来太难了。我们没有教科书，没有课标，老师还要自己开发资源。学校安排我们担任综合实践活动课的任课老师无异于'赶鸭子上架'，我们没有经过专业培训，也不太会备课。本来课程教学和教研的任务就很重，压力就很大，没有时间拿出来组织开展综合实践活动。此外还要组织和管理好学生，一旦出现意外事件，都是教学事故，特别是室外活动。学校也没有给老师相应的工作量。每次上级主管部门来检查就只好拿劳动技术课、信息技术课的成果来应对一下，所以学校大多数老师对综合实践活动课程的课程意识比较淡薄，积极性不高。"

这位老师的感慨真实地反映了综合实践活动课程实施中的系列问题。综合实践活动课程在实施中有什么特点？小学综合实践活动的实施主体有哪些？他们各自的任务是怎样的？小学综合实践活动课程的实施过程有哪些环节？每个环节教师应该怎样进行指导和引导？小学综合实践活动课程实施中存在怎样的问题？是什么因素引发了这样的问题？提升

综合实践活动课程实施成效的策略有哪些？本章将对这些问题进行系统论述。

9.1 综合实践活动课程实施的特点

综合实践活动课程作为基础教育课程改革的一大亮点，有着其自身的优越性。它的产生顺应了世界课程改革的潮流，突破了传统的以学科课程为主的教学模式，弥补了学科教学中的种种弊端。综合实践活动课程对学生动手能力、实践能力的提升，综合素质的提高，创新意识、合作意识的培养都具有非常重要的价值。在肯定其优越性的同时，也要看到综合实践活动课程在实施中的特殊性，通常表现为影响因素多、实践跨度长、活动场所多、方式多样化、凸显自主性、安全要求高、管理难度大等特点。

9.1.1 影响因素多

综合实践活动课程实施的影响因素较多，其中包括：教育行政部门对综合实践活动的监管和引领力度；学校的管理机制、课程定位、课时安排及资源整合能力；综合实践活动课程指导教师队伍的规模、课程理念、课程开发能力、指导能力、组织管理能力、评价能力等；学生的团队意识、合作能力、探究习惯的养成以及家长资源、社会资源能否充分参与；等等。这些因素都会影响综合实践活动课程的实施。

9.1.2 时间跨度长

综合实践活动课程在实施的过程中要经历主题生成、研究方法探讨、方案策划、中期反馈、资料整理、成果展示等环节，因此围绕某一主题的研究往往不是一天两天就能完成的。尤其是小学生，认知能力及专注持久力还处于发展阶段。较初中、高中的学生而言，小学生研究基础相对薄弱，科学运用研究方法的能力、信息处理的能力、总结提炼等能力还需要培养，因此在课题研究中节奏较慢。同时，综合实践活动课程面向学生真实的生活世界，为学生提供开放的个性发展空间，学生往往在探究实际问题解决方案的过程中又动态生成了新的问题，使得综合实践活动课程的时间跨度较长。

9.1.3 活动场所多

综合实践活动课程是在真实的生活情境中发现问题、解决问题的课程，课程开发面向学生的真实生活，综合实践活动课程的实践性、自主性、开放性、生成性决定了课程实施场所的真实性。除了必要的校内活动外，学生都要走出校园到真实的社会中、自然中进行探究。职业体验、社会服务、考察探究、设计制作等不同活动形式的开展涉及众多场所，商场、集市、植物园、博物馆、农田、工厂、景点景区、科研院所等都可能成为学生活动的场所。

9.1.4 方式多样化

综合实践活动课程的活动方式多样，其实施方式必然多样。根据教育部出台的《中小学综合实践活动课程指导纲要》的文件精神，综合实践活动的主要形式有考察探究、社会服务、设计制作、职业体验。其中考察探究包含野外考察、社会服务、社会调查、研学旅行等；社会服务包含公益活动、志愿服务、勤工俭学等；设计制作包含动漫制作、编程、陶艺创作等；职业体验包含军训、学工、学农等。除上述四种方式之外，还包含党团队教育活动、博物馆参观等。综合实践活动的形式多样性必然要求其实施方式的多样性，要在主题的统领下实现个体探究、小组探究、班级探究相结合，教师指导与自主探究相结合，校内活动与校外活动相结合，理论探究与实践探究相结合。

欢度节日

9.1.5 凸显自主性

综合实践活动课程是新课改的成果之一，它弥补了传统教学中学生被动接受知识的不足，倡导通过学生独立分析、探索、实践、质疑、创造等方法来实现学习目标。在活动内容的选择与组织上，要以"学生"为核心，围绕学生的"需要、动机和兴趣"，让学生自己选择学习的目标、内容、方式、活动小组及指导老师，自己决定活动成果的呈现方式，真正变被动为主动，成为活动的主人。教师要敢于放手、善于放手，要像叶圣陶先生那样，不把学生当成"瓶子"，而是当成有生机的"种子"，为每一个学生的充分发展创造合适的条件，启发与引导学生自求自得，让学生亲身实践、亲历活动，教师只是从旁"扶携"，而绝不能代替学生选择，甚至包揽学生的工作。教师在综合实践活动课程实施的过程中要扮演学生的学习同伴和共同促进者，为学生创设宽松、活泼、自由的探索氛围，主动隐藏其"权威"。学校也不能以单一、僵化、固定的模式去约束所有班级、社团的具体活动过程，剥夺学生自主选择的空间。要允许和鼓励学生从生活中选择有价值的活动主题，选择适当的活动方式创造性地开展活动。

9.1.6 安全要求高

教育部早在 2007 年 2 月就发布了《中小学公共安全教育指导纲要》，然而现实中中小学生的安全事故仍层出不穷，因溺水、火灾、交通、用电、运动、食品等原因而导致的中小学生伤亡事件屡见报端。小学生自我保护的能力、意识都较弱，加之综合实践活动课程活动场所的多样性和活动方式的多样性都对实施过程中的安全保障提出了更高的要求，很多学校因为安全问题对综合实践活动望而却步。甘肃省天水市某小学五年级四班的一位学生在接受学者访谈时曾经说："我们很喜欢综合实践活动课程，在课上我们就可以大显身手了，而且还有许多观察和实践机会，这样可以拓展我们的视野，在快乐的实践中辅助我们消化知识。譬如每年的春秋游活动，我们自己带上做饭工具，在老师、家长和同学的帮助下动手做饭，回校后一起交流。从中我认识到了合作的力量，更明白了父母的不易和学习的重要性。好期待下一次，可是由于安全问题，学校取消了这项活动，好可惜。"[①]《指导纲要》中明确规定："地方教育行政部门要与有关部门统筹协调，建立安全管控机制，分级落实安全责任。学校要设立安全风险预警机制，建立规范化的安全管理制度及管理措

---

① 颜应应. 小学综合实践活动课程实施现状的调查研究[D]. 天水师范学院，2017：24.

施。教师要增强安全意识，加强对学生的安全教育，提升学生安全防范能力，制定安全守则，落实安全措施。"这些规定进一步提升了综合实践活动课程的安全要求。

9.1.7 管理难度大

综合实践活动课程虽然是国家课程，但与学科课程不同，综合实践活动课程实行三级管理体制，教育部进行统一规划，地方教育行政部门提供进一步指导，学校进行课程开发与实施。综合实践活动课程无统一教材，学校需自主开发与校本实施。这就意味着学校对综合实践活动课程的开发和实施有很大的自主权，学校对课程和课程教师的管理也相对自由，没有教材，没有课程标准，没有课程资源等问题给课程的实施管理带来了很大难度。

电子商品推介会

9.2 小学综合实践活动课程实施的主体、任务及过程

作为一门新型课程，综合实践活动是由国家统一制定指导纲要，地方教育部门根据当地特色加以监督和指导，学校根据校本的资源优势进行总体设计，教师根据学生的兴趣和认知水平进行开发、组织和引导。它的顺利开展和实施需要教育行政部门的管理，学校的统筹规划和整体推进，教师的设计、组织、指导，以及家长、社会人员的支持。

9.2.1 小学综合实践活动课程实施的主体及任务

综合实践活动课程是由地方统筹管理和指导，具体内容以学校开发为主，而最终通过教师进行教学实施。因此，综合实践活动课程的实施有"三级主体"，即区域教育管理部门—学校—教师。

区域教育主管部门作为第一级实施主体，其主要任务在于监管。教育行政部门要制定明确的综合实践活动实施方案，并定期对自己所管辖的学校进行监督、检查，促进综合实践活动的常态化发展。

学校是综合实践活动课程实施中的第二级主体，其主要任务是在严格执行上级部门指示的基础上，结合自己学校的办学理念、办学特色、培养目标、教育内容等将综合实践活动课程纳入学校总体课程体系中，进行统筹规划和顶层设计，建构既能体现学校特色，又指向综合实践活动课程"价值体认、责任担当、问题解决、创意物化"的育人目标的校本课程方案。进行综合实践活动的课时、师资配备、课时费、教师发展、专业培训等方面的制度保证。学校需要提供专门的活动教室、活动场地和相关的仪器设备，并且提供进行校外实践的条件。同时加强宣传，使家长、社会团体及社会人士全面了解综合实践活动，密切与家长、社会人士交流、沟通，为综合实践活动的顺利开展创造良好的条件。

教师作为综合实践活动课程的最终实施者，其根本任务是根据资源的教育价值和学生的兴趣、认知水平，对学生进行主题生成、研究群体组建、计划制订、活动开展、成果总结、展示交流、评价反思等探究环节的指导和帮助。综合实践活动课程强调自主探究，讲求开放生成，力图提高学生的生活技能和解决问题的能力，其特征决定了其独特的开展方式。教师是活动方案的总设计师，在课程实施中要充分发挥学生的主体性及自身的主导性。

教师不是远远的旁观者，而是学生探究行为的密切关注者和触手可及的支持者和帮助者，是学生陷入困境时的启发者和护航者。教师在综合实践活动课程实施中所起的作用至关重要，其课程意识、课程实施水平决定了综合实践活动课程的教学设计最终能否达成。

9.2.2　小学综合实践活动课程实施的过程及引导策略

不同主题类型的综合实践活动课程的实施程序是不同的。按照主题类型大致分类，可以将综合实践活动课程大体分为以考察探究为主导的探究性活动，以社会服务为代表的参与性学习活动，以职业体验为代表的体验性学习活动和以设计制作为代表的实际应用类活动。

以考察探究为主导的探究活动的实施程序应为问题的产生—主题的确定—课程生成与小组的创建—研究计划的制订—活动开展—成果总结—展示与交流—评价与反思[①]；而以设计制作为代表的实际应用类活动的实施程序为发现问题—确立主题—制定设计方案—设计制作—评价与反思。以职业体验为代表的体验性学习活动的实施程序为确定主题—选择或设计职业情境—实际岗位演练—交流经历过程—评价与反思。以社会服务为代表的参与性学习活动的实施程序应为确定主题—制定方案—服务活动开展—分享感悟—评价与反思。

1. 考察探究类活动实施的过程及教师任务

1)　开题前的准备

开题指导课之前，教师要安排一定的时间，对全班学生的兴趣进行调查，然后罗列出一个大致的范围，供学生参考、选择。之后教师就可以根据这一调查结果，让学生对这一领域的内容有一个事先的掌握、了解。也可以通过组织参观与访问、讲故事、辩论等活动来激发学生对某一事物、现象的探索

走进圆明园

欲望，引导他们意识到这些现象与他们原有知识的差距，从而发现并归纳出问题。由于活动内容是学生自己感兴趣的，故而还能激发其参与活动的热情，提高对开题课的期望值，充分发挥他们的创新精神和创造潜能。

案例 9-1

有一位综合实践活动课程的指导老师分享了自己失败的经历。

为了让学生感受现在的幸福生活，珍惜学习机会，认真读书，刻苦学习，我设计了一节《聆听大山深处的声音》主题实践活动，要求学生搜集偏远山区孩子们每天的生活情况。有些学生从网上搜集了一些文字、图片和视频资料，但是课程实施效果不好，学生不能体会到山里孩子的清苦生活，也不觉得自己上学读书是件幸福的事。经过反思我才意识到，我的选题内容没有密切联系学生生活。这些从小生活在城市里的孩子，这些被父母当作心肝宝贝的孩子没有类似的生活经历，他们不理解山里的留守儿童为什么不用上学，为什么要自己做饭、洗衣服等，所以教学效果不理想[②]。

这位老师的教育动机没有任何问题，但是在实施时没有从学生的生活出发就生成了活

---

① 洪明，张俊峰. 综合实践活动课程导论[M]. 福州：福建教育出版社，2007.
② 李致桦. 对小学综合实践活动课程实施现状的个案研究[D]. 内蒙古师范大学，2016：35.

动主题，因此导致课程实施的效果不佳。在综合实践活动课程的主题生成环节，小学低段的学生由于经验缺乏、认知水平较低可以由教师在充分调研学生兴趣、征集学生意见的基础上生成主题，到小学中段和高段就要通过师生共同研讨生成活动主题，或者由学生独立生成主题，以充分体现学生的自主性。

2) 进行开题指导课，生成主题和研究小组

开题指导课上，教师首先鼓励学生结合自身兴趣提出一系列想研究的问题。之后，师生共同面临的是如何处理这些问题。问题筛选的标准是什么？这一问题应由学生充分讨论，最终确立可行性、有研究价值、可操作性等筛选标准。筛选的过程要全员参与，让学生充分发表观点，鼓励学生交流、质疑、比较、辩论。最终去掉那些针对性不强、缺乏可行性、缺乏研究价值、难以找到切入点、只是泛泛而谈的问题后，对保留下来的问题进行梳理，做出归类。

归类的过程是学生聚敛思维的培养过程，也是研究小组的形成过程。归类的方法一是合并同类项、同属项。合并同类项就是删除重复的问题，合并同属项即将有从属关系的小问题并入大问题。在问题归类的过程中要充分发挥学生的自主性。问题的筛选权利不在教师手中，而在提出问题的人手里。教师可以请两位同学对所有学生的问题进行归类，归类的过程中与提出问题的学生充分沟通、交流、争辩。引导学生将众多的问题进行归类，逐渐在学生的头脑中产生类的概念，提出同类问题的学生也逐步形成了共同的研究小组。再让这些有着相同或相近兴趣爱好的学生集中在一起，对问题进行聚焦，提炼出研究课题并民主选举出研究小组的组长。

3) 学生制订研究计划

主题和研究小组都生成后，就要开始制订研究计划。教师首先要给学生出示思维导图，对要研究的主题进行分解，并鼓励学生生成一个简单的思维导图，形成简单的研究思路。这个过程也是考验学生合作意识与能力的一次机会。学生研究计划形成后要集中上好研究计划交流课。在交流课上，教师首先要引导学生总结出好的研究计划的判断标准，之后组织学生分小组汇报展示自己的研究计划，汇报展示的小组要接受其他小组的质询。在这一过程中教师要引导学生以研究计划的评判标准审视自己及别的小组的研究计划，并形成计划的修改意见。

4) 探究活动的开展

在探究活动开展的过程中教师要充当学生忠实的研究伙伴，在学生遇到困惑、陷入困境时及时给予方法及策略的指导；参与到资料的搜集和整理中，提出假设，选择方法，研制工具；开展实验，获取理论依据；提出解释或观念等环节中，与学生共同成长。在探究的过程中，教师引领学生在自己未知的领域进行探究，而不是指导学生学习掌握知识和技能，要着力打造学生的批判性思维，让学生在活动中有比较、有质疑、有判断。同时，教师也要做好此次活动的实施环节的记录工作，为学生今后活动的顺利开展提供经验借鉴。教师要研发学生活动手册，手册中要确保每个学生都有参与。

5) 成果的总结

成果的总结阶段也是学生创意物化的阶段。在这一阶段，教师要鼓励学生以多种方式总结自己的研究成果。既要有论文、调查报告、画作、陶艺等静态形式的展示方式，也要有舞台剧、动漫、视频制作等动态的成果形式。在这一过程中，教师要鼓励学生运用信息

技术，提升学生运用信息技术的能力。教师要做好学生成长档案的建设。同时，教师也要做好学生成果的总结，学生成果既包含过程性成果，也包含结论性成果。成长档案袋是很好的资料搜集和整理工具，设计档案袋目录，完整客观地反映学生的研究过程，研究问题的原因、小组活动方案、过程性资料、活动结束报告等。同时还可以在档案袋中编制一些小栏目，如"活动方法集锦"，把活动中学会的一些方法性知识记录在其中，有利于学生更好地迁移和应用。

6)　展示交流

展示交流的环节教师应该扮演好组织者的角色。上好成果汇报课。上课伊始，教师要先将成果评价的标准及展示活动的评价标准告知学生，引导学生倾听别人的成果，运用标准对汇报过程及成果进行思考和评判。汇报课不能只注重有形成果的汇报，忽视学生实践过程中所获得的情感态度、实践能力、思想意识和良好个性品质这些无形成果的交流。同时，要克服展览式的成果汇报缺少对问题展开深入讨论和广泛交流的弊端。展示汇报的最终落脚点，应该是通过师生之间、生生之间的交流，启迪学生打开思维，把多角度思考、多层次心理感受、多维度体悟挖掘出来，让综合实践汇报展示课充满"交流味"。

7)　评价与反思

在这一环节中，教师和学生要共同完成对整个活动的评价。学生对自己的参与度、贡献度进行自我评价，同时还要对合作伙伴进行评价。指导教师也要完成对学生探究过程及探究成果的评价。这就需要教师和学生共同开发出进行评价的标准和清晰的量规，以提高评价的公信力。评价的目的在于进一步优化综合实践活动的开发和实施，帮助学生进一步提升。

走进家乡名胜
——贾公祠

2. 设计制作类活动实施的过程及教师任务[①]

技术设计与制作活动体现了综合实践活动操作性的学习特征，它不同于考察探究活动的观察、调查、实验与文献组织，它要求学生在综合应用新学习的知识和技能的基础上，进行问题解决的实际操作，即由学生设计系统、物品、活动等，并进行适当的制作。

动物嘉年华

技术设计与制作活动以活动项目(主题)为载体，学生通过亲身经历设计与制作的过程进行技术或劳动实践，获得积极的实践体验，形成良好的技术素养。在设计与制作活动中，教师要关注学生动手与动脑的结合、心智技能与动作技能的结合，重视在"做中学"和在"学中做"，实现技术规范的学习与创新意识和实践能力培养的统一。

学生的设计与制作活动可能包括的内容有：设计或改进一项产品(如少儿拖把、无尘粉笔擦、校园内的警语标识等)，并运用于学习生活中；设计与改进某个系统(如建设班级网页、设计与管理班级图书角、制定教室布置方案等)，并创造出实施的方法；设计并组织一项活动(如设计与实施学校或班级的节日庆祝活动、年级足球联赛等)。其实施过程包括以下环节。

1)　发现生活中的问题

设计与制作活动的起点仍是生活中的问题，激发学生的创造性思维设计与制作活动的原动力来自生活，解决生活中的问题使设计与制作活动成为一个任务驱动的过程。教师要

---

①　郭元祥. 综合实践活动课程与教学论[M]. 北京：人民教育出版社，2013：301～307.

引导学生观察生活中的现象，发现生活中需要改进的问题，这不仅是学生观察与思考能力的反映，更有助于培养学生热爱生活、主动参与生活的积极态度。

案例 9-2

设计制造自行车拖车的思路由来[①]

美国的小学生经常需要做一些手工制作的项目，这些项目要搬到学校去参加评比，一般情况下是父母帮忙运送的，但有时父母比较忙，学生必须自己骑自行车带一个大的项目到学校去，出现这种情况怎么办呢？于是有两位学生想到，要是自行车有拖车就好了，为什么不动手做一个呢？而且劳动与技术教育这一学习领域也要求学生设计一个能促进校内学习的活动方案。因此，他们准备设计制作一辆自行车拖车，并附上制作指南，在方便自己的同时也可以为其他同学提供帮助。

他们给指导教师和主管校长写了申请，希望他们的方案能得到批准。

从这个案例中，我们不难看到设计与制作的思路来自解决现实问题的设想。教师要鼓励学生对习以为常、司空见惯的现实提出问题，尊重学生不同寻常的提问、想法，大胆设想。小心呵护小学生强烈的好奇心和求知欲。

2) 确定主题或任务

根据发现的问题，确定活动主题或即将完成的任务。在这一阶段，教师要为学生营造创造性思维氛围，尽量引导学生突破思维定式的约束，推陈出新，不落俗套，培养学生的独创性思维。

案例 9-3

少儿拖把设计思路的由来[②]

下午两节课后，我们班的学生正在清扫走廊，几个低年级的学生扛着拖把走过来，拖把上的污水不时地甩到洁净的墙面上。班上的几个学生来找我去批评低年级的同学，让他们不要把拖把扛在肩上。而低年级的学生说："我们也不想把墙弄脏，可是拖把太沉，我们拿不动。"于是，我让我的学生自己想想有什么办法可以解决这个问题。其中一个学生说："学校发的拖把不适合低年级的学生，我们能不能搞个调查，看看究竟什么样的拖把适合他们？"另一名学生说："我们能不能做几个适合小同学用的拖把呢？"这得到了大家的赞同。学生把这个想法告诉了我，我认为这是一个很好的主题，就与他们一起把这次活动的主题定为"小学低中年级学生使用什么样的拖把更科学、更合适"。

在这个案例中，教师很好地把握了学生的问题，将问题上升为有意义的活动主题。

设计与制作活动的意义在于学生通过接触具体事物，在有结构、有规律的真实世界中操作，动脑与动手相结合。设计与制作活动在综合实践活动中，有的是作为一个独立的主题活动出现的，如"少儿拖把的设计""自行车拖车的设计"等；有的设计与制作活动存

---

① 郭元祥. 综合实践活动课程国内外案例分享[M]. 北京：高等教育出版社，2003：198.

② 本案例由山东省济南市经九路小学王红老师提供。

在于其他形式的主题活动中，作为主题活动的一个部分或一个阶段中的任务。例如，尽管"关于一次性筷子的研究"是一个典型的课题探究活动，但在活动后期，学生进行了一次性筷子工艺品的设计与制作活动；在"节水行动"的主题活动中，学生设计与制作了各种节水用具。

3）制定设计方案

为了增强活动的针对性，在设计与制作项目确定后，教师需要指导学生对各个活动进行策划与安排，形成初步的活动方案。这个方案包括：活动的主题或设计与制作的名称；创意合理性的论证；拟定判断设计与制作活动成功的标准；考虑所需要的材料和工具；确定具体的制作步骤或时间表等基本要素。

方案是预设性的，反映了学生在活动前的思考，通过制定方案，学生理清了设计与制作的思路，但方案不是对所有工作的全面的记录，要求学生对计划中的每一个方面都做出详细的记录是既不合理又不合适的。这样只会与应用学习中的部分意图相抵触。应用学习的目的是让学生将学到的东西应用到工作中去。有些问题可能会出现在活动实施的过程中，方案只是活动的蓝本，而不是设计与制作活动的全部，其中的每一项都需要落实在做的过程中，并需要在活动过程中对其进行调整。

在解决复杂问题的过程中，往往需要将任务分解后，由各个兴趣小组承包不同的任务。这就需要每个小组都生成自己的设计方案，并进行方案间的协同配合，以保证制作出的各个"零部件"能实现无缝对接。教师要发挥好居中协调、统筹的作用。

4）设计制作

提问、调查、观察、交流、分析、综合、想象、验证等，这些活动要素贯穿在设计与制作活动的过程中，形成一个整体，体现出设计与制作过程中手脑结合的特点。只想不做是空想，在主题活动中，教师要尽可能地为学生创造机会，让学生将自己的设想通过设计与制作活动转化为现实。但要注意，只做不想，为制作而制作、为设计而设计的活动同样是不可取的。

设计与制作活动同劳动技术教育领域结合紧密，是一个综合性极强的操作性学习活动。在设计与制作活动的过程中，学生往往需要调用多学科知识，这为学生学科知识的学以致用提供了机会。在指导学生选择设计与制作的项目时，教师要考虑学生当前所具备的知识与技能是否能够完成某一项目，如果项目涉及的专业知识过高，学生不能完成，就可能导致学生兴趣的衰减。在设计与制作活动的指导中，多学科教师的团队协作显得尤为重要，指导教师在学生遇到困难时要注意提醒学生回顾以往所学的各学科知识，用学科知识来解决遇到的难题，也可以求助于相关学科的教师或相关方面的专家。

此外，教师要引导学生积极参与技术实践，掌握一些基本的技术知识与技能，其中包括：认识日常生活和周围环境中的常见材料，学会使用一些基本工具；通过简单的工艺品或技术作品的设计与制作实践，了解设计、制作及评价的一般过程和简单方法；或者了解作物生长和农副产品生产与销售的一般过程，掌握一些简单种植或饲养的方法。激发学生学习技术的兴趣，初步形成从事简单技术活动和进行简单的技术探究的基本能力，其中包括：关注身边的技术问题，形成亲近技术的情感，具有初步的技术意识；能够安全而有责任心地参加技术活动，初步具有与他人进行技术方面合作与交流的态度与能力；通过体验和探究，学会进行简单的技术学习，初步形成科学的态度及技术创新的意识，具有初步的技术探究能力;初步形成与技术相联系的经济意识、质量意识、环保意识、安全意识、伦理意识、审美意识以及关心当地经济建设的意识。

案例 9-4

表 9-1　制作少儿拖把材料的选择[①]

组　别	材　料　组	主要方法	观察+访谈
活动过程			
4月23日	经过观察发现学校的教室地面较粗糙、磨损力大,建议用耐磨的布条,它们不仅造价低,而且容易更新		
4月25日	来文姿同学告诉我,她妈妈说最好用棉布做拖把的布条,而丝绸类的布条就不适合,因为那样的布不吸水、不耐磨		
4月29日	今天,我们小组同学做了实验,看一看来文姿的妈妈说得对不对。我们准备了四个容器,放入了一样多的水,把四块大小一样、材料不同的布条(棉布、丝绸、呢绒、化纤)放了进去。五分钟后,我们把布条拿出来,观察容器里的水,发现棉布真的是最吸水的。所以,我们建议大家勤俭节约,把不穿的旧衣服,不用的旧窗帘、旧被单,拿来制作拖把		
组　别	长　度　组	主要方法	测量+访谈
活动过程			
4月23日	小组成员测量各自家长的身高		
4月24日	根据16位家长的身高,算出大人的平均身高是1.68米		
	分成三组,分别抽测了一、二、三年级的同学的身高(每个年级10人),算出了他们的平均身高大约是1.3米		
4月29日	通过测量,发现成人用的拖把长度一般是在1.1米左右,并推算出适合身高1.3米左右的低中年级同学使用的拖把的长度是85厘米左右		
5月3日	到军区木工房访问木工师傅,得知拖把的把最好用白杨木,因为它造价低、易锯、易刻,而且重量轻		

5)　活动总结与评价

活动评价时要与活动方案中所拟定判断设计与制作活动成功的标准相呼应,除了将是否解决了现实问题作为评价的重要内容外,还要从设计方案的科学性、制作过程的合作性、技术学习的规范性等方面进行评估。

3. 职业体验类活动实施的过程及教师任务[②]

以职业体验为代表的体验性学习活动的实施程序应为确定主题——选择或设计职业情境——实际岗位演练——交流经历过程——评价与反思。

作为一种体验式学习,职业体验的目的并不是简单地让学生参与生产劳

小小预算员

---

①　郭元祥. 综合实践活动课程国内外案例分享[M]. 北京:高等教育出版社,2003:36.

②　黄琼. 中小学职业体验活动要抓住关键要素——《中小学综合实践活动课程指导纲要》"职业体验"主题解读[J]. 人民教育,2018(Z1):69～72.

动、学习生产技术，而是让学生在亲身经历和直接参与职业活动的过程中，获得真切的职业认知与情感体悟，形成深刻的职业理解，自觉地将自身成长、个人梦想与社会进步、国家发展、人类文明联系起来，在选择中平衡家庭与社会的需求，兼顾个人价值与社会价值的实现，过有意义的人生。

中小学开展职业体验活动，意在将体验学习与中小学生未来的职业生活联系起来，是生涯教育、劳动教育的重要途径，对学生的终身发展具有重要意义。

1) 确定主题

按照美国著名职业指导专家金斯伯格(Eli Ginzberg)的职业生涯发展理论，从童年到青少年阶段，职业生涯的发展分为幻想期、尝试期和现实期三个阶段。小学职业体验活动在 3～6 年级开展，这个年龄段的学生大多处于职业幻想期，他们能从外界感知到许多职业，对于自己觉得好玩和喜爱的职业充满幻想并进行模仿。在这一阶段开展职业体验活动，以理解并遵守公共空间的基本行为规范、初步建立自我与职业之间的关系为目标。基于对这个阶段学生身心成长特征和职业体验目标的考虑，《指导纲要》推荐了"找个岗位去体验"这一开放性主题，意在让学生通过在学校周边的商场、图书馆、派出所、环保局等单位体验理货、整理图书、协警、打扫卫生等岗位，初步体验职业，感受不同职业的劳动，体会各种职业劳动的艰辛，培养尊重他人劳动成果的意识，体会劳动创造幸福生活的内涵。这种开放性主题设计，既能指导学校如何体现职业体验活动的关键要素，也能给予学校空间自主设计。同时，推荐了"我喜爱的植物栽培技术""来之不易的粮食""我是小小养殖员""走进立法、司法机关"等活动主题，为学校开展职业体验提供参考。

学校在确定职业体验活动主题时，要结合学校的校本文化、学生兴趣、社会时事、国家课程资源等来确定。

2) 选择或设定职业情境

确定主题后，就要选择职业情境。要从学生身边对技能要求较低的职业中选择体验岗位，了解职业的基本环节和流程。如"我是小小养殖员""我是小农夫"为主题的职业体验中，学生不必去动物园或者农场，完全可以在校园里或者学生的家中进行。在活动过程中，学校可以请农场或者动物园的工作人员身临现场进行技术指导。

3) 实践岗位演练

学生的职业体验活动一定是发生在真实的或是模拟的职业情境中。职业体验活动要与其他活动方式相融合，综合实施。多种活动方式融合，一是要善于把握其他活动的职业教育素材，融合不同活动方式的关键要素，如社会服务活动的服务行动就可以与职业体验活动的实际岗位演练相结合；二是要设计能够涵盖多种活动方式的大主题，将职业体验活动与其他活动方式相结合，如身边交通问题研究，就可以让学生从探究身边的交通情况着手，发现存在的交通安全、拥堵等问题，提出解决方案，并以担任交通协管员的方式体验交通管理岗位，同时宣传交通安全知识。

在进行现场体验时，一定要让每一位学生都完成演练。鼓励学生分组进行体验。如"走进某某超市"的体验活动中，学生可以划分不同兴趣小组到不同的销售岗位进行角色的体验，如海鲜区、水果区、主食区、收银区等。对于"我做小导游"的主题，也可以将一个景点划分为几个部分，每个小组承担一个部分进行导游讲解演练。

4) 交流经历过程

在实际岗位演练后，教师还要注意价值引导，组织学生开展有关职业的体验研讨，从中帮助学生分析社会分工,形成职业只有分工不同没有高低贵贱之分的观点。正确认识职业对个人素质的要求,让学生克服职业偏见,形成健康积极的职业心态,树立正确的劳动观念。对所经历的职业活动总结、反思、交流,从而获得新的经验,并能将其运用于未来的职业活动中。这几个关键要素背后的逻辑本质上是大卫·库伯(David Kolb)总结的体验式学习的完整过程,"具体体验—反思性观察—抽象概念化—主动尝试",这也是设计所有体验式学习活动必须抓住的关键环节。如开展"我是小小养殖员"活动,学校根据实际情况开辟饲养小动物的空间;学生亲自喂养动物、观察动物生长、记录饲养过程后,与同伴交流自己的观察结果和饲养体验;了解并掌握若干种小动物饲养的简单方法,并将这些收获应用于未来的生活中。

5) 评价反思

评价的环节要看学生在演练的过程中是否完成了角色赋予的任务,发挥了角色的职能,遵守了岗位职责。还要看学生在职业体验后是否对职业角色有相应的认识,是否形成了正确的劳动观念。

职业竞聘体验
活动

4. 社会服务类活动的实施过程及教师任务

以社会服务为代表的参与性学习活动的实施程序应为确定主题——制定活动方案——服务活动开展——分享感悟——总结评价。

1) 确定主题

《指导纲要》中对小学阶段社会服务主题给出了一些推荐:"家务劳动我能行""我是学校志愿者""学习身边的小雷锋""红领巾爱心义卖活动""社区公益服务我参与""我做环保宣传员""我是尊老爱幼好少年"等。有了这

公共生活有秩序

些主题作参考,各小队的活动开展就有了大致的方向,但实际的活动主题还要依据学生兴趣、班级实际、家长资源、社会环境等条件由学生自主确定。在生成活动主题阶段,教师要引导学生好好观察社区生活,找寻需要帮助的对象、需要解决的问题、需要优化的问题,从而确定主题。如学生了解到身边的孤寡、空巢老人日常生活保洁、保健问题比较突出,高血压人群较多等问题,小学生产生同情心,想为爷爷奶奶们做点事,解决困难,于是就生成了"敬老孝老我践行"的活动主题。

2) 制定活动方案

主题确定后就要进行活动方案的制定。小学阶段制定综合实践社会服务活动方案时,更应该符合力所能及、活动单一的特点,注重参与过程和感悟体验,切忌喜大争胜,讲排场。教师应适时引导,鼓励学生以小组活动的形式开展一些比较单一的服务活动。

✿✿✿ 案例 9-5

夭折的社会服务活动[①]

深圳市某小学六(3)班在第二学期开展了"孝老爱亲我践行"的综合实践主题活动。随着活动的深入,同学们发现很多老人缺乏日常生活保健知识,随之产生了开展一次社区"孝老爱亲"宣传活动的意愿。在指导老师的大力支持和鼓励下,由彩虹小组制定并完善了社

———————————

① 本案例由广东省广州市增城区派潭镇育英小学周羡豪老师提供。

区宣传活动方案。具体如下。

1. 服务目的

(1) 通过宣传活动引起更多的人关爱身边的老人。

(2) 通过向老人派发健康小册子，提高老人对常见疾病的预防与治疗的认识。

(3) 通过宣传活动，协助社区工作人员帮老人建立健康档案。

2. 服务内容

(1) 老人的饮食健康知识。

(2) 老人常见疾病的预防和治疗方法。

(3) 对活动现场的人开展孝老爱亲的宣传。

3. 服务时间

20××年 5 月 23 日早上 8:00—11:30(周二)。

4. 服务对象

××广场及周边的娱乐群众(约 200 人)。

5. 服务场所

××广场(可用资源：大舞台、大电视、石板凳)。

6. 服务方式

海报解说、播放公益广告、派发讲解老人健康小册子、测血压并建立健康档案、有奖问答等。

7. 服务活动流程

(1) 周一下午放学时派发活动通知单(不搭车的同学)。

(2) 8:00—8:30 在校准备物品出发。

(3) 8:30—9:00 在广场摆好桌椅，张贴海报，播放公益广告。

(4) 9:00—10:30 在广场派发并讲解"老人健康小册子"，并告诉老人一些健康生活的小建议(彩虹小组、青春小组、萤火小组、晴天小组)；对年轻人进行孝老爱亲的宣传活动；与社区家庭服务中心的社工合作，为来参加活动的老人测血压并建立健康档案(未来小组)。

(5) 10:30—11:00 有奖问答游戏(萤火小组主持、青春小组发奖品，其他小组维持纪律)。

(6) 11:00—11:30 收拾物品回校(全班)。

8. 材料准备与分工

(1) 每小组带一部照相机，每人自带一瓶水。

(2) 与社工沟通健康档案登记；与社区家庭服务中心的社工联系交流活动事宜，联系人：郭社工(彩虹小组)。

(3) 制作关于饮食健康及疾病防治的海报各 4 张，与文化站联系周一下午张贴在广场宣传栏(萤火小组、青春小组)；制作孝老爱亲公益广告并联系文化站长播放(晴天小组)。

(4) 制作老人健康小册子(学生制作，学校复印约 200 本)(萤火小组、青春小组)。

(5) 制作活动通知单并提前一天派发给本校学生以通知家里的老人(彩虹小组)。

(6) 准备关于饮食、疾病的有奖问答的题目，打印在纸上(青春小组、萤火小组)。全班筹款购买奖品(小蛋糕、鸡蛋等)。

(7) 扩音器 1 台，麦克风 2 个；桌子 4 张；椅子 200 张搬到广场摆放好，并负责收回(向学校借，未来小组)。

制定活动方案后，各小组分工准备相关材料，一起克服种种困难，大部分家长也很支持。经历了近一个月的精心准备，"万事俱备"后，指导老师向学校提交外出开展社会服务活动申请时，却因服务活动历时过长，无法保障安全等为由被学校劝阻，这次社区宣传活动就此夭折了。

服务活动被劝阻的原因除了学校不愿承担安全风险的主观原因外，在服务活动设计上也存在一些客观问题[①]。

(1) 规划不够合理，活动设计过于大型。从活动方案来看，这次活动设计是比较大型的，涉及的社会部门有居委会、乡镇文化站、社区家庭服务中心、学校等。拟准备的材料也很多，自制宣传海报、自制公益广告、自制宣传健康小册子、胶凳、奖品、扩音设备等。服务的对象预设有200人，各种材料准备耗资大，难以保证服务材料充足。如此大规模的活动，确实让学校难以相信，一个小学自然班的孩子能够很好地完成服务内容。活动预设3.5小时，这么冗长的服务过程，对于小学生而言，无法保证全身心投入，后半部分时间必然会因身体疲乏、活动新鲜感减弱等大大削减积极性，令活动组织变得零散，安全管理压力会骤然增大，这些应是学校否决的主要原因。

(2) 过程不够扎实，家长包办代替过多。在公益广告、宣传海报、健康小册子等服务材料的制作过程中，很多学生是通过家长与广告公司联系设计、制作的。虽然学生在设计前有跟广告公司提出一些自己的想法，但真正参与设计与制作的过程很少，没有在过程中得到应有的经验和收获。在与当地政府相关职能部门的沟通联系中，大多也是以教师为主体，利用自身的社会关系取得支持，而学生没有参与其中，无法得到真实的社会交往体验。没有经历挫折的孩子很难培养起坚韧的性格，在遇到问题和困难时往往就会退缩。

为了更好地完成社会服务，在制定的方案中应该包含服务前的服务技能学习训练和安全风险防范学习。比如，在开展老人高血压预防与应急宣传服务活动前，学生需要了解什么是高血压，老年人正常血压是多少，老年人血压过高的表征是怎样的，遇到老年人血压过高的各种情况应该如何帮助等问题。为了深入了解以上问题，学生们可以通过阅读医院印发的正规宣传册、访谈家庭签约医生等方式，多渠道、多方位地了解学习，解决自己的困惑，在掌握一定的知识和技能后再实施服务活动。

鼓励学生根据兴趣成立专门的服务小组，学生在小组内分工合作，小组之间也进行分工合作。

3) 服务活动开展

在服务活动的过程中，要注意把一些新的问题和状况记录下来，继续向专业人士咨询了解，不断优化服务质量。

4) 分享感悟

服务活动结束后要组织各小组开展服务活动分享，在分享和反馈服务活动的过程中不断加深对服务内容的认识。

5) 总结评价

评价环节不仅要关注学生是否完成了方案中的服务任务，还要对服务过程中成员间的

① 周羡豪. 农村小学开展社会服务的路径探析[J]. 新课程研究(上旬刊)，2018(4)：44～46.

合作进行考量，社会服务多发生在社区中，与服务对象能够实现有效沟通也应该成为评价的内容。最后，对服务的认识是否科学，价值观是否得到提升也要纳入评价的范畴。

9.3 小学综合实践活动课程实施中的问题、原因及对策

9.3.1 存在的问题及原因

1. 课程管理松散，课程设计随意性强

教育行政管理层面对综合实践活动课程的管理不够重视，缺乏评价制度和措施，综合实践活动课程教研比较薄弱，进修学校没有专职的综合实践活动课程教研员，基本上都是和科学等其他学科共设一名教研员。有一位小学校长曾说："虽然课程改革中表明综合实践活动是一门必修课程，但是国家并没有对这门课的具体实施做一些硬性要求，所以怎样实施还是由各个地方自己决定。我们各个学校也是相应地服从地方教育局的安排。但是，由于教育部门评估我们学校的重点主要在语、数、外等考试学科上，对于其他学科的考核由自己的学校自己组织进行，所以对于综合实践活动的关注度是要稍微低一些的。"校长的话反映出上级管理制度直接影响着学校综合实践活动的实施。

有的学校对综合实践活动课程疏于管理，课程开设流于形式，在很多学校成为不落地的"纸上课程""标签课程"或"观摩展示课程"[①]。"纸上课程"就是在课程表上可以看到而实际没有真正实施的课程，教师无法说出课程内容和实施过程。"标签课程"是指把其他课程或活动贴上综合实践活动课程的标签，以应付上级部门的检查。一位老师在接受学者访谈时曾表示："我们学校没有系统开设相应的课程，综合实践活动说有吧，课表上也只有信息技术教育(电脑)，说没有吧，活动中随处可见，班队活动、校园集体活动、周五下午的兴趣小组活动都可以纳入，像这类的活动没有具体的实施方案。"[②]有的学校将学校开展的节假日庆祝活动、思想品德教育活动、少先队活动视同综合实践活动课程；有的学校将综合实践活动课程变成装点门面的"观摩课程"，以此来体现所谓的课改成果。有人来参观或者领导来检查时，开设一次综合实践活动观摩展示课，呈现"摆拍"效果。以上种种都是综合实践活动课程落实不到位，使得该课程成为听起来好、看起来靓、做起来虚、查起来空的课程。课程设计是课程实施的基础，是实现课程价值的关键环节。综合实践活动的课程设计要以学生为中心，要从学生的需要和兴趣出发，要遵循学生身心发展的特点，要学生亲身体验，重在问题解决。但很多学校从学校层面对综合实践活动课程建设重视不够，学校对综合实践活动课程缺乏有目的、有计划、成系统的整体设计，年级没有形成综合实践活动课程学年、学期、学段计划，课程目标不明确。一些学校虽有学校课程设计方案，但没有"一班一方案"的针对性活动设计，没有建立综合实践活动课程档案，更没有建立学生综合实践活动课程档案袋。

① 郑晓生. 小学综合实践活动课程实施存在的问题与建议[J]. 河南科技学院学报，2019，39(2)：49～52.

② 颜应应. 小学综合实践活动课程实施现状的调查研究[D]. 天水师范学院，2017.

2. 师资薄弱、教师胜任力不够，专业素质有待提升

从活动主题确立到评价模式的制定，再到活动的组织管理和课程资源的开发等，都需要教师指导。若教师胜任力不足，缺乏相关知识与经验，实施中往往会忽视课程目标的整体性与连续性，很难使课程在内容、年级、班级良好衔接。由于绝大部分教师在入职前没有接受过相关的专业课程教育，所以无论在理论层面还是实践方面都相对欠缺。教师入职后虽然在课程实施过程中可以积累经验，但由于无法接受正规的培训而限制了其专业知识和专业能力的发展与进步。

此外，学校在统筹规划、顶层设计和管理制度方面的缺位也使得教师课程意识淡漠。学校缺乏对课程的统一安排，更没有关于课程方案的相关指导；课程实施过程中，课时得不到保证，经常被占用；学校缺乏相对合理的评价体系，使教学效果很难衡量。学校对课程的不重视削减了课程教师的积极性与热情，减少了其开发与实施课程的动力，造成专业意识淡薄。学校对课程管理的混乱严重减弱了课程教师指导的有效性，阻碍其专业能力的发展与提高。学校对于综合实践活动课程本身重视程度不够，对于该课程教师的管理也较为松散。由于综合实践活动课程的课时经常得不到保障，因此教师的工作量很难计算，工作付出得不到应有的回报。另外，大部分学校未明确该课程教师的职称评定方法与程序，使其缺乏自我提高与发展的动力和目标，在专业发展道路上陷入茫然，从而产生了很多问题。对于广大教师来说，综合实践活动课程是一门全新的课程，需要对其目标、要求、组织、评价等内容有深入了解。并且，要想使课程教师达到"能对课程进行规划和设计""具有很强的组织协调与发现探究的能力"的要求，必须依靠形式多样的教师培训来实现。因此，缺乏系统而有效的教师培训是制约该课程教师专业发展的重要原因。

3. 课程资源开发不足

可以将所有为实现课程目标和价值服务的元素称作课程资源。综合实践活动的课程资源，既包括资源包、参考书、教学场所等物质资源，也包括学科专家、教师、学生、社区、家长等人力资源[1]。"综合实践活动课程"是一种开放的课程，它的设计和实施不能局限在课内，更不能局限于书本，不仅要拓展到课外，还要拓展到校外，因而需要结合课程实施的具体实际，开发尽可能丰富的课程资源。必须把校内和校外的资源整合起来，充分考虑地方差异、社区环境和学校传统等基本因素。在设计与实施综合实践活动的活动项目和活动领域的过程中，必须研究、开发、重组和利用地方、社区及学校的课程资源。综合实践活动是新课程，与其他传统课程相比，课程资源的积累少，又没有统一的现成教材，没有固定模式，没有模本可以参照。而在以往的教学中，教科书、教学参考书是固定的课程资源，教师很少考虑也不必考虑利用其他课程资源，把教学大纲、教科书、教学参考书吃透，就能完成教学任务。这使得广大教师缺乏课程资源意识，导致大量课程资源特别是素材性资源被埋没，不能及时加工、转化和进入实际的中小学课程，造成许多有价值的课程资源浪费与闲置。因此师生必须在具体的情境中对既有的知识进行整合，并以此为生长点生发出新的知识和认识。在小学，综合实践活动课程是小学科，教师比例小，校内教研不易开展，校际交流没有形成规模，教师基本上都是"单干"，课程资源的开发、利用与共享十

分薄弱。一些学校不重视课程资源的开发利用，课程实施仅局限于固定的资源包。教师的课程资源意识不强，发现资源、开发资源、积累资源、利用资源的能力不够，综合实践活动课程活力不足。基于教师队伍的现状，教师缺乏课程资源建设的主动性和能力，主要表现在以下几个方面：自然科学领域的资源少；学校的软文化资源，如学校的历史、学校的文化、学校的名人、学校的传统等资源开发不够；服务于综合实践活动课程的社会资源、家长资源、信息化资源等有待进一步拓展。

4. 课程评价不够科学

课程评价是促进课程建设与发展的重要手段。评价可以促进课程规范化，推动课程目标的达成。课程评价既包括对教师的评价，也包括对学生的评价，综合实践活动课程评价体系不健全是制约综合实践活动课程全面实施的一大因素。教师评价是学校管理的重要方面，完善的教师评价体系对小学综合实践活动课程教师的专业发展意义重大。合理而健全的评价标准是教师在工作过程中的"标尺"和"调节器"，既可以使教师了解自己在专业发展方面的优势与不足，又对其能力的提升具有指引作用，可促进其专业素质的提高。综合实践活动课程提倡以教师自评为主，以提升教师专业水平为目的，对其进行发展性评价。很多学校对教师是否参与课程实施没有做出相应规定，对教师的课程实施成效也没有考核，导致教师参与综合实践活动课程指导的积极性不高。

另外，综合实践活动课程的学生评价体系薄弱也是一大问题。大量的小学未将综合实践活动的课程列入小学生素质报告单或小学生成长记录卡。将综合实践活动的课程成绩列入小学生素质报告单并填写了课程成绩的学校中也有很多主要采用的是质性评价，评价内容单一，缺乏过程性材料，打"印象分"居多。这与《指导纲要》中要"以发展为导向，做好写实记录，建立档案袋，开展科学评价"的要求存在很大差距。

5. 家庭及社区等外部力量支持力度不够

家庭教育在学生一生的教育中起着基础性的作用，是学校教育强有力的支撑。家长如果重视课程，必然能够潜移默化地影响学生，从而减少课程教师开展活动的阻力，对教师专业发展起到一定的促进作用。然而，许多学生家长并不了解综合实践活动课程，一味地认为学生参加活动就会影响学习成绩，对该课程持冷漠甚至反对的态度，自然也就不会支持课程教师的教育工作。天水市一位教学经验丰富的一线老师曾这样反映家长态度给课程实施带来的阻力："我从事基础教育工作已有18年，任教过小学的所有课，总体的感受是教师和家长对学生的语数外考试成绩十分重视，特别是家长，把学生的学习与考试成绩直接挂钩，一切与提高考试成绩无关的课程他们都较为抵触。一句话，在部分家长的眼中，综合实践活动只是一个活动，不但对成绩提高没有作用，还会占用学科课程课时，影响教学效果。"从中不难发现，家长更关注主课的学习成绩，这种传统观念的根深蒂固在一定程度上使得家长对综合实践活动课程较为排斥，应试教育下的衡量标准更加剧了家长对这一课程价值的不认同[①]。缺少了学生家长的理解与支持，教师在开展课程时难免存在顾虑，影响其专业发展的实现。综合实践活动课程讲求以学生为核心，鼓励学生积极参与，活动主题贴近学生的实际生活，许多活动需要学生走出校门，走向社会和自然进行探索发现，

---

① 颜应应. 小学综合实践活动课程实施现状的调查研究[D]. 天水师范学院，2017：25.

而社区以及一些文化场所则成为该课程校外实施的重要场地。学生通过社区的调查和了解，从关注社区到关注社会，进而增强社会责任感，所以综合实践活动课程的有效开展离不开社区和社会的支持。然而，外界对该课程不理解，没有形成对该课程教师专业发展的支持力量。教师缺乏与社区及校外相关机构联系的媒介和能力，从而使教师无法获得社区热心人士以及校外专家的支持，导致其课程实施受阻，严重影响课程的有效实施。

9.3.2 提升综合实践活动课程实施的对策

1. 政策制度保障课程有效实施

综合实践活动课程的实施需要教育行政部门的政策支持和制度保障。地方教育行政部门应当以《指导纲要》为准则，落实并完善该课程的监管职责。教育主管部门要出台综合实践活动课程管理文件，将综合实践活动课程管理纳入对学校教育教学工作评估的指标体系，建立综合实践活动课程的质量标准。通过行政手段，定期开展监督、检查与交流，坚决消灭"纸上课程""标签课程"和"观摩展示课程"等，推进综合实践活动课程真正落地。教育部门对学生课程实施评估方案不能碎片化，应该更关注活动过程中的生成学习，要求教师制作学生活动档案袋、写实记录与反馈。此外，学校和教育部门也要保障活动经费，课程的实施开展、硬件设备的使用都离不开经费的支撑。结合地区实际情况制定一套合理的课程教师的奖惩制度、教师培训制度及课程实施参考案例等，激励教师不断反思教学，提高自身的学科专业素养。

学校层面要提高综合实践活动课程的地位，将综合实践活动课程纳入学科课程管理范畴，统一要求、统一管理、统一教研。学校要将指导综合实践活动课程纳入教师个人年终考核指标体系，让综合实践活动课程教师享有和其他学科教师同等的职称晋升和评优评先机会，吸引优秀教师加入综合实践活动课程教学团队，激发教师研究课程、建设课程、实施课程的积极性，提高课程教学质量。

2. 着眼于在课程理解、执行、评估和分享等维度提升教师的课程胜任力

课程理解是指教师通过多种途径的信息获取对综合实践活动课程的性质、理念及特点等的正确理解，它是综合实践活动课程有效实施的前提和基础。学校、教学研究与教学管理部门应为小学综合实践活动教师提供更多参与式培训和案例式培训的机会，帮助教师精准理解综合实践活动课程的核心特点、独特价值和有效实施方式等，进而使这种理解真正在课堂上落地生根。

课程执行是综合实践活动课程实施的关键行为。教师应充分考虑和践行综合实践活动的课程特性，尊重学生兴趣和需求，面向学生的整个生活世界开展活动，打破学科界限，拓展活动时空和内容，让学生在活动中亲身经历发现和解决问题的过程，体验和感受学习与生活之间的联系，发展实践和创新能力。课程评估是教师对综合实践活动课程实施的有效性和科学性所进行的自我检查和反思，有利于在实施过程中及时发现问题并进行相应调整，致力于将自身打造成反思型教师。因此，应鼓励小学综合实践活动教师学会在不同阶段进行课程评估，从而不断反思和改进课程的实施。课程分享是教师与同事沟通并建立教学共同体的主渠道。通过课程分享可以将所有教师的智慧进行整合，发挥团队协同指导的

合力，从而有效促进学生开展综合化的学习并且推动其个性化的发展。它决定了教师能否以开放的心态分享自己的认识和做法并且向他人学习优秀经验，去粗取精，主动调整或创新化实施课程。总之，每个因素都是教师实施综合实践活动课程的过程中不可或缺的组成部分，因此要想提高课程实施的水平，就必须从这四个方面入手，避免出现"重执行，轻其他"的问题①。

综合实践活动是新的课程形态，它有别于学科课程，具有综合性、开放性、生成性、实践性、体验性等特征，需要整合多学科资源。要求教师具备文史哲、科学、艺术、信息技术等综合素养，需要教师在实践中不断研究与建构课程。综合实践活动的任课教师由少量的专职教师和大量的兼职教师组成，要更新教师的观念，提升教师队伍的专业素质。在校本课程的开发设计中，与学校的实际情况和社区的具体实际相结合，对周边的课程资源的教育价值进行识别和开发。教育行政管理层面，要配备专职的综合实践活动课程教研员，引领课程建设与课程教研。学校要提供支持系统提升教师课程实施能力，把校内不同学科的教师组织起来，形成课程教学团队，开展集体教研；在校外建立教学共同体，多所学校联合开展区域教研；整合校内外教师资源参与课程建设与研究，开展校内、校际协同教研；形成区域联动、校际合作，提高教师的课程设计和实施能力，解决小学综合实践活动课程教师"人少力单"的问题。

📄 **扩展阅读 9-1**

为了弥补师资力量的不足，呼和浩特大学路小学主动与内蒙古师范大学团委建立共建关系，师大教育科学学院、音乐学院、体育学院、美术学院等团委分别安排学生来学校与教师共同承担社团辅导工作，其中涉及"足下生辉""舞动阳光""心灵之家"等十几个社团。社会上的志愿者也来到学校，义务为学生上社团课。师范大学的学生志愿者和社会上的志愿者，有效地改善了师资薄弱的局面，开办了多样化的社团，为学生多元化发展和学校特色建设搭建了舞台②。

3. 多措并举推进课程资源建设

课程资源是课程设计、实施和评价等整个课程编制过程中可资利用的一切人力、物力和自然资源的总和。课程资源是多元的，由于特殊的课程性质，综合实践活动需要开发足够的课程资源库，其中包括：校园内的图书馆、多媒体教室，校外的博物馆、青少年宫、综合实践活动基地等物质资源；当地特殊的气候资源、人文资源、地质资源等自然资源；社区居委会、学生家长和通过学生家长联系到的一切有利于学生发展的各行各业的人力资源。这些资源都可以纳入学校的综合实践活动中，开发建立相对稳定的综合实践活动基地，实现多校共享，常态化运行。除了充分开发学校资源外，还要整合利用学生家庭资源，让家长成为综合实践活动课程的参与者和指导者，实现多方参与课程。组建课程教学联盟，建设综合实践活动课程网络资源，利用网络技术实现课程资源共享，整体提升课程质量。

---

① 李小红，姜晓慧，李玉娇. 小学综合实践活动教师的课程实施：结构、水平与类型[J]. 华东师范大学学报(教育科学版)，2019，37(4)：104～115.

② 李致桦. 对小学综合实践活动课程实施现状的个案研究[D]. 内蒙古师范大学，2016：16.

これらの都需要综合实践活动的指导教师有敏锐的课程意识[①]。

4. 建立评价体系，完善评价机制

综合实践活动的评价着重关注学生的整个活动过程，让每个学生更好地了解活动实施过程中自己的状况，从而明确努力的方向。综合实践活动追求的是学生解决问题能力、动手操作能力的发展。活动过程中学生的参与情况如何，有哪些感受或体验，这些都需要通过评价来体现，因此要根据活动主题、教学目标制定相应的评价指标，完善相关评价机制。

首先，评价主体要多元。在综合实践活动中，教师很难跟踪学生的全部活动过程，所以教师不再是唯一的评价主体。评价主体要包括参与活动的所有人员，如学生家长、各行各业的专家及工作人员、社会机构、特别是学生自己，因为学生最清楚自己及同学在整个活动过程中的表现，他们最有发言权。

其次，评价内容要全面。不仅关注学生知识层面的发展和活动结果的呈现，还顾及学生在活动过程中参与的积极性和情感体验。

再次，评价形式要深入。在综合实践活动评价形式上，很多学校和教师由于种种原因，只是表面上"走个过场"，简单地对个别学生的表现评价两句，致使学生很难从中看到自身的成长和不足，不利于促进学生的发展。因此综合实践活动的评价可以结合多种形式，比如档案袋评价、学生自评或互评、协商讨论式评价等，对学生参与活动的态度、遇到困难时的坚持程度和意志力以及对方法、技能的掌握情况和发现问题、解决问题的能力进行全面细致的评价。

最后，评价要细化量规，所设计的量规一定要具有可衡量性，不能粗略笼统，要尽可能地细致具体，以便于学生理解。

5. 形成家校合作机制

综合实践活动课程的实施效果与家校合作密不可分。目前，家长对综合实践的认知和态度大体有三类：第一类，家长对综合实践活动不是很了解，但是认为学校开设就有道理，教师让学生准备需要的材料，家长认为应该尽力准备好，让学生在课堂上不会因为缺少材料而影响学习的效果；第二类，家长认为综合实践活动的开设没有太大的现实意义，这门课程的开设影响学生文化课的学习时间，开设的意义不大；第三类，综合实践活动有很大的开设意义，综合实践活动能够提高孩子的生活能力，对他们将来的生活更有帮助。基于此，学校要多召开家长会，与家长交流新颖或热点的教育现象与理念，让家长知道并能为家长所接受。同时，教师要将学生在课程实施中表现出的优秀之处和薄弱之处告知家长，并让家长认识到孩子的独特性与差异性，在不足之处继续努力。教师要充分利用互联网，与学生家长建立微信群、微信公众号、QQ群等，更加便捷地与学生家长交流沟通[②]。

① 王亚萍. 河北省小学综合实践活动实施现状、问题及对策研究[D]. 河北师范大学，2015：43.
② 羊峰，刘骁仪，杨沫婉，等. 薄弱小学综合实践活动课程实施中的问题及对策[J]. 文教资料，2019(2)：202-220.

扩展阅读 9-2

"一重""二抓""三导""四动""五环""六活"的
小学综合实践活动课程实施的路径①

"一重"：领导重视

领导重视是课程落实的关键。首先，学校领导者必须重视综合实践活动的规划和实施，学校要成立综合实践活动教研中心，以加强综合实践活动课程和活动的研究，凸显综合实践活动的学校办学特色。其次，综合实践活动课程的实施和管理要引起学校的高度重视，从方案设计到教师课堂实施的监管都必须到位。再次，教研组可结合学校的实施方案制定出不同年级的具体实施方案，为任课教师制订本班的综合实践活动计划提供参考和实施的依据。

"二抓"：抓教师队伍及校本课程开发

1. 抓教师队伍建设

综合实践活动的任课教师由少量的专职教师和大量的兼职教师组成，要更新教师的观念，提升教师队伍的专业素质。任课教师要坚定信心，转变观念，不断学习，注重研讨，深入挖掘并利用学校、社区的课程资源，确保综合实践活动顺利而有效地实施。教师的认识要由教师的"教"向学生的"学"转变，由注重结果向注重过程转变，还要有良好的师德、乐于奉献的精神和崇高的追求。

2. 抓校本课程开发

开发校本课程要以国家课程方案的总体框架为核心，满足学生的个性发展需求，设置较齐全的符合本校特色的课程类型。开发校本课程要进行版块设计、层次设计和年级设计。"学校层面的顶层设计要求从学校的办学理念出发，从周边的资源环境中找寻最切合办学特色、适合本校实际的切入点，整合学校部分活动，进行有层次的梯队活动设计。"在设计中体现一所学校课程结构的总体框架，分单元进行呈现。在校本课程的开发设计中，与学校的实际情况和社区的实际相结合，对周边的课程资源进行有效的整合。

"三导"：主题确定、实施阶段及总结提升的有效指导

1. 主题确定的有效指导

教师对学生选题的有效指导是实施综合实践活动的重要环节。教师要根据学生的兴趣、爱好、特长、知识水平等指导学生进行选题，使学生逐步明确"提出问题—提炼主题—制订活动计划"的方法。

2. 实施过程的有效指导

在综合实践活动的实施阶段，教师先组织学生课前去搜集和整理有关信息，课堂中再指导学生进行分类、筛选、归纳。当学生搜集的信息量太大时，教师要指导学生进行有效的删减；当学生搜集的信息量太少时，教师要指导学生进行有效的补充。之后教师再组织学生进行探究，并进行必要的方法指导，选用自己喜欢的方式进行呈现。

3. 总结提升的有效指导

教师要侧重资料整理方法、成果呈现形式、评价反思、资料建档方面的指导，特别对

---

① 谢传银，易骏. 小学综合实践活动课程的实施路径[J]. 教学与管理，2018(17)：22～24.

资料整理进行重点指导。指导学生做好"资料的筛选——资料的分类——资料的呈现——资料的排序——资料的编目"等环节；指导学生把整理好的资料装入"主题活动档案袋"，一个主题活动一个档案袋，并在袋子上贴好目录单。

"四动"：问题驱动、学生主动、教师导动、多维互动

1. 问题驱动

综合实践活动教师要创设问题情境，引导学生提出问题，然后组织学生围绕自己喜欢的问题进行探究。提出问题的过程是提升学生探究兴趣的过程，也是培养学生创新意识的关键所在，学生遇到感兴趣的问题就会全身心地投入到活动的进程中。

2. 学生主动

在开展综合实践活动中，教师应引导学生围绕自己喜欢的问题不断探究，并与同伴交流，寻求解决问题的方法。小学综合实践活动课程与其他学科类课程相比，主要是以丰富学生的学习体验、发展学生的创新思维和实践能力为核心。教师要努力营造一种平等、自由、合作的探究氛围，并关注学生的个性差异，充分调动学生的学习积极性和主动性。

3. 教师导动

教师的导动是以"教为主导、学为主体、疑为主轴、思为主线"的教学思想设计构建"主导——主动——互动"的教学模式，发挥教师的主导作用，创造一切有利条件，最大限度地调动学生学习、探究的积极性和主观能动性，关注学生的一言一行，制定符合学生年龄特点的活动方案，引导学生围绕自己喜欢的内容或问题进行学习和探究，使学生全方位、多角度地参与到综合实践活动中。

4. 多维互动

在开展综合实践活动中，教师要建立平等的师生关系，营造探究的氛围，让学生在轻松活跃的探究氛围中独立思考、合作探究。综合实践活动需要师生交往、生生交流、家庭互动。在多维互动的教学模式下，教师只有精心组织，才可能做到有效推进、科学管理，进而实现家长有效支持、学校注重配合。全方位、多角度地开展综合实践活动，必将提高探究效率，推进成效实现。

"五环"：激发兴趣、确定主题、合作探究、展示交流、拓展延伸

1. 激发兴趣

综合实践活动的开展是以学生的探究为前提的。教师要创设良好的问题情境，以提高学生的探究兴趣。教师引领学生自主实践、合作探究，要在活动伊始就让学生明确自己所探究的问题。学生探究的问题或喜欢探究的内容可以由教师提出，也可以由学生提出。学生独自或在小组中提出的问题或内容之后，教师要带领学生对问题进行提升、融合、重组，达到问题的最优化。学生在经历、感受和体会的过程中进行思考和感悟，也将增强其进一步探究的兴趣。

2. 确定主题

确定活动主题是开展综合实践活动的关键。教师要提前明确告知学生实践探究的内容、要求、方法，使其能提早进行思考或准备资料。学生在老师的指导下自学，必须保证学生独立学习、独立思考，提出问题、分析问题和解决问题。家庭生活是综合实践活动中非常重要的探究题材。学生所确立的活动主题最好符合学生的年龄特点，符合学生的生活经历，符合学校、地区及周边的资源。

3. 合作探究

研究性学习是综合实践活动课程最重要的领域之一。研究性学习以"问题为中心"，注重学生通过自主的问题探究与问题解决来实现课程的发展价值。它重视的不是系统知识的获得，而是经验重组与改造过程中学生兴趣、爱好、能力、情感、价值观等方面的发展。学生在交流活动中，要先解决个人疑难问题，既要学会倾听，更要学会表达，要把自己的困难、疑惑、认识、感悟大胆地阐述出来。同学既分享自己的成功，也分担你的困难，实现共赢，从而达到"行知合一，灵动实践"。

4. 展示交流

展示是生生、师生、组组互动的过程。展示形式要符合主题，只有源于学生对问题理解，才能做到展示灵活恰当。展示中的主角是学生，因此展示活动要切合主题的特点，也要根据学生的自身特点和独特体验、收获来选择。每个学生都各有所长，刚开始的展示交流最好是发挥自己的优势，树立学生的自信。在交流展示的过程中要让学生弄清楚交流展示的目的、内容、形式，要给学生充分的时间和空间以实现双向互动，同时与自评、互评、师评以及质疑问难相结合。在展示交流的过程中，既要发挥学生的主观能动性，又要遵循学生思维渐进发展的规律。

5. 拓展延伸

综合实践活动注重学生与生活的联系，践行行知合一。学生在活动中实践和探究自己身边的事物，教师在学生探究和实践后进行科学合理的拓展延伸，就显得特别重要。课堂拓展应在立足课堂和学生的基础上进行，做到拓展的有效与超越。因为综合实践活动资源包提供的内容是有限的，资源包无非是个例子，拓展延伸应该围绕主题，贴近生活和学生兴趣。在活动中，拓展延伸的内容要符合学生的年龄特点、认知水平、个性特征等。拓展延伸有课内向课外的延伸，有内容与网络资源的链接，还有向其他学科的渗透。

"六活"：导言灵活、事例灵活、语言灵活、诱导灵活、鼓励灵活、方法灵活

1. 导言灵活

良好的开始意味着成功的一半。好的开端能吸引学生的注意力，提升学生探究的兴趣。新课伊始，教师就要把握学生的心理倾向，为下一步的学习和探究打下良好的基础。导言设计必须尽量引发学生思维上的冲突，激发学生的求知欲是十分重要的。

2. 事例灵活

在综合实践活动的创设情境中，教师要充分运用科学合理的事例来吸引学生的注意力，用符合学生年龄特点的寓言、故事、传说、典故、名人轶事等进行导入，以提高学生探究的兴趣。学生的兴趣提高了，也有利于他们对活动的理解和探究。这种从简到繁、从易到难、由浅入深的探究方式有利于提高学生的能力和素质。

3. 语言灵活

教育学家夸美纽斯说："教师的嘴，就是一个源泉，从那里可以发出知识的溪流。"教师的语言力求规范、准确、生动、形象，符合学生的年龄特点，灵活的教学语言能激起学生学习的兴趣。在综合实践活动中，教师生动的语言、自然的教态，能够对活动的开展进行恰当的点拨，启发学生的智慧，陶冶他们的情操，进而推进活动的进程。

4. 诱导灵活

学生因年龄特点不同而存在着不同的知识水平和个性差异，综合实践活动的过程离不

开教师的有效引导。教师开展综合实践活动应关注全体学生，根据不同学生提出不同的要求和探究内容，并通过提问、示范、辅导等教法为学生的活动进程排忧解难，并关注每一个学生参与学习活动的进程，使不同的学生在综合实践活动中都有所收获。

5. 鼓励灵活

有些学生喜欢综合实践活动，有些学生不太喜欢。针对这一现象，教师应贴近学生的生活，组织学生充分利用身边的事或物开展综合实践活动，用适合学生年龄特点的语言来激励他们、感化他们，用启发性的语言去创设适合他们的情境，去点燃他们的好奇之火，让他们在探究活动中经常得到意想不到的收获。

6. 方法灵活

综合实践活动开展中，教师要在学生遇到困难时指导，在学生最需要时指导，在活动的困难处、关键点、拐弯处进行有效指导。教师可以选择不同的教学形态、不同的指导策略、不同的活动方式、不同的成果呈现形式。但教师要突出以学生为主体，让学生全身心地参与到活动中，让学生自主选择研究的内容、方法，让学生自主去提出问题、分析问题和解决问题。"要使综合实践活动真正在中小学扎根、生长，必须从学校课程体系的一体化视角出发。"综合实践活动教师要立足"以人为本、以生为本"的思想，立足"课内与课外、学习与生活、家庭与社会"的理念，立足"学生实践与创新"的宗旨，把综合实践活动课程落到实处，在常态的、有效的指导下，注重学生实践能力和创新精神的培养，将综合实践活动课程推向纵深。

【学习资源链接】

郭元祥. 综合实践活动课程与教学论[M]. 北京：人民教育出版社，2013.

郭元祥. 综合实践活动课程国内外案例分享[M]. 北京：高等教育出版社，2003.

洪明，张俊峰. 综合实践活动课程导论[M]. 福州：福建教育出版社，2007.

田慧生. 综合实践活动课程的理论探索与实践反思[M]. 北京：教育科学出版社，2007.

王雪迪. 中学综合实践活动课程教师的专业发展问题研究[D]. 河北大学，2018.

王亚萍. 河北省小学综合实践活动实施现状、问题及对策研究[D]. 河北师范大学，2015.

毛擘. 综合实践活动课程的规划与实施路径探析[J]. 新课程研究，2019(6)：16~17.

李小红，姜晓慧，李玉娇. 小学综合实践活动教师的课程实施：结构、水平与类型[J]. 华东师范大学学报(教育科学版)，2019，37(4)：104~115.

蒋晓云. 小学综合实践活动课程开发与实施策略[J]. 华夏教师，2019(9)：44~45.

郑晓生. 小学综合实践活动课程实施存在的问题与建议[J]. 河南科技学院学报，2019，39(2)：49~52.

李致桦. 对小学综合实践活动课程实施现状的个案研究[D]. 内蒙古师范大学，2016.

李小红，姜晓慧，李玉娇. 小学综合实践活动教师的课程实施：结构、水平与类型[J]. 华东师范大学学报(教育科学版)，2019，37(4)：104~115.

羊峰，刘晓仪，杨沫婉，张倩文. 薄弱小学综合实践活动课程实施中的问题及对策[J]. 文教资料，2019(2)：202~220.

谢传银，易骏. 小学综合实践活动课程的实施路径[J]. 教学与管理，2018(17)：22~24.

周美豪. 农村小学开展社会服务的路径探析[J]. 新课程研究(上旬刊)，2018(4)：44~46.

黄琼. 中小学职业体验活动要抓住关键要素——《中小学综合实践活动课程指导纲要》"职业体验"主题解读[J]. 人民教育，2018(Z1): 69～72.

【教与学活动建议】

教师组织学生开展以"在实践中成长"为主题的宣传活动，请学生结合自己的体悟向父母宣传综合实践活动对自己成长的帮助。

开展方法：学生整理自己在历次主题活动中能够体现自己成长过程的资料，并用PPT、视频、文章、画作、舞台剧、朗诵等多种形式进行呈现。学生可以自由组建小组，也可以自己单独汇报展演。

活动一方面可以帮助学生提升交流展示能力，另一方面可以帮助家长进一步了解综合实践活动对孩子成长的意义，以便在今后给予学校和教师更多支持和帮助。

本章小结

作为一门新型课程，综合实践活动是由国家统一制定指导纲要，地方教育部门根据当地特色加以监督和指导，学校根据校本的资源优势进行总体设计，教师根据学生的兴趣和认知水平进行设计、组织和引导。因此，综合实践活动课程的实施有"三级主体"，区域教育管理部门、学校、教师。小学综合实践活动课程实施呈现出影响因素较多、实践跨度长、涉及场所众多、方式多种多样、凸显学生自主性、安全要求高、管理难度大等特点，不同主题类型的综合实践活动课程的实施程序不尽相同，实施过程及教师任务也不尽相同。目前，小学综合实践活动课程推进中存在着诸多问题，例如：课程管理松散，课程设计随意性强；师资薄弱、教师胜任力不够，专业素质有待提升；课程资源开发不足；课程评价不够科学；家庭及社区等外部力量支持力度不够；等等。这些问题需要从教育主管部门、学校、教师三方面分析这些问题产生的原因，并采取相应策略，以保证综合实践活动课程的顺利推进。

思考与实践

一、理论思考

1. 综合实践活动课程在实施中有什么特点？
2. 小学综合实践活动的实施主体有哪些？他们各自的任务是怎样的？
3. 小学综合实践活动的实施过程有哪些环节？每个环节教师应该怎样进行指导和引导？
4. 小学综合实践活动课程实施中存在怎样的问题？是什么因素引发了这样的问题？
5. 提升综合实践活动课程实施成效的策略有哪些？

二、实践探索

1. 诊断您所在的学校在综合实践活动课程实施中的问题并与学校管理人员进行沟通。
2. 在您所在的学校开展一次以研究性学习为主导的探究活动，注意实施过程的完整性。

3. 案例分析: 一位小学生在被问及所开展的综合实践活动课程是否精彩时曾经回答说: "大部分综合实践活动课是在校园里开展的, 只有参加社会实践时才会坐大巴到校外去……偶尔过节学校才会组织部分学生走进社区参加活动, 并且每次都去同一个社区……" 学生的回答反映了什么问题? 如果您是这位学生所在班级的综合实践活动指导教师, 您认为应该怎样开发身边的课程资源?

活的人才教育不是灌输知识，而是将开发文化宝库的钥匙，尽我们知道地交给学生。

——陶行知(1891—1946)，中国著名教育家和思想家

第 10 章　小学综合实践活动课程实施中的指导教师

学习目标

知识目标

➢ 能够理解综合实践活动指导教师应该具备的素质及在课程实施中与学生的关系。

➢ 能够说明课题生成的几大步骤。

➢ 能够列举出搜集学生问题的几种方法。

能力目标

➢ 能够比较、分析、总结出传统教学中与综合实践活动课程实施中教师角色的不同。

➢ 能够运用一定的方法和策略对学生的选题、方案制定、资料搜集和整理、成果汇报交流等环节进行指导。

➢ 能够采用正确的师生活动方式有效推进综合实践活动课程的实施。

核心概念

职业道德(professional ethics)　知识结构(knowledge structure)　组织关系(organizational relationship)　人际关系(interpersonal relationship)　指导策略(guiding strategy)

引导案例

河北某小学关于主题生成及小组确立的学生访谈记录[①]

问：你们队会课的主题是如何确定的？

答：在学校开班主任会的时候，班主任会讨论确定几个主题，然后上报给教务处统计。教务处统计好后，再下发给各个班级，班级再选择自己想研究的主题。

问：我看到教务处下发的表格中，一般都包括 10 个相关的主题，那班级是如何确定自己的主题的呢？

答：一般情况下都是小组讨论。各小组经过讨论后，依次向全体同学说明自己小组选

---

① 王亚萍. 河北省小学综合实践活动实施现状、问题及对策研究[D]. 河北师范大学，2015：35.

择此主题的原因，然后全班同学举手表决，票数最多的主题就是最后的班级主题了。

问：这些小组都是怎么确定的？

答：基本上都是根据座位来确定，挨得近的同学是一个小组。

问：一个小组大概几个同学？

答：6个左右吧。

问：那不同的年级，队会的主题是一样的吗？

答：不一样。

问：那这些主题都来源于哪里呢？

答：每个班的后墙上都有"十二字"方针(爱国、交际、协作、文明、健康、创新)，我们都是根据这十二字方针来的，基本上每个月换一次主题。

问：也就是说学校这一个月时间里只是研究一个主题？

答：是的。

问：那这一个月时间是怎么分配的？

答：一个月有四周，也就是一个月大约有四节队会课。通常情况下第一周为确立主题阶段，第二周为准备阶段(包括讨论人员分工、活动方式、展示形式等)，第三、四周为成果展示阶段。

据访谈者反映："此学校的主题确定方式为'教师提供、学生选择'，形式上看起来很好，能顾及教师的特长和学生的兴趣，但是实际实施过程却'马马虎虎、偷工减料'。在进行课堂观察时发现，在确立主题的过程中，教师和学生只是表面上讨论一番，教师在讨论主题的时候以应付的态度，随便选出几个即可；学生也只是从自己的喜好出发，感觉哪个主题有意思就选择哪个，同时简单陈述一下理由，最后全班同学举手表决，票数最多的主题就为此次班级队会课主题，这整个过程所用的时间不会超过30分钟，可见其形式化现象严重。"

这位老师显然没有掌握选题的指导策略，影响了学生的主体性发挥。综合实践活动课程实施中，指导教师应该具备什么样的素质？小学综合实践活动课程中的师生关系是什么样的？小学综合实践活动课程中的师生活动方式有哪几种？教师指导学生选题、制定活动方案、资料搜集、汇报成果时可以应用怎样的策略？本章将针对这些问题逐一展开讨论。

10.1　综合实践活动课程指导教师应有的素质

综合实践活动课程的设置和实施本身就是对教师自身的挑战，因为实施综合实践活动课程的教师是这门课程教学的直接策划者、设计者、组织者、指导者，可以说，没有高度的敬业精神和强烈的开拓意识的教师，以及缺乏进取精神、不着眼于教育发展未来的教师，不可能有效地实施和参与综合实践活动课程。

10.1.1　高尚的职业道德

首先，小学综合实践活动课程的开设难度大、要求高、责任重。大到学生的发展目标，小到一次活动的安全问题都要仔细考虑，不能有任何的疏忽和大意，这就要求教师必须具有高度的事业心和强烈的责任感，有较强的敬业精神和吃苦精神，不怕困难、不怕失败，以科学严谨的态度来对待这份工作。

其次，小学综合实践活动课程强调实践的课程观，要求由"科学世界"向"生活世界"转变，关注学生的现实生活，面向学生未来可能的生活，注重学生的可持续发展。因此，教师要确立全新的教育理念，致力于每一个学生的发展，平等对待所有的学生，对学生的发展负责，并相信所有学生都能有发展；要意识到教育对象的差异性，因材施教；要帮助学生设计未来，全面提高学生的综合素质，使学生不仅获得自身素质的发展，而且还能获得包括认知在内的多方面的发展。此外，教师还应尊重学生的价值和尊严，注意发挥学生作为活动主体的作用。用"以学生为本"的原则协调自己与他人的关系，调动活动过程中学生的积极性，从而实现课程目标。

最后，小学综合实践活动课程所涉及的学科领域众多、范围广泛，而且没有现成的经验和固定的模式，需要教师不断学习，以便寻找小学综合实践活动课程的开发与实施的新途径、新模式。教师要不断地向书本学习，向其他同行学习，甚至向学生学习，不断地扩展知识，提高自身教学水平，时常更新知识结构，对新知识保持长久的好奇与敏锐，教师知识获得渠道的拓宽、知识面的丰富将使得教师真正地具备把学科知识整合起来的本领[1]。

10.1.2 合理的知识结构

综合实践活动课程的实施，不仅需要教师更新教育观念和方法、具备高尚的职业道德素养，还需要教师进一步完善自己的知识结构。小学综合实践活动课程有其自身的综合性特点，这就要求教师要具备与此相匹配的综合性学科知识，而不仅仅是局限于单个学科的知识。由此形成的知识结构可以让教师从多学科的角度整体考虑综合实践活动课程在主题的设计和活动的实施两方面的丰富性和多样性，从而促进学生多方面的发展。可以说，"一专多能"是综合实践活动课程对教师的要求。综合实践活动课程包含的知识非常广泛，而教师仅仅依靠现有的学科知识无法保证活动的有效开展。长期以来，小学一直以分科教学为主，教师被大纲和教材禁锢着，有限的专业知识不断地缩小到与考试有关的知识范围内，忽视了学科间的联系。这种单一和老化的知识结构更不利于教师对综合实践活动课程进行指导。

综合实践活动要求教师在"专"的基础上追求"博"，做到"一专多能"，力争做到文理兼通、多才多艺，向一个综合型、全能型教师靠拢。教师在努力完善自身知识结构的基础上，尽力发挥不同学科的教师知识优势。

小学综合实践活动课程除了具备自身的综合性特点以外，它还是一门开放性极强的课程，不仅内容开放，活动区域也是开放的。因此就要求教师具备特定的地域性知识。学科课程的内容是由国家统一规定的，但综合实践活动课程的内容并不局限于此，它来源于学生的现实生活和社会实践，是由教师和学生自主决定的；综合实践活动课程的活动场所包括课堂、学校、家庭、社区等；课程的实施会因地方和学校实际情况的不同而各具特色。因此，作为课程开发与实施的主体，教师要想指导学生的问题探究、社会调查、文化体验等活动，就必须首先对地方和社区的发展状况，对其特有的地域性知识，比如地方和社区

---

① 陈路路. 论小学综合实践活动中教师应具备的素质[J]. 课程教育研究，2017(30)：166～167.

的自然因素及其状况、社会因素及其历史与现实状况、特有的民族文化和风俗习惯等有较全面的了解。此外,还要对学校的发展史和特有的文化传统,以及学生经济文化背景与生活方式和习惯等有较深入的理解。只有这样,综合实践活动课程的教师才有可能充分利用本区域内可以利用的所有课程资源,以确保综合实践活动课程的顺利进行[①]。

10.1.3　全面的课程设计实施能力

综合实践活动课程虽由国家统一设置,但主要还是由地方特别是学校来具体开发和实施。在以往的教学活动中,学科教师可以完全根据教学大纲的要求和教科书的内容设计教学或编写教案。然而,综合实践活动课程并没有现成的适用于所有学校和班级的教学参考书、教科书和教学大纲。在综合实践活动课程中,教师和学生可以选择更为宽广和自由的活动空间,由此,教师可以更加自主地、更加灵活地引导学生选择综合实践活动的主题或课题。

综合实践活动课程要求教师自行设计活动方案,并根据各自的方案进行有特色的教学活动。这对教师来说是一种新的尝试,它要求教师必须打破传统课程设计过于僵化和呆板的思想或模式,向弹性、动态和互动的现代课程设计的理念转变[②]。教师要善于根据学生已有的生活经验、社会经验和已获得的基础知识,引导学生选择或提出自己感兴趣的活动主题,教师按照活动的主题,合理地制定综合实践活动方案,并在方案的实施过程中主动构建民主、平等、合作、共享的新型师生关系,在学生进行主题生成、小组搭建、计划制订、资料搜集、活动开展、反思总结等环节充当好学生的组织者和探究伙伴。在学生遇到困惑、陷入困境时及时出现,给予方向上的引导和方法上的帮助。

10.2　小学综合实践活动课程中的师生关系

综合实践活动课程是一门实践性、经验性、综合性的课程。课程是由师生合作开发、设计与实施的。学生的自主实践活动与教师在活动过程中的指导、参与是分不开的,教师角色转变成功与否,决定了综合实践活动开展的成效。新一轮课程改革要求构建民主平等、合作共享的师生关系,这样才能激发学生的求知欲,提高综合能力。新一轮课程实施中,师生关系可以从原有的正统的人际关系转变为民主平等的、朋友式、伙伴式的合作关系。因此,新型师生关系的重构将成为新课程改革中的重大突破。

10.2.1　组织关系

在传统教学中,教师往往充当高高在上的管理者,与学生的关系是管理与被管理的关系,而不是平等关系。为了使学生成为一个具有个性的、全面发展的人,而不是传统教学中的"标准件",在综合实践活动课程的实施过程中教师不再充当管理者,而是充当与学生平等的组织者。教师作为组织者好比节目的主持人,而非维持纪律、不断施加压力的"监

---

① 陈路路. 论小学综合实践活动中教师应具备的素质[J]. 课程教育研究,2017(30):166～167.
② 陈路路. 论小学综合实践活动中教师应具备的素质[J]. 课程教育研究,2017(30):166～167.

工"。教师对学生的组织关系首先表现为：教师主动为学生开展综合实践活动创造有利的教育情境，所创设的教育情境既包括物化的外在具体环境，如学校的教学仪器配置、校舍操场、实验基地等，也包括内隐的资源，如学生的生活经验、学校的校园文化等，教师要发现蕴含在其中的教育价值，从而为学生创设探究情境。

作为组织者教师首先要营造一个接纳的、包容宽松的活动氛围，创设能引导学生主动参与的教育环境。解除学生身上的各种压力，帮助学生提高学习效率。教师在创设宽松愉悦环境的同时要激发学生的自主性，在主题生成、小组组建、方案制定、探究实现、结果汇报等环节中实现自我管理、自我组织、自我成长，要让学生通过制度的制定、过程的自我管理、参与结果评价等产生责任感和使命感，使学生从他律走向自律，从自律走向自觉。

教师在组织实践活动时应该观察学生的活动情况，包括学生个人的参与情况，以及与他人合作的情况；需要深入到学生中检查他们的做法，及时发现他们的错误，以便提供必要的提示和矫正，并回答一些问题；教师还需要及时鼓励，把一些游离于小组之外的或长时间保持沉默的成员拉进活动小组中，以促进小组间更好地合作。

10.2.2　人际关系

教师和学生是构成综合实践活动实施中最重要的两个基本元素，他们既是课程的开发者也是活动的实施者。因此，综合实践活动中教师和学生之间必须转变传统教学中一直与古老的"师道尊严""唯师是从"理念相伴的师生观，努力构建一个民主、平等、合作、共享的新型师生关系。这是新时期师生关系在信息化社会的具体表现[①]。

1. 民主——活动实施的关键

综合实践活动的核心是以学生为本，实际上是以提高学生的综合实践能力为本。综合实践活动的设计、开发和实施都密切联系学生的生活和已有经验，从学生生活的实际情境和社会环境出发。课程的实施就好比划船，桨在学生手上，舵在教师身边，教师的主要责任，就在于引导学生胜利地到达彼岸。因而，在教师和学生共同活动的教育过程中，构建民主和谐的活动氛围是综合实践活动实施的关键所在。正如陶行知所说："活的人才教育，不是灌输知识而是将开发文化宝库的钥匙交给学生。"教师要改变传统"教师绝对权威"的错误观念，放权给学生，让学生大胆去想、去做、去开发，为学生创设一个展示自我、实现自我价值的活动舞台。

2. 平等——活动实施的基本要求

民主平等的师生关系是现代化教育的必然要求，也是综合实践活动实施的基本要求。教师让学生处于与自己平等的地位，让学生成为活动学习的主人，通过师生间、生生间的情感、态度、兴趣、价值观以及生活经验的广泛交流与共享，实现师生互动，相互影响、互为补充，从而创设民主平等、共同学习和进步的学习氛围。古人云："亲其师，信其道。"只有在平等民主和谐的师生关系下，学生对老师才感到亲切，才敢于独立思考，敢于交流，敢于无所顾虑地质疑问难，表露自己对问题的独特见解，接受教师的指导和帮助。

① 蔡慧琴. 论综合实践活动课程实施中的师生关系[J]. 教育管理，2006，(6)：52.

3. 合作——活动实施的根本方法

学会合作是现代教育的重要价值取向，合作学习的方式使活动过程不只是认知过程，同时还是交流互动的过程。综合实践活动的宗旨是改变以往学生是知识的被动接受者的局面，使学生成为新知识、新思想的创造者，成为与他人合作交流的贡献者和分享者。把以往那种"要我学"的课堂模式，变成现在"我要学"或"我想学"的模式。同时，合作学习有助于教师素养的提高。学生在群体讨论集思广益的学习活动中迸发出的独到见解及教师之间的合作共进的方式，对教师自身的发展来说也是一大助力。

4. 共享——活动实施的核心

教师和学生作为活动实施的参与者，其平等性也体现在两者皆是作为学习的主体贯穿于活动实施的整个过程。这里可以借助师生"金点子共享策略"，"金点子共享策略"顾名思义是指一个活动主题的深入探究和扩展需要师生金点子共享策略来做支撑。在活动选题和方案设计时、在研究过程和活动实施环节中都难免会出现活动高原现象，在一定程度上影响活动的顺利进行，这就急需启动活动金点子策略。金点子共享策略无疑将成为活动实施进展中最有分量的一笔。如《七都熏豆茶文化》在苏州市综合实践活动成果展示会上，有专家提问："你对七都熏豆茶的商品经营开拓有什么想法？"学生说可以通过商品品种多样化如增加熏豆口味、辅料搭配随机，研究经营策略如网络销售、开连锁店等办法，让七都熏豆茶走向更大的市场。在这个案例中，可以就此问题向师生征集金点子，当经过一轮头脑风暴后，大家的创造性思维将被大大激发出来，进而将活动的实施推向高潮[①]。

10.2.3 小学综合实践活动课程中的师生活动方式[②]

1. 相互倾听、倾吐

传统教学中，师生的活动方式是"我讲你听，我管你从"，教师的任务就是把"定论"的知识搬运给学生，教师是独白者，学生是听众；教师讲授和说教，学生倾听和服从。综合实践活动课程以发挥学生的主体性为出发点和归宿点，强调学生的发现学习和探究学习。这一课程模式旨在给学生提供一个自主学习、自我发展的自由空间和实践"场域"。传统的师生活动方式显然不符合综合实践活动课程的内在要求，"我说你听"的教学方式要转变为讨论、商量的对话方式，师生间相互倾听和倾吐。教师倾听学生感受，分享学生收获；学生倾吐自己的发现和困惑。对话中教师不再是单纯的知识占有者和传授者，而是通过对话了解学生的兴趣，关注学生的思想，启迪学生的精神；学生也不再仅仅是知识的接受者和"无知"的听众，而是在对话中自己发现知识，自我描述感受，自觉获得智慧。相互倾听、相互讨论应该灌注于整个综合实践活动的全过程。

---

① 白静，杨志敏，郭蕊. 综合实践活动课程中师生关系和角色的定位以及实施[J]. 黑龙江教育学院学报，2013，32(4)：34～36.

② 何茜，杜志强. 综合实践活动课程实施中师生的角色定位及相互关系[J]. 教育科学，2008(3)：45～48.

2. 平等对话

综合实践活动中教学是教学范式与学习方式的转变，教学成为一种以对话为特征的生命和情感的沟通。这种对话是师生的互动，任何一方都没有缺席的权力。对话意味着人格的平等，任何一方都不拥有"话语霸权"，但都有自己的话语权利，即在"商榷"气氛中共同探讨学生未知的领域。"在教与学的社会关系中，师生之间不是命令与服从的关系，而应该是平等的'你我'关系，双方互相尊重、互相信任、真诚交往，共同探求真理、交流人生体验"[①]。交流和交往应该以平等的对话为基础，平等的对话是师生合作和交流的"支架"与"桥梁"。在对话的交互关系中，学生的自尊得到了承认，想法得到了重视，学生追求知识的兴趣就可能会被激活，心灵就可能由此而敞亮起来。

3. 在探究过程中相互合作

综合实践活动是基于学生的直接经验，密切联系学生自身生活和社会生活，体现对知识的综合运用的课程形态。这是一种以学生的经验与活动为核心的实践性课程[②]。

因此，课程不只是特定知识的载体，而是师生共同学习和发现的过程。在这一过程中，教师和学生共同探索研究对象，共同商讨研究方案，共同处理所遇问题。教学成为"协作学习"，教师和学生成为合作伙伴。"教师——活动——学生"，构成了不可分割的有机整体，三者交织在一起。活动成为教师和学生共同关注的对象，师生的活动共同贯穿于整个综合实践活动课程的始终。因此，以师生互动为特征的综合实践活动中，教师主体与学生主体同时存在、互相依附，共同创设一个充盈于师生之间的和谐的、具有亲和力的教育情境和精神氛围。

综合实践活动课程中的教师和学生失去了可以"依附"和"照搬"的书本，失去了课程实施过程中的"指令性"规则，需要在实践中进行资源开发，并在探究活动中不断生成。这些无疑给教师和学生提出了一个崭新而又富有挑战性的课题。它要求师生在课程中共同确定研究课题，共同探索研究方法，共同实现课程目标。在课程的开发和实施中，将师生同时置于一个不容缺席的地位。师生之间建立了伙伴和共同的参与者的关系，课程实施不仅是一系列活动过程，而且成为知识创生的历程。因此，在课程实施过程中，教师和学生要相互合作，共同参与从确定研究主题到活动成果展示的全过程。

扩展阅读 10-1

综合实践活动课程是一门在教师引导下，学生自主进行，以学生兴趣和经验为基础，密切联系学生自身生活和社会实际，体现对知识综合应用的实践性课程。在课程实施中，教师的角色不再是单一的知识传授者，而是课程的建构者、研究者，是学生学习的合作者、促进者和组织者。多元的角色对担任本学科教师的教师素养提出了更高的要求[③]。

一、综合实践活动课程实施中教师角色的转换

由于综合实践活动课程具有其他课程所不具备的综合性、实践性、生成性、自主性和开放性等特点，所以在该课程实施过程中，教师的角色不仅是多元的，而且随着活动时空

① 靳玉乐. 新课程改革的理念与创新[M]. 北京：人民出版社，2003：79.
② 朱慕菊. 走进新课程[M]. 北京：北京师范大学出版社，2002：29.
③ 孙秀鸿. 论综合实践活动课程实施中的教师素养[J]. 理论界，2010(2)：187～188.

的变换而不断地转换与发展。

1. 由传授者转变为合作者

在课程实施中，教师不再是知识体系的讲授者，而是合作者。无论是单向、双向，还是多向的成员互动，都强调教师不是唯一的信息源，不再是课堂中心。教师与学生合作交往，共同参与。教师与学生之间是平等、民主、朋友式的师生关系。

2. 由领导者转变为促进者

活动强调只有学生自主地实践，获得的学习经验才丰富，对生活的体验才深刻。学生应完全掌握学习的主动权，教师不再是指挥者，而是促进者。教师应引导学生根据新情况、新问题不断对实施方案进行微调，激励学生大胆尝试与探索，寻求新路径。教师在促进学生智力因素的发展的同时，更要促进学生情感、意志等非智力因素的发展。

3. 由管理者转变为组织者

教师要为学生有效开展实践活动创造更多支持而宽容的活动氛围；提供属于学生自己的时空，使他们拥有展示属于自己思维方式和学习策略的机会；给学生更多的解释和评价自我思维结果的权利；组织学生参与活动情境建设、制定活动方案、实施活动过程、评定活动结果。促使学生不断从他律走向自律，从自律走向自觉，走向成熟，走向成功。

4. 由教书者转变为研究者

实施本课程，要求教师必须树立终身学习的观念，积极进取，博采众长，不断从经验型向科研型，从教书匠向研究者型转变；不断反思自己的教学，及时发现教学实践中存在的问题和不足，产生探求新的教学方法的欲望和冲动，寻找自己感兴趣的问题和教学中经常出现的疑惑，进行行动研究，使自己成为一名名副其实的研究者。

二、综合实践活动课教师应具备的素养

教师素养是制约综合实践活动课程实施效果的关键。不论是教师自己创编的课程，还是运用现有的活动材料，教师总是一个"课程决策者"。因为课程发展和进行总是要依靠教师的思维和行动，教师素养不同，教学效果也是不同的。

1. 全新的教育理念

1) 学生主体观

综合实践活动课程的实施就是要把学习的主动权回归给学生，让学生成为学习的真正主人，使其在探究、发现过程中形成责任、合作、共享等意识。学生可按照自己的兴趣爱好选择课题，拥有把从各个学科中获得的知识、能力以及态度相互联系起来的多种机会，充分了解自然、社会与学校的关系。学生能够通过亲身体验获得大量丰富的第一手材料，完善和发展自身的个性。

2) 发展性评价观

确立发展性的评价观，重点关注学生参与活动过程的态度、情感、意志、创新精神和实践能力的发展情况，尤其强调学生在活动中显示出的智慧、灵感和与众不同的想法、做法。教师应关注不同学生自身纵向的进步点，采用自评、互评、教师评、相关人员参评等评价方式，使每一名学生都能找到自己进步和未来发展的方向。

2. 综合性的知识素养

本课程跨越了严密的知识体系和分门别类的学科界限，体现了科学、艺术、道德的内在整合。作为综合实践活动指导教师，其知识结构不再局限于"学科知识＋教育学知识"

的传统模式，而是要体现复合性的知识结构特征。第一，具备当代科学和人文科学两方面的基本知识，以及工具性学科的扎实基础和熟练运用的技能、技巧。第二，具备一两门学科专门性知识与技能。第三，掌握与综合实践活动课程相关的教学理论知识，如心理学、教育学、哲学、社会学等。教师拥有这些知识技能，再结合综合实践活动课程独有的特色，就能有效利用相关课程资源，确定科学而可行的实施方案，在指导学生的过程中，就能明确所要探究的问题属于什么领域，以及该领域所涉及的相关知识和技能。

3. 综合性的能力素养

1) 设计课程与开发课程资源能力

本课程没有固定的程序，没有统一且现成的内容和标准，更没有具体的实施方法，而且其时空广阔，信息量大，不可控因素繁多，因此，教师必须对课程各环节进行有效设计，并根据不同的设计方案组织开展不同的教学活动。同时，教师还要有对与课程设计相关的课程资源进行有效的开发利用能力，这是影响活动效果的直接因素之一。

2) 协调合作能力

本课程涉及的社会范围广，需要教师有较高的协调合作能力，如教师与校领导、教师与教师、教师与学生、教师与课程专家、教师与家长等关系。当教师全身心投入某一个活动情境，将自己的人生观、态度情感和思维方式真实地展示给学生时，学生身心被感染，并从中汲取有益成分，达到完美的协调同一。而能将自然、社会和学校融为一体的核心力量正是教师的人际合作、交往和调控能力。

3) 搜集和处理信息能力

要有效指导学生搜集各种纷繁复杂资料或信息，学会运用调查、文献检索、测量、实验等方法来处理信息资料，就需要教师率先具备获取、搜集和处理信息的能力。如对信息的判断、选择、处理能力；对信息化社会的特性及其对人类影响的理解能力；对信息重要性的认识以及对信息的反馈能力；对信息手段的操作能力等。

4) 行动研究能力

行动研究是指教师在教学实践中所开展的研究。本课程主要是学校自己开发的课程，是一门行动研究的课程，其目的在于培养学生的创新精神、实践能力和终身学习的能力。因此在课程实施中，教师不仅要洞悉学生心理，还要进一步研究相关问题解决的新方法和新策略。在熟练运用常规教育教学技术的基础上进一步研究教育理论与教育实践。

4. 健康的心理素养

活动实施难免遇到挫折和失败，导致不良情绪情感产生。对此，教师应率先做好心理准备，拥有健康的心理素养。第一，教师在教育观念、活动情境、人际关系等多重角色转换上要有心理适应能力。第二，要有体察和感悟学生心灵，破译学生言外之意的识别能力。透过学生的外显行为，迅速而准确地理解学生的真实感受与行为动机，适时给予鼓励和帮助。第三，教师的情绪控制力是一个极为重要的教育手段，可使教师以积极的情绪状态投入到活动中。第四，在协调学校、社会、家庭和学生等方面的关系中，教师应有随时应对挫折的能力，采取恰当方式迅速摆脱挫折对师生心理的消极影响，从中学会坚强和奋进。

三、提高综合实践活动课教师素养的途径

1. 更新教育理念，树立高度责任意识

综合实践活动课程实施的根本目标是培养学生终身学习能力和创新精神与实践能力。

教师只有更新教育观念，把学习的主动权回归给学生，让学生真正成为学习的主人，才能培养出学生的创新精神和实践能力。同时，教师要时刻关注社会变革，关注学生的感受，不断地吐故纳新，以高度的自觉性、责任感进行创造性的工作，不断地吸取新知识、新方法、新思路、新理念，以适应新形势下教育教学的需要。

2. 加强教师培训，切实提高教师综合素质

采取定期或不定期方式对担任本课程的教师进行集中培训，加强本课程教育理论的学习，不断增强教师的探究意识，培养教师对教育实践的理性反思能力。鼓励各校之间、各地区之间多进行经验交流与合作，切实提高教师行动研究能力。同高校建立合作关系，聘请培训专家和教育理论工作者，深入课堂，针对教师教学中面临的实际问题与一线教师进行面对面的研讨与交流。本校教师之间成立课题组，以课题研究为切入点，相互启发，共同发现课程实施过程中的新问题，并在交流、研讨中找到解决问题的最佳方法。

3. 建立课程管理制度，促进教师可持续发展

明确组织机构及其职责分工，健全和完善相应的规章制度。学校各年级组教研室要合理安排担任综合实践活动课程教师的工作量，以保证课程开发有充足的时间和精力。明确规定对担任该课程教师的多元评价标准，使教师有信心、有动力从事课程的实施与探究。定期召开年级组关于综合实践活动课程开发的专题研讨和经验交流会议，并就有关如何提高教师素养等问题进行有针对性的研讨，提出改进意见和建议。从实际出发，优化配置教师资源；专职与兼职并存，班主任、科任教师共同参与；委派优秀教师外出学习，引进先进经验。

10.3　小学综合实践活动课程实施中教师的指导策略

虽然综合实践活动课程非常注重发挥学生的自主性，但小学生的年龄特点决定了他们的综合实践活动学习过程不能脱离教师的指导和帮助。从活动准备阶段主题生成、活动方案的制定，到活动实施阶段调查、访谈、信息的搜集与处理，以及成果汇报阶段成果展示的方法等，在学生综合实践活动的每一个环节，都需要教师的具体指导。

10.3.1　选题的指导策略

综合实践活动课题的生成一定要发挥学生主体性，对课题的指导主要经历提出问题——生成主题——分解主题——确立课题的基本过程，也是变问题为课题的过程[①]。

1. 通过联系生活、创设情境、使用调查表格等激发学生提出问题

例如，临近春节，学生对春节时剪窗花、贴对联、挂中国结、祭祖先等相关习俗产生了浓厚的兴趣，教师就可因势利导，事先搜集部分有关资料，引导、鼓励学生确定"春节探源"的主题活动，可以让学生通过小组讨论，分解活动主题，各自确定活动开展的形式及确定个性化的实施方案。

选题伊始，教师应积极引导学生从自己的生活中发现并提出感兴趣的问题，激发他们

---

① 吴笈. 综合实践活动中教师选题指导与策略[J]. 福建基础教育研究，2014(5)：121～123.

解决问题的兴趣和热情。比如六年级的同学毕业在即，毕业后选择哪一所中学才是最理想的呢？自己理想中的中学又究竟是怎样的呢？这些问题学生非常感兴趣。教师就可以利用这个契机，开展"走进家乡中学"综合实践活动，让学生以自己感兴趣的问题作为实践研究的课题。学生通过活动，可较全面地了解家乡中学各方面的情况，为自己选择理想的中学和进入中学的学习做好准备。这样的活动能激发学生主动产生强烈的求知欲望，使其获得探究问题、解决问题过程中丰富多彩的、活生生的体验。

以"操场上蘑菇的食用性调查"为例。问题缘起于雨后孩子们在操场边上的发现——新生的蘑菇，但它能吃吗？问题在有心的老师那里很快就变成了主题，在老师的指导下，孩子们开始确定科学研究的方法：文献法、观察法、调查法与实验法。这些方法最终被综合成一个研究方案，学生们开始按方案观察并写观察日记，搜集蘑菇资料，进行对比，访谈园艺工、校医、安全主任，在科学老师指导下进行毒理实验并得出结论，撰写研究报告并向全班汇报[①]。

创设情境是教师经常用来激发学生研究兴趣、提出问题的一种方法，它可以在较短时间内，最大限度地调动学生的积极性，使之进入角色。比如以一封家长来信为问题背景，反映家长和孩子之间的矛盾：家长认为孩子没有经济观念，不敢给孩子零花钱；而孩子认为不给零花钱是家长不爱自己的表现。这样引发学生讨论，有的孩子讲述了自己相似的经历；有的孩子提出自己的问题：怎么让家长相信自己具有合理支配零花钱的能力？零花钱使用是否合理？有的孩子提出可以进行问卷调查，不仅可以调查同龄人的零花钱使用情况，还可以调查父母对于孩子使用零花钱的建议……这样的话题有效激发了学生参与实践活动的热情，其实践活动的学习成果也直接改善了学生的生活状况。

合理安排时间

在选题指导的过程中，教师要善于运用调查表搜集学生问题。在此基础上帮助学生生成研究主题。尤其是组织学生开展社会调查访问时，调查表格的合理设计是主题生成的得力工具。

在学生进行第一次参访前，教师要给学生一张任务单，设计几个问题，如：我看到了什么？我听到了什么？我体验到了什么？我最想知道什么？这些问题可帮助学生初步聚焦自己感兴趣的方向，如表 10-1 所示。

表 10-1　任务单

第一次走进 xxx 任务单
我看到了：
我听到了：
我体验到了：
我最想知道的：

待参访结束后，教师要设计一张问题调查表帮助学生进一步明确研究兴趣，发现研究问题，如表 10-2 所示。

---

①陈显平，李冬杰. 在"社会服务"中立人[J]. 人民教育，2018(Z1)：96～99.

表 10-2　调查表

班级:	姓名:		回答
你想研究什么事物?			
你想研究这些事物的哪些方面?			
你打算怎样研究这些问题?			
你准备独立研究还是与他人合作?			
你预计研究这一事物可能遇到的困难是什么?			
你希望得到哪些帮助?			

2. 生成主题——把好学生问题的筛选关,上好开题课

将学生提出的问题成功转化为主题是一个生成的过程。综合实践活动课程的开题指导课是对活动过程的大致预设,是探究活动的方向引领,是学情了解的第一步,也是整个活动良好的情感铺垫,更深一步说,成功的开题指导课能对整个活动起到"导航"的效果。学生的问题五花八门,不是所有的问题都能提炼出研究主题。在这一阶段,教师要指导学生把好问题筛选关,根据选题原则对众多的问题进行分类、归纳、整合、汇总,最后生成主题。问题筛选很重要,教师要引导学生去掉简单肤浅的,合并重复相似的,舍掉难以实现的。

案例 10-1

课题"罗源湾滩涂渔业工具调查"的形成过程如下。

师:对于我们学校旁边美丽的罗源湾,大家有什么感兴趣的、想进一步了解的问题吗?

生:罗源湾风景、罗源湾的养殖业、罗源湾的滩涂、罗源湾经济、罗源湾与可门港、罗源湾的……

师:请同学们将自己感兴趣的问题写在一张纸上。

(收集学生的问题,并投影学生的问题)

再问:关于罗源湾的滩涂,提出这个问题的同学准备研究什么内容呢?

生:滩涂的变化、滩涂养殖、滩涂渔业工具、滩涂生态、滩涂鱼类标本制作……

师:你最想了解哪个方面?

生:滩涂的渔业工具。

师:那么你对你的问题想怎么样修改?

生:罗源湾滩涂渔业工具调查。

师:很好,这就是问题形成研究的课题了。

再比如:"北京小学生使用零花钱的调查"和"我班同学使用零花钱的调查"两个课题中,前者的可实现性欠佳,首选肯定是后者。

问题提出和课题生成的过程可以用表 10-3 来呈现。

表 10-3　问题提出和课题生成示意图

学生主体活动	教师指导活动
学习准备，积累经验	调研学生兴趣及经验
激活经验，提出问题	创设生活经验情境
筛选提炼，整理问题	形成班级问题图谱
聚焦问题，形成主题	明确主题

3. 主题分解——对主题再次筛选过滤确定课题

活动的主题生成后，需要引导学生找到主题研究的切入点。教师须帮助学生进行主题分解，确定自己研究的小主题。教师可以组织学生在班内或小组内交流讨论，学生对搜集到的资料和产生的问题进行思考，提出自己愿意深入探究的小主题。如在《校园安全伴我行》的主题下，可以把这一主题分解为上下楼梯安全、食品安全、课间活动安全等小主题，让学生自己去调查和研究，以提高学生的安全意识[①]。在小主题确立的过程中教师要善用思维导图。在分解伊始先出示思维导图，讲解思维导图的作用，并以某一主题的分解做示例，解说如何应用思维导图分解主题。之后让学生小组内或班内讨论，自行使用思维导图分解主题。

4. 形成课题

将大主题进行充分的分解后，还需指导学生表述主题。在这个阶段，教师的指导很重要，要仔细聆听学生的问题，并根据学生的交流与问题引导学生小组讨论，对提出的小主题进行梳理、归类、整合。最后师生一起总结提炼，以规范性问题表述，形成有研究价值的课题。而综合实践活动的课题必须以陈述句形式来表述。例如：零花钱对于我们有什么害处可以规范为：乱用零花钱的危害。怎样少用零花钱可以规范为：节省零花钱的研究。[②]

居庸关一日游

10.3.2　制定活动方案的指导策略[③]

案例 10-2

下面是某小学一个班级综合实践活动课程实施中方案交流片段的实录。[④]

小队名称：蜻蜓队。

活动主题：设计保护公物的校园环保标语。

知识与能力目标：了解环保的重要性；初步学习怎样设计宣传环保标语；学习搜集、处理资料，学习采访，锻炼胆量；能设计3条以上关于保护公物的宣传标语并将其制作出来。

过程与方法目标：学会小组合作学习。

---

① 刘浩. 综合实践活动课程中如何发挥教师的指导作用[J]. 辽宁教育，2017(3)：90～91.

② 刘浩. 综合实践活动课程中如何发挥教师的指导作用[J]. 辽宁教育，2017(3)：90～91.

③ 温富荣. 综合实践活动方案设计课的教师指导策略[J]. 福建教育学院学报，2014，15(6)：110～111.

④ 姜平，等. 直击新课程学科教学疑难——中小学综合实践活动[M]. 北京：教育科学出版社，2014.

情感、态度与价值观目标:体验小组合作的乐趣;培养爱护公共财产的意识,能爱护学校的桌椅、墙壁、篮球架、自动售奶机和学校的文物大石狮。

活动组长:周玲玲。

活动组员:蔡沂燃、刘欣源、周晓曦、郭洋、杨泽龙、黄俊毅。

活动步骤:见表 10-4。

表 10-4　活动步骤

步　骤	活动内容	活动准备
第一步	在学校调查采访,了解学生对公物的爱护情况	笔、本子
第二步	去广告公司采访技术人员如何设计环保标语	笔、本子
第三步	在家设计环保标语	彩笔、白纸
第四步	在教室制作标语	剪刀、双面胶等
第五步	在校园放置标语	锄头、铲子

可能遇到的困难:

(1) 想联系广告公司,却找不到合适的公司,怎么办?

(2) 我们在采访中遇到困难怎么办?

请大家帮我们想想怎样解决这些困难。请各位同学多提宝贵建议。

师:他们哪里做得好?还有哪些地方需要修改和完善吗?请这个组的记录员认真听取发言,做好修改建议的笔记。

生1:我认为他们组的活动目标写得非常好,详细地写出了保护哪些校园公物,目标非常明确。

生2:谢谢肯定。

生3:我有一个问题,请问你们在调查采访,了解学生对校园公物的爱护等情况时,事先需要做些什么?

生2:我们要设计一个调查表格。然后发放出去,请各位同学配合填写。

生3:建议你们先观察、拍摄、记录校园里一些破坏公物的现象,然后看看最突出的问题是什么,再进一步设计环保标语。

生2:这个建议非常好,我们会补充的。

生1:你们组设计了去广告公司采访的环节,我觉得非常好,但是建议你们事先要准备好采访提纲,带好相机,把过程记录下来。

生2:好的,我会补上活动准备"相机"。

生1:我觉得你们也应该在活动前对我校的镇校之宝——石狮做一定的了解,为设计标语做准备。

生2:谢谢提醒。

生4:你们在计划中提到不知道找哪家广告公司比较好,我建议你们可以去问问林主任,学校里经常要打条幅、出展板,与广告公司联系挺多的,可以请林主任提供电话号码,并事先预约联系一下。

生5:我的哥哥是广告公司的,如果你们有想法,我也可以帮你们联系去我哥哥那家公司看看。

生3：我觉得你们担心采访遇到困难，你们就应该做好一切采访准备。

师：你想提醒他们注意什么呢？

生6：写好采访提纲，带好采访工具，比如笔、相机、本子或者录像机。

生7：还有事先预约好广告公司，约定好采访人员。

生8：我觉得你们应该推选出声音最大、胆量最大的成员担任采访任务。我个人觉得蔡同学比较适合这个工作。

生3：我希望你们采访回来后立即整理好采访记录，保留过程性资料。

生7：我们组也安排了制作标语、放置标语的活动，到时候我们可以共享工具源。

师：这个建议不错，组和组之间也需要合作交流。这个做法值得提倡！

师：通过交流，我们对如何制定活动策划表有了新的认识，现在请各组再次完善活动计划，再次反馈修改后的策划表。

案例中的指导老师成功地扮演了组织者、引导者、促进者的角色，在方案交流刚开始的时候，能够引导学生欣赏方案的优点并诊断方案的不足。过程中当学生表述不够清晰时，教师也能及时介入，帮助学生明确问题。可见，这位老师掌握了综合实践实施过程中的方案交流环节的指导策略。

1. 先讲授方法，后修改完善

在开展小学综合实践活动方案制定课的教学时，教师要充分了解学生的现实水平，给予学生必要的引导。小学生受其认知水平、阅历、独立性等方面的限制，在方案的科学性、周密性、详细性、可实现性等方面存在一定困难。需要教师在学生制定活动方案之前进行合理引导，教给学生正确有效的制作活动方案的方法。具体的做法是：在学生刚开始接触综合实践活动课程的时候要给学生展示相关的活动方案的案例，让学生对活动方案的基本要素和格式有一定了解，对活动方案的性质、活动方案的作用、方案的标准、方案制定的方法进行集中学习。之后教师针对学生自主制作的方案进行匡正。通过启发性追问等方法促使学生完善方案。

✿✿✿ 案例 10-3

学校开展"校园植物导览手册"主题活动，学生在制定校园考察方案时，教师可先引导学生从"《校园植物导览手册》里要放些什么内容才能让大家对校园里的植物了解得更多一些？这些内容可以用哪些方式获取？根据这些获取信息的方式，小组成员之间该如何分工？"等方面帮助明确校园植物考察方案的内容。待学生根据教师提示自主拟定好校园植物考察方案后，教师组织学生把自己小组制定的考察方案在全班进行汇报交流，同时引导其他学生认真倾听并对汇报小组的活动方案进行提问和质疑。如针对某小组方案中"给植物拍照"提出问题"你们小组的考察方法有给植物照相，请问你们的相机从哪来？谁负责拍照？"汇报小组回答后，再次质疑"某某学过拍照吗？你们怎样保证拍出的植物照片清晰？你们有没有考虑过请某某老师帮忙或向他学习拍照技术？""拍整株植物还是部分？"等问题，指出考察方案不妥的地方，展开充分的讨论和论证，引导学生对考虑不全或忽视的地方重新思考，从而明确自己方案中存在的问题，有效地修改和完善自己的活动方案。

2. 先欣赏后评议,讲究艺术

美国心理学家威廉·詹姆士(William James,1842—1910)提出:"人类本质中最殷切的需求是渴望肯定。"不管是大人还是孩子,被肯定、被欣赏总是高兴的,特别是处于学习起始阶段的小学生,更是每节课都期望得到教师的肯定和欣赏。在全班交流汇报论证综合实践活动方案的时候,教师先引导学生发现别组方案的优点,在汇报前就采用启发式语言"你们觉得某某小组的活动方案哪些地方值得我们学习借鉴",引导学生在认真倾听他人活动方案的基础上,先找同伴方案中的优点、亮点,学会欣赏同伴,然后再提出问题和建议。不要一开始就说这里不好,那里不对,把他人的方案批得一无是处,使论证交流会变成一场"批斗会",否则学生的自信心会受到打击,从而丧失兴趣。

可行性论证是活动方案指导课的重点。教师引导学生找出他人活动方案中值得肯定和欣赏的地方后,再引导学生从他人活动方案中的"人员安排、活动时间、活动地点、财力、物力"等方面考虑的是否妥当进行审视,寻找"不足"。为了能让学生欣然接受别人的意见和建议,一定要找准问题,注意说话的艺术。比如在提供意见时可以用"老师觉得××地方怎么样可能会更好""可以考虑下……"等说话方式。

案例 10-4

某小学六年级在开展"元旦晚会策划"主题活动时,在活动方案汇报环节有一小组说到他们小组准备排练一个舞蹈,排练时间是星期一到星期五傍晚。其他小组的人对他们的时间安排提出了质疑:"我们很多同学都是住宿生,星期五傍晚一下课,大家都急着回家,根本没心情参加排练。"教师没有说这组活动方案时间安排的确不合理,而是以商量的口气问汇报小组:"星期五傍晚大家要回家,是个要考虑的问题,你们接受他们的意见吗?"然后又用征询的口气问学生时间怎么安排比较合理。当学生说可以考虑把排练时间安排为星期一到星期四、星期天傍晚,并说明为什么安排星期天傍晚时,教师赞许地说:"你们考虑得真周到,既不影响大家,又保证了排练时间。"

整个方案论证过程中,教师都没有包办代替,而是给予学生充分的自主权利和肯定的同时,为学生找出了问题的关键,并且提意见时用的是商量和征询的语气,很中肯,让学生感觉教师和同伴在帮助自己,而不是指责。该组的学生在愉快地接受别人意见的同时,能及时认识自己的不足,积极改正、调整方案不完善的地方,为后续活动做好铺垫,方案制定课教学起到了应有的效果。

3. 扶放结合,把握尺度

小学生认识世界的水平受其年龄限制,考虑问题的角度不能像教师一样全面,作为综合实践活动指导教师,除了在学生制定活动方案之前引导学生,方案初步制定后组织学生进行同伴间的交流帮助外,还要从自身的认识经验出发,给学生的主题活动研究提供一些比较有价值的意见和建议。除了这些意见和建议要用适当的方式提出外,教师还要把握好指导的尺度,允许学生对自己的观点质疑和批判,不将自己的想法强加给学生。

10.3.3 资料搜集的指导策略

教师在此环节要明确资料整理的任务和要求，将整理资料的方法和注意事项告知学生，以便学生在实际操作过程中不会无章可循。资料搜集好之后，教师要组织学生对搜集的一手资料进行整理和交流，可以以小组为单位将学生的调查表、访谈记录、实地考察记录、统计数字等进行信息的整理和提炼。教师首先要让学生明确资料的查阅方式是多种多样的，不仅可以查阅互联网上的信息，还可以从专著、报纸、期刊上搜索，此外调研、访谈后获取的一手信息也很必要。

下面重点介绍教师在文献的查阅和整理中的指导策略。

1. 文献查阅的指导策略

教师应当向学生传授资料搜集和整理的方式、方法，使学生明确搜集资料应遵循科学性、综合性的原则。教师应指导学生关注资料的科学性，尽量多搜集有事实依据的资料、第一手资料，对于那些出处不明，准确性、真实性较差的资料要去伪存真。同时指导学生综合运用各种方法查阅资料，如顺查法(按照所研究课题的时间和发展顺序由远及近、由旧到新的查找方法)、逆查法(按照所研究课题的时间和发展顺序由近及远、由新到旧的查找方法)、引文查找法(已获得文献中所包含的参考文献和注释为线索查找资料的方法)等。

查阅资料后，进行筛选和整理也是小学生面对的一大难题。教师应采用多元的方式指导学生整理文献。[1]

2. 帮助学生掌握资料阅读、筛选的方法

教师在指导学生时可以引导学生尝试体验，习得相应的方法。首先，在获得文献资料后快速地浏览一遍，看题目、目录、段落的开头或结尾、研究过程、结论等，判断与主题的相关性；其次，详细地精读，边读边思考，在重要的信息处用画线、圆圈的方式做标记，将产生的想法或疑问标注在空白处，如果是从图书馆等地借来的资料，不可在上面乱涂乱画，应在笔记本上做摘录(原封不动地记下原文中重要的信息并注明出处，方便后期核对、引用)、提要(对文章中的基本内容、主要思想、观点、创新点等内容进行概括总结)、札记(在笔记本上随机记下阅读时的想法、灵感)，或复印后在复印件上标注等，或者制作成资料卡片(该卡片大小相同，每张卡片可记录一篇文章或一个故事，最重要的是必须注明出处，可以分为摘录栏、提要栏、札记栏等)，方便保留。做记录、画线、抄写属于复述策略，口述、做笔记、类比、总结属于精加工策略，选择要点、列提纲属于组织策略，这三种策略都隶属于认知策略，教师可以选取上述策略指导学生进行文献阅读和筛选。

3. 师生共同制定筛选的标准

文献搜集阶段虽然要求学生依据研究目的获取资料，但是仍会有大量多余、无关的素材，所以必然要进行筛选。在再次明确搜集目的的基础上，师生应共同讨论制定筛选标准。大致可以遵循以下标准：第一层筛选时剔除与研究主题无关的资料，第二层筛选时去掉来源不明、可信度低的资料，第三层筛选时应该按照权威性进行排序，第四层筛选时除了研

---

① 董曼曼. 综合实践活动课程中文献法的指导策略[J]. 教学与管理，2017(34)：35～37.

究历史相关资料外，可按照时间进行排序，剔除时间间隔较长的资料。

4. 在对话中启发学生筛选文献

在对话式的教学过程中，教师要引导学生从多角度、多维度去思考问题，在对话中学生获得了自主探究的机会，教师和学生不仅是对话的两个重要参与者，同时也是师生双向学习、共同进步的赢家。

✿✿ 案例 10-5

在搜集完"筷子与生活"主题活动的资料后，教师就采取对话的方式指导学生筛选文献。教师首先让学生同伴之间交流，同学们发现资料有重复的问题，于是教师组织学生讨论。有的同学说："如果两个人搜集的资料差不多，就选择丰富的那个，不丰富的资料筛选掉。"还有的同学建议："如果两份资料都很好，就把两份资料的闪光点挑出来，合并整理。"于是教师接着提问："如果老师给大家三分钟的时间，你的资料该如何取舍才能简单明了地介绍给大家呢？"学生A说："应该把我们资料中最精华的部分介绍给大家。"学生B说："可以用自己的语言概括出材料的内容，简化一下。"接下来，教师与学生共同总结出了选取资料的方法：删除重复资料，删除并合并长、多资料，抓住重点，最后进行语言总结。

5. 通过表格对文献进行整理

表格是一种直观化、条理化地呈现信息的方式，它能够使读者一目了然，因此，教师可以引导学生通过制作表格达到整理资料的目的。如在"扎西德勒藏族文化研究"主题活动中，学生搜集到了大量的文献资料，根据学生提出的哈达敬献对象的不同，教师和学生共同制作了文献整理表格，引导学生将本组的资料整理到表格中，然后进行小组间交流分享。这种通过表格整理文献的方法可以将烦琐的、片段的信息整理成有条理的、具体化的、直观的表格，对比更加明显，帮助学生提升提取、整合信息的能力。

10.3.4 交流汇报的指导策略

活动总结交流阶段教师的基本任务是整理活动过程中获得的资料、经验和学生的感受，形成对问题的基本看法，获得解决问题的基本经验，通过开展活动交流讨论会、成果展示会等形式与学生共同分享活动成果，最终达到师生共同进步和成长的目的。

1. 引导学生交流探究过程中的独特感受

在整个综合实践活动过程中，学生亲身经历了各种探究活动，采访、发放调查问卷、实地考察，学生遇到了许多问题，或困惑或委屈或兴奋，这些独特的感受，若经过教师的精心点拨与引导，便是一种润物无声的、有力度的情感升华体验。比如在"寻访小白鹭民间舞团"的小组展示汇报结束后，教师问："从你们的汇报中，老师发现你们的采访十分成功，哪位小组成员来说说你们采访的故事或者采访的感受？"当学生讲述采访时自己如何在大家的鼓励下，勇敢地到办公室敲门采访，并回忆首次采访预约时的怯弱后，教师赞许地为该小组长竖起大拇指。在综合实践活动中，不可能时时处处享受着成功的快乐、实践的喜悦。当学生谈自己在活动中的失败、挫折、失望、烦恼感受时，教师应引导学生倾诉、交流，使正确的价值观占上风，情感体验得到升华，促使学生形成正确的道德意识、道德情感、道德行为。

2. 引导学生交流解决问题的途径

综合实践的课堂是学生在知识的学习以及活动的过程中，向能力转化、向思维方式转化、向学科素养转化的过程。学生在汇报展示的过程中，对研究的主题在认真分析的基础上形成结论，这是总结能力的培养；学生谈收获、谈反思，这是自我反思能力的培养；学生谈自己遇到的问题、分析问题，这是解决问题能力的培养。还有采访能力、调查分析能力，这些是汇报展示课中更具价值的无形成果。在汇报展示"纸的历史"的成果时，教师发现，平时汇报展示都没用 PPT 汇报的第一小组，这次用上了 PPT，而且制作十分精美。于是，教师请制作 PPT 的学生来交流，介绍自己是如何学会这项本领的。通过交流，学生进一步梳理强化了自己的收获，再一次得到锻炼。其他学生从他的汇报中得到启发，也有所收获。在进行"防火自救"主题汇报展示时，学生总结了自己在采访消防队叔叔前所做的准备。准备一，寻找身边可利用的学习资源；准备二，搜集和学习有关的沟通技巧；准备三，写采访方案，围绕采访目标拟定问题；准备四，进行采访演练。实施采访活动的学生在活动中练就了采访能力，其他学生也看到了榜样的力量。学生在"纸的浪费现象"综合实践活动中，设计调查问卷、发放问卷、统计、小结。通过对年段、班级卫生角的观察，发现了纸张浪费严重的事实。汇报展示阶段，学生们联系实际各抒己见。通过亲身体验和过后的总结梳理，学生从心里发出阻止浪费纸张的呼声。这样的活动，提高了学生对自己行为的约束力，也提高了学生的自我教育能力。

3. 引导学生交流对彼此的评价

综合实践活动的评价交流应该贯穿于整个汇报展示的始终。在每个小组汇报展示结束后，要让学生学会对自己和他人开展的主题活动过程、汇报的成果、汇报的效果进行评价、分析、共享。在学生还不懂得如何互评和自评的时候，教师要给他评价的框架，告诉他们从哪几个方面评价，如汇报展示方面、成果方面、分工合作方面、研究方法的应用及过程方面。在整个汇报展示过程中，教师要引导学生发现这几方面的亮点和不足之处。评价并不只局限于这几个方面，应该给学生更加开放的评价空间，让学生大胆地畅所欲言，教师适时启发，及时点拨，注重观察，开发一切可以利用的教育资源。比如，在"过度包装调查"这一主题的汇报展示课上，有学生这样点评："我觉得这一组同学最棒的地方是，他们掌握的调查方法可真多：实地考察，到超市调查商品过度包装情况；发放调查问卷；调查分析。我给这一组的建议是，调查分析不够详细，用图形来分析会更清楚。"在师生、生生的互动评价中，教师作为引导者，引导学生听和思考，对活动过程中的成果、分工合作等方面进行深入分析和点评，并提出自己的见解或建议。依据思维规律有目的地反复训练，在训练中不断矫正学生的不良思维习惯，使思维主体逐渐形成主动探究知识，多方面、多角度、创造性地解决问题，提高思维能力与思维品质。在汇报展示交流阶段，总结、反思，交流独特感受、交流解决问题的办法途径、交流互相之间的评价。这样才不枉费丰富多彩而又辛苦的活动过程，进而从中得到更多的收获和反思，这样整个综合实践活动才更具实际价值。所以，综合实践"汇报展示课"需要充满"交流味"①。

【学习资源链接】

靳玉乐. 新课程改革的理念与创新[M]. 北京：人民出版社，2003.

朱慕菊. 走进新课程[M]. 北京：北京师范大学出版社，2002.

姜平，等. 直击新课程学科教学疑难——中小学综合实践活动[M]. 北京：教育科学出版社，2014.

何茜，杜志强. 综合实践活动课程实施中师生的角色定位及相互关系[J]. 教育科学，2008(3)：45～48.

孟创. 走一步，再走一步——谈综合实践活动课程开题指导课的教学要点[J]. 课程教育研究，2015(19)：185～186.

董曼曼. 综合实践活动课程中文献法的指导策略[J]. 教学与管理，2017(34)：35～37.

蔡晓曲. 综合实践"汇报展示课"要有"交流味"[J]. 新教师，2015(11)：64～65.

张李莎. 在综合实践活动中如何指导小学生搜集整理资料[J]. 基础教育研究，2015(2)：45～46.

白静，杨志敏，郭蕊. 综合实践活动课程中师生关系和角色的定位以及实施[J]. 黑龙江教育学院学报，2013，32(4)：34～36.

王亚萍. 河北省小学综合实践活动实施现状、问题及对策研究[D]. 河北师范大学，2015.

蔡慧琴. 论综合实践活动课程实施与教师素养[D]. 上海师范大学，2005.

陈路路. 论小学综合实践活动中教师应具备的素质[J]. 课程教育研究，2017(30)：166～167.

蔡慧琴. 论综合实践活动课程实施中的师生关系[J]. 教育管理，2006(6)：52.

孙秀鸿. 论综合实践活动课程实施中的教师素养[J]. 理论界，2010(2)：187～188.

吴笈. 综合实践活动中教师选题指导与策略[J]. 福建基础教育研究，2014(5)：121～123.

刘浩. 综合实践活动课程中如何发挥教师的指导作用[J]. 辽宁教育，2017(3)：90～91.

温富荣. 综合实践活动方案设计课的教师指导策略[J]. 福建教育学院学报，2014，15(6)：110～111.

陈显平，李冬杰. 在"社会服务"中立人[J]. 人民教育，2018(Z1)：96～99.

【教与学活动建议】

以班级为单位开展"老师，我希望您是我们的……"征文活动，请学生结合历次主题实践活动中的感受，把自己心目中理想的综合实践活动指导教师应该扮演的角色及应该发挥的作用在文章中展现出来。文体不限。

本次活动能够帮助教师近距离聆听学生的心声，进一步明确自己的角色定位及应该具备的素养。

本章小结

综合实践活动课程的指导教师应该具备高尚的职业道德、合理的知识结构、全面的课

---

① 蔡晓曲. 综合实践"汇报展示课"要有"交流味"[J]. 新教师，2015(11)：64～65.

程实施能力。在综合实践活动课程推进的过程中既扮演好组织者的角色，又要努力推动平等、合作、共享的新型师生关系的建设，在与学生一起探究的过程中相互倾听、交流，平等对话，相互合作，还要能够掌握和运用一定的方法、策略，对学生的选题、方案制定、资料搜集和整理、交流汇报等进行指导。

思考与实践

一、理论思考

1. 综合实践活动课程指导教师应该具备怎样的素质？

2. 小学综合实践活动课程中的师生关系是什么样的？

3. 小学综合实践活动课程中的师生活动方式有哪几种？

4. 教师对学生进行选题指导时可以应用怎样的策略？

5. 教师在学生进行活动方案制定时应该怎样进行引导？

6. 学生进行资料搜集时教师的指导策略有哪些？

7. 成果汇报课上教师要怎样进行引导才能使课堂更有"交流味"？

二、实践探索

1. 参与一堂综合实践活动的成果汇报课，评价一下教师的指导策略。

2. 组织一次开题课，在充分发挥学生自主性的原则下指导学生组建研究小组。

3. 案例分析：一位经常深入小学综合实践活动课堂的教研员说过这样一番话："我听过一些近乎完美的综合实践活动汇报展示课，学生制作的 PPT、手抄报、版画水平都极高，学生的汇报语言流畅自然、生动到位、无懈可击，学生的这些表现为指导教师津津乐道，教师在最后的总结时说同学们的精彩表现给汇报展示课画上了一个完美的句号。但我经常感到疑惑，这样的活动是完美的吗？"如果你是这位教研员，你会怎样审视这样的一堂汇报展示课？

教育是依据生活，为了生活的"生活教育"，培养有行动能力、思考能力和创造能力的人。

——陶行知(1891—1946)，中国著名教育家和思想家

第 11 章　综合实践活动课程资源的开发与利用

学习目标

知识目标
➤ 了解课程资源的内涵与分类，认识课程资源的重要价值。
➤ 理解小学综合实践活动课程资源开发的基本原则和要求。

能力目标
➤ 具备初步开发与利用小学综合实践活动课程资源的能力。
➤ 根据学校的特色资源，开发一个综合实践活动主题课程。

核心概念

课程资源(curriculum resources)　资源分类(resource classification)　资源特色(resource characteristics)　资源开发(resource development)

引导案例

什么是综合实践活动课程资源[①]

课程资源与课程实施密不可分，没有课程资源也就没有课程实施，课程资源的开发、利用对综合实践活动课程具有特殊的意义。课程资源的开发与利用既是综合实践活动课程自身的特殊要求，也是转变学生学习方式、培养健康人格的基本要求，同时还是提高教师素质、促进教师专业化的重要手段。美国课程论专家泰勒指出："要最大限度地利用学校的资源；要加强校外课程，帮助学生与学校以外的环境打交道。"综合实践活动课程资源开发、利用的范围和水平，关键取决于教师的课程意识以及开发与利用课程资源的能力。下面是史蒂文·利维对自己课堂的描述：

"我的教室里充满了丰富多彩的活动，这些活动能够让每个孩子的天分得到充分的表

---

① 张伟，杨斌，等. 《课堂创生的智慧》. 北京：教育科学出版社，2012：105～106.

达和发展。我的课堂像一个由提问、研究、思考、解决问题、音乐、戏剧、手工和游戏组成的织锦，而织锦的主题每年都会随着孩子们好奇心的变化而改变。我们通常在环境中存在的普通事物里寻找主题：一颗麦粒、一撮羊毛，我们穿的鞋，还有我们镇的名字，这些都能够将学生引向有趣的学习课题。每天，我都会感到从平凡当中挖掘卓越的特别召唤。对于孩子们眼里理所当然的熟悉的东西，如果我们去探索其渊源，都会充满惊喜和意义。我们几乎能从任何东西或思想开始，通过提问、反思，还有想象，透过它们看到这个世界的深广。最基本的原则就是，把学习放到现实的环境下，让孩子们感到发展知识和技能的需要，以便做出决定或者完成与他们的生活相关的任务。

思考：究竟什么是综合实践活动课程的资源？如何智慧地利用学生周围的世界去进行综合实践活动课程的开发？

11.1　小学综合实践活动课程资源

为了增强课程对地方、学校和学生的适应性，新一轮国家基础教育课程改革不仅设置了包括国家课程、地方课程和校本课程的计划框架，而且还强调学校和教师要创造性地实施新课程。对教师而言，国家课程和地方课程的实施，离不开课程资源的支持，校本课程的开发更是需要大量课程资源的支持。

虽然国家对综合实践活动课程规定了课时、制定了指导纲要，但是，具体的实施内容和形式则完全由学校和教师来决定。也就是说，综合实践活动课程的具体内容和形式是在实践过程中动态生成的。课程资源的开发与利用将学生和教师的生活经验纳入教学过程中，有利于激发师生在教学中的积极性和主动性。此时，课程资源的作用比以往任何时候都显得更加重要。事实上，任何课程的实施都需要课程资源，没有课程资源的支持，再美好的课程改革设想也很难变成实际的教育效果。

11.1.1　课程资源的含义

课程资源是指形成课程的要素来源以及实施课程的必要且直接的条件。例如知识与技能，活动方式和方法，情感、态度与价值观培养目标等就是课程的要素来源。它的特点是直接作用于课程并且能够作为课程的要素。另外，直接决定课程实施范围和水平的人力、物力和财力，时间、场地、媒介、设备、设施和环境，以及对于课程的认识状况等则属于课程的实施条件。它的特点是作用于课程但不构成课程本身的直接来源。

11.1.2　课程资源的分类

综合实践活动课程资源的来源广泛多样，按照不同的划分标准，可以将综合实践活动课程资源分为不同类型。

1. 按照课程资源的空间分布划分

按照课程资源的空间分布，可以将综合实践课程资源划分为校内课程资源和校外课程资源。校内课程资源是指学校范围之内的课程资源，包括校内的物质资源、各种场所和设施,如图书馆、实验室、专用教室、信息中心,等;校内的人文资源,如教师、学生、校纪校风、校容校貌、学校的文化设施、学校的发展历史等;学校的活动资源,如班团队活动、体育节、文化节等。

校外资源包括学生的家庭、社区乃至整个社会中各种可用于综合实践活动教育教学活动的设施和条件以及丰富的自然资源。家庭资源包括学生家长的职业特长,学生家庭的图书、报纸杂志、电脑,学生家族中的发展历史、人物,以及生活中的典型故事等;社区资源包括社区的人力资源以及各种场所文化景观、风土人情、风俗习惯、物资设施等;社会资源包括社会(历史)现实事件、社会热点焦点问题、典型的社会现象等;丰富的自然资源是我们生存和生活的基础,也是我们开发和利用的重要课程资源,包括自然环境(水土、气候特点)、自然现象、天文现象、自然物产(动植物资源、矿产资源)等;信息化课程资源,利用虚拟的信息空间集合相关知识、图片、数据等,为综合实践活动的实施提供相应的支持。

2. 按照课程资源的存在形态划分

根据课程资源的存在形态,可以将综合实践活动课程资源划分为物力资源和人力资源。物力资源是以物质形态存在的课程资源,如校内资源中的设施设备,包括图书馆、实验室、教室、计算机、各种基地、文化设施等;校外资源中的家庭环境、社区设施设备、文化古迹、自然景观和自然资源等。人力资源是以人为载体而存在的资源,包括学校内的教职员工以及他们的情感、态度、价值观、生活方式和人格等,学生的学习风气、班风、校风等;校外的包括家长、社会人员以及他们的生活方式、价值规范、行为准则、人际关系等。

3. 按照课程资源的功能划分

根据课程资源的功能,可将综合实践活动课程资源划分为素材性课程资源与条件性课程资源。素材性课程资源的特点是作用于综合实践活动课程,并且能够成为综合实践活动课程的素材和来源,是学生学习和收获的对象,包括知识、技能、经验、活动方式与方法、情感态度和价值观以及培养目标等。条件性课程资源的特点是作用于综合实践活动却不是形成综合实践活动课程本身的直接来源,它包括直接决定课程实施范围和水平的人力、物力和财力以及时间、场地、媒介、设备、设施和环境等因素。

综合实践活动课程不仅要开发一切可利用的课程资源,还要开发有利于综合实践活动课程实施的一些资源,具体如下。

(1) 学生活动资源包。根据地方或学校活动领域目标,选择有助于学生实践活动的相关知识、图片资源形成有一定联系的资源包,如一些人物故事、历史事件、民间传说等。

(2) 学生活动工具包。学生在综合实践活动过程中,需要真实记录和搜集显示学生发展过程的资料,这些资料既可以反映学生亲身参与了活动过程,也可以用于评价学生参与活动的绩效等,相关的工具有:活动方案表、活动卡(观察、调查、访问等计划表)、评价卡、活动反思(体会、感想)卡(表)等。

(3) 教师指导手册。为了帮助教师认识、了解综合实践活动课程的有关理念、实施方式和教师的指导方式等,学校可以开发一些有利于提高教师认识的文本资料,如教师指导用书、案例集或资源包等。

课程资源分类的多样性,证实了课程资源存在不同的种类与存在方式,体现了课程资源的丰富性以及开发、利用的灵活性和多元性。

11.1.3 课程资源的特点

课程资源具有如下特点。

1. 丰富性

从以上分析可以知道，课程资源是相当丰富的。课程资源绝不仅仅是教材，也不仅仅局限于学校内部，课程资源涉及学生学习与生活环境中所有有利于课程实施、有利于实现教育目标的教育资源，所以综合实践活动课程资源具有一定的丰富性。由于各地区发展的不平衡，虽然有的地区、学校资源缺乏，但素材性资源还是相当丰富的，如与饮食有关的、与健康有关的、与自然有关的、与教育有关的、与风俗习惯有关的，以及有关社区文化生活的、有关历史传统的、有关社会热点问题的，等等。

2. 客观性

从本义上讲，课程资源是某种物质的天然来源，是本来就有的。但是，课程资源的开发和利用却是需要人们发挥主观能动性，并依据一定的目的来进行的。由于不同的主体在课程观、知识水平、能力水平、实践经验等方面存在差异，因此，当不同的主体对同一课程资源进行开发和利用时，其广度、深度及达成教育目标的效果就会有很大差异。这说明课程资源是客观的，但课程资源的开发与利用却是取决于人的主观能动性的。

3. 可利用性

相当一部分课程资源在课程设计之前就已经存在，它们具有转化为学校课程或支持课程实施的可能性。但是，可能性不等于现实性。要想成为现实的学校课程或课程实施的现实条件，这些课程资源还需要进行转化。有时，课程资源中的教育性因素与非教育性因素可能交织在一起，因此，只有经过筛选或转化，这些课程资源才可能成为学校课程或有利于课程实施的基本条件。一般来说，我们可以根据教育哲学、学习理论和教学理论，从有利于实现教育理念和办学宗旨、符合学生的身心发展特点、满足学生的兴趣爱好和发展需要及提高教师教育修养的现实水平等方面来筛选。

11.1.4 综合实践活动课程资源应符合的条件

资源虽然丰富，但并非所有资源都能成为综合实践活动课程的资源。作为小学综合实践活动课程的资源，必须符合以下条件。

1. 具有教育价值

资源，从本义上讲是某种物质的天然来源，是本来就有的，是客观存在的各种事物。作为课程资源的各种事物必须能够为教育服务，有利于课程实施和教育目标的实现，或可以直接转化为学校课程，或能够为课程的实施提供良好的条件，也就是说，具有教育价值是第一条件。

2. 与课程目标相吻合

综合实践活动课程资源的开发与利用旨在改变学生的学习方式，提高学生的实践能力和综合素质，发展学生的个性特长，完善学生的健康人格。因此，教师必须在可能的课程资源范围内，精选那些对学生终身发展具有决定意义的课程资源，使之优先得到运用。例如，学校要帮助学生掌握建设性地参与社会生活的各种本领，就必须全面了解学生有效参与社会生活所应具备的知识、技能和素质以及社会为个人施展才能所提供的各种机会，筛选出重点并优先运用于课程实施中，凡是和课程目标联系不紧密或有所偏离的课程资源，都不能进入综合实践活动课程资源的范畴。

3. 适合小学生身心特点

不同年级、不同学段的学生具有不同的身心特点，他们在知识面、生活阅历、思维方式、情感体验等方面都有所不同，在活动参与、制作表达、总结等方面也存在差异。因此，学校和教师在选择综合实践活动课程资源时就必须考虑到不同年级、不同学段的学生的身心特点和发展需求，注重适应性。即便是和其他年级或年段学生使用同样的资源，在运用方法、活动组织等方面也应体现出不同年龄的差异性。

4. 安全性能高

综合实践活动课程实施的最终目的是为了促进学生的发展，因此，任何对学生的身体和心理有伤害、消极影响的资源都不能成为综合实践活动课程的资源。在选择和利用资源时，教师必须把安全作为重要的指标，认真对待，逐一检查，不能有任何疏漏。

5. 成本低、消耗少

综合实践活动的课程资源中有一部分是条件性资源，需要一定的投资。但这并不是说一定要花钱购买高档的仪器设备，最关键的还是如何充分利用现有的课程资源，社会上的一些事件、现象的调查、研究等本身无须多大成本，但却都可以成为综合实践活动课程实施的重要资源。而且只要利用得当，同样能达到预期的教育效果，即便是一定要使用仪器、设备，那也要尽可能地选择和购买价格低廉、成本低、消耗少的。

6. 可重复利用

由于目前教育经费比较紧张，各地区、各学校发展不平衡，所以，我们不能指望每开展一次活动，就购买一次设备、仪器，而是要尽量利用学校、社区、生活中的现有资源。如果有些活动确实需要购买仪器、设备，也要考虑其是否可以多次使用、重复使用，否则，将会浪费有限的教育经费。与学科课程相比，综合实践活动的课程资源不一定是规范的、系统的、专门化的，关键在于教师是否具有敏感的资源意识，是否善于开发与利用现有资源。另外，综合实践活动课程资源的利用特别强调综合，因此，我们应从多学科、多维度、多价值的角度去分析。

11.2 小学综合实践活动课程资源的开发

11.2.1 资源开发在小学综合实践活动课程实施中的意义

1. 综合实践活动课程自身的特点及其深入发展需要强化的课程资源开发

首先，综合实践活动课程内容的综合性及其发展需要课程资源开发。综合实践活动课程以淡化学科界限、加强知识整合为特征，主张课程与生活、学校及社会的有机联系，其内容体现着个人、社会和自然的内在统一，凸显着科学、艺术、道德的和谐。换言之，综合实践活动课程的内容超出了单一学科知识的范畴，是静态的文本材料所无法涵盖的。因此，综合实践活动课程的开展不能囿于静态封闭的文本材料，必须借助丰富的课程资源的支持。

其次，综合实践活动课程过程的开放性、动态性及其发展需要课程资源开发。综合实践活动课程强调面向每一个学生，尊重学生的个性发展需要。强调面向学生的生活世界，随生活的变化而变化；强调学生多层次、多角度、多方面的体验；提倡使学生在真实的生活世界中通过身体力行的实践活动，发现问题和解决问题，体验和感受生活。这就使得综合实践活动课程的实施在时间上、空间上有了更大的灵活性和开放性。同时，这也要求综合实践活动课程的实施必须突破课堂教学的时空局限，向社会生活领域和自然环境延伸，而这种开阔的空间场所与课程资源有着十分密切的联系。在课程实施过程中，应该充分认识到综合实践活动课程的过程性、动态性，学会主动地开发内容丰富、形式多样的课程资源，为学生有效地开展综合实践活动创造有利条件。

再次，综合实践活动课程目标的生活体验性及其发展也需要课程资源开发。综合实践活动课程强调以学生感兴趣的体验性知识学习为对象，通过体验性学习丰富学生的体验活动。这就要求学生走出书本、走出教室，走向自然、走向社会，通过活动、实践，获得体验，在"做""考察""探究"中感悟人生、积累经验，认识事物之间的联系，建构活动的意义，从而获得自身的整体发展。体验存在于活动、实践之中，包括生活体验、自然体验、社会体验、生产体验、文化体验等，这也就决定了综合实践活动课程的实施需要丰富的课程资源。

最后，综合实践活动课程实施本身也需要课程资源，从某种意义上说，其范围、水平和深度都取决于课程资源的开发程度。

2. 改变学生的学习方式、培养健全人格需要强化课程资源的开发

综合实践活动课程为学生构建了一种开放的学习环境，提供了获取知识的多种渠道，以及将学到的知识加以综合并运用到实践中去的无限可能。综合实践活动课程更深层次的价值追求不是对儿童进行科学训练，而是使教育在理论和实践的层次上回归儿童的本性，建构学生的健全人格。丰富的综合实践活动课程资源可以激发学生参与课程建设的兴趣，调动学生多种感官参与课程教学，使学生身临其境，在这个过程中增长知识、陶冶情操，形成正确的价值观和人生观。可以说，综合实践活动课程资源的开发与学生的身心发展、人格健全有着不可分割的联系。因此，综合实践活动课程资源开发的意义重大，它必然带来学生学习方式的重大变革，并对学生健全人格的形成产生极大的影响。

3. 提升教师的课程意识需要强化课程资源的开发

课程意识是教师对课程系统的基本认识，是对课程设计与实施的基本反映。综合实践活动课程资源的开发对提升教师的课程意识具有重要意义。

首先，综合实践活动课程资源的开发有利于确立教师实践的课程观。综合实践活动课程资源的开发打破了学校、社区以及家庭之间的壁垒，要求教师在广阔的空间里实施课程，使学生走出课堂、融入生活，在广泛的课程资源中，指导学生进行活动、探究与体验。

其次，综合实践活动课程资源的开发有利于教师主导作用和学生主体地位的确立。教

师在开发课程资源时，要充分考虑学生的生活经验、发展需要、兴趣爱好，让学生以自己喜欢的方式积极主动地参与活动。同时，教师不能代替学生进行活动，而是要为学生提供建议，解决疑难。因此，教师是作为活动的组织者、引导者、参与者，与学生一起在活动中发展。

再次，综合实践活动课程资源的开发有利于学校与家庭、社会的密切联系。如建立基地、参与社区活动、开设讲座等，可使学校与社会联系更加紧密；可使学校和家庭在为学生提供什么样的资源上达成共识，并就资源开发中的问题，如活动的时间问题、安全问题、开支问题等达成一致的意见。

11.2.2　综合实践活动课程资源开发的原则

综合实践活动课程内容的选择性、目标的针对性以及实施的实践性等特点，客观上要求综合实践活动课程资源的开发遵循以下原则。

1. 就地取材

综合实践活动的课程资源主要来源于当地的自然资源、地理资源、经济资源以及文化资源等。由于各地文化发展的不平衡，自然、地理环境的差异性以及经济结构的多样性，课程资源的开发应从实际出发，就地取材。这样既可以节省许多开支(时间、财力)，同时又能帮助学生认识家乡、了解家乡，增进对家乡的感情。值得一提的是，不同的地区有不同的资源条件。城市、农村、城市与农村接合部各有各的资源条件，平原地区、山区、草原、水乡各有各的资源条件，经济发达地区、经济落后地区也各有各的资源条件。可以说，综合实践活动的课程资源是非常丰富的。只要我们具备课程资源意识，对身边的资源保持高度的敏感，就能随时开发出新的课程资源。

2. 学以致用

在进行综合实践活动课程资源的开发时，必须打破理论脱离实际的局面，充分利用社区资源，为学生提供走向自然和社会的时间、空间，让学生感知生活、体验生活，增加学生的使命感、责任感。这样也可以使学生积极地为家乡的发展提出建设性意见，为家乡的发展做出一定的贡献。

3. 形成体系

综合实践活动课程资源的开发可形成系列，如地方或社区文化传统系列、地方或社区地理系列、地方或社区历史系列、地方或社区科技系列等。即使是同一主题，也有初级、中级、高级之分。这样一来，既注意到阶段性，又注意到序列性和衔接性。这种体系化的课程资源开发，可使不同阶段的学生的发展形成序列，从而促进学生的长期、可持续发展。例如，针对"茶"的探究，可以以"走进茶文化"为主题，形成系列化的课程资源开发的体系，如图 11-1 所示。

4. 优化配置

在开发综合实践活动课程资源时，还必须对时间、场所、条件、资金和人员进行合理的优化配置，集中财力和人力，做到统一使用和管理。这样，不仅可以缓解教育资源的短缺，而且可以大大提高社区资源的利用效率，同时，还将提高教师的综合技能，促进学校办学特色的形成。

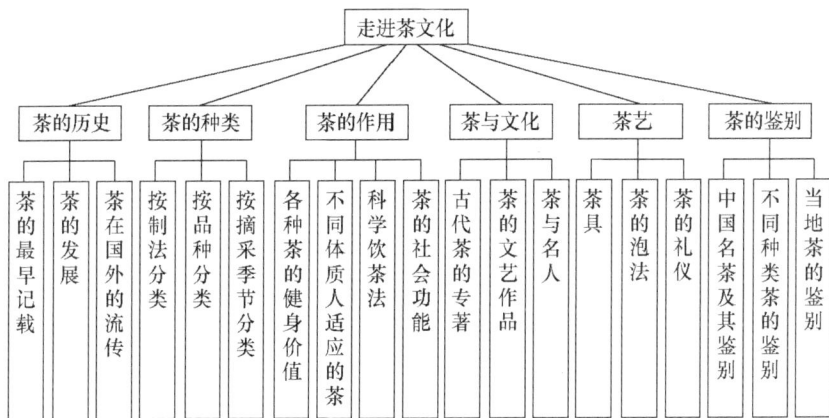

图 11-1 "走进茶文化"的课程资源开发体系

具体来说，一方面，学校要善于挖掘校内、社区及兄弟学校的资源；另一方面，学校也要积极地将校内资源辐射到社区和其他学校，建立起校内外课程资源的转化机制。

11.2.3 综合实践活动课程资源开发的基本要求

1. 以课程目标为依据

课程目标是教师开发综合实践活动课程资源的出发点和最终归宿。偏离了目标，课程资源的开发就会表现出盲目性、随意性和零散性。因此，依据课程的目标，有针对性地开发综合实践活动的课程资源是十分重要的。面对同样的课程目标，有时可能会有许多资源可以利用，这时就需要进行筛选，以提高活动的针对性或增强内容的典型性。我们应该选择那些学生感兴趣、符合学生的身心发展特点、课程成本低、可能对学生终身发展具有重要意义的课程资源。另外，课程资源具有多质性，一种课程资源可能具有多方面的价值，这时也需要依据目标进行选择。

例如，组织一次环境污染方面的调查活动，可能就会涉及多个方面的内容，学生可以从工业污染、农业污染、生活垃圾污染等多个角度切入。但是，考虑到学生的年龄特点和时间安排等问题，只能选择一个方面，进行较长时间的调查研究。

2. 把握资源开发的广度和深度

综合实践活动的课程资源是十分丰富的，教师可以根据需要开发出多种多样的教育内容和功能。因此，在开发综合实践活动课程资源时，还存在着开发的广度与深度问题，即需要考虑从综合实践活动课程资源中选择什么样的对象、提取什么样的内容以及内容所涉及的范围和呈现方式等问题。一般而言，针对不同的目标，开发综合实践活动课程资源的策略也应有所不同。

若要从综合实践活动课程资源中提取尽可能多的同类事物，那么提取的内容要有较大范围的覆盖面。这样一来，学生可以开阔视野、启迪思维，了解更多的内容；同时，借助适当的呈现方式(如对比呈现、实地观察与录像呈现相结合等)或教师必要的提示，学生能够发现同类事物中的一般规律，理解和掌握带有规律性的知识，实现由具体到抽象的升华。

若要从综合实践活动课程资源中挖掘与某一内容相关的更深刻的内涵，那么对有关资源的开发就应该向纵深方向发展，透过表层内容去揭示更深刻的内涵，实现由表及里的迁移，达到对知识的深入理解和领会。例如，通过"文化古迹"这一现象，我们可以在领略文化古迹风貌的同时，了解其中富有教育意义的历史故事、名人轶事、文化渊源等丰富内容，从而使学生受到历史文化、民俗传统等多方面的教育。

3. 因地制宜体现特色

在综合实践活动课程资源的开发中，要注意体现地方课程资源的独特性和丰富性。当前，本地课程资源开发中存在的问题是视野比较狭窄，大多只局限在介绍本地区物产资源、革命传统教育资源等方面，对本地课程资源的开发不够充分，思路比较单一，错误地认为综合实践活动课程资源的开发就是补充乡土教材，很少考虑把本地资源作为综合实践活动课程实施的必要条件，或者把课程资源与学校课程有机地融为一体；另外，在探索综合实践活动课程实施的新途径、新形式方面做的工作也还不够，以至于课程实施形式单一、呆板，效果不够显著。由于不同地域、不同民族的文化存在差异，不同地区的课程资源也是独特的。当我们从本地课程资源中开发出更多的可资利用的教育因素时，既要注意保持文化的独特性，又要引导学生学会理解和尊重多元文化。在组织综合实践活动时，要让学生走入现实的社会生活，亲自去感受和体验本土文化的丰富性与深刻性，学会不同文化之间的沟通和理解，并逐步学会从不同文化中汲取营养。这一点在少数民族聚居地区显得尤为重要。如何保持各民族的文化传统，如何实现不同文化之间的沟通和理解，也是当前综合实践活动课程实施中值得探究的问题。

在开发综合实践活动的课程资源时，要考虑本地区、本学校的实际条件，做到综合实践活动课程与其他教育内容的协调配合，并注意时间、空间、人力、物力上的现实可行性。如果仅仅在综合实践活动课程资源的开发上耗费过多的时间、精力及物质条件，那将是不经济的，而且其实践经验也不会有较大的推广价值。当前，一些地区建立专门的教育基地，实现学校之间、地区之间的教育资源共享，是一个行之有效的办法，这样可以在现有条件下通过力量的整合，为综合实践活动的开展创造有利条件。另外，一些中小学生利用节假日或将时间相对集中起来开展综合实践活动，也是一种方便易行的办法。当学生走出课堂、走出校园，投身于充满活力的现实生活之中时，将受到更为丰富和实在的教育。

11.2.4 综合实践活动课程资源开发的主体

1. 以教师为主体的课程资源开发

真正地让教师以课程为中介教学生而不仅仅是教教材，最有效的办法就是加强教师队伍建设，使教师成为课程资源开发的主体。如果从"师定课程"出发，教师的知识与技能、过程与方法、情感态度与价值观等就是教学过程中经常要遇到的课程资源。教师作为课程资源，与其自身的知识结构、综合素质等密切相关。除了开发与利用自己"师定课程资源"外，教师还可以结合校内外课程资源的存在方式，进行创造性的工作。此外，教师之间要相互合作与帮助，相互团结与促进，在交流经验、共享课程资源的过程中，共同积累、开发、利用各级各类课程资源。总之，教师是最重要的课程资源，他们决定着课程资源的鉴别、开发、利用和积累，是素材性课程资源的主要载体。

2. 以学生为主体的课程资源开发

在目前弹性课程与多元教材出现的情形之下，课程资源开发的主体正在由单一的课程与教学专家主导向多元化方向发展，其中包括利用和消费课程资源的学生。学生在新课程中，既是课程资源的使用者，又是课程资源的开发者，尤其是在现代信息技术广泛运用到教学与生活的各个方面的背景下，学生获取知识与信息的途径多元化，学生之间的相互交流与学习越来越频繁，学生本身也成了特殊的课程资源。与此同时，学生在合作学习、探究学习、自主学习的过程中，相互之间都成为对方的课程资源。学生开发的课程资源不仅形式灵活多样，而且还具有多渠道、多层次、多类型等特点，这对学生兴趣的培养、能力的锻炼、合作精神的形成具有积极作用。开发与利用课程资源的过程，就是学生学习、发展的过程，而这种过程还会影响其他学科的学习过程。

3. 以学校为主体的课程资源开发

所谓以学校为主体的课程资源的开发主要是指对学校中的图书资料室、多媒体教室等的开发。这些机构以前就存在，但没有把它们作为课程资源的开发对象来认识。许多学校的图书馆、资料室、多媒体教室都没有很好地利用起来。今后，学校在这方面要做的工作主要是：首先，加强对校内课程资源场所的建设，把校内课程资源与校园文化建设、校园潜在课程等结合起来，为教师和学生能够顺利地开发课程资源创造条件；其次，在校本课程的建设中，把学校课程资源的开发作为一项重要的工作来抓，使校本课程与地方课程相互支持，并成为两种资源的补充；再次，学校要主动与社区、部队、工厂、农村、家庭等联系，把校外课程资源与校内课程资源有机地结合起来，并使校外课程资源成为校内课程资源不竭的源泉。

4. 以社会为主体的课程资源开发

社会上的许多资源，如图书馆、科技馆、展览厅、青少年活中心、部队、政府机关、企事业单位、高等院校和科研院所，以及广阔的自然资源、信息化课程资源等的功能与价值远远没有发挥出来。学校和教师要有意识地开展专题性的课程资源开发，为学校课程资源库存容量的增加创造条件。

11.2.5 课程资源的开发与利用

在综合实践活动课程资源的开发和利用中，只要有利于学生主动学习以及和谐发展的综合实践活动课程资源，都应该加以开发与利用。下面就介绍几种类型的综合实践活动课程资源的开发和利用的策略。

1. 校内课程资源的开发与利用

为了有效地开发和利用校内的各种物力资源，可以通过表格，把校内的物力资源整理出来，如表 11-1 所示。

表 11-1　校内物力资源一览表

资源名称	功　能	数　量	资源情况说明	管理人
图书馆	查阅资料	一所	现有图书的数量，各种类型的图书的分布等	

通过对校内综合实践活动课程物力资源的分析，使教师对学校现有的资源有一个深入的了解，认识到学校内的资源哪些是可以利用的，从而引导学生利用学校现有的资源，开发活动主题，如"装扮我们的学校""装扮我们的教室""图书馆的探究""设计我们的生物园"等。

通过对学校物力资源的整理，还可以帮助学校进一步完善资源，如根据课程的需要，订购相关的图书、丰富学校图书馆的书籍，对校园进行合理规划、美化、改造，为学生创造良好的学习活动的场所等。

可以利用表格，对校内可用的人力资源进行统计，如表 11-2 所示。

表 11-2　校内人力资源一览表

姓　名	年　龄	专业特长	备　注

综合实践活动课程的综合性比较强，涉及的知识面比较广，而每个教师的专业知识比较局限，因此，在综合实践活动课程的实施中，应该发挥各位教师的专业特长，对学生进行合作指导。

案例 11-1

"综合实践课"是新课标中提出的新型课程，此前并没有现成的案例可供参照。老师们根据自己的学科优势，发挥自己的聪明才智，成功地进行了创造性的设计和开发。六年级下学期的数学教材中涉及有关利息、纳税的知识。老师们说："过去教这部分时就是让学生做做书本上的题目，通过反复的练习、订正、评讲来巩固知识，顶多就是让学生课后跟爸爸妈妈去银行存存钱，具体了解一下是怎么回事。"现在老师们从课程开发的角度去思考，为什么不好好利用这个契机，让学生充分地体验有关理财的知识呢？现代社会不是很看中"财商"吗？孩子应该通过这一知识点的学习树立起正确对待金钱、使用金钱的观念。于是在老师们的精心策划和准备下，系列综合实践活动课出炉了[①]。

活动之一："小鬼当家"。老师请来银行的行长叔叔，为学生们做《钱生钱的秘密》的讲座。行长叔叔根据老师提出的知识点、事先收到的学生的提问纸条，精心设计了讲座内容和相关的幻灯片。孩子们通过听讲座，从专业人士那里了解到：银行是干什么的；银

---

① 李吉林. 为儿童的学习——情境课程的实验与建构[M]. 北京：外语教学与研究出版社，2008.

行里是怎么计算利息的；原来年、月、日各有各的利率，国家出台的利率是会有变化的；过去的银行工作人员用算盘对账，现在都改用电脑了；用定期和活期以及不同年限存款，所得的利息是不一样的，用最划算的办法存款还可以赚钱……讲座过程当中孩子们还在行长叔叔的现场指导下试填了一些存单。通过本次活动，孩子们对原本比较复杂、枯燥的"百分数的应用"产生了兴趣，体验到百分数知识在生活中的重要性。

接着老师在晨会、班会上又和孩子们讨论了有关存钱的问题，如：拿什么钱存？怎么存？存了干什么？帮助孩子们进一步树立正确的理财观。课后，很多学生主动地将自己的零钱存入了银行，还有学生说："学了理财之后我发现用钱买那些平时用不着的摆设、玩意儿其实是一种浪费钱的行为。"

活动之二："乐淘淘跳蚤市场"。为了使学生更加"切身地体验"如何做个"高财商""会当家"的"小机灵鬼"，同时也为了让他们综合运用所学的"利率""折扣"等知识，增强他们的数学意识、提高数学能力，老师们又策划了"乐淘淘跳蚤市场"活动。"跳蚤市场"的前期准备工作更多。事前老师布置调查性作业：让孩子去商场超市了解各种促销方式；在学校里做市场调查，了解不同年龄的学生对商品的需求和对价格的承受能力。此外，老师们还通过"家校通"向家长宣传活动目的，赢得家长支持，和孩子共同商议确定出售的商品(如用过的玩具、看过的课外书等家中闲置不用的东西)和商品售价。然后，老师引导学生分组成立"淘宝铺"，确定组内成员的分工并让他们做好各自的准备工作：如"营业员"练习服务用语，介绍和推销商品；会计设计成交记录清单，收银员准备零钱；组长将要卖的东西统计后交给老师过目，确保所售商品既有趣又有益。另外，学生还要制定详细的经营方案和营业额的分配方案；根据数学知识，合理定价，学会议价；制定促销措施，制作促销广告牌；每个成员都要熟悉商品的价格、折扣和计算方法，能根据现场情况准确迅速地计算出成交价。当然，尽管老师考虑得很周全，但在活动中他们只进行思路的启发和引导、方法的指导和信息资料来源的提示，做到"点到为止"，为学生留有足够的创造空间。

经过孩子们的精心策划、准备，这场别开生面的综合实践活动终于在学生们的期盼中闪亮登场了，下面是活动的现场镜头。

操场上人头攒动，各个摊位上的小商品琳琅满目：书籍、文具、模型、小摆设等应有尽有。"小老板们"各显神通，推出了各种诱人的促销方式"全场一律八五折""买四送一""满30元返还5元""买一件9折，买两件8折""满20元抽奖"等。导购员举着小喇叭热情地推销商品："折扣多多，满意多多""心动不如行动""物美价廉，全场打折"……营业员磨破嘴皮对付买家的砍价；收银员欢天喜地地结账找零；会计一丝不苟地负责核对商品底价，并及时记录成交价；还有的小老板自我满足地数着辛苦赚来的一张张纸币。整个操场到处洋溢着浓浓的市场味儿。原定一个小时的活动延续到两个小时，市场的生意依然火爆，操场上人流如潮，吆喝声、叫喊声、欢笑声此起彼伏。

活动解放了学生的头脑，解放了学生的手脚。在自由的天地里，他们极大地发挥了聪明才智，乐于探究，并不断感受着创新带来的愉悦和价值。活动结束后，同学们仍久久沉浸其中，回味着活动情景，记录下了点滴收获：

别看我们一个个乳臭未干的孩子样，其实是人小鬼大、善于计算的。近六年的数学积累，终于要拿出来遛遛了。同学们个个跃跃欲试，如精明的小商人似的，颇具商业头脑地对出售商品进行了分门别类:全新的、流行的、漂亮的、实用的……提前计算确认了商品的折扣率、捆绑价、起卖价、促销价,让那些百分号、加减号、乘除号都派上了用场。

这次活动不仅让我们体验了"小鬼当家"的快感,更让我们把数学融入生活,用生活促进数学学习,真是两全其美。带着"成功小商人"的快乐心情,我期盼着下次的"跳蚤"市场。

打折的卖法果然有效,尝到第一次甜头后,我们如法炮制,于是伙伴的吆喝词中又多了一句:"本摊商品一律八折。"果然买家在折扣诱惑下越来越多了。但是又有一个难题摆在了我面前:"一元两元的东西打八折后,零钱就不那么好找了,怎么办?"一会儿我就想出了一个妙点子:买4送1不也是打八折吗?这样既解决了找零的麻烦,又能促使消费者多买——买不到一定的数量就不会送哟。于是我们的商品渐渐地4个、4个地卖出去了。

各班还通过讨论将孩子们所得的赢利做了合理分配:一种是"营业额的5%作为缴纳的营业税用于班级建设,95%以小组名义存入银行,作为假日小队活动经费";还有一种是"营业额的60%为饮泉小学(与我校结对的如东所贫困小学)建立班级书架,另外40%作为班级基金,奖励学习进步的同学。

"乐淘淘跳蚤市场"活动,不仅让学生灵活掌握了有关"折扣、税收、可能性"等数学知识,还锻炼了他们与人交往、团结协作、求异创新、应用数学知识解决实际问题等多方面的能力,同时还让他们有了或多或少的生活感悟:"学会理财,教会我们不随便花费,不是让我们去当守财奴,而是让我们学会利用自己的劳动所得,去干一些有意义以及有趣的事情。"

2. 校外课程资源的开发与利用

校外的课程资源包括自然资源、社区资源、学生的家庭资源等。

校外的自然资源包括森林、河流、湖泊、风景区等,可通过列表的方式对这些资源进行统计,如表11-3所示。

表11-3　校外自然资源一览表

自然资源名称	存在的位置	现状及存在问题	可以开发的活动主题
森林			
河流			
湖泊			
草原			
……			

通过引导学生对自然环境的观察,引导学生发现问题、解决问题,增强学生对本地区的了解,增加对家乡的热爱。如农村地区的学校可以利用本地资源开展"本地的水土气候与农业生产的探究""本地旅游资源的现状及改进的探究""本地水资源的现状及存在问题"等,对本地自然资源的现状调查及问题解决等系列主题探究活动。

社区资源包括社区的物力资源和人力资源。社区的物力资源包括社区的各种场所(图书馆、科技馆、文化宫、公园等)、各种机构、各种生产和服务业等。可通过表格对社区的一些重要的物力资源进行统计分析,如表11-4所示。

表 11-4　校外社区物力资源一览表

资源名称	功　能	存在位置	开发与利用建议	备　注

引导学生走进社区，通过对社区的观察，发现社区存在的问题以及社区中得天独厚的课程资源，开发活动主题，如"家乡名称的由来""家乡文化遗产的传承"等。同时，社区里有一些重要教育价值的组织和机构，学校可以与其建立长期合作关系，形成学校的综合实践活动基地，如一些学军、学农、学工以及一些爱国主义教育基地等，利用这些基地，组织学生开展相关的综合实践活动。如利用本地的戒毒所，开展"珍惜生命，远离毒品"的主题活动；利用本地的无公害蔬菜基地，开展"无公害蔬菜的种植与销售"活动。

社区的人力资源包括社区的各种机构、各种生产和服务业的专门人才资源以及离退休人员等，如表 11-5 所示。

表 11-5　校外社区人力资源一览表

姓　名	性　别	专业特长	单位或居住地	备　注

结合学生开展的主题活动，可以将社区相关的专业人士请进来，采取讲座、开课、组织和指导学生等形式开展综合实践活动。

家庭是学生最重要的生活场所，对学生的成长影响最大。在学生家庭资源的开发与利用中，家长是最重要的课程资源。可以通过建立档案袋的方式，对家长资源进行统计，如表 11-6 所示。

表 11-6　学生家长情况统计表

学生名称	家长姓名	职　业	特　长	工作单位	联系方式	备　注

家长中有许多各行各业的行家里手，结合学生开展的主题活动，可以邀请家长到学校以开讲座、指导等形式参加学生的活动。家长也可以是学生在家里的探究活动的老师。这时，教师要提前与家长取得联系，让家长明确活动的意义，促使家长督促和配合学生开展活动，如利用节假日带学生外出参观、考察等；让学生参与家中的各种家务活动，家长充当学生的老师，并检查督促学生的落实等，如家政部分内容的学习，可以在每个学期初，学校与家长取得联系，让家长明确本学期要学习的内容，学生做好计划，家长负责督促学生完成计划；也可以利用家庭资源进行综合实践活动主题的开发，如"名字的由来""我的家庭"等。

对综合实践活动课程资源的整体评估，可以通过表 11-7 进行。

表 11-7 综合实践活动课程资源开发整体分析

项目＼内容	有利因素	不利因素	机 遇	危 机	活动建议
地理环境					
经济发展					
产业结构					
家长背景					
文化特点					
学生状况					
师资条件					
社区文化					
……					

扩展阅读 11-1

综合实践课程是一门全新的课程,它具有开放性、实践性、自主性、综合性等特征,与别的学科最明显的区别就是它没有真正意义上的教材,可以说生活中的任何资源都能够成为其课程内容,它在无形中引导学生感悟人生、贴近生活、了解自我、关注社会,它的一些优越性是别的学科所无法取代、无法比拟的。

一、开发小学综合实践活动课程资源的意义

(一)有助于培养学生的合作探究意识

可以说开展有效的分工合作成为21世纪人们必备的基本素养之一,在综合实践活动里,学生与学生之间通过具体的分工与合作,可以充分地意识到合作的重要性,并初步掌握与别人进行沟通、交流的方式与方法。

(二)有助于培养学生的创造性思维

综合实践活动课程是以与学生实际生活密切相关的问题为切入点的,因此这门课程就是把学生的问题意识作为课程目标,提出问题,激发学生的兴趣,鼓励他们积极地思考问题、探究问题,并提倡个性化的解决方法,在此过程中,学生的创造性思维得到了充分锻炼。

(三)有助于学生社会实践能力的培养

综合实践课程的根本特征就在于它的实践性,积极倡导学生投入具体的实践活动中,在亲自动手、亲自动脑的过程中,学生就能够直接地体验、感受现实生活,并体会到"独立自主"解决问题的快乐。既然开发小学综合实践活动课程资源具有这么多素质教育范畴的重要意义,那么我们就必须深入地探究切合实际的课程资源开发模式。下面从三点来具体阐述。

二、小学综合实践活动课程资源开发模式研究

(一)立足学科,促进常态化实施

在开发小学综合实践活动资源的具体实践活动中,我们必须立足学科,打破学科之间的界限,促进其得以常态化实施。只有如此,才能够提高相关资源的利用效率。如果让学

生全面、综合地利用自己所学过的、所掌握的知识来处理并解决问题，就会对学生的相关学科的学习起到正强化的作用。例如可以有效整合人教版小学语文教材中的《太阳》《只有一个地球》以及自然教材中的《认识太阳能热水器》这些学科资源，推行一次以"关注太阳能"为主题的综合实践活动。课余时间，可以让学生回家上网、在学校阅览室查找，搜集有关太阳能方面的资料介绍。在学生理解和把握一定层面的太阳能知识之后，学校可以组织学生到附近的太阳能热水器厂去参观，并邀请相关技术人员给学生做具体的太阳能热水器制作方法、工作原理的诠释，进而让学生充分地了解、认识这种绿色环保资源的独特性、优越性。那么这次实践活动到此才仅仅进行了一半而已。接下来教师就需要指导学生具体设计出他们心目中的太阳能产品，调动学生的美术才能，让他们画出自己心目中产品的图纸，并根据自己掌握的知识来编写产品说明书。待每个人的作品都完成之后，就开一个以"我爱发明"为主题的班会，评选出优秀作品，并授予"小小发明家""未来之星"之类的称誉。可以说本次的实践活动涉及了多方面的学科知识，诸如自然科学、语文、美术等，在此过程中让学生充分体会到了学科之间的密切关联性，领悟到学科并没有主副之分，应该把每一门学科都学好，只有这样才能有效地提升自己的综合素养。

(二)挖掘校本，确保有效实施

教育部《综合实践活动指导纲要(征求意见稿)》提出："学校要因地制宜，因时制宜，改变仅依靠教科书展开教学的做法，充分开发与利用各种教育资源(包括校内资源、社区资源和学生家庭中的教育资源)落实课程计划的要求；要积极创造条件开发与利用信息化课程资源，拓展综合实践活动的实施空间。"这就要求学校必须结合自身发展的实际，充分挖掘各种课程资源，自主开发具有本校特色的课程资源。学校能否开发出体现课程目标、适合学生实际需要的课程资源成为综合实践活动课程有效实施的核心问题。

可以说学校是师生一起生活学习的乐园，也是精神发展的有效平台。校园文化氛围营造的好坏直接影响着教学效果。在具体的校园文化建设中，诸如草木、砖瓦以及景物皆可以成为学生综合实践活动的有形资源，这些硬件设施每天与学生形影不离，学生对它们也是有一定感情的。因此我们就可以将这些素材纳入实践活动的具体内容中去，成为学生合作与探究的主题。例如，让学生去研究亭台、楼阁、雕塑、体育场、绿植、广播站、气象台、墙中画以及百草园等，这些看得见、摸得着的事物很容易激发学生的研究兴趣，教师要主动地引导学生去挖掘每一种事物的主题与内涵。另外还可以让学生关注学校文化中的软件资源，具体包括学校的办学指导思想、办学理念、办学目标、办学精神、校风校纪、教风学风、班风班貌以及校徽校歌校旗等。教师也要主动地指导学生去思考、领悟、解读这些无形文化的深刻含义。学校要成为学生精神发展的有效平台，那么这个平台到底体现在何处呢？其实就体现在学校的文化"软实力"方面，这种文化"软实力"是学生行为举止的榜样，是学生精神面貌的折射。每一个学校的办学理念是不同的，每一种理念都具有深刻的内蕴与独特的个性，如有的学校的办学理念是"事事处处求学问，点点滴滴学做人"，有的学校的是"学生健康成长、教师成功发展"，有的学校的是"快乐中动手、愉悦中思考、幸福中成长"等。我们学校以书香校园建设见长，具体来说就是每个班级创建一个"书香园地"，每个月要举行一次以"营建书香校园"为主题的班会，每年举办一届读书节；开展跳蚤书市、古诗文考级、学国学诵经典朗诵会，举办诗配画展、学生作品集展等活动，并有效地建设图书馆，购置大量新书，营造一个温馨、开放的阳光书吧。这些所谓精神的食粮，成为校本综合实践活动的宝贵资源，不仅可以有效地陶冶学生的情感，还可以为学生的未来发展提供持久的动力，更可以从整体视野领域，提升学校的文化魅力与文化品位。

(三)强化特色，力求高效实施

可以说地方文化特色是小学综合实践活动的宝贵资源与潜在资源，需要学校、教师进行切实有效的挖掘，因此在具体设计综合实践活动的操作内容和实施策略时，必须主动融入地方文化特色。不同地区都有属于自己的独特的文化资源，如果能够有效地利用这些文化资源，将使学生的综合实践活动有一个质的提高与飞跃。例如安徽泾县诞生了一种独具特色的手工艺术品，即我们常说的宣纸，宣纸的具体制作流程、技巧，现在业已被纳入我国非物质文化遗产保护"名单"之中，受到国家的保护。这个地域的小学，可以将这一宝贵的非物质文化遗产作为自己实践活动的主题，学校可以组织学生到当地的宣纸厂去具体了解、熟悉整个宣纸的制作过程，并给予学生亲自动手尝试的机会，看他们谁听得认真、学得快，让他们在具体的劳动中，感受这种工艺品复杂的制作流程。参观完毕之后，就要求学生用宣纸来进行绘画、书法比赛，也可以让他们将参观的感受画在或者写在宣纸上，给自己的实践活动留下美好的回忆。这种生活化、社会化的实践活动显然有助于调动学生的积极性、参与性，因为没有一个人不为自己家乡的特色而自豪。再如，在我们福建省可以让学生去参观了解妈祖庙的传说、历史以及文化底蕴，并向学生介绍台湾的妈祖庙与大陆的本是同根生的，也就是说台湾与大陆原本就是一家人，是不应该分离的，在欣赏妈祖庙风景、感受其文化底蕴、体味其文化连带作用的同时，将学生写一篇题为"我心目中的妈祖庙"的小练笔，将自己的切实感受用语言文字记录下来。这种充分利用地域文化来开展的综合实践活动，不仅能够有效提升学生的实践能力，增强他们的生活意识，更能激发他们的家国意识，培养他们的爱国主义情操。

小学综合实践活动课程资源开发模式研究并非一蹴而就的，它需要广大教育工作者长期深入、与时俱进地挖掘，希望能够找到行之有效的模式来指导这门课程的现实实践活动，使其既高效，又有针对性[①]。

【学习资源链接】

郭元祥. 综合实践活动课程的管理与评价[M]. 北京：高等教育出版社，2003.

郭元祥. 综合实践活动课程：设计与实施[M]. 北京：首都师范大学出版社，2001.

廖先亮. 综合实践活动课程的理论与方法[M]. 武汉：武汉大学出版社，2003.

肖成全. 综合实践活动课程教学实施指南[M]. 武汉：华中师范大学出版社，2003.

钟启泉，崔允漷，张华.《基础教育课程改革纲要(试行)》解读[M]. 上海：华东师范大学出版社，2001.

钟启泉，崔允漷. 新课程的理念与创新：师范生读本[M]. 北京：高等教育出版社，2003.

范蔚. 实施综合实践活动对课程资源的开发利用[J]. 教育科学研究，2002(3).

梁东. 以社区资源为依托，构建校本课程体系[J]. 江苏教育，2003(9).

---

① 任本雄. 小学综合实践活动课程资源开发模式研究[J]. 福建基础教育研究，2012(6)：123～124.

周可桢. 综合实践活动课程资源的开发策略教育理论与实践[J]. 2004(2).

朱丽娟. 资源开发：造就综合实践活动的理想空间[J]. 基础教育研究，2009(6).

高月娥. 开发生活资源，让学生在综合实践活动中成长[J]. 基础教育研究，2009(5).

黄尖兵，张莉娜，胡建敏. 巧用社区资源，提升实践能力[J]，教学月刊(中学版)，2009(2).

朱华. 农村综合实践活动乡土课程资源的开发与利用[J]. 当代教育理论与实践，2009(10).

杨金珍. 综合实践活动校内小基地的开发与利用[J]. 福建基础教育研究，2010(7).

任本雄. 小学综合实践活动课程资源开发模式研究[J]. 福建基础教育研究，2012(6)：123～124.

【教与学活动建议】

(1) 针对章前的引导案例："我的课堂像一个由提问、研究、思考、解决问题、音乐、戏剧、手工和游戏组成的织锦，而织锦的主题每年都会随着孩子们好奇心的变化而改变。我们通常在环境中存在的普通事物里寻找主题。一颗麦粒，一撮羊毛，我们穿的鞋，还有我们镇的名字，这些都能够引向有趣的学习课题。每天，我都会感到从平凡当中挖掘卓越的特殊召唤。对于孩子们眼中理所当然的、熟悉的东西，如果我们去探索其渊源，都会充满惊喜和教育意义。我们几乎能从任何东西或思想开始，通过提问、反思，还有想象，透过它们看到这个世界的深广。"教师引导学员思考这段话的深意，对自己的启发，并结合实际经历，谈一下自己对综合实践活动课程"素材资源"的理解，对综合实践活动课程资源"丰富性"的理解。写出自己的反思。

(2) 请学生根据自己学校的具体情况，完成自己学校的课程资源的整体分析，并完成表 11-8 的填写。

表 11-8　综合实践活动课程资源开发整体分析

项目＼内容	有利因素	不利因素	机　遇	危　机	活动建议
地理环境					
经济发展					
产业结构					
家长背景					
文化特点					
学生状况					
师资条件					
社区文化					
……					

(3) 以本章的"茶文化的探究"为例，结合自己学校的特色自然资源或特色文化传统，设计一个可以在学校分年级、分学段实施的系列主题课程，并在课上进行分项交流。

足球包装箱的
设计

本章小结

本章首先介绍了课程资源的基本概念及内涵，阐述了课程资源的分类。在此基础上，论述了综合实践活动课程资源的特点及条件。然后根据不同类型的资源，分别阐述了各种资源开发的方法及注意事项。本章引入了教师自主开发的课程的案例和一些拓展阅读资料，有助于学生的自主学习、学生视野的拓展，以及课程资源的自主开发。

思考与实践

一、理论思考

1. 课程资源的含义是什么？

2. 课程资源的分类有哪些？如何理解素材性资源和条件性资源？

3. 综合实践活动课程的资源有什么特点？

4. 综合实践活动课程资源应具备哪些条件？能否结合实例加以说明。

5. 作为教师，如何进行校内外课程资源的开发？如何结合自己的学科特长和兴趣特长，进行课程资源的开发？

二、实践探索

1. 能否以本章的"茶文化的探究"为例，结合自己学校的特色自然资源或特色文化传统，设计一个可以在学校分年级、分学段实施的系列主题课程？

2. 案例分析。

书不够、电脑太少，怎么办？在一次三年级综合实践活动课任课教师例会上，几位教师七嘴八舌地向我们叙述了综合实践活动课程实施过程中遇到的一些困难，大家反映：第一，学校图书室藏书量少，同学们想到图书室找资料，找了半天也找不到；第二，图书室开放时间短，特别是中午，是学生自由进图书室的好时机，可图书室关门了；第三，学校目前的机房还太少，不够用；第四，综合实践活动大多安排在下午，而学校其他年级的计算机课也大多安排在这个时间，因此，在时间安排上经常会发生冲突。

针对教师们提出的问题，学校召开了综合实践活动课程的领导小组成员会议，大家认为教师们所提的问题是确实存在的，这些问题确实影响和阻碍了综合实践活动的开展，应该尽可能地给予解决。经集体商量，我们采取了以下措施。

(1) 由教导处负责统计一下目前我校各类图书的册数，再增添价值在 2 万元左右的图书，重点增添一些自然科学方面的。

(2) 变更图书室人员的作息时间，上午提前半小时吃午饭，中午提前半小时上班，另外，每天中午由少先队组织 6 名高年级学生充当图书管理员，协助维持秩序。

(3) 在原有 26 台电脑的教室中再添 20 台电脑，保证一人一机。

(4)　教导处为三年级各班提供一张计算机室安排表，让老师、学生知道什么时候计算机室有空，必要时也可做适当调整。

　　针对上述案例，结合自己学校的实际情况分析，哪些是阻碍综合实践活动开展的物质资源？你打算如何解决？物质资源是阻碍课程实施质量的关键因素吗？什么是关键因素？请具体阐述你的观点。

真教育是心心相印的活动，唯独从心里发出来，才能打动心灵的深处。

——陶行知，(1891—1946)，中国著名教育家和思想家

第 12 章 小学综合实践活动课程评价

学习目标

知识目标
➤ 了解教育评价的含义及几种典型的评价模式。
➤ 理解综合实践活动课程评价的特征、理念及原则。
➤ 掌握综合实践活动课程开发评价的内容及方法。
➤ 掌握综合实践活动课程教师及学生评价的内容及方法。

能力目标
➤ 能够分析总结几种典型评价模式的特征、优缺点及适用情形，了解其在实践中的具体应用。
➤ 能够针对某一主题活动课程，开发用于学生评价的过程性评价的档案袋。
➤ 能够根据新的纲要规定的课程目标，设计评价量规。

核心概念

评价模型(evaluation model) 评价特征(evaluation characteristic) 评价原则(evaluation principle) 评价内容(evaluation content) 评价方法(evaluation method)

引导案例

美国小学科学课的实作评价[①]

实作评价是用多种工具、多种形式去评定学生在实际情境下应用知识的能力，也是对情感态度和动作技能方面学习效果的一种评价方式。实作评价的手段有评定量表、检核表、社交表等，评价的形式包括观察记录、轶事记录、档案袋、表演、作品(如一本书、一篇报告、一个小制作等)。实作评价方式，需要实际观察和记录学生在真实的情境中的实际表现，包括思维过程和实作过程及其过程中的行为表现、思想和观点、价值判断等。实作评价的开展弥补了传统测验评价的不足。美国小学科学课十分重视对学生进行实作评价，同时还注意突出评价的发展性和延续性，反映学生在原有水平上的发展。

---

① 资料来源：美国小学科学课点滴，http://www.teacherclub.com.cn/research/blog.

例如，波士顿的一所学校小学二年级科学课《月亮》，教师在课堂上让学生看有关月亮知识的录像以后，要求学生自己去搜集有关月亮的资料，编写一本有关月亮的书，两周后交。于是学生在教师或家长的带领下去学校、社区图书馆寻找和借阅有关月亮的故事书、儿童科普读物、画册、录像带等一大堆资料，翻阅后开始设计、编写、画图、装订，都是自己独立完成的。在美国，一般家长不会帮助学生完成，他们很重视培养孩子独立完成作业的习惯。笔者曾去该校翻阅了某班22个学生交的"书"和教师写的评语(美国学校十分欢迎家长参加教学活动)。22本书从大小、封面到内容，没有一本是相同的，大都画图比文字多，有画一个月内月亮大小的变化，有写月亮的各种故事，也有写"自己在月亮里生活的感受"……教师给每一本书的评语主要着重在有哪些进步(和一年级时画关于太阳画册的比较)，有哪些独到之处，有哪些以后还值得改进的地方，基本上没有对月亮有关知识的准确性作评价，重点放在对学生方法和能力的培养上。再比如，二年级科学课每学期有6~8次探索讨论，教师把每次讨论中每个学生的发言都录了音，到学期结束，让家长听孩子的表述能力是否一次比一次进步，还有哪些需要提高。

这个案例对你有什么启发吗？综合实践活动课程的评价内容和评价方式都有哪些？你在哪些方式上曾有一些探索？带着这些问题，开始我们这一章的学习吧。

12.1 教育评价的含义及几种典型评价模式

12.1.1 教育评价的概念

现代的教育评价概念是美国当代著名教育家泰勒(R. W. Tyler)在八年研究期间(1933—1941年)首次提出的，其基本思想就是注重教育效果的价值判断，强调必须分析教育应达到的目标，并根据这个教育目标来评判教育效果——"评价过程在本质上是确定课程和教学大纲实际上实现目标程度的过程"。

值得注意的是，教育评价作为一门新兴学科，它的理论体系、评价模式和方法技术都处于不断发展、完善的过程中。在泰勒之后，教育评价的概念有了很大的发展，其中比较具有代表性的定义有以下几种。

第一，着眼于效果分析，强调通过评价判断教育目标或教育计划的实现程度。这种定义方式非常接近泰勒的观点。例如，中国台湾学者李聪明认为，教育评价是利用所有可行的评价技术评价教育所期望的一切效果。

第二，着眼于信息搜集和决策，强调通过评价搜集资料，为教育决策服务。例如，克隆巴赫(L. J. Cronbach)认为，评价的中心不应仅是目标，而更应是决策。所谓教育评价，就是搜集和利用资料，对参与教育活动的各个部分的状态、技能、成果等情报进行整理，以完成有关教育方案的决策。

第三，着眼于描述和价值判断，强调教育评价就是对教育现象进行描述和价值评判。例如，斯克里文(M. Scriven)认为，评价是一种既有描述，又有判断的活动，评价的基本目的是判断方案的优缺点、相对价值及整体价值，是一种针对优缺点和价值的评价。

第四，从综合的观点来理解。比如，1981年，美国教育评价标准联合委员会综合了各种评价观点，给教育评价下了一个综合性定义：教育评价是对教育目标达成程度、教育优缺点与价值判断的系统调查，为教育决策提供依据的过程。这个定义集中了上述三种观点的基本内涵。

综合上述多种定义方法，可以看出教育评价具有如下一些共性特征。

(1) 教育评价是一个过程，而且是一个有严格程序的、连续的系统活动过程。

(2) 教育评价以教育目标或一定的教育价值观为依据。

(3) 教育评价是一种价值判断活动，它始终以对评价对象的功能、作用、状态进行价值评判为核心。

(4) 教育评价以科学的评价方法技术为手段。

(5) 教育评价为促进人的发展和教育管理、教育决策提供有用的信息。

依据上述分析，我们从广义和狭义两个层面给教育评价下定义。

广义的教育评价就是按照一定的价值标准，对受教育者的发展变化及构成其变化的诸种因素进行价值判断的过程。这一定义体现了以下三个基本观点。

第一，教育评价的本质在于"价值判断"。尽管评价的具体目的可能有多种，评价形态也不一样，评价对象差异也比较大，但有一点是必须把握的，这就是"价值判断"。评价是人类的一种认识活动。它与认识世界"是什么"的活动不同，它是一种以把握世界的意义或价值为目的的活动。每个人都经常对自己、他人和周围的事物进行价值判断。人的任何选择都是经由价值判断而做出的。教育评价本质上是对教育中的人、事物、活动等进行价值判断的过程，是一种带有主观性的活动。从这一意义上来说，试图使教育评价完全客观化或科学化的做法，实际上背离了教育评价的本质。

第二，教育评价的对象是"受教育者的发展变化及构成其变化的诸种因素"，通俗地说，就是教育领域中的人、事物或活动。受教育者的发展变化是教育评价的重点。因为教育的出发点和归宿就是促进受教育者的发展变化。所以评判教育价值首先要以受教育者为对象，考察其达成既定目标的程度。除受教育者之外，与培养学生相关的各种条件都是教育评价的内容，包括各级教育行政部门履行职责的情况、学校办学水平、教师教学质量等。对这些条件的评价要以育人为核心，体现教书育人、管理育人和服务育人。各种条件是否真正服务于或促进了受教育者的发展变化，是体现其价值的重要指标。

第三，教育评价必须依据一定的价值标准。评价是一种主观活动，但它必须严格依照一个既定的、公认的价值准则进行。每个教育评价活动都必须明确提出评价的标准，作为价值判断的依据，然后搜集资料评判、评价对象达成这个既定标准的程度。

狭义的教育评价指的是对学生发展变化达成既定标准程度的评判。前文已述，广义的教育评价是一个大概念，它不仅包括对学生的评价，而且包括对办学条件、教师工作、学校管理等各种影响因素的评价。而狭义的教育评价外延较少，它只是对学生学习与发展的评价。教育的根本目的在于促进人的发展，学生究竟学习和发展得怎么样，是学生、教师、管理者、家长，乃至社会各界共同关心的重要问题。狭义的教育评价在教育质量保障体系中扮演着重要的角色。因此，本章探讨的主要是狭义的教育评价，但不完全局限于它，还包括对学校课程开发质量和管理水平以及对指导教师的评价。

12.1.2 几种经典的教育评价模式

教育评价的实施是一个系统工程，涉及多个相互联系又相互制约的过程、环节和侧面，是具有一定复杂性和挑战性的工作。所幸的是，教育评价专家已经开发出多种教育评价模式，将复杂的教育评价工作简单化、程序化、操作化，为教育评价方案的设计与实施提供了既有效果又有效率的参照框架。每个模式都来自不同的理论观点和概念框架，都有其独特的优势和局限性。下面介绍几种经典的教育评价模式，综合实践活动课程的评价可以根据实际需要选用。

1. 目标本位评价模式

目标本位评价模式(Objective-Based Evaluation Model)是由泰勒进行八年研究(1933—1941年)开发出来的一种评价模式，是世界上提出最早的评价模式，也是在世界范围内影响最大、最深远的模式。这一模式包括以下一些基本步骤：①确立宽泛的目的或目标；②对目的或目标分类；③以可观察、可操作化的语言界定目标；④寻找证明目标实现的情景；⑤开发或选择测量技巧；⑥搜集数据资料；⑦把数据资料与既定目标相对比。如果最后一步发现数据资料与目标不一致，那么教师可以调整项目或活动以改善其效果。在调整之后，重复实施评价。

目标本位模式将实际结果与预期目标做对比，使教育评价更为客观和简捷，易于理解和遵循，而且"可以帮助所有学生发挥他们的最大潜力和成为有用的人"，体现了评价的发展性，因而受到教育者、研究者和决策者的认可，并逐渐发展成为全球范围内应用最广泛、影响最深远的评价模式。正是由于泰勒的这些突出贡献，人们将他尊称为"现代教育评价之父"，将他提出的行为目标本位评价模式称为泰勒模式(Tyler's model)。泰勒模式构成了教育评价的基本框架，但需要指出的是，泰勒模式并不是十全十美的模式——当然也不存在十全十美的模式。泰勒模式是一种以目标为中心的模式，它没有关注目标形成的背景及目标本身的合理性，也没有涉及目标达成的过程，对目标达成或不达成的原因缺乏分析，不能为教学改进提供更加有力的依据。另外，泰勒模式对结果的关注局限于既定目标的达成，非期望效应没有受到应有的重视，导致对结果的评价不够全面，亟须拓展。

2. CIPP 评价模式

CIPP评价模式由斯塔弗尔比姆(L. D. Stufflebeam)于20世纪60年代末70年代初提出，是从泰勒所架构的目标本位评价模式派生出来的新模式，是对泰勒模式的修订与发展。斯塔弗尔比姆认为"评价最具重要的意图不是为了证明，而是为了改进"。评价不仅应该关心目标达成程度(行为结果)，还应关心目标是怎样筛选出来的，以及目标是怎样达成的(行为过程)，从以目标为中心转向以决策为中心。基于这样的观点，斯塔弗尔比姆提出了CIPP评价模式。基于该模式一个完整的评价应该包括四个步骤，分别是：①背景评价(context.evaluation)：对目标形成的社会背景、环境条件进行评价，以分析教育目标的合理性与可行性；②投入评价(input evaluation)：对方案实施中各方投入情况的评价，如师资、生源、经费设备等，用以寻找、确认各种问题解决的途径；③过程评价(process evaluation)：在方案实施中对方案的评价，它主要用于发现方案实施中存在的问题，并将其及时反馈给方案的制定者，以不断改进方案；④结果评价(product evaluation)：考查达到目标的程度，是控制教育质量的重要手段。

CIPP 模式拓展了评价的范围和评价者的视野，明确了持续的评价秩序有助于评价者收集更全面、深入的证据，做出公平、无偏见、有利于改进的评判和决策，进一步体现了发展性理念，因而得到广泛的关注和应用。学校可以借鉴 CIPP 模式对综合实践活动课程进行评价。首先，学校对某门课程开发的背景进行评价，明确学生发展的现状和相关需求，分析课程目标的合理性，确保目标设计体现以学生发展为本的理念；其次，学校可对其目前能掌握、调配和利用的校内外资源进行分析，进行投入评价，从各种备选课程方案中选择最为合理、高效的一个；接下来，在该课程实施过程中，学校可以监控课程实施过程，开展过程评价，发现教师教学、师生互动、学生参与等诸多方面存在的优势与不足，并将评价信息及时反馈给教师，督促教师不断优化教学；最后，学校和教师要对课程实施的效果进行终结性评价，考查预定目标的达成程度，对下一轮课程实施提出建议。这就是一个完整的 CIPP 评价操作模式。

对一个教师某一节课的评价，也可以参照 CIPP 模式予以操作。听课时可以先进行背景评价，也就是分析教师所教学生的学情，到底学生在上本课之前已经知道什么，还不知道什么，具备了怎样的相关经验，还想知道什么，会对什么感兴趣等，这些背景资料的搜集，有助于分析教师的教学目标是否具有针对性，这是背景评价；接下来，听课者可以进行投入评价，也就是分析教师能开发和利用哪些资源，然后基于资源和条件分析教师的教学设计是否合理、高效，这是投入评价；上课时，听课者可以观察教师的教学过程及学生的课上表现，发现教学中的问题，这是过程评价；上课结束后，听课者可以实施结果评价，即通过当堂测验或者学生访谈，评价教师的教学成效，考查本堂课的目标达成程度，这是结果评价。

需要指出的是，CIPP 模式并没有机械地要求每次评价一定要按步骤逐一开展。评价者开展评价的起点既可以是在方案实施前，也可以是实施中，并且允许仅实施其中的一种或两种评价(比如只做过程评价和结果评价，不做背景评价和投入评价)，评价焦点的选择受评价介入的时间点以及委托方或发起人的意图、假设等因素影响。

3. 目标游离评价模式

无论是泰勒模式，还是 CIPP 模式，都十分注重对目标达成程度的评价。这种对目标的关注有助于评价者聚焦于课程或活动目标，搜集与课程目标相关的各种信息，同时它也可以促使设计者反思他们的目的，使目标更加清晰与合理。但是仅仅关注已明确界定的目标会限制整个评价过程，使其他一些重要的非预期结果受到忽视。由斯克里文于 20 世纪 70 年代开发的目标游离评价模式(goal-free evaluation model)正好突破了这种限制。斯克里文认为，各种教育活动发生之后除了收到预期的效果外，还可能会产生许多意想不到的"非预期效应"(或负效应)，他还注意到，有些方案以典型的方式来实现其目的，却由于某些极为有害的负效应而功败垂成。而有些方案在达到预期结果方面成绩甚微，甚至没有任何成绩，却因取得了某些重要但没有预期的进展而圆满结束。在这种情况下，带着预期目标去评价，将目光局限于预期目标，就不能客观评价方案的实际成效。他进一步批评道："对目的的考虑和评价是一个不必要的，而且很可能是有害的步骤。"于是，他提出了一种替代方法，即目标游离评价模式。为了避免可能的偏见和提高客观性，评价者要从既定目标中游离开去，不受目标的局限，全面考查教育计划或方案的实际成果和可测量效果，而不仅仅是预期效果。这种模式要求评价者在评价中全面关注项目活动产生的影响，而不是带着一个预设的框架来收集数据，使评价能更加客观地反映项目活动所产生的影响。比如在学校中听课，一般来说，听课者要先查阅教师的教案，以了解教师的教学内容(讲哪一课)、教学目标(学生要达成怎样的学习目标)及教学方法，然后去听课，观察学生的学习，分析学生达成既定目标的程度，评价教师的教学效果。对教师教学效果的评判主要依据学生达成既定目标的程度。这种对既定目标的关注，可能在一定程度上遮蔽了听课者的视野，使之忽视教学活动对学生产生的真正影响。如果听课者采用目标游离评价模式，在听课时不去看教案，心中没有既定的评价焦点，而是基于自己的全面观察评价教学效果，就可能会发现非期望效应，继而对教学活动及受教育者的变化形成新的看法。

举个例子来说，某校十分注重学生习惯养成和意志品质教育，所以在新生入学期间将学生带到部队开展了为期一周的严格军训，学生们比原来变得更守时、守纪了，队列操也展现出良好的精神风貌。评价者可以据此认为学校的养成教育措施得力，效果明显，但如果评价者抛开既定目标，对学生进行深入访谈，会发现军训带给他们的影响远不止于此。很多孩子原本十分崇拜军人，对参军入伍有着无限憧憬，但军训完毕之后，对艰苦的军营环境和体能训练心生畏惧，不喜欢部队，甚至不喜欢军人了。当这些孩子在适龄时，不愿意应征入伍，这对于国家而言是很大的损失。目标游离评价模式使评价更加全面，也更加深入。

4. 建构主义评价模式

建构主义评价模式发端于 1957 年以后美国因苏联卫星上天而发动的教育改革。在这场改革中，人们开始讨论一个问题，即对已有既定目标是否需要评价，是否需要判断。1967年，斯塔克(R. E. Stake)发表《评价的面貌》一文，指出评价不仅要描述事实，而且要做出判断，主观价值判断也是评价的重要活动之一。将评价理解为对事物特征的客观量度，不仅在认识上是错误的，在实践中也是有害的。古巴(E. G. Guba)和林肯(Y.S. Lincoln)是建构主义评价模式的代表性人物。他们认为，评价者在评价中发现的并不是唯"客观""真正"的"事实"，描述的也不是事物的"客观、唯一、真实"的状态，而只是被人体现、认同的事实，以及带有价值评判的认识，评价在本质上是一种通过"协商"而形成"心理建构"的过程。因此，好的评价要创设机会让各种利益相关者参与到评价过程中，表达他们的诉求和观点，并经由协商达成共识，注重定性研究方法和三角互证技术的使用。这样的理念反映了后现代哲学观，强调多元文化主义、道德相对性和多元实体的概念。

在操作上，建构主义评价模式有五个重要环节，分别是：①订立协议。评价者要与资助人、结果使用人签署协议，阐明各自的权利和义务。②组织评价。评价不能想当然，要深入现场，充分了解各利益相关者的真实想法，获得真实、全面的信息资料。③确定优先协商的问题。评价活动中发现的问题有很多，需要优先协商的问题可以是有可能达成共识的问题，可以是有分歧但可以形成妥协并采取一致行动的问题，也可以是多方存在根本利益冲突的问题。④协商。评价所收集的数据本身并不会说话，协商就是通过对话给这些资料赋予各方都能接受的意义，从而达成共识。协商贯穿评价的始终。⑤报告。评价报告既要反映各利益相关方的心理建构及共同协商的过程，又要保持公正，体现教育的公平性。

建构主义评价模式在操作上略显复杂，但它为我们提供了一个全新的视野，强调评价是一种主观意义建构，重视评价过程中的民主参与，倡导协商和对话的工作方法，这对当前的教育评价实践具有重要的启发意义。

无论是学生学业成就的评价，还是学生情意发展的评价，我们都要改变以往主体单一、学生被动接受评价的局面，让学生通过自我评价、同伴评价参与到评价过程中，各方经过协商形成评价意见。这样一个民主参与的过程，不仅落实了学生主体地位，体现了教学民主，更重要的是，它可以帮助学生发展自我评价、自我反思和自我监控的能力，促进学生实现自主发展。

🔑 思考交流

教育评价的概念是什么？几种典型的评价模式的理念是什么？区别有哪些？

12.2 综合实践活动课程评价的理念与特征

设置综合实践活动课程是新一轮基础教育课程改革的亮点。为保证课程开发和实施的顺利进行，如何评价是摆在学校教师和学生面前的一个重要问题。综合实践活动课程评价，是依据综合实践活动课程目标，遵照综合实践活动课程的评价原则，运用预定的标准和方法，对综合实践活动课程的建设及其实施状况和效果进行价值判断的过程。作为一门新设置的课程，其评价具有的导向作用将对课程的实施产生重要的影响。

12.2.1 课程评价的理念

《基础教育课程改革纲要(试行)》指出，要改变课程评价过分强调甄别与选拔的功能，发挥评价促进学生发展、教师提高和改进教学实践的功能，并且提出要建立促进教师全面发展的评价体系、建立促进教师不断提高的评价体系和建立课程不断发展的评价体系的具体目标和新的要求。这些虽然是针对传统的课程评价而言的，但对于综合实践活动课程这样一门新型课程显然也同样适用。作为一门全新的从小学一年级至高中学段必须开设的、综合性、实践性、开放性、连续性、生成性的全新课程，综合实践活动课程评价具有与传统学科完全不同的价值取向和特点，要求采用完全不同的评价理念、评价标准和评价方式。

这里所说的评价，是特指对综合实践活动课程实施状况的综合性评价，即是要在学校层面上运用一定的方法，对正在进行的课程活动的组成要素及其各个过程环节的全部或者部分搜集资料并给予价值判断的过程，以此评估综合实践活动课程实施所取得的效果。

综合实践活动课程实施评价的内容范围包括学校对综合实践活动课程管理方面的评价、教师实施综合实践活动课程水平的专业评价和学生开展综合实践活动中活动效果的评价。其中，对学生开展综合实践活动效果的评价是重点也是中心。因为设置评价综合实践活动课程的意义就在于促进学生综合素质的发展，对综合实践活动课程实施情况进行评价的目的也是围绕学生的发展而展开的，而且对教师专业发展的评价和学校课程管理方面的评价，必须也只能通过对学生发展情况的评价，来进一步检讨与反思教师专业发展方面的问题以及学校课程管理问题。

评价不是目的，而是手段，是推动课程建设和提高课程实施质量的手段。实践活动课程实施评价的价值和意义在于通过评价这种活动，检讨课程实施过程中课程预期目标与课程落实目标的达成度与契合度，以此来发现课程实施中的问题或经验，以期进一步改进、完善和发展。

12.2.2 课程评价的特征

评价问题总是与要被评价的对象或目标相关的。评价不可能发生在真空之中，世界上绝对不存在脱离具体评价对象的所谓纯粹的评价。就如同我们在生活中的测量一样，要测量物质的质量，我们有天平、电子秤等工具；要测量液体的体积，我们有量杯、量筒等工具。在教育心理学上，我们要想了解一个人的智商，主要是通过一些智力量表来完成的。通常绝不会用测量质量的工具去测量液体的体积，更不会用量体重的办法来测量人的智力。总之我们是根据要测量的内容去寻找或发展有效的测量工具。所以要想了解综合实践活动课程评价的特征，就必须首先对评价的目标和内容有清楚的认识。

对综合实践活动的评价不能采用传统的考试的方式，而只能用一些质性的评价方式来评价。综合实践活动所体现的更多是一些主题探究、课题研究、方案设计、操作实验等学生自主学习的活动，传统的纸笔测验根本不能对学生的表现进行考核。因此，综合实践活动的评价只能用诸如档案袋评定、研讨式评价、学生自我评价等利于学生发展的评价方式，才能对课程与教学以及学生的表现进行全面、深入的评价。

综合实践活动课程与我们所熟知的学科性课程是完全不同的两类课程，因此，必须采用不同于评价学科课程发展水平的评价方式和评价手段。从综合实践活动课程的目标来看，教育部《综合实践活动指导纲要》规定的课程总目标是：学生能从个体生活、社会生活及与大自然的接触中获得丰富的实践经验，形成并逐步提升对自然、社会和自我之内在联系的整体认识，具有价值体认、责任担当、问题解决、创意物化等方面的意识和能力。获得社会、自然与自我的内在联系的整体认识，发展学生的创新精神、实践能力、社会责任感以及良好的个性品质。因此，从综合实践活动课程的达成目标看，其评价具有如下三个方面显著的特征。

1. 是质性的，而不是定量化的

以新纲要对综合实践活动课程总目标的论述中我们不难发现，综合实践活动课程的目标与学科课程的最大不同在于，知识目标并非核心目标，而是强调学生要在实践中获得对自然、对社会、对自我、对文化的认知，获得正确的价值体验，习得方法，获得能力，追求创新，绝不可以追求系统化、体系化的书本知识，过程与方法、情感、态度、价值观均是核心目标，它们强调让学生在亲历实践学习的过程中掌握方法，获取积极的人生体验和丰富的社会经验，而这些，靠灌输、讲授等接受教学方式是无法获取的，只能在自主实践当中让学生逐步自主生成获得。所以，评价综合实践活动质量的高低，评价学生的发展状况，也绝不应该把书本知识、技能的掌握当作考查指标，而应当重视学生在实践过程中的态度、兴趣、情感以及解决问题的方法和能力，各种实践表现，通过肯定他们的活动价值来营造体验成功的情境。对于情感、态度、兴趣等价值取向的评价，无论如何是不可能量化的，只能进行理解性的描述。

2. 是模糊性的，而不是精确性的

按照英国学者迈克尔·波兰尼(Michael Polanyi)的知识分类方式，人类的知识有两种。通常被描述为知识的，即以书面文字、图表和数学公式加以表述的，这只是一种类型的知识。而未被表述的知识，如我们在做某事的行动中所拥有的知识，是另一种知识，前者被称为显性知识，后者被称为隐性知识。按照波兰尼的理解，显性知识是人类能够以一定符号系统(最典型的是语言，也包括数学公式、各类图表，盲文、手势语、体语等诸种符号形式)加以完整表述的知识。隐性知识是指我们知道但难以言述的知识。从这个分类中我们可以发现，学科性课程主要是学习"显性"的知识，而活动类课程主要是学习"隐性"知识。显性知识能够通过记忆、理解、再现而被检测，甚至可以达到精确检测，而活动类课程的"隐性"知识不但无法言说，有时我们甚至意识不到它的存在，因此，对于综合实践活动课程的实施效果是难以进行精确评价的。

3. 是发展性的，而不是鉴定性的

根据美国发展心理学家、哈佛大学教授加德纳(Howard Gardner)的多元智力(multiple intelligence)理论，我们每个人都同时拥有相对独立的 7 种智力，这 7 种相对独立的智力在现实生活中错综复杂地、有机地以不同方式、不同程序组合在一起。个体身上存在的 7 种智力的不同组合使得每一个人的智力都有独特的表现方式，而正是这 7 种智力在每个人身上以不同方式、不同程度的组合，使得每一个人的智力各具特点。由于每个人的智力都有独特的表现方式，每一种智力又都有多种表现方式，我们很难找到一个适用于任何人的统一的评价标准来评价一个人聪明与否，由此，我们无法回答著名人物如丘吉尔、莫扎特、爱因斯坦、毕加索、迈克尔·乔丹、柏拉图和马丁·路德·金，谁更聪明，我们只能说他们各在哪个方面更聪明，以及他们各自是如何聪明的。综合实践活动课程更主要的是发展学生"语言能力和数理逻辑能力之外的智力"，对这些拥有不同智力类型的不同学生，不能也无法用同一个标准评价，因此评价只能是挖掘他们的优势和潜能，而绝不是给他们贴上标签以确定他们究竟处于什么位置。

4. 是长效性的，而不是即时性的

综合实践活动课程的目的在于培养学生的基本素质，掌握某些基本的方法，提高学生的创新实践能力。这些基本素质和能力的形成和表现具有一定的滞后性，不可能也不能指望学生在经历或完成某一活动之后，就具备了某方面的素质，掌握了某一种方法，提高了某种能力，学生的基本能力、素质的培养与发展是一个反复体会、反思咀嚼、逐渐成熟的生长过程。目前在一些关于综合实践活动的评价中有一个偏差，就是那种课后即时评价的做法，这种课后即时评价的做法，有点像学科教学中那种"堂堂清"的要求。先不说这种"堂堂清"的要求是不是对每个学生都合适，就一般的学习经验而言，很少有"堂堂清"的时候，更多的是听完课后处于一种糊里糊涂的"混沌"状态，总要经过下一个较长的时间，有时甚至是一个学期的时间才能真正顿悟领会。那么对综合实践活动课程的评价，应该着眼于过程或长效评价，至少要有一段时间的沉淀，没有必要在活动完成之后，在综合实践活动课程的课后就对学生的态度、兴趣、能力、掌握程度等方面进行即时性评价。加德纳在《多元智能》一书中明确提出："智力是在特定的文化背景下或社会活动中，解决问题或制造产品的能力。"他认为，真正的智力是在实际的现实生活中通过真正解决问题或制造产品而表现出来的。对于综合实践活动课而言，在一次活动之后就要对学生进行即时评价，显然是难以获取可靠的评价信息的。

🗝 思考交流

小学综合实践活动课程评价的理念与特征有哪些？能否结合实例加以说明？

12.3 小学综合实践活动课程评价的原则

12.3.1 全面性原则

综合实践活动课程是在国家的统一规定下，由校本管理、教师指导、学生主动参与的特殊课程。《基础教育课程改革纲要(试行)》中指出，要"改变课程评价过分强调甄别与选拔的功能，发挥评价促进学生发展、教师发展和改进教学实践的功能"。因此，对综合实践活动课程的评价，并不能简单地对学生这个单一要素进行评价，其评价的内容应该包括对学校课程管理的评价、对教师的评价、对学生的评价三方面完整的评价，它们共同决定着综合实践活动课程的质量。只有这样，综合实践活动课程的评价才能实现促进"学校重视、教师研究、学生主动"的目标。

12.3.2 发展性原则

综合实践课程是面向全体学生的教育活动，它重在促进每一个学生的发展，而不是设法在学生当中制造等级，筛选或者淘汰学生。综合实践活动课程的实施，强调适应学生个性发展的需要，根据每个学生的需要、兴趣特长和不同的认知方式，为每个学生个性的充分发展创造空间，为学生的参与、探究、理解各种社会问题提供机会。开设综合实践课程的目的是促进学生的发展，学生是综合实践课程的服务对象，学生的发展是一切教育活动的出发点和归宿，学生的发展是评价课程质量的主要标准。所以发展性原则是综合实践活动课程最重要的原则。不管是哪一种类型、哪一种模式的综合实践活动，它是否促进了学生的发展、是否促进了学生素质的提升，应该是衡量综合实践课程最重要的标准。

12.3.3 开放性原则

综合实践活动课程是新课程改革中出现的新事物，课程改革是一种教育实验，综合实践活动的内涵需要大家在实践中不断理解和深化、拓展和完善。在实施过程中也出现了改造整合式、学科延伸式、条块分割式、系列专题式、自主课题式、记录本式、项目引导式等多种实施模式。面对这些模式，我们在评价中应该首先持一种宽容、谦虚的态度，肯定学校的积极探索和创造性，不要一开始就用各种条条框框束缚学校和教师的手脚。特别是综合实践活动课程的评价应该鼓励创新、鼓励探索。新课程的评价强调："评价功能从注重甄别与选拔转向激励、反馈与调整；评价主体从单一转向多元；评价的角度从终结转向过程性、发展性。更加关注学生的个别差异……"长期以来，对学生的学习评价往往就是

"一张试卷"或"教师的评语",因而造成了评价主体单一、评价方式模式化且有局限性的种种弊端。可见,实施发展性学生评价,特别是综合实践活动这一综合性、开放性、生成性的课程的学生评价,评价主体的确定是非常重要的。

12.3.4 过程性原则

要实现综合实践活动课程的目标,提高课程的质量,关键在教学的过程,而不是过分注重结果的评价。所以,综合实践活动课程要求对学生的集体和个体进行及时的、经常性的指导和评价。所谓评价过程化是指评价不是只重视活动结果的验收或评价,而是更重视学生在活动过程中的态度、行为、表现,重视学生在活动中付出的努力的程度,以及过程中的探索、创意、思考等。

综合实践活动的评价要重视学生活动过程的评价,对学生进行评定的作业应该揭示学生在活动过程中的表现以及他们是如何思考问题的,而不是针对他们得出的结论。即使最后结果按计划来说是失败的,也应该从学生获得了宝贵的经验的角度视之为重要的成果,肯定其活动的价值,营造其体验成功的情境。例如,组织劳动领域的实践活动——洗衣服。在进行评价时,所注重的不仅仅是衣服洗得干净与否或洗涤数量的多少、速度的快慢,同时也应关注学生对洗衣服这种家务劳动的兴趣,在洗衣服过程中产生的积极体验及由此而产生的对劳动者的尊重、对父母辛劳的体谅之情。当然,还包括自主探索而得到的正确的洗涤方法以及在劳动过程中合作、互助的精神等。由此可见,评价学生是一种最有效的导向,它将直接影响课程目标的达成。

12.3.5 主体性原则

多元主体评价尤其适用于综合实践活动这一特色突出的课程评价。那么,如何确定评价的主体呢?我们认为应该贯彻强调参与与互动、自评与他评相结合的原则,实现教育过程逐步向民主化、人性化发展。具体来说,就一般综合实践主题活动的内容、形式、效果而言,应该由学生、教师、家长、管理者、社区人士等相关活动人员担任评价者,负责对学生的活动、实践表现做出评价。相比而言,发展性学生评价更为提倡引导学生本人进行自我反思与评价。这样,学生成为评价主体的一员,在评价主体扩展的同时,产生了学生与教师、学生与同伴或家长等其他人员的互动,并在互动中关注学生发展的需要,共同承担促进其发展的职责。这样的评价变成了学生主动参与、自我反思、自我教育、自我发展的过程,同时在相互沟通协商中,增进了多方的了解和理解,易于形成积极、友好、平等和民主的评价关系。这还将有助于活动方案的实施和活动目标的达成,从而更有效地提升活动质量,促进学生综合能力的提高。

12.3.6 激励性原则

与知识点的考试不同,在综合实践活动课程当中,学生的发展是通过参与现实的实践活动体现的,学生的表现是评价学生发展状况与水平的、客观的、可见的、直接的依据,具有十分重要的价值标准。观察、分析、鼓励学生的表现,不但可以准确地评价学生的发展，还可以促进学生的发展，更好地达成课程的目标。课程也要为学生提供更多展示他们进步与成果的机会。同时要正确对待学生表现中的失败或错误，有时学生的作业失败了，但他们能够诚实和勇敢地面对错误或失败，从错误或失败中总结经验和教训，就必须充分地肯定学生的学习成果。在重表现的评价中，应该把学生必然会出现的错误看作是促进学生进步和扩展学生经验的机会，而不是指责学生，把它作为在学生之间划分等级的依据。

　　小学综合评价重在发现和肯定学生身上所蕴藏的潜能、所表现出来的闪光点，鼓励学生每一步的想象、创造和实践，激励和维持学生在探究过程中的积极性、主动性和创造性。对综合实践活动课程的评价并不是对学生综合素质的评价，要严格区分这两类评价的性质。综合实践活动重在学生的参与体验，因此，对学生的评价不能以"好""差"等褒贬色彩强烈的词汇进行评价，应该以描述性的语言对学生的综合实践的态度、完成情况进行说明，比如，"会做××事""做了××事"，等等。

12.3.7　多元性原则

　　综合实践活动的评价强调多元价值取向和多元标准，肯定学生与世界交往的多元方式，不仅允许对问题的解决有不同的方案，而且表现自己所学的形式也可以丰富多样，评价者要尽量使用家长、学生及一般人能理解的评语描述学生的表现，避免将评价简化为分数或等级。此外，评价主体的多元化也是被各级教育主体提倡的。

　　综合实践活动是基于学生的经验，密切联系学生自身生活和社会生活，体现对知识的综合运用的实践性课程，具有实践性、开放性、自主性、生成性的特点。设置这门课程的目的是"强调学生通过实践，增强探究和创新意识，学习科学研究的方法，发展综合运用知识的能力，增强学校与社会的密切联系，培养学生的责任感"。在新的基础教育课程体系中，综合实践活动具有自己独特的功能和价值。这一课程宗旨及目标特色，决定了该课程不能像学科课程那样，以考试成绩来进行评价，而是必须建立起自己的评价规范。

　　学生的实践活动是多种多样的，学生的自主体验和发展的差异性也同样是很大的，统一的评价标准和评价方式不利于学生的个性发展。所以，应针对性地对具体问题进行描述性的评价，对不同特点进行分析性评价，对创造性行为进行鼓励性评价。尽量少用等级性评价手段。所谓评价多样化是指评价工具多样化、方式多样化、角度多样化、评价主体多样化。积极的评价应该是：重视活动过程中学生的主动性、创造性、参与意识；引导学生的自我评价、相互评价；评价与指导一体化。

🔑思考交流

　　小学综合实践活动课程评价的原则有哪些？能否结合实例加以说明？

12.4　学校综合实践活动课程开发与实施的评价

　　《基础教育课程改革纲要(试行)》在课程评价的标题之下，除了提及对学生和老师的评价之外，也进一步指出"建立促进课程不断发展的评价体系。周期性地对学校课程执行的情况、课程实施中的问题进行分析评估，调整课程内容、改革教学管理，形成课程不断革新的机制"。对于综合实践活动这门课程来说，对学校进行该课程实施情况的评价更有意义。

12.4.1 学校评价的作用

1. 从课程建设的角度讲

它是一门"国家设立，学校开发"的课程，由于各学校基础条件不同，对综合实践活动的理解与认识不同，各地区或各学校在综合实践活动课程的开发与建设上必然会有相当大的差异，因此有必要通过评价对其进行引导、规范和提高。随着学生能力的不断发展，教师应放手让学生自主确定主题、活动项目或具体小课题。在学生初步选择或自主提出系列活动主题、活动项目或具体小课题后，教师要引导学生对主题、活动项目或具体小课题进行论证，以便确定合理可行的主题、活动项目或具体小课题。

2. 从课程管理上讲

综合实践活动课程处于"弱势学科"的地位，各地方、各学校对综合实践课程的重视程度不同，实际中还存在着挤占综合实践活动课时的现象，因此有必要通过评价活动监控、督查和促进综合实践活动课程的进行。

3. 从学生发展的角度讲

综合实践活动课程追求学生解决问题能力、动手操作能力的发展，鼓励学生对学习的主动参与和大胆创新，鼓励个性化发展，学生对活动参与得如何，在活动中获得怎样的感受和进步，这些都需要通过科学合理的评价活动获得真实可靠的信息。

12.4.2 学校评价的内容

学校评价的目的是引起学校对综合实践活动课程的重视，保证在学校的管理下，能够开足、开齐课程，评价的重点是综合实践活动课程的制度建设情况。对学校实施综合实践活动课程的评价，主要应该包含课程实施的目标、规划、条件与保障、组织与管理、影响与成效，以及资源的开发与利用等方面。

1. 课程实施目标的评价

综合实践活动课程是由国家设置、由地方和学校根据实际开发的课程领域，而且综合实践活动的具体内容由地方和学校根据实际确定，并且在实施中要体现每一所学校的特色，以及每一所学校所在社区的特色，处理好与各学科领域的关系。因此，在综合实践活动课程的实施中，每一所学校都必然会在国家统一规定的目标下，从本校特色出发，确立本校的具体实施目标。那么目标是否可行、定位是否准确应该是评价学校实施状况的首要指标。

2. 课程实施规划的评价

课程的规划包括课程内容领域的规划和校本课程开发的规划。综合实践活动课程的内容包括研究性学习、社区服务与社会实践、劳动与技术教育以及信息技术教育四个指定领域以及班团队活动、学校传统活动等大量非指定领域。在综合实践活动课程的实施中，学校必须有明确的课程意识，对指定领域和非指定领域的内容进行统筹，特别注意应该将大量非指定领域的内容纳入综合实践活动课程之中。综合实践活动课程要充分地利用本地区的教育资源和优势，而不是封闭在教室里，局限在书本上，教师要引导学生在家庭、学校、社会的广阔背景中创造出更多、更好、更适宜的活动来，并且在此基础上规划校本课程开发。

3. 课程实施的条件与保障的评价

为了满足综合实践活动课程的正常实施，学校应该在人、财、物及其他资源方面所能达到的基本条件进行评估。包括地区的优势资源、社区的特色资源的开发、家庭资源的利用、学校人才资源的利用、学校物质资源的开发与利用、信息技术资源的开发与利用等。

4. 课程实施的组织与管理的评价

指对课程的设置与安排、师资的合理调配、教研活动的开展以及对课程实施情况必要及时的督促检查等。包括学校是否建立了相应的管理制度以保障课程的有效实施，是否将综合实践活动课程的开发纳入学校教学计划，教务处是否定期指导、检查、评估，相关方面的协调工作如何，是否科学合理地计算了综合实践活动课程指导教师的工作量，对实施综合实践活动课程成绩突出的教师的奖励措施如何，是否有定期的教师培训，专业人员的引领与服务的支持如何，等等。

5. 资源的开发与利用的评价

这类评价包括对地区的优势资源、社区的特色资源的开发、家庭资源的利用、学校人才资源的利用与开发、信息技术资源的利用与开发的评价等。

6. 实施的影响与成效的评价

这类评价包括课程的实施是否促进了学校课程建设的完善；对学校发展和学校形象提升起到了多大的推动作用；通过综合实践活动课程的实施，是否营造了良好的校园文化的氛围，如观念文化、制度文化、物质文化、教育行为文化等。

根据对学校实施综合实践活动的评价内容，有的地区制定了《学校综合实践活动课程实施评价应用表》(见表 12-1)。

表 12-1 学校综合实践活动课程实施评价应用表

评价项目	评价的指标和内容	评价标准
课程实施的目标	1. 是否有明晰的课程目标 2. 目标定位是否准确 3. 目标达成的可行性	
课程实施的规划	1. 课程主题内容的规划 2. 课程开发的规划 3. 具体实施的规划	
实施的条件与保障	1. 基本活动场所或基础设施的建设 2. 实验室、图书室、机房等的使用 3. 教师的培训 4. 校外资源的开发	

续表

评价项目	评价的指标和内容	评价标准
实施的组织与管理	1. 课时安排是否充足合理 2. 师资配备是否充足合理、相对稳定 3. 落实的督促检查及时 4. 教研活动的开展有效	
实施的服务与支持	1. 对专业教师的奖励 2. 对教师专业发展的支持	
实施的影响与成效	1. 是否达成了预定目标 2. 对学校发展和形象提升的作用如何 3. 有什么即刻的影响和长远的成效 4. 是否形成了自己特色的实施模式和特色课程体系	

12.4.3　学校评价的方法

学校评价侧重于学校落实综合实践活动课程的状况,包括对综合实践活动的课时安排、师资安排、课程资源的开发与利用,学校对综合实践活动课程实施的管理等方面的评价。常用的学校的评价方法有以下几种。

1. 校校互评

组织学校进行自我展示是引导学校进行表现性评价的重要举措。经常开展校际间的经验交流与成果展示,可使学校在活动的过程中不断发展,提高知名度。

2. 校内自评

学校自评小组可由校长、教务处、教师代表、学生、家长等组成,通过查阅资料、问卷、座谈等,有计划地开展自我评价活动;撰写自评报告,包括自评过程、学校开展课程的基本情况、学生的发展、家长的反应、社会的反响、存在的问题及改进措施,建议或要求等。

3. 专家评价

建立以综合实践活动课程专家为引领的,包括学校分管领导和骨干教师的课程评价小组,通过听汇报、座谈、课堂观察等,对学校综合实践活动课程的开发和实施情况进行专业评估,提出建议或意见。

通过建立定期的互评、不定期的展示性评价与专业评估、经常性的自评相结合等评价机制,可以充分调动学校领导和教师参与综合实践活动课程的积极性。另外,还可以采用召开表彰大会,表彰先进集体和个人,把综合实践活动的成绩和教师个人的发展直接挂钩,进行一定的物质奖励等方法进行学校的激励性评价。

12.4.4　学校评价的具体实施

作为对学校综合实践活动课程开发与实施的评价,一般有以下三个阶段、六个步骤。

1. 确定评价的目的

此为实施评价工作的理由，即评价工作完成后，对综合实践活动课程的开展起什么作用，有什么帮助。确定评价目的时，有三个因素需要考虑：第一，这一次评价是在哪一个层面；第二：这一次评价是为了解决什么问题；第三：搜集的资料作什么用，谁将受到本次评价结果的影响。

2. 依据评价的目的拟定所需资料

3. 拟定评价设计和按设计搜集所需资料

上述为第一阶段，即资料搜集阶段。

4. 整理、分析资料

针对第一阶段的资料搜集，为了深化对评估对象的认识和价值评估，评价人员需要对资料整理、统计分析。通过去粗取精、去伪存真和由表及里地分析和判断，得出正确的、客观的判断和结论。

上述为第二阶段，即资料分析阶段。

5. 完成评估报告和作出结论性判断

学校要考虑评估报告提交的对象，以及采用何种呈现方式。

6. 推广和反馈阶段

综合实践活动课程的学校的评价，不应是一种形式，评价报告也不应被束之高阁。学校课程实施效果的评价，真正实现对课程的促进。

以上两个步骤为价值判断阶段。

总之，综合实践活动课程的评价包括学生评价、教师评价和学校评价三方面，每一方面的评价都要注重过程性评价和结果性评价，并力争做到过程性评价和结果性评价的统一。

12.5　小学综合实践活动课程的学生评价

小学综合实践活动课程的出发点是满足学生发展的内在要求，其根本价值是促进学生的全面发展，因此学生的发展水平是衡量综合实践活动课程实施效果的一个重要指标，也正由于此，学生评价成为综合实践活动课程评价的重要组成部分。

新的《指导纲要》在论述综合实践活动课程理念时指出，本课程评价主张多元评价和综合考查，要求突出评价对学生的发展价值，充分肯定学生活动方式和问题解决策略的多样性，鼓励学生自我评价与同伴间的合作交流和经验分享。提倡多采用质性评价方式，避免将评价简化为分数或等级。要将学生在综合实践活动中的各种表现和活动成果作为分析考查课程实施状况与学生发展状况的重要依据，对学生的活动过程和结果进行综合评价。

12.5.1　学生评价内容的确定

《指导纲要》对课程目标作出明确规定，强调综合实践活动的设计与实施必须围绕课程目标进行，注重引导学生在活动中体认、践行社会主义核心价值观，热爱中国共产党，热爱祖国，热爱劳动，培养学生的社会责任感、创新精神和实践能力，增强活动育人效果。

考虑到综合实践活动课程的跨学段性质，为便于操作，在提出总目标的基础上，具体分为价值体认、责任担当、问题解决、创意物化四个方面，突出综合实践活动中的价值体认与践行，并分小学、初中、高中三个学段，分别提出学段目标。

明确综合实践活动的评价内容是实施评价的开始。评价内容是通过评价目标体系体现出来的。从课程实施的指导纲要到评价目标，再到评价指标，是一个评价内容不断具体化的过程，体现了教师对综合实践活动课程的理解水平和把握能力。综合实践活动对学生评价的内容一般由以下几个方面组成。

1. 学习态度

学习态度主要指学生在综合实践活动中的主动性和积极性，可以通过学生参与综合实践活动的时间、次数、认真程度、行为表现等方面来评价。比如：学生是否认真参加每一次主题活动，主动提出设想和建议，认真观察和思考问题，积极动手动脑，认真查找相关资料，准时完成学习计划，不怕困难坚持完成任务等。

2. 合作精神

合作精神主要指学生在参与小组及班级活动中的合作态度和行为表现。比如：学生是否能积极参与小组活动，主动帮助别人和寻求别人的帮助，认真倾听同学的意见，乐于和别人一起分享成果，在小组中主动发挥自己的作用等。

3. 探究能力

该能力可以通过对学生在提出问题、解决问题过程中的表现及其对探究结果的表达来进行评价。比如：学生是否敢于提出问题，能否以独特和新颖的方式着手解决问题和表达自己的学习结果，是否善于观察记录，能否综合运用相关的资料、积极采用多种多样的方法、生动形象地表达自己的学习过程与结果等。

4. 社会实践交往能力

该能力可以通过学生是否主动与他人交往，是否有与人沟通、合作的技巧、愿望，是否能协调各种关系等方面进行评价。

5. 搜集处理信息能力

该能力可以通过学生搜集信息的多少、方法、途径、真实性以及对信息的辨别反思、反应能力等方面来评价。

6. 劳动态度与习惯

该能力可以通过学生在劳动过程中是否表现出认真负责、遵守纪律、团结互助、爱惜劳动成果等品质对学生进行评价。

7. 设计与操作技能

综合实践活动中的创意物化目标是以劳动技术和信息技术为手段，是以学生的操作性学习为主要特征的，强调学生在技术操作运用的过程当中意识的形成、技术思维的培养，技术能力与态度等方面的发展，强调规范操作与技术创新意识的统一，可通过技术作品的表现形式对学生进行评价。

在从确定学生评价目标、选择评价内容到制订评价计划的过程当中需要注意以下四个基本问题。

第一，为了拓展和加深学生的实践活动和体验，教师事前要考虑怎样评价，如何引导学生进行主体性活动，以及评价的具体方向和线索是什么。而且，在教学活动的实际过程中，还要考虑怎样加深和拓展学生的思考和行为，考虑如何评价学生学到了什么。

第二，评价的标准不能拘泥于"正确性""标准化"，而应更加重视和理解学生，让他们在评价过程中体验评价效应，并鼓励学生的创造性和个性化的表现。

第三，从重视每个人的即时性评价，到进一步重视对每个学生的兴趣、态度、行为的评价，要尽可能地发挥学生的主体作用，使其能够进行自我评价，并重视对学生自我评价方式的指导。努力在评价者和被评价者之间建立一种"交互立体"的关系。

第四，对学生的评价不是局限在一个单位时间里或一个单元的短时间内的过程评价，而是要重视对其发展过程进行长期观察的过程评价，即体现评价的动态发展的过程性。

因此，教师在制订学生评价计划时，需要充分考虑评价的时间、评价的情境、选择哪些活动进行评价、采用哪些评价信息为基础进行评价，以及如何灵活地运用评价结果进行活动教学指导等具体问题。

扩展阅读 12-1

评价指标的制定[①]

评价指标体系一般是由评价项目和权重两个方面构成的。综合实践活动的学生评价指标体系中的评价项目主要包括以下两个维度。

第一个维度是活动过程的要素，主要涉及行为能力或基本的发展状况，包括以下四个方面。

(1) 活动主题或活动项目的选择和确定的状况。要评价学生活动主题或活动项目的意义、学生在主题或项目的选择和确定中的作用。

(2) 活动方案的制定状况。要评价学生制定活动方案的能力、活动方案本身的合理程度、活动方案的具体化程度等。

(3) 活动过程的具体行为方式。要评价学生在活动过程中的具体行为，如行为的合理性、行为方式的多样性、具体的操作方式、参与实际情境的深度、文献资料与具体事实材料的搜集情况等。

(4) 活动的总结情况。要评价学生的活动报告、成果或产品等状况。

第二个维度是活动过程中学生的态度、情感发展，主要涉及行为所反映的情感、态度和价值观的发展状况，其中包括：学生参与活动的主动性、积极性和创造性状况；学生在活动中的合作精神；学生各种良好思想意识的发展状况，如环境保护意识、社会责任感、服务意识、安全意识、效率意识等。

① 郭元祥. 综合实践活动课程：设计与实施[M]. 北京：首都师范大学出版社，2001.

在划分出评价的各种类别后，要根据评价的重点，赋予不同的评价项目不同的权重系数，综合评价学生在综合实践活动课程实施过程中的发展状况。

12.5.2 学生评价方法

过程性评价

过程性评价是指在学生学习综合实践活动课程的过程中进行的，为了考查学生在活动中的长处、缺陷、发展程度等方面进行的评价。过程性评价的目的是完善过程，并提出改进建议。

目前，在过程性评价中，档案袋评定、协商研讨式评价、表现性评价被认为是非常有效的评价方法。

1) 档案袋评定

档案袋评定是从国外引进的一种新的评价方法，它主要是通过收集学生从任务开始到任务结束期内的典型作品，以这些典型作品为依据对学生的学习表现进行评价。档案袋评定把学生的发展看成是一个持续的过程，关注学生学习与发展的过程，尊重学生的个体发展差异，让学生对自己的进步做出判断，提供给学生发表意见与反省的机会。档案袋评定可促使学生对自己的学习进行反思和自我评价，促进学生在原有水平上持续发展，促使学生对自己的发展负责，从而更好地发挥评价的自我教育的作用。

扩展阅读 12-2

学生成长卡的有效使用①

1. 在家校沟通时使用成长卡

虽然是一张卡，但却在学校与教师、学生、家长之间建立了一个有效的评价网络，这种形式有时可以为教师节省一些家访时间，尤其是工作较忙的家长，十分喜欢这样的沟通方式。

2. 用成长卡及时"报喜"

所谓"报喜"就是把学生在学校的突出表现或较大进步通过成长卡汇报给家长，让家长尽量了解其进步。这样不仅能让获得表扬的学生充满自信，而且能让学生在周围人积极的心理暗示下，在充满鼓励的目光中，获得更加快速的发展。

3. 用成长卡"策略报忧"

当孩子在校出现了问题时，若教师不及时与家长沟通，往往会失去教育的良机，影响孩子的健康与成长。但如用不正确的方法，同样会把问题恶化。成长卡能处理好这一问题，把坏事变成好事。

4. 利用成长卡进行个别交流

成长卡记录了教师对学生的关注，也寄托了教师的爱心，当孩子需要关怀、渴望关怀时，就应该因人而异，送上特别的爱，这张成长卡不仅仅是成长卡，更是教师与学生之间、家长与孩子之间、教师与家长之间沟通的纽带与桥梁。

① 刘振东，赵国义. 新课程怎样评[M]. 北京：开明出版社，2003.

在档案袋评定中，学生是评价的主人，是提交作品的质量和价值的主要决定者。教师可以通过与学生共同讨论、协商，并寻找所需的材料，将其装入档案袋中，但一定要为学生留下自己选择的余地。学生作品的收集是有目的、有计划的，而不是随机的。档案袋的内容主要反映以下几个方面。

(1) 反映活动的基本过程。

这是反映学生发展过程的证据，是学生对自己劳动成果进行检查的重要材料。例如：有关课题研究及相关活动的规划和修改稿(最基本的是课题的研究方案或开题报告、各阶段计划等)、研究工作(活动)记录(包括个人独立工作项目和集体合作项目的记录)、调查问卷、反映过程的照片资料、研究大事记等。

(2) 反映活动的基本成果。

这是反映学生发展水平的证据，从中我们可以看出学生对所研究的问题及研究过程产生的一些新的观点或见解。例如：对课题解决具有重要价值的参考资料或实验数据、最有收获的案例、研究过程中遇到的问题(或困难)及其解决方案(包括原始资料)、解决某些关键问题的思维过程(思路)及策略、阶段性总结、个人心得体验等，这些材料足以证明学生在学习过程中所取得的进步和收获。

(3) 反映活动的最佳成果。

这是反映学生优势、特长表现的证据。例如：小组或个人研究的成果，如文学作品、研究论文、结题报告等；小组或个人在研究过程中发现的问题的最佳解答方案，详细的实验记录，小组中写得较好的计划或总结材料等。

"袋"可由学生自制，大小形状如同普通档案袋。每一个学生为自己的记录袋取一个名字，如"成长的脚印""我能行"等，并把它写在封面上，另外，还要写上学校、班级及姓名。封面由学生自主设计，要求突出主题、美观、活泼、有新意。所收集的材料要做好记录，注明选择材料的日期、内容、入选理由、满意度等。材料可与教师或家长共同商定，按时间顺序记录，构成一个有个性的成长记录袋。

2) 协商研讨式评价

协商研讨式评价是近年来兴起的、应用日趋广泛的一种评价方法。它是指围绕目标，根据学生所处的年级以及不同主题的特点，由教师、学生、学校、学生家长及社会有关人士等共同协商进行的评价。其评价主体是多元的，评价内容是多方面的，评价方式是研讨式的，评价的过程是民主、开放的。

协商研讨式评价是一种以学生发展为核心的激励性评价，它注重过程评价和结果评价相结合，以过程评价为主；自评和互评相结合，以自评为主；定性和定量相结合，以定性为主。学生自评、小组评价和指导教师评价是协商研讨式评价的三种评价方法，最终由指导教师根据学生自我评价与小组评价的结果，分年级给出每个学生的学分与等级。协商研讨式评价的实施适用于对综合实践活动过程、成果及活动方案设计等的评价。

3) 表现性评价

表现性评价是通过让学生运用已有的知识和技能完成一些综合性的、真实的任务来对学生进行的评价。表现性评价引导学生通过多种方式来展现自己对问题的理解和解答，既可以评定学生在完成表现任务过程中所表现的行为与心理过程，也可以评定任务过程中所涉及的内容和完成任务的结果。

学生表现的形式可以多种多样，如口头报告与讨论、项目调查、表演、论文、学习日记、实验、艺术作品等。口头报告与讨论是让学生在全班或小组内对某一问题进行陈述，然后大家进行讨论，教师从学生的陈述与讨论中了解学生的理解程度；项目调查是研究性学习常用的方式，它适用于比较复杂、综合性的社会问题，具备较强的开发性，通常涉及多学科的知识，要求学生运用多种技能，如提出问题、设计调查方案、搜集资料、分析资料、合作讨论、写调查报告、口头陈述等；表演主要是以这种方式反映活动的收获；论文是针对某个问题，经过搜集资料、调查分析、资料整理、研究分析而写成论文或调查报告；学习日记是学生用文字的形式记录学习的主题、感受、认识、成功与失败等；实验是学生为了改变某种情况而设计方案、进行试验，并将成果进行展示；艺术作品是将活动的过程或感受、体验通过艺术的形式如美术、音乐、诗歌等体现出来。

4) 结果性评价

结果性评价是指在综合实践活动课程结束之后进行的评价，其目的是考查学生的目标达成度、总结活动的经验和教训、为今后的活动开展提供依据。结果性评价包括目标本位评价、目标游离评价、成果展示评价，可根据具体情况和需要来选择。

(1) 目标本位评价。

目标本位评价是指以综合实践活动计划的预定目标为依据而进行的评价，它是以目标为基础来判断目标实现的程度。目标本位评价有一个明确的评价标准，这个标准就是综合实践活动课程目标。

这种评价是对评价过程中得到的信息材料进行分析，并与最初的课程目标进行比较，看看课程实施在多大程度上实现了既定的课程目标。目标本位评价的优点是评价标准清晰明确、易于把握；缺陷是只注重目标，对课程目标之外的因素不予考虑。教育是一种复杂的现象，很多教育目标和结果是不能预先制定的。因此，仅仅考查既定的课程目标往往会使得评价范围过于狭窄，以至于不能发现一些有意义的教育结果。

(2) 目标游离评价。

目标游离评价则是脱离预定目标，以课程计划或活动的全部实际结果为评价对象，尽可能全面、客观地显示这些结果。目标游离评价抛开课程目标的约束，根据课程本身应具有的教育价值对课程进行评价，通过对课程计划全面、深入地评价来考查课程计划和实施是否具有教育价值，是否能够满足学生的发展需求。由于课程实施所产生的影响是复杂多样的，与目标相关的现象只是其中的一部分，因此，对课程实施的全部结果进行评价难免会影响评价的结果。

(3) 成果展示评价。

成果展示评价是综合实践活动课程的学生评价较为突出的和经常运用的方法之一。成果展示评价就是将学生的制作、发明、科技论文、调查报告、设计方案等公之于众，或以学生喜闻乐见的形式呈现出来，让学生感受、体验。在不同的课题之间进行成果展示评价，可以开阔学生的眼界，扩大其知识面；即使是同一课题的成果展示评价，也可以让学生在比较中丰富学习方法，相互学习，取长补短。

由于总结性评价只注重在课程实施之后对实施的情况进行考查，容易忽视在实施过程中出现的问题，无法及时、有针对性地提出改进意见。而形成性评价则是在课程实施过程之中进行的，有很强的灵活性，能够及时发现问题，提出改进办法。因此，同时运用形成性评价与总结性评价将更好地发挥评价的功能。

最后，在进行学生评价时，还应注意以下几点：评价不能只看结果，要关注从制定方案到实践的全过程；评价方法的选择以观察法为主，做到真正把握实际情况；评价尽可能考虑多方面的结论，争取协商；评价的结果不要伤害学生的自尊心和人格。

12.6 小学综合实践活动课程的教师评价

在综合实践活动课中，每个主题活动都要学生在"做中学"，进行探索和解决问题的"发现型"学习和通过直接经验的"体验式"学习，而不是依赖教师获取知识，教师的主导作用主要通过间接指导来实现。尽管更加强调学生的自主活动，而且教师的主导作用主要通过间接指导来实现，但需要指出并引起注意的是，教师主导作用的发挥是不可或缺的。与学科教学相比，教师发挥主导作用的方式和途径可能会有所不同，这种间接的指导作用并不比学科教学直接的指导作用小，在某种程度上甚至对老师主导作用的要求更高。可以说，教师的主导水平从根本上决定着综合实践活动课程的质量。

对教师评价的目的是促进教师教学设计和课程开发水平的提高，评价的重点是课程的开发与设计。通过建立促进教师不断提高的评价体系，强调教师对自己教学行为的分析与反思，建立以教师自评为主，校长、教师、学生、家长共同参与的评价制度，使教师从多种渠道获得信息，不断提高教学水平。

12.6.1 教师评价内容

1. 课程实施的基本素质

教师的教育观念决定着课程改革的指向和深度，教师的专业精神是课程改革的内在动力。综合实践活动课程要求教师既要承担课程实施的责任，更要担负课程开发的使命，而这些都需要教师投入巨大的热情和创造力。因此，综合实践活动课程的指导教师要有与时俱进的精神，以严谨的态度研究综合实践活动课程，着眼于学生的未来发展，有强烈的责任感和使命感。

2. 课程实施的合理开放的知识结构

综合实践活动课程的实施，对原来从事分科教学的教师来说是个挑战。它要求指导教师不仅要具备通用性的文化知识、基础性的学科知识，还应具备"是什么"及"为什么"的条件性知识和适用于变幻情境的实践性知识。另外，综合实践活动课程内容的发展性也要求指导教师不断学习新知识，保持对新知识信息的敏感，善于获得并懂得处理新知识。

3. 良好的沟通与协调能力

综合实践活动打破了原来一门学科、一个活动由一个教师任教的局面，一个主题活动往往是教师团队合作的结果。综合实践活动课程的指导教师不仅要面对学生，还要面对学校的领导和同事、校外的学生家长以及社会人士。这就要求综合实践活动课程的指导教师具有良好的协调能力和沟通能力，能有效地协调人际关系、与他人沟通，并具备与领导、同事、学生、家长合作的能力。

4. 课程的开发能力

综合实践活动课程的具体工作内容是由地方和学校依据实际确定的，但在具体的实施过程中，它是由每个教师个体来确定选择的，实质上就是由教师本人来开发的。有时候为了尊重每一个学生的兴趣、爱好与特长，这种课程还是会生成的。因此，它应该是评价教师最重要的内容。

由于综合实践活动课程内容广泛，除了四种指定的活动形式和建议主题之外，还有大量学校可以自主开发的内容。因此，开发出的课程应该具有：①丰富性。活动项目内容全面，使学生得到多方面的能力培养，经历多种历练。②适宜性。适合学生的心理生理发展水平，适合学生的实际需要。③深刻性。活动内容有较大的意义和价值，能促进学生深层次的发展。④创造性。活动项目新颖别致、特色突出。

5. 活动的设计能力

综合实践活动中学生的活动是自主的活动，但应该是在教师精心设计下的活动，活动的设计与指导是活动质量的根本保证。活动的设计可以是每次进行的活动的设计，也可以是整个学期活动的设计。活动的设计应该具有：①计划性。每次活动都是精心设计的，包括各步骤与环节，都有通盘的考虑。对这样的设计要达到什么目的、能够达到什么目的，这样的设计意义何在，都能做到心中有数、目的明确。②合理性。活动设计安排与活动内容相一致，与课程总体目标一致，活动过程反映与体现了实践活动课程的特点。③可行性。活动的设计是能够在现有资源和条件下，由学生经过努力可以实现和完成的，而不是纸上谈兵式的空想。

6. 活动的指导与调控能力

综合实践中的每一个活动，对学生来说都是全新的挑战，因此教师的指导与调控管理是必不可少的。指导与调控应该具有：①及时性。对学生在活动中遇到的困难或出现的问题，能立即做出适当的反应，提供有效的帮助。②协商性。对活动中发生的问题，师生要加强沟通，在师生平等的交流中共同找到应对的办法。③启发性。对学生在活动中的需要，不是由教师包办代替，而是通过策略性的启发，让学生学会自己解决问题，在解决问题中发展和成长。④灵活性。采取多种方法，巧妙抓住好的机会。

7. 活动的成效

活动的成效最终总是要体现在学生的一系列表现中，主要表现在：①参与性。学生对综合实践活动课始终抱有很高的参与热情，兴趣持久强烈。②发展性。在活动中确有收获，各方面的能力得到了较好的发展。③深刻性。学生在活动中的亲身体验以及探究的深度都有所提高。

8. 专业发展能力

在课程的实施过程中，必然会促进教师在专业方面的发展。教师专业发展方面有：①专业性。对综合实践活动的性质、地位和教学目标有了更深刻的理解和认识。②反思性。经常对自己的教学实践进行检讨、省察自己内隐的缄默知识，发展自己的实践性知识。

③批判性。对现有或流行的所谓新观念不盲从，能够及时转变自己的观念，又有自己独立的思考和判断。

12.6.2 教师评价的基本要求

1. 注重个体差异，强调评价的针对性

每位教师在人格、成长历程、个性特长、教学风格等方面都存在着一定的差异。综合实践活动课程评价中的教师评价，力求使每位教师在课程设计与实施过程中展示自己的个性特色。因此，在评价过程中，只提出粗线条的评价标准，至于究竟达到怎样的标准则要根据教师的个别差异来定。其目的在于发现教师在课程设计与实施中的进步与成长，增强教师的信心，激发教师的主动创新意识。

2. 注重教学实践，强调评价的过程性

在综合实践活动课程评价中，教师评价的根本目的在于改进教师的教学，提高教师设计与实施综合实践活动课程的能力。因此，在评价时，要注意收集具体的教育教学行为信息。与此同时，由于评价结果直接服务于教师的教学过程，因此，评价手段应具有较强的可操作性，评价结果应及时反馈给教师，以便教师在综合实践活动课程的设计与实施过程中不断调整自己的教育教学行为。

3. 注重自我反思，强调评价的主动性

教师对自己在综合实践活动设计与实施中的优势与困难、成长与进步最为关注。因此，充分发挥教师本人在教师评价中的主体作用，突出教师本人在教师评价中的主体地位是非常重要的。而教师对自身教学行为的经常性反思也正是教师进行自我评价的必经阶段。因此，在教师评价的过程中，应重视教师本人的积极参与，这将有利于信息的准确收集；有利于教师发现问题并主动进行改进；有利于消除教师与评价人员的对立情绪，从而使教师自觉接受和理解评价结论。

12.6.3 教师评价的主体

1. 自我评价

自我评价是指教师根据一定的评价指标，对自身素质以及课程实施进行的评价。由于教师对自己的情况最了解，因此，只要教师态度端正，这种建立在信任基础上的评价就会有较高的准确性。同时，该评价也比较容易开展，可以经常进行。自我评价使教师自觉、主动地接受评价，便于教师及时进行自我反馈与调节；同时，还有利于提高教师的自信心和自尊心，增强教师的自我评价意识和评价能力。但是，由于自我评价缺乏外界参照体系，因此，不便于进行横向比较；而且，主观性大，容易出现偏差，有时甚至会出现"报喜不报忧"的现象。

2. 外部评价

所谓外部评价是指教师之外的他人评价，这包括教育行政领导的视导评价、督学系统

的督导评价、专家的评价、同行的评价以及社会评价等。外部评价一般比较严格、慎重，也比较客观，可信度较高。但是，组织起来较为烦琐和困难，耗费的人力和时间也较多。

建立校长、教师、学生、家长共同参与的评价制度，目的在于帮助教师从多个渠道获取信息，以促进教师的专业发展。学校领导和同行是外部评价中的重要力量，他们对活动的目标、实施情况比较了解，对教师的状况比较熟悉，对评价标准理解得较深刻，对活动实施的难度也比较清楚，因此，相对于其他外部人士来说，他们对教师的评价比较全面、准确。此外，学生和家长也是外部评价中不可忽视的两大群体。学生是教学活动的直接参与者，也是最终受益者，因此，学生也最有发言权，应重视并给予学生评价教师的权利。家长关心孩子受到什么样的教育以及孩子在学校的发展情况，因此，评价教师也是家长应有的权利，同时这也是促使家长了解学校和教师、形成教育合力的有效途径。

【学习资源链接】

郭元祥. 综合实践活动课程的管理与评价[M]. 北京：高等教育出版社，2003.

郭元祥. 综合实践活动课程：设计与实施[M]. 北京：首都师范大学出版社，2001.

廖先亮. 综合实践活动课程的理论与方法[M]. 武汉：武汉大学出版社，2003.

肖成全. 综合实践活动课程教学实施指南[M]. 武汉：华中师范大学出版社，2003.

钟启泉，崔允漷，张华. 《基础教育课程改革纲要(试行)》解读[M]. 上海：华东师范大学出版社，2001.

钟启泉，崔允漷. 新课程的理念与创新：师范生读本[M]. 北京：高等教育出版社，2003.

钟启泉，汪霞，王文静. 课程与教学论[M]. 华东师范大学出版社，2008.

【教与学活动建议】

(1) 针对教育评价模式这一主题，可采用小组合作研讨、分组展示交流的学习方式。教师引导学生采取小组合作的方式，每个小组针对一种教育评价模式，分析其内涵、适用范围、优缺点及其应用要点和应注意的问题，并以表格形式呈现小组主要观点，每个小组选出一名代表，课堂上展示交流，其他小组成员提问和质疑。最后教师引导学生总结归纳每种教育评价模式的核心观点。

(2) 围绕"教师评价"这一主题开展自我分析和评价，课下利用 SWOT 分析法，结合本章教师评价的内容，分析自己作为综合实践活动课程指导教师，针对优势、劣势、面临的机遇和挑战，画出 SWOT 分析图，课上展示交流。

(3) 针对学生评价这一主题，进行章后探究与实践部分的案例分析，课上针对考察探究类活动的评价量规，请学生从评价主体设计、评价内容和评价维度设计等几方面谈一下哪些地方对自己有启发，哪些方面还需改进，并说明理由。课下请学生设计一个综合实践活动课程——设计制作类活动的评价量规，请结合设计创意、制作方法、物化产品等几个方面分别进行设计。教师收集学生的评价设计，在班上展示交流，然后归纳总结班级成果，上传至学生微信群，不断地在群内交流、完善。

(4) 针对课程评价，教师请一个学生代表展示自己学校的综合实践课程方案，学生根据课程评价要点和评价方法，对课程方案进行评价，并写出评价意见。

![本章小结]

足球畅想

本章首先论述了教育评价的概念、内容及几种典型的评价模式，以及综合实践活动课程的理论指导。然后，针对综合实践活动课程，阐述了本课程评价的特点、原则及内容；系统阐述了综合实践课程的评价、教师"教"的评价以及学生"学"的评价的内容及方法，并给出了一些典型案例和拓展阅读资料。希望教师通过本章的学习，能够掌握综合实践活动课程科学的评价方法，能够根据自己的实践，设计相应活动的评价量规。

![思考与实践]

一、理论思考

1. 教育评价模式有哪些？核心观点是什么？
2. 小学综合实践活动课程评价包括哪些内容？
3. 综合实践活动课程评价的要点及特色是什么？
4. 简述学校课程开发及实施的评价内容及方法。
5. 简述学生评价的内容及方法。
6. 简述教师评价的内容及实施。

二、实践探索

下面是本章作者与项目团队设计的针对考察探究类活动的评价量规，请从评价主体设计、评价内容和评价维度设计等几方面谈一下哪些地方对你有启发，哪些方面还需改进，并说出理由。请结合设计创意、制作方法、物化产品等几个方面，设计一个综合实践活动课程——设计制作类活动的评价量规。

综合实践活动课程学生评价设计总体评价

总体评分的成绩将以下列公式计算：

活动过程(100分)+核心能力指数评价(32分)+同学及指导教师评价(18分)=总分(150分)

同学及指导教师评价总名次第一名得18分，第二名得16分，第三名得14分，依此类推。总体评价示例如表12-2～表12-6所示。

表12-2 过程性评价

性 质	提交日期	项 目	提交办法	权重/%
个人完成的工作(必须由个人承担的工作)	月 日	第一次个人资料搜集及阅读摘要	填写在学生手册	5
	月 日	第二次个人资料搜集及阅读摘要	填写在学生手册	5

性　质	提交日期	项　目	提交办法	权重/%
个人完成的工作(必须由个人承担的工作)	月　日	第一阶段自我及组员评估表	填写在学生手册内	3
	月　日	**第一阶段家长评估表。**请家长完成	填写在学生手册内	2
	月　日	第二阶段自我及组员评估表	填写在学生手册内	3
	月　日	**第一阶段家长评估表。**请家长完成	填写在学生手册内	2
报告工作(定期汇报工作,各组员均有责任,而组长有责任去督导工作)	月　日	开题及选题建议书	各组员填写在学生手册内。组长负责上传	2
	月　日	第二次会见导师记录表	各组员填写在学生手册内。组长负责上传	2
	月　日	第三次会见导师记录表	各组员填写在学生手册内。组长负责上传	2
	月　日	第四次会见导师记录表	各组员填写在学生手册内	2
	月　日	第五次会见导师记录表	各组员填写在学生手册内	2
小组工作(须集体完成的工作)	月　日	书面研究报告	各组员保留一份拷贝	25
	月　日	宣传单或活动策划案	各组员保留一份拷贝,组长上传指导教师	15
	月　日	访谈简报	各组员保留一份拷贝;组长上传指导教师	20
	月　日	简报及展示	各组员保留一份拷贝;组长上传指导教师	10

表 12-3　核心能力评价量规

评鉴项目	4=很好	3=良好	2=合格	1=尚需努力	0=不合格
信息搜集	能有效地从不同渠道(书籍、官方报道、报刊、互联网等)搜集足够的有关资料	能从两个不同渠道(书籍、官方报道、报刊、互联网等)搜集足够的参考资料	只从单一渠道搜集有关的信息	搜集的信息未能切合主题,或与主题无关	未主动搜集有关资料

评鉴项目	4=很好	3=良好	2=合格	1=尚需努力	0=不合格
信息收集(实地访谈)	曾到研究区域做实地的资料收集,通过实地的观察分析、数据收集、访问等活动,能够整理出独有的资料(包括文字、图片、数据)	曾到有关实践基地观察,并总结出自己的意见	未曾到有关基地收集数据,只从收集到的二手资料中,做出个人的分析	只使用收集回来的资料,并没有加入个人意见或分析	没有对主题做出任何的回应或分析
资料整理	有效地用自己的文字将收集回来的资料加以整理、分析及组织。能将资料做分类及归纳	能将收集回来的资料加以整理、分析及组织。能将资料做分类及归纳	能将收集回来的资料加以整理、分析及组织	只将收集回来的资料作总结及简单的整理	只复制收集回来的数据于报告中
知识产权保护	清楚列出所有参考资料的出处,并在报告中适当引述有关资料	清楚列出所有参考数据的出处	清楚列出大部分参考数据的出处	只列出小部分参考数据的出处	未列出参考资料的出处
文字表达	能用自己的文字表达意见,文笔流畅,段落分明,组织有序,内容明确	能用自己的文字表达意见,段落分明,组织有序,内容明确	表达能力尚可,只是文章欠组织	语句欠通顺,错字别字太多,内容不完整	只复制收集回来的数据于报告中,没有用自己的文字来表达报告内容
语言表达	说话流畅,声音清晰响亮,态度认真诚恳,能吸引听众的注意	说话清楚,声音足够大,态度认真	说话清楚,态度认真,唯声音欠响亮	说话欠组织,咬字欠清晰,音量尚可	说话态度欠认真,说话不清,音量不足
团队合作	愿意承担责任,懂得舍己为人,乐于关怀组员,共同努力合作	能够完成己任,与组员相处融洽	未能完成个人责任,愿意与组员合作	只能完成自己的责任,不愿意与组员合作	未能承担个人责任,亦不愿意与组员合作
时间管理	无须指导教师提醒,能自我管理时间,于限期前完成工作,能准时约见指导教师,能依时提交报告	能依时提交报告,能依时约见指导导师	要指导教师督促才能依时完成工作	于限期后完成工作	无法完成工作

表 12-4　第一阶段自我及组员评估表

姓名：＿＿＿＿＿＿＿＿＿＿　专题题目：＿＿＿＿＿＿＿＿＿＿＿＿＿＿＿＿＿＿＿

请你对自己和组员的工作能力及工作态度作评分，每项最高5分，最低1分。

工作	自己	组员姓名		
1. 资料搜集				
2. 资料整理				
3. 问题分析				
4. 编写报告				
5. 演示报告				
6. 积极性				
7. 合作性				
总分				

请对自己做以下评估，在适当的方格内打"√"，最高5分，最低1分。

表 12-5　学生互评及指导教师评分表

＿＿＿＿＿＿班　（请把选项填满）

□■□□□

组别	专题题目	评审准则	高中低					以5分为满分，你会给多少分					请选出你心目中的冠、亚、季军		
			5	4	3	2	1	5	4	3	2	1	冠	亚	季
1		报告内容的丰富性	□	□	□	□	□								
		报告内容的启发性	□	□	□	□	□	□	□	□	□	□	□	□	□
		展示报告的能力	□	□	□	□	□								
2		报告内容的丰富性	□	□	□	□	□								
		报告内容的启发性	□	□	□	□	□	□	□	□	□	□	□	□	□
		展示报告的能力	□	□	□	□	□								
3		报告内容的丰富性	□	□	□	□	□								
		报告内容的启发性	□	□	□	□	□	□	□	□	□	□	□	□	□
		展示报告的能力	□	□	□	□	□								
4		报告内容的丰富性	□	□	□	□	□								
		报告内容的启发性	□	□	□	□	□	□	□	□	□	□	□	□	□
		展示报告的能力	□	□	□	□	□								
5		报告内容的丰富性	□	□	□	□	□								
		报告内容的启发性	□	□	□	□	□	□	□	□	□	□	□	□	□
		展示报告的能力	□	□	□	□	□								
6		报告内容的丰富性	□	□	□	□	□								
		报告内容的启发性	□	□	□	□	□	□	□	□	□	□	□	□	□
		展示报告的能力	□	□	□	□	□								
7		报告内容的丰富性	□	□	□	□	□								
		报告内容的启发性	□	□	□	□	□	□	□	□	□	□	□	□	□
		展示报告的能力	□	□	□	□	□								
8		报告内容的丰富性	□	□	□	□	□								
		报告内容的启发性	□	□	□	□	□	□	□	□	□	□	□	□	□
		展示报告的能力	□	□	□	□		□	□	□	□			□	□

表 12-6 核心素养评价量表

研究能力	5	4	3	2	1
1 清楚理解主题					
2 能从阅读及资料搜集中得到知识					
3 能将资料整理及分析					
4 能提出自己的见解及意见					
5 能掌握本次研究的结论					
信息技术及资料搜集能力					
6 能制订工作计划					
7 能利用各种手段搜集资料					
8 能利用各种信息技术手段进行沟通及交流					
9 能利用信息技术手段制作报告					
10 能利用信息技术手段演示报告					
学习态度					
11 积极参与讨论及研习过程					
12 负责任					
13 乐于与人合作					
14 接纳及尊重别人的意见					
15 尽力寻找与主题有关的资料					
16 能按时完成工作					
17 敢于创新思考					

附　录

教育部关于印发《中小学综合实践活动课程指导纲要》的通知

教材〔2017〕4 号

各省、自治区、直辖市教育厅(教委)，新疆生产建设兵团教育局：

现将《中小学综合实践活动课程指导纲要》印发给你们，请认真贯彻执行。

各地要充分认识综合实践活动课程的重要意义，确保综合实践活动课程全面开设到位。要组织教师认真学习纲要，切实加强对综合实践活动课程的精心组织、整体设计和综合实施，不断提升课程实施水平。

教育部

2017 年 9 月 25 日

中小学综合实践活动课程指导纲要

为全面贯彻党的教育方针，坚持教育与生产劳动、社会实践相结合，引导学生深入理解和践行社会主义核心价值观，充分发挥中小学综合实践活动课程在立德树人中的重要作用，特制定本纲要。

一、课程性质与基本理念

(一)课程性质

综合实践活动是从学生的真实生活和发展需要出发，从生活情境中发现问题，转化为活动主题，通过探究、服务、制作、体验等方式，培养学生综合素质的跨学科实践性课程。

综合实践活动是国家义务教育和普通高中课程方案规定的必修课程，与学科课程并列设置，是基础教育课程体系的重要组成部分。该课程由地方统筹管理和指导，具体内容以学校开发为主，自小学一年级至高中三年级全面实施。

(二)基本理念

1. 课程目标以培养学生综合素质为导向

本课程强调学生综合运用各学科知识，认识、分析和解决现实问题，提升综合素质，着力发展核心素养，特别是社会责任感、创新精神和实践能力，以适应快速变化的社会生活、职业世界和个人自主发展的需要，迎接信息时代和知识社会的挑战。

2. 课程开发面向学生的个体生活和社会生活

本课程面向学生完整的生活世界，引导学生从日常学习生活、社会生活或与大自然的接触中提出具有教育意义的活动主题，使学生获得关于自我、社会、自然的真实体验，建立学习与生活的有机联系。要避免仅从学科知识体系出发进行活动设计。

3. 课程实施注重学生主动实践和开放生成

本课程鼓励学生从自身成长需要出发，选择活动主题，主动参与并亲身经历实践过程，体验并践行价值信念。在实施过程中，随着活动的不断展开，在教师指导下，学生可根据实际需要，对活动的目标与内容、组织与方法、过程与步骤等做出动态调整，使活动不断深化。

4. 课程评价主张多元评价和综合考察

本课程要求突出评价对学生的发展价值，充分肯定学生活动方式和问题解决策略的多样性，鼓励学生自我评价与同伴间的合作交流和经验分享。提倡多采用质性评价方式，避免将评价简化为分数或等级。要将学生在综合实践活动中的各种表现和活动成果作为分析考察课程实施状况与学生发展状况的重要依据，对学生的活动过程和结果进行综合评价。

二、课程目标

(一)总目标

学生能从个体生活、社会生活及与大自然的接触中获得丰富的实践经验，形成并逐步提升对自然、社会和自我之内在联系的整体认识，具有价值体认、责任担当、问题解决、创意物化等方面的意识和能力。

(二)学段目标

1. 小学阶段具体目标

(1) 价值体认：通过亲历、参与少先队活动、场馆活动和主题教育活动，参观爱国主义教育基地等，获得有积极意义的价值体验。理解并遵守公共空间的基本行为规范，初步形成集体思想、组织观念，培养对中国共产党的朴素感情，为自己是中国人感到自豪。

(2) 责任担当：围绕日常生活开展服务活动，能处理生活中的基本事务，初步养成自理能力、自立精神、热爱生活的态度，具有积极参与学校和社区生活的意愿。

(3) 问题解决：能在教师的引导下，结合学校、家庭生活中的现象，发现并提出自己感兴趣的问题。能将问题转化为研究小课题，体验课题研究的过程与方法，提出自己的想法，形成对问题的初步解释。

(4) 创意物化：通过动手操作实践，初步掌握手工设计与制作的基本技能；学会运用信息技术，设计并制作有一定创意的数字作品。运用常见、简单的信息技术解决实际问题，服务于学习和生活。

2. 初中阶段具体目标

(1) 价值体认：积极参加班团队活动、场馆体验、红色之旅等，亲历社会实践，加深有积极意义的价值体验。能主动分享体验和感受，与老师、同伴交流思想认识，形成国家认同，热爱中国共产党。通过职业体验活动，发展兴趣专长，形成积极的劳动观念和态度，具有初步的生涯规划意识和能力。

(2) 责任担当：观察周围的生活环境，围绕家庭、学校、社区的需要开展服务活动，增强服务意识，养成独立的生活习惯；愿意参与学校服务活动，增强服务学校的行动能力；初步形成探究社区问题的意识，愿意参与社区服务，初步形成对自我、学校、社区负责任的态度和社会公德意识，初步具备法制观念。

(3) 问题解决：能关注自然、社会、生活中的现象，深入思考并提出有价值的问题，将问题转化为有价值的研究课题，学会运用科学方法开展研究。能主动运用所学知识理解与解决问题，并做出基于证据的解释，形成基本符合规范的研究报告或其他形式的研究成果。

(4) 创意物化：运用一定的操作技能解决生活中的问题，将一定的想法或创意付诸实践，通过设计、制作或装配等，制作和不断改进较为复杂的制品或用品，发展实践创新意识和审美意识，提高创意实现能力。通过信息技术的学习实践，提高利用信息技术进行分析和解决问题的能力以及数字化产品的设计与制作能力。

3. 高中阶段具体目标

(1) 价值体认：通过自觉参加班团活动、走访模范人物、研学旅行、职业体验活动，组织社团活动，深化社会规则体验、国家认同、文化自信，初步体悟个人成长与职业世界、社会进步、国家发展和人类命运共同体的关系，增强根据自身兴趣专长进行生涯规划和职业选择的能力，强化对中国共产党的认识和感情，具有中国特色社会主义共同理想和国际视野。

(2) 责任担当：关心他人、社区和社会发展，能持续地参与社区服务与社会实践活动，关注社区及社会存在的主要问题，热心参与志愿者活动和公益活动，增强社会责任意识和法制观念，形成主动服务他人、服务社会的情怀，理解并践行社会公德，提高社会服务能力。

(3) 问题解决：能对个人感兴趣的领域开展广泛的实践探索，提出具有一定新意和深度的问题，综合运用知识分析问题，用科学方法开展研究，增强解决实际问题的能力。能及时对研究过程及研究结果进行审视、反思并优化调整，建构基于证据的、具有说服力的解释，形成比较规范的研究报告或其他形式的研究成果。

(4) 创意物化：积极参与动手操作实践，熟练掌握多种操作技能，综合运用技能解决生活中的复杂问题。增强创意设计、动手操作、技术应用和物化能力。形成在实践操作中学习的意识，提高综合解决问题的能力。

三、课程内容与活动方式

学校和教师要根据综合实践活动课程的目标，并基于学生发展的实际需求，设计活动主题和具体内容，并选择相应的活动方式。

(一)内容选择与组织原则

综合实践活动课程的内容选择与组织应遵循如下原则：

1. 自主性

在主题开发与活动内容选择时，要重视学生自身发展需求，尊重学生的自主选择。教师要善于引导学生围绕活动主题，从特定的角度切入，选择具体的活动内容，并自定活动目标任务，提升自主规划和管理能力。同时，要善于捕捉和利用课程实施过程中生成的有价值的问题，指导学生深化活动主题，不断完善活动内容。

2. 实践性

综合实践活动课程强调学生亲身经历各项活动，在"动手做""实验""探究""设计""创作""反思"的过程中进行"体验""体悟""体认"，在全身心参与的活动中，发现问题、分析问题和解决问题，体验和感受生活，发展实践创新能力。

3. 开放性

综合实践活动课程面向学生的整个生活世界，具体活动内容具有开放性。教师要基于学生已有经验和兴趣专长，打破学科界限，选择综合性活动内容，鼓励学生跨领域、跨学科学习，为学生自主活动留出余地。要引导学生把自己成长的环境作为学习场所，在与家庭、学校、社区的持续互动中，不断拓展活动时空和活动内容，使自己的个性特长、实践能力、服务精神和社会责任感不断获得发展。

4. 整合性

综合实践活动课程的内容组织，要结合学生发展的年龄特点和个性特征，以促进学生的综合素质发展为核心，均衡考虑学生与自然的关系、学生与他人和社会的关系、学生与自我的关系这三个方面的内容。对活动主题的探究和体验，要体现个人、社会、自然的内在联系，强化科技、艺术、道德等方面的内在整合。

5. 连续性

综合实践活动课程的内容设计应基于学生可持续发展的要求，设计长短期相结合的主题活动，使活动内容具有递进性。要促使活动内容由简单走向复杂，使活动主题向纵深发展，不断丰富活动内容、拓展活动范围，促进学生综合素质的持续发展。要处理好学期之间、学年之间、学段之间活动内容的有机衔接与联系，构建科学合理的活动主题序列。

(二)活动方式

综合实践活动的主要方式及其关键要素为：

1. 考察探究

考察探究是学生基于自身兴趣，在教师的指导下，从自然、社会和学生自身生活中选择和确定研究主题，开展研究性学习，在观察、记录和思考中，主动获取知识，分析并解决问题的过程，如野外考察、社会调查、研学旅行等，它注重运用实地观察、访谈、实验等方法，获取材料，形成理性思维、批判质疑和勇于探究的精神。考察探究的关键要素包括：发现并提出问题；提出假设，选择方法，研制工具；获取证据；提出解释或观念；交流、评价探究成果；反思和改进。

2. 社会服务

社会服务是指学生在教师的指导下，走出教室，参与社会活动，以自己的劳动满足社会组织或他人的需要，如公益活动、志愿服务、勤工俭学等，它强调学生在满足被服务者需要的过程中，获得自身发展，促进相关知识技能的学习，提升实践能力，成为履职尽责、敢于担当的人。社会服务的关键要素包括：明确服务对象与需要；制订服务活动计划；开展服务行动；反思服务经历，分享活动经验。

3. 设计制作

设计制作是指学生运用各种工具、工艺(包括信息技术)进行设计，并动手操作，将自己的创意、方案付诸现实，转化为物品或作品的过程，如动漫制作、编程、陶艺创作等，它注重提高学生的技术意识、工程思维、动手操作能力等。在活动过程中，鼓励学生手脑并用，灵活掌握、融会贯通各类知识和技巧，提高学生的技术操作水平、知识迁移水平，体验工匠精神等。设计制作的关键要素包括：创意设计；选择活动材料或工具；动手制作；交流展示物品或作品，反思与改进。

4. 职业体验

职业体验是指学生在实际工作岗位上或模拟情境中见习、实习，体认职业角色的过程，如军训、学工、学农等，它注重让学生获得对职业生活的真切理解，发现自己的专长，培养职业兴趣，形成正确的劳动观念和人生志向，提升生涯规划能力。职业体验的关键要素包括：选择或设计职业情境；实际岗位演练；总结、反思和交流经历过程；概括提炼经验，行动应用。

综合实践活动除了以上活动方式外，还有党团队教育活动、博物馆参观等。综合实践活动方式的划分是相对的。在活动设计时可以有所侧重，以某种方式为主，兼顾其他方式；也可以整合方式实施，使不同活动要素彼此渗透、融会贯通。要充分发挥信息技术对于各类活动的支持作用，有效促进问题解决、交流协作、成果展示与分享等。

四、学校对综合实践活动课程的规划与实施

(一)课程规划

中小学校是综合实践活动课程规划的主体，应在地方指导下，对综合实践活动课程进行整体设计，将办学理念、办学特色、培养目标、教育内容等融入其中。要依据学生发展状况、学校特色、可利用的社区资源(如各级各类青少年校外活动场所、综合实践基地和研学旅行基地等)对综合实践活动课程进行统筹考虑，形成综合实践活动课程总体实施方案；还要基于学生的年段特征、阶段性发展要求，制定具体的"学校学年(或学期)活动计划与实施方案"，对学年、学期活动做出规划。要使总体实施方案和学年(或学期)活动计划相互配套、衔接，形成促进学生持续发展的课程实施方案。

学校在课程规划时要注意处理好以下关系：

1. 综合实践活动课程的预设与生成

学校要统筹安排各年级、各班级学生的综合实践活动课时、主题、指导教师、场地设施等，加强与校外活动场所的沟通协调，为每一个学生参与活动创造必要条件，提供发展机遇，但不得以单一、僵化、固定的模式去约束所有班级、社团的具体活动过程，剥夺学生自主选择的空间。要允许和鼓励师生从生活中选择有价值的活动主题，选择适当的活动方式创造性地开展活动。要关注学生活动的生成性目标与生成性主题并引导其发展，为学生创造性的发展开辟广阔空间。

2. 综合实践活动课程与学科课程

在设计与实施综合实践活动课程中，要引导学生主动运用各门学科知识分析解决实际问题，使学科知识在综合实践活动中得到延伸、综合、重组与提升。学生在综合实践活动中所发现的问题要在相关学科教学中分析解决，所获得的知识要在相关学科教学中拓展加深。防止用学科实践活动取代综合实践活动。

3. 综合实践活动课程与专题教育

可将有关专题教育，如优秀传统文化教育、革命传统教育、国家安全教育、心理健康教育、环境教育、法治教育、知识产权教育等，转化为学生感兴趣的综合实践活动主题，让学生通过亲历感悟、实践体验、行动反思等方式实现专题教育的目标，防止将专题教育简单等同于综合实践活动课程。要在国家宪法日、国家安全教育日、全民国防教育日等重要时间节点，组织学生开展相关主题教育活动。

(二)课程实施

作为综合实践活动课程实施的主体，学校要明确实施机构及人员、组织方式等，加强过程指导和管理，确保课程实施到位。

1. 课时安排

小学1—2年级，平均每周不少于1课时；小学3—6年级和初中，平均每周不少于2课时；高中执行课程方案相关要求，完成规定学分。各学校要切实保证综合实践活动时间，在开足规定课时总数的前提下，根据具体活动需要，把课时的集中使用与分散使用有机结合起来。要根据学生活动主题的特点和需要，灵活安排、有效使用综合实践活动时间。学校要给予学生广阔的探究时空环境，保证学生活动的连续性和长期性。要处理好课内与课外的关系，合理安排时间并拓展学生的活动空间与学习场域。

2. 实施机构与人员

学校要成立综合实践活动课程领导小组，结合实际情况设置专门的综合实践活动课程中心或教研组，或由教科室、教务处、学生处等职能部门，承担起学校课程实施规划、组织、协调与管理等方面的责任，负责制定并落实学校综合实践活动课程实施方案，整合校内外教育资源，统筹协调校内外相关部门的关系，联合各方面的力量，特别是加强与校外活动场所的沟通协调，保证综合实践活动课程的有效实施。要充分发挥少先队、共青团以及学生社团组织的作用。

要建立专兼职相结合、相对稳定的指导教师队伍。学校教职工要全员参与，分工合作。原则上每所学校至少配备 1 名专任教师，主要负责指导学生开展综合实践活动，组织其他学科教师开展校本教研活动。各学科教师要发挥专业优势，主动承担指导任务。积极争取家长、校外活动场所指导教师、社区人才资源等有关社会力量成为综合实践活动课程的兼职指导教师，协同指导学生综合实践活动的开展。

3. 组织方式

综合实践活动以小组合作方式为主，也可以个人单独进行。小组合作范围可以从班级内部，逐步走向跨班级、跨年级、跨学校和跨区域等。要根据实际情况灵活运用各种组织方式。要引导学生根据兴趣、能力、特长、活动需要，明确分工，做到人尽其责，合理高效。既要让学生有独立思考的时间和空间，又要充分发挥合作学习的优势，重视培养学生的自主参与意识与合作沟通能力。鼓励学生利用信息技术手段突破时空界限，进行广泛的交流与密切合作。

4. 教师指导

在综合实践活动实施过程中，要处理好学生自主实践与教师有效指导的关系。教师既不能"教"综合实践活动，也不能推卸指导的责任，而应当成为学生活动的组织者、参与者和促进者。教师的指导应贯穿于综合实践活动实施的全过程。

在活动准备阶段，教师要充分结合学生经验，为学生提供活动主题选择以及提出问题的机会，引导学生构思选题，鼓励学生提出感兴趣的问题，并及时捕捉活动中学生动态生成的问题，组织学生就问题展开讨论，确立活动目标内容。要让学生积极参与活动方案的制定过程，通过合理的时间安排、责任分工、实施方法和路径选择，对活动可利用的资源及活动的可行性进行评估等，增强活动的计划性，提高学生的活动规划能力。同时，引导学生对活动方案进行组内及组间讨论，吸纳合理化建议，不断优化完善方案。

在活动实施阶段，教师要创设真实的情境，为学生提供亲身经历与现场体验的机会，让学生经历多样化的活动方式，促进学生积极参与活动过程，在现场考察、设计制作、实验探究、社会服务等活动中发现和解决问题，体验和感受学习与生活之间的联系。要加强对学生活动方式与方法的指导，帮助学生找到适合自己的学习方式和实践方式。教师指导重在激励、启迪、点拨、引导，不能对学生的活动过程包办代替。还要指导学生做好活动过程的记录和活动资料的整理。

在活动总结阶段，教师要指导学生选择合适的结果呈现方式，鼓励多种形式的结果呈现与交流，如绘画、摄影、戏剧与表演等，对活动过程和活动结果进行系统梳理和总结，促进学生自我反思与表达、同伴交流与对话。要指导学生学会通过撰写活动报告、反思日志、心得笔记等方式，反思成败得失，提升个体经验，促进知识建构，并根据同伴及教师提出的反馈意见和建议查漏补缺，明确进一步的探究方向，深化主题探究和体验。

5. 活动评价

综合实践活动情况是学生综合素质评价的重要内容。各学校和教师要以促进学生综合素质持续发展为目的设计与实施综合实践活动评价。要坚持评价的方向性、指导性、客观性、公正性等原则。

突出发展导向。坚持学生成长导向，通过对学生成长过程的观察、记录、分析，促进学校及教师把握学生的成长规律，了解学生的个性与特长，不断激发学生的潜能，为更好地促进学生成长提供依据。评价的首要功能是让学生及时获得关于学习过程的反馈，改进后续活动。要避免评价过程中只重结果、不重过程的现象。要对学生的作品进行深入分析和研究，挖掘其背后蕴藏的学生的思想、创意和体验，杜绝对学生的作品随意打分和简单排名等功利主义做法。

做好写实记录。教师要指导学生客观记录参与活动的具体情况，包括活动主题、持续时间、所承担的角色、任务分工及完成情况等，及时填写活动记录单，并收集相关事实材料，如活动现场照片、作品、研究报告、实践单位证明等。活动记录、事实材料要真实、有据可查，为综合实践活动评价提供必要基础。

建立档案袋。在活动过程中，教师要指导学生分类整理、遴选具有代表性的重要活动记录、典型事实材料以及其他有关资料，编排、汇总、归档，形成每一个学生的综合实践活动档案袋，并纳入学生综合素质档案。档案袋是学生自我评价、同伴互评、教师评价学生的重要依据，也是招生录取中综合评价的重要参考。

开展科学评价。原则上每学期末，教师要依据课程目标和档案袋，结合平时对学生活动情况的观察，对学生综合素质发展水平进行科学分析，写出有关综合实践活动情况的评语，引导学生扬长避短，明确努力方向。高中学校要结合实际情况，研究制定学生综合实践活动评价标准和学分认定办法，对学生综合实践活动课程学分进行认定。

五、课程管理与保障

(一)教师培训与教研指导

地方教育行政部门和学校要加强调研，了解综合实践活动指导教师专业发展的需求，搭建多样化的交流平台，强化培训和教研，推动教师的持续发展。

1. 建立指导教师培训制度

要开展对综合实践活动课程专职、兼职教师的全员培训，明确培训目标，努力提升教师的跨学科知识整合能力，观察、研究学生的能力，指导学生规划、设计与实施活动的能力，课程资源的开发和利用能力等。要根据教师的实际需求，开发相应的培训课程，组织教师按照课程要求进行系统学习。要不断探索和改进培训方式、方法，倡导参与式培训、案例培训和项目研究等，不断激发教师内在的学习动力。

2. 建立健全日常教研制度

学校要通过专业引领、同伴互助、合作研究，积极开展以校为本的教研活动，及时分析、解决课程实施中遇到的问题，提高课程实施的有效性。各级教研机构要配备综合实践活动专职教研员，加强对校本教研的指导，并组织开展专题教研、区域教研、网络教研等，通过协同创新、校际联动、区域推进，提高中小学综合实践活动整体实施水平。

(二)支持体系建设与保障

1. 网络资源开发

地方教育行政部门、教研机构和学校要开发优质网络资源，遴选相关影视作品等充实资源内容，为课程实施提供资源保障。要充分发挥师生在课程资源开发中的主体性与创造性，及时总结、梳理来自教学一线的典型案例和鲜活经验，动态生成分年级、分专题的综合实践活动课程资源包。各地要探索和建立优质资源的共享与利用机制，打造省、市、县、校多级联动的共建共享平台，为课程实施提供高质量、常态化的资源支撑。

2. 硬件配套与利用

学校要为综合实践活动的实施提供配套硬件资源与耗材，并积极争取校外活动场所支持，建立课程资源的协调与共享机制，充分发挥实验室、专用教室及各类教学设施在综合实践活动课程实施过程中的作用，提高使用效益，避免资源闲置与浪费。有条件的学校可以建设专用活动室或实践基地，如创客空间等。

地方教育行政部门要加强实践基地建设，强化资源统筹管理，建立健全校内外综合实践活动课程资源的利用与相互转换机制，强化公共资源间的相互联系和硬件资源的共享，为学校利用校外图书馆、博物馆、展览馆、科技馆、实践基地等各种社会资源及丰富的自然资源提供政策支持。

3. 经费保障

地方和学校要确保开展综合实践活动所需经费，支持综合实践活动课程资源和实践基地建设、专题研究等。

4. 安全保障

地方教育行政部门要与有关部门统筹协调，建立安全管控机制，分级落实安全责任。学校要设立安全风险预警机制，建立规范化的安全管理制度及管理措施。教师要增强安全意识，加强对学生的安全教育，提升学生安全防范能力，制定安全守则，落实安全措施。

(三)考核与激励机制

1. 建立健全指导教师考核激励机制

各地和学校明确综合实践活动课程教师考核要求和办法，科学合理地计算教师工作量，将指导学生综合实践活动的工作业绩作为教师职称晋升和岗位聘任的重要依据，对取得显著成效的指导教师给予表彰奖励。

2. 加强对课程实施情况的督查

将综合实践活动课程实施情况，包括课程开设情况及实施效果，纳入中小学课程实施监测，建立关于中小学综合实践活动课程的反馈改进机制。地方教育行政部门和教育督导部门要将综合实践活动实施情况作为检查督导的重要内容。

3. 开展优秀成果交流评选

学校依托有关专业组织、教科研机构、基础教育课程中心等，开展中小学生综合实践活动课程展示交流活动，激发广大中小学生实践创新的潜能和动力。将中小学综合实践活动课程探索成果纳入基础教育教学成果评选范围，对优秀成果予以奖励，发挥优秀成果的示范引领作用，激励广大中小学教师和专职研究人员持续性从事中小学综合实践活动课程研究和实践探索。

参 考 文 献

[1] [美]约翰·杜威. 学校与社会·明日之学校[M]. 赵祥麟，任钟印，吴志宏，译. 北京：人民教育出版社，2005.

[2] 文可义. 综合实践活动方案的优化[J]. 广西教育学院学报，2005(6)：4-8.

[3] 白静，杨志敏，郭蕊. 综合实践活动课程中师生关系和角色的定位以及实施[J]. 黑龙江教育学院学报，2013，32(4)：34-36.

[4] 包新中. 综合实践活动评价项目的设计与操作策略[J]. 中国考试，2019(7)：72-77.

[5] 蔡慧琴. 论综合实践活动课程实施与教师素养[D]. 上海：上海师范大学，2005.

[6] 蔡慧琴. 论综合实践活动课程实施中的师生关系[J]. 教育管理，2006(6)：52.

[7] 蔡晓曲. 综合实践"汇报展示课"要有"交流味"[J]. 新教师，2015(11)：64-65.

[8] 陈路路. 论小学综合实践活动中教师应具备的素质[J]. 课程教育研究，2017(30)：166-167.

[9] 陈美英. 发扬地域特色，构建个性化课程——以厦门市海沧区农村小学综合实践活动课程资源开发为例[J]. 新教师，2017(7)：56-57.

[10] 陈显平，李冬杰. 在"社会服务"中立人[J]. 人民教育，2018(Z1)：96-99.

[11] 丁建培，哈淑英. "滑动四季"特色综合实践活动——北京市延庆区太平庄中心小学冰雪课程开发[J]. 体育教学，2018(3)：74.

[12] 董曼曼. 综合实践活动课程中文献法的指导策略[J]. 教学与管理，2017(34)：35-37.

[13] 杜建群. 综合实践活动课程理论与实践[M]. 北京：北京师范大学出版社，2016.

[14] 封书超，郑爽. 小学综合实践活动设计与实施[M]. 北京：清华大学出版社，2013.

[15] 高振宇. 综合实践活动课程之"考察探究"：内涵、价值与实施[J]. 基础教育课程，2017(23)：11-15.

[16] 葛明兰. 双向建构，发挥场馆教育功能[J]. 中国校外教育，2019(15)：5-6.

[17] 郭元祥. 综合实践活动课程国内外案例分享[M]. 北京：高等教育出版社，2003.

[18] 郭元祥. 综合实践活动课程：设计与实施[M]. 北京：首都师范大学出版社，2011.

[19] 郭元祥. 综合实践活动课程与教学论[M]. 北京：人民教育出版社，2013.

[20] 郭元祥. 综合实践活动课程与教学论[M]. 北京：人民教育出版社，2017.

[21] 何茜，杜志强. 综合实践活动课程实施中师生的角色定位及相互关系[J]. 教育科学，2008(3)：45-48.

[22] 洪明，张俊峰. 综合实践活动课程导论[M]. 福州：福建教育出版社，2007.

[23] 黄琼. 中小学职业体验活动要抓住关键要素——《中小学综合实践活动课程指导纲要》"职业体验"主题解读[J]. 人民教育，2018(Z1)：69-72.

[24] 姜平. 综合实践活动课程实施策略[M]. 北京：首都师范大学出版社，2010.

[25] 姜平等. 直击新课程学科教学疑难——中小学综合实践活动[M]. 北京：教育科学出版社，2014.

[26] 蒋晓云. 小学综合实践活动课程开发与实施策略[J]. 华夏教师，2019(9)：44-45.

[27] 教育部. 关于印发中小学综合实践活动课程指导纲要通知[Z]. 教材〔2017〕4号(http://www.moe.gov.cn/srcsite/A26/s8001/201710/t20171017_316616.html?from=timeline).

[28] 靳玉乐. 新课程改革的理念与创新[M]. 北京：人民出版社，2003.

[29] 李吉林. 为儿童的学习——情境课程的实验与建构著[M]. 北京：外语教学与研究出版社，2008.

[30] 李伟雄，李杨. 学情分析的内涵、角度与方法[J]. 中学政治教学参考(下旬，理论版)，2011(7).

[31] 李小红，姜晓慧，李玉娇. 小学综合实践活动教师的课程实施：结构、水平与类型[J]. 华东师范大学学报(教育科学版)，2019，37(4)：104-115.

[32] 李致桦. 对小学综合实践活动课程实施现状的个案研究[D]. 呼和浩特：内蒙古师范大学，2016：35.

[33] 梁烜. 中小学如何开展考察探究活动——《中小学综合实践活动课程指导纲要》"考察探究"主题解读[J]. 人民教育，2018(Z1)：54-58.

[34] 林崇德. 21世纪学生发展核心素养研究[M]. 北京：北京师范大学出版社，2016.

[35] 林淑媛，等. 小学综合实践活动课程教师行动手册[M]. 广州：广东高等教育出版社，2008.

[36] 林众. 全面提升学生信息素养《中小学综合实践活动课程指导纲要》"设计制作(信息技术)"主题解读[J]. 人民教育，2018(Z1)：59-63.

[37] 刘浩. 综合实践活动课程中如何发挥教师的指导作用[J]. 辽宁教育，2017(3)：90-91.

[38] 刘玲. 中小学如何开展社会服务活动——《中小学综合实践活动课程指导纲要》"社会服务"主题解读[J]. 人民教育. 2018(Z1)：64-68.

[39] 刘振东，赵国义. 新课程怎样评[M]. 北京：开明出版社，2003.

[40] 毛擘. 综合实践活动课程的规划与实施路径探析[J]. 新课程研究，2019(6)：16-17.

[41] 孟创. 走一步，再走一步——谈综合实践活动课程开题指导课的教学要点[J]. 课程教育研究，2015(19)：185-186.

[42] 倪以军. 细化课程目标实现课程价值[J]. 课程教学研究，2018(2)：50-52.

[43] 欧阳秋. 不同学段综合实践活动课程目标的建构主义反思[J]. 新课程研究，2012(7).

[44] 潘洪建. 《中小学综合实践活动课程指导纲要》的创新、问题与改进[J]. 当代教育与文化，2018(2)：50-55.

[45] 钱旭莺. 综合实践活动课程之"设计制作"：内涵、价值与实施[J]. 基础教育课程，2017(23)：21-25.

[46] 任本雄. 小学综合实践活动课程资源开发模式研究[J]. 福建基础教育研究，2012(6)：123-124.

[47] 阮欢欢，王海英. 基于校园屋顶农场建设的小学"种植+"课程实践探索[J]. 教育与装备研究，2018(1)：17-19.

[48] 石莉. "玩学融通"理念下学校综合实践活动特色课程群的建构[J]. 江苏教育，2018(17)：14-15.

[49] 孙红霞. 浅谈综合实践活动课程目标的序列化建构[J]. 江苏教育，2018(90).

[50] 孙秀鸿. 论综合实践活动课程实施中的教师素养[J]. 理论界，2010(2)：187-188.

[51] 孙燕妮. 把握《指导纲要》本质优化活动目标设计——以小学六年级综合实践活动"学做叶脉书签"为例[J]. 名师在线，2018(5)：34-35.

[52] 田慧生. 综合实践活动课程的理论探索与实践反思[M]. 北京：教育科学出版社，2007.

[53] 汪明春. 预设与生成——关于课程目标的研究[D]. 武汉：华中师范大学，2004.

[54] 王萍. 创意物化成果是如何诞生的？——综合实践活动课程"问题生成—转化式"教学完整示例[J]. 人民教育. 2018(Z1)：90-91.

[55] 王雪迪. 中学综合实践活动课程教师的专业发展问题研究[D]. 保定：河北大学，2018.

[56] 王亚萍. 河北省小学综合实践活动实施现状、问题及对策研究[D]. 石家庄：河北师范大学，2015：35-43.

[57] 温富荣. 综合实践活动方案设计课的教师指导策略[J]. 福建教育学院学报，2014，15(6)：110-111.

[58] 文可义. 中小学综合实践活动课程总体规划及其方法[J]. 广西教育学院学报，2005(5)：1-5.

[59] 文可义. 综合实践活动方案的优化[J]. 广西教育学院学报，2005(6)：4-8.

[60] 吴成慧. 关于综合实践活动课程需不需要"教材"的调查研究[J]. 中小学教师培训，2018(3).

[61] 吴笠. 综合实践活动中教师选题指导与策略[J]. 福建基础教育研究，2014(5)：121-123.

[62] 肖川. 学生自主学习方式将悄然变化[N]. 中国教育报，2001-09-19.

[63] 肖慧. 综合实践活动课程的方式关键要素与实施期待[J]. 教育科学论坛，2919(8).

[64] 谢传银，易骏. 小学综合实践活动课程的实施路径[J]. 教学与管理，2018(17)：22-24.

[65] 羊峰，刘骁仪，杨沫婉，等. 薄弱小学综合实践活动课程实施中的问题及对策[J]. 文教资料，2019(2)：202-203+220.

[66] 杨德君. 综合实践主题活动设计的"三个度"[J]. 内蒙古教育，2017(10).

[67] 姚恺帆，程爱兰. 互动理念下的综合实践活动课程思考[J]. 教育与教学研究，2018(10).

[68] 叶澜，陈玉琨，等. 课程改革与课程评价[M]. 北京：教育科学出版社，2002.

[69] 袁小梅，王纬虹. 学情分析的实践意蕴与价值[J]. 中国民族教育，2017(2)：59-60.

[70] 张李莎. 在综合实践活动中如何指导小学生搜集整理资料[J]. 基础教育研究，2015(2)：45-46.

[71] 张伟，杨斌，等. 课堂创生的智慧[M]. 北京：教育科学出版社，2014.

[72] 张晓丽. 小学综合实践课程的开放课堂教学探索[J]. 文化创新比较研究. 2019(13)：111-112.

[73] 张媛段，玮慧. 悠悠中轴线，深深古都情：北京朝阳外国语学校"中轴线申遗"综合实践课程[J]. 北京规划建设，2019(1)：65-69.

[74] 赵德成. 促进教学的测验与评价[M]. 上海：华东师范大学出版社，2017.

[75] 赵书超. 小学综合实践活动设计与实施[M]. 北京：清华大学出版社，2013.

[76] 郑金洲. 自主学习[M]. 福州：福建教育出版社，2005.

[77] 郑晓生. 小学综合实践活动课程实施存在的问题与建议[J]. 河南科技学院学报，2019，39(2)：49-52.

[78] 钟启泉. 课程设计基础[M]. 济南：山东教育出版社，1998.

[79] 仲建维. 综合实践活动课程之"社会服务"：内涵、价值与实施[J]. 基础教育课程，2017(23)：16-20.

[80] 周玲玉. 职业体验活动：性质、价值与实施[J]. 当代教育评论，2018(7).

[81] 周明吉. 小学综合实践活动教学目标的科学制定[J]. 教书育人，2017(7).

[82] 周羡豪. 农村小学开展社会服务的路径探析[J]. 新课程研究(上旬刊)，2018(4)：44-46.

[83] 朱慕菊. 走进新课程[M]. 北京：北京师范大学出版社，2002.

[84] 冯新瑞，郝志军. 主题选择的依据与原则——《中小学综合实践活动课程指导纲要》活动主题解读[J]. 人民教育，2018(Z1)：49-53.

[85] 卓晓梦. 基于核心素养的综合实践活动课程培育与系统建构[J]. 课程教育研究，2019(6).

教师教育系列教材

小学综合实践活动课程的设计、实施与评价 (第 2 册)(教学手册)

黑 岚 主 编

步星辉 王 丽 曲小毅 副主编

清华大学出版社

北京

前　言

2001 年，教育部发布《基础教育课程改革纲要(试行)》，第一次指出要从小学至高中设置综合实践活动课程，并作为必修课。经过十几年一线学校的实践探索以及专家团队的引领研究，2017 年秋季，教育部进一步出台了《中小学综合实践活动课程指导纲要》(以下简称《纲要》)，对我国中小学全面而有效地推进综合实践活动课程进行了详细指导，以期充分落实综合实践活动的育人功能，全面提升学生的综合素质。《纲要》主要对中小学综合实践活动课程的性质与基本理念、课程目标、课程内容与活动方式、课程规划与实施以及课程管理与保障等五个方面进行了纲领性的指导，明确了综合实践活动课程是从学生的真实生活和发展需要出发，从生活情境中发现问题，转化为活动主题，通过探究、服务、制作、体验等方式，培养学生综合素质的跨学科实践性课程。综合实践活动课程是国家义务教育和普通高中课程方案规定的必修课程，与学科课程并列设置，是基础教育课程体系的重要组成部分。该课程由地方统筹管理和指导，具体内容以学校开发为主，自小学一年级至高中三年级全面实施。这次新《纲要》的出台，使综合实践活动课程有了新的理念、目标、内容、价值追求，同时也有了新的实施方略。综合实践活动课程是一门处在不断探索中的课程，需要我们不断学习、不断实践，使这门年轻的课程不断发展、不断完善。在此背景下，我们编写了《小学综合实践活动课程的设计、实施与评价》及其配套的教学手册。

2015 年以来，本书的主编和副主编承担了北京教育学院协同创新项目——基于学校特色资源的综合实践课程开发和北京教育学院北沟教育联盟项目的基于房山北沟地区特色资源的课程开发项目。近 10 年的实践探索和行动研究，指导朝阳区第二实验小学构建了基于学校多彩童年的"五馆课程"体系，延庆四小的基于学校足球特色的综合实践课程开发，房山北沟地区的"核工业科技馆"综合实践活动课程的高中段、初中段及小学高端的课程开发，霞云岭的红歌诞生地的红色教育课程开发，房山石楼的贾岛故居文化传承的课程开发，怀柔九渡河小学的灯笼课程体系的建设与开发，延庆小丰营小学的园艺课程的开发等，形成了多个课程的开发研究报告、课程方案，指导了几百节典型课例的教学设计和实施。五年来的实践研究，积累了丰富的课程开发经验和优秀案例，并在此基础上，进行了理论研究和系统梳理。五年的艰辛探索和教学实践，参与项目的主要团队成员集体推出了这本书。本书不但是教师对开发富有学校文化和区域特色的综合实践活动课程的经验总结，也是一种反思和理论提升，可为各中小学校推广综合实践活动课程提供一个良好的范本与相应的指导。

本手册分为两大部分，课程开发和课程体系建设。"课程开发"一章是以项目团队指导开发的几个典型课程方案为例，创建了包括课程背景、课程目标、活动准备、活动形式、活动过程、活动指导、活动评价、注意事项及资源支持等九大项主要内容的课程方案。作为学校具体实施综合实践活动课程的指导性、纲领性文件，项目团队组织专家对课程方案的科学性、系统性、完整性、逻辑性、可行性等方面进行了理论论证和专业评估，以期作为学校综合实践活动课程开发的范例。

"课程体系建设"一章是几个学校对自己学校课程开发的经验总结和理论梳理,分别从课程开发背景、课程设计与实施、课程评价、课程组织与管理、课程的创新与特色等几个方面论述了学校课程开发的经验与思考,希望能对中小学的综合实践活动课程在学校层面的顶层开发和组织管理有所指导和借鉴。

另外,手册的拓展资料中还收录了《基于施瓦布"实践模式"的中小学综合实践活动课程开发模型的研究》《试论综合实践活动课程方案评价体系的建立》《多元论视角下综合实践活动课程与校本课程的融合研究》《基于财经素养教育的小学综合实践活动设计研究》四篇论文,分别由四位主编和副主编完成。《基于施瓦布"实践模式"的中小学综合实践活动课程开发模型的研究》系统地论述了专业视角下的课程开发、行动导向下的教学设计、趣向视角下的课程实施、专业视角下的课程评价和内省视角下的课程完善与重构的课程开发模型。一方面为我国综合实践活动课程的开发与运用提供理论支持,另一方面为我国综合实践活动课程的实践操作提供模式借鉴。《试论综合实践活动课程方案评价体系的建立》论述了在评价综合实践活动课程方案时要以新课改为导向、以《纲要》精神、学生学情和校本文化为评价依据,对方案的完整性、规范性、连续性、预见性进行评价。《综合实践活动课程与校本课程的融合研究》从综合实践活动课程与校本课程的融合出发,论述了两者的内涵界定、课程性质与范畴、课程目标与内容、实施的方法与技巧等,在此基础上,论述了两者融合的必要性及其途径。《基于财经素养教育的小学综合实践活动设计研究》论述了科学系统地设计财经素养教育的目标、合理选择财经素养教育的活动主题、规范财经素养教育的实践内容和形式是提高财经素养教育的实施质量,进而提升小学生的财经素养的有效途径。

本手册还融入了一线教师的实践反思和典型的教学课例,是参与课程开发与实施的一线教师们关于综合实践活动课的实践研究与反思,集中了几位优秀教师的实践探索、理论思考与总结反思。希望这些教师的经验总结与理论思考,能够对一线教师深刻领会综合实践活动课程价值,更好地贯彻新《纲要》精神,落实课程的教育价值以启发。四篇论文和教师的实践反思及教学课例,有机地融入了各章节,教师可以通过扫描二维码的形式,进行下载,方便教师的参考。

自 2018 年出版本书以来,受到读者(小学教师和教师培训人员、社会上的学习者)的普遍欢迎。尽管出版 5 年没有再版使用情况仍然良好,但由于近年来的教育教学改革的新政策的出台和近年来综合实践活动课程的实施成果,特别是全面减负政策的出台,更凸显了综合实践活动课程的重要性,因此本书再版时,在原有基础上,新增加了一些案例,内容更加丰富,借鉴性更强。

由于编著者水平有限,书中难免有不当之处,敬请使用教材的教师和学生提出宝贵的意见。

编　者

目　录

第一章 课程开发

第一节 "核工业科技馆"课程

活动课程 1 "核工业科技馆"课程(高中段)

坨里中学　刘孟君

指导：黑岚、曲小毅

一、课程背景

(一)资源简介

中国核工业科技馆坐落于北京西南郊的原子科学城，总建筑面积 13000 平方米，展区面积有 7000 余平方米，是经国家发改委批准建设的国内首个系统介绍核科技知识、核工业成就的国家级行业馆。馆内设有"中国核工业""探索核奥秘""核燃料循环""开发核能源""核在我身边""核在国防中""核与辐射安全"七个展厅。展厅内部通过大量历史文物、实物模型及多媒体互动展项，向大众普及核科技知识，展示核工业成就，传承核工业文化。

中国核工业科技馆填补了我国核行业科技馆的空白，已先后入选国家国防教育示范基地、国家环保科普基地、全国核科普教育基地、国家能源科普教育基地、全国中小学生研学实践教育基地和国防科技工业军工文化教育基地。它是我国核科学技术的发祥地、核工业的摇篮，先后有七位"两弹一星"功勋奖章获得者和 60 余位两院院士在这里工作过。

中国核工业科技馆内容丰富、资料翔实、底蕴深厚、呈现方式多样，具有极强的教育意义，是普及科普知识、提升学生综合素养、促进部分学生做好职业生涯规划的优质教育资源。

(二)学情分析

在已有知识储备方面，我校所有学生在初中已经普及了核发展、核应用、核原理等相关知识。经历了高一年级一年的学习，具备了相关基础知识与解决核物理问题的基本能力。且高二年级选修物理科目的学生在本年度将对原子物理等方面知识进行全面、系统的学习。学生相关知识基础扎实，能够在已有基础上理解、接受核相关知识。

在信息技术工具使用方面，学生在日常的学习与生活中已掌握一定利用信息技术手段进行文献查阅的方法，熟练掌握各类常用的软件，如 Word、PPT、视频的编辑与处理相关软件、基础模型建立相关软件。此外，在常规文化课的学习中，学生已经接触了思维导图这一辅助学习方法，并能初步绘制思维导图。

在小组合作活动方面，小组合作虽然是在课堂教学中经常用到的学习方法，但实效性有待进一步提高，存在学生合作意识不强，分工不明确；教师缺乏调动所有学生积极性的方法及措施等问题。

在学生相关能力方面，学生具有初步的语言表述能力，但仍需进一步提高专业化；此外在平日的学习中，缺少自主思维的过程，习惯按照教师的思路走，做事缺乏规划性。

为此，本课程设计在学生自主选课后，带领学生参观科技馆，观看、学习微课后，就自己感兴趣的话题，比如：核的反应原理、核工业的发展历史及展望、核在我身边——核科技的应用、走进我国核工业科技者等方面进行深入探究。

二、课程目标

(1) 通过参观核工业科技馆，了解中国核工业的历史、发展及对生产、生活的影响。

(2) 通过参观401医院，深度理解与探究核科技在医学中的应用。

(3) 通过核反应原理的探究，提升物理学科核心素养。

(4) 掌握思维导图绘制技能，学会发散与聚焦思维的方法，提升思维能力。

(5) 提高资料检索、整合与分析能力。

(6) 提高口头表达、文字撰写能力。

(7) 掌握小组分工技能，提升小组合作能力。

(8) 通过"两弹一星"核科技突出贡献人物事迹的话剧创作与表演，提高剧本改写、编写能力以及表演能力，激发爱国热情。

三、活动准备

(一)学校准备

(1) 确定课程实施内容、时间、教师人员配备。

(2) 进行安全、注意事项的相关培训，讲清要求。

(3) 进行活动部署，设置各个岗位的责任人。

(二)教师准备

(1) 实地考察核工业科技馆，制定活动方案。

(2) 进行活动前的安全培训。

(3) 制作微课，查找并总结相关资料。

(三)学生准备

根据个人兴趣选择对应的研学小组。

(四)方案准备

(1) 前置课程：参观核工业科技馆，学习核反应原理微课。

(2) 根据自我兴趣点，自行分组，选择指导老师。

(3) 设计小组活动方案、成果呈现方式。

(4) 撰写采访提纲，撰写新闻稿件等。

(5) 搜索课程实施过程中的参考文献、视频等影像资料。

(6) 展示交流，形式多样。

四、活动形式

1. 活动前

以个人为单位利用课本、课前预习微课、预习导纲、网络完成课前预习内容，完成前期知识积累。

2. 活动中

(1) 以小组为单位对课前预习中的问题进行交流、讨论，达成阶段学习目标。

(2) 以小组为单位进行核工业科技馆实践考察课程。在指导教师的引导下实地参观、学习，完成任务单中的相关内容。

3. 活动后

(1) 以个人及小组为单位继续交流学习，达成学习目标，完成参观、学习体会撰写，或利用手机 APP 编辑、录制小视频等。

(2) 以个人及小组为单位进行成果汇报。

五、活动过程

活动过程请扫描二维码。

"核工业科技馆"课程(高中段)

六、活动指导

"中国核工业科技馆"综合实践活动课程的实施过程可概括为：集体参观核工业科技馆，学生根据自己兴趣寻找研究方向，在指导教师的引领下确立每个人的研究子课题。再按照学生选择子课题的类型划分学习小组，并根据学习小组的课题方向确立指导教师，对学生的具体活动进行有针对性的指导，协助学生完成相应课程。以下为核科技馆实践课程实施过程中主要的剧本创作活动、访谈活动与演讲活动的指导形式。

(一)剧本创作活动指导

以下以《从牛到爱》剧本创作为例，展示"中国核工业科技馆"综合实践活动课程中的剧本创作活动指导过程与形式，具体剧本创作活动指导请扫描二维码。

《从牛到爱》剧本创作活动指导

(二)访谈活动指导

访谈活动也是"中国核工业科技馆"综合实践活动课程中主要的活动形式,访谈活动的成功实施离不开教师指导作用的发挥,具体访谈活动指导请扫描二维码。

访谈活动指导

(三)演讲活动指导

演讲也是"中国核工业科技馆"综合实践活动课程中的活动形式之一,对学生的演讲活动进行指导有助于提升学生口语表达与公开演讲能力。具体演讲活动指导请扫描二维码。

演讲活动指导

七、注意事项

(1) 学校做好安全预案,细致分工,确保活动安全有序地进行。
(2) 学生前期准备要充分、细致。
(3) 活动中要发挥学生主观能动性,发挥小组长作用。
(4) 撰写总结,整理材料,进行存档。

八、活动评价

(一)评价方式

就评价类型来看,"中国核工业科技馆"综合实践活动课程采取诊断性评价与过程性评价综合的方式进行评价。一方面,根据相关量表对任务单完成情况、探究所需问卷设计、汇报展示技巧、成果质量进行诊断性评价;另一方面,对研学过程中的学习表现、学习过程中的行为习惯进行过程性评价,并提出改进意见。

就评价主体来看,"中国核工业科技馆"综合实践活动课程采取自我评价、教师评价与同学互评相结合的多元主体参与的评价形式。结合相应量表,学生对自己的学习过程表现和学习过程进行自我评价;同学之间对小组活动过程中的成员表现及学习成果进行评价;教师结合学生的课堂表现、调研表现及成果展示进行整体评价。

(二)评价量规

总体评分的成绩将以下列公式计算:
总分(100 分)=活动过程(64 分)+展示汇报评价(18 分)+学生自评、同学互评(18 分)

其中活动过程的 64 分由教师根据《过程性评价表》，逐条评价学生的学习过程；展示汇报评价的 18 分由教师根据《展示技巧评价表》的相关条目为学生评分；学生自评、同学互评的 18 分，由学生根据《阶段自我及组员评估表》的相关细目依次为自己和他人评分，将自我评分和同学互评的分数相加，对学生进行排序，排名前 30% 得 18 分，排名 30%～60% 得 16 分，排名 60% 之后得 14 分。

根据同学专题研习的总成绩，将颁发以下证书。

证书	分数
一级荣誉证书	90 分及以上
优异证书	80 分及以上
合格证书	60 分及以上

59 分及以下的同学将评定为不合格，须于暑假期间参加补习班并补交另一份研究报告。

过程性评价

1. 核科技在医学中的应用小组

阶 段	活动日期	内 容	提交形式	分数/分
前期准备阶段	3月14日	实地考察、前置课程记录	上交任务单	5
研究设计阶段	3月21日	确定选题，明确研究方向	个人将自己看到的、已知道的、想要继续探究的相关内容利用思维导图进行呈现并上交	5
	3月28日	制订研究计划	填写并上交初步活动计划建议书	5
	4月11日	第一次汇报交流	正式提交活动计划建议书	10
研究开展阶段	4月15日	调研工具研制	初步采访提纲	5
	4月16日	采访预演	正式采访提纲	
	4月18日	进行采访实践	记录采访过程，完成任务单	5
	5月16日	中期汇报	学生记录交流过程及指导教师的修改意见并上交	5
	5月23日	制订计划	提交进一步研究计划、采访方案与访谈提纲	5
	6月6日	401实践	记录采访过程，完成任务单	4
成果展示阶段	6月13日	成果整理	向导师提交资料收集情况报告；提交展示PPT	5
	6月20日	结题汇报	提交正式展示PPT	10
总分				64

2. 核科技发展历史及人物研究小组

阶　段	活动日期	内　容	提交形式	分数/分
研究设计阶段	3 月 14 日	确定选题，明确研究方向	提交个人选题方向、选题内容	5
	3 月 21 日	整理资料	提交简要资料收集记录；填写采访表；提交利用思维导图制作的初步研究计划	5
	3 月 28 日	制订计划	上交计划；提交收集资料状况报告	5
研究开展阶段	4 月 11 日	参观博物馆并与讲解员深入交流	提交参观记录	5
	4 月 18 日	整理资料	筛选出重要材料，形成并提交电子材料	5
	5 月 16 日	撰写故事	各组员提交一篇以钱三强为主人公的故事	10
	5 月 23 日	小组互评	提交小组交流、互评的记录，记录他人提出的修改意见	4
研究开展阶段	6 月 6 日	剧本写作方法课程	提交剧本框架	10
	6 月 13 日	剧本创作	提交故事改编的剧本	10
成果展示阶段	6 月 20 日	剧本创作成果交流	记录交流、展示过程；提交个人创作剧本及展示 PPT	5
总分				64

3. 核科技在生活中的应用研究小组

阶　段	活动日期	内　容	提交形式	分数/分
前期准备阶段	3 月 14 日	实地考察、前置课程记录	上交任务单	5
研究设计阶段	3 月 21 日	确定选题，明确研究方向	个人将自己看到的、已知道的、想要继续探究的相关内容利用思维导图进行呈现并上交	5
	3 月 28 日	确定研究内容	提交详细的研学内容计划	4
	4 月 11 日	制订研究计划	正式提交研学内容及活动计划书	5
研究开展阶段	4 月 15 日	调研工具研制	初步采访提纲	5
	4 月 16 日	采访预演	正式采访提纲	
	4 月 18 日	进行采访实践	提交采访过程记录	5
	5 月 16 日	中期汇报	学生记录交流过程及指导教师的修改意见并上交	5
	5 月 23 日	实地调研	提交进一步研究计划、调查问卷及科技馆旅游发展计划书	10
	6 月 6 日	资料收集	提交核科技有关专业梳理表格	5
成果展示阶段	6 月 13 日	成果整理	初步提交成果记录	5
	6 月 20 日	结题汇报	提交正式展示 PPT、交流过程记录	10
总分				64

1. 阶段自我及组员评估表

姓名：_____　专题题目：_____

请你对自己和组员的工作能力及工作态度作评分，每项最高 5 分，最低 1 分。

工作	组员姓名		
	自己		
1. 资料搜集			
2. 资料整理			
3. 问题分析			
4. 编写报告			
5. 演示报告			
6. 积极性			
7. 合作性			
总分			

请对自己作以下评估，请在适当的方格内加"√"，最高5分，最低1分。

研究能力	5	4	3	2	1
1	清楚理解主题					
2	能从阅读及资料搜集中得到知识					
3	能将资料整理及分析					
4	能提出自己的见解及意见					
5	能掌握本次研究的结论					

信息技术及资料收集能力					
6	能制订工作计划	5	4	3	2	1
7	能利用各种手段搜集资料					
8	能利用各种信息技术手段进行沟通及交流					
9	能利用信息技术手段制作报告					
10	能利用信息技术手段演示报告					

学习态度					
11	积极参与讨论及研习过程	5	4	3	2	1
12	负责任					
13	乐于与人合作					
14	接纳及尊重别人的意见					
15	积极寻找与主题有关资料					
16	能依时完成工作					
17	敢于创新思考					

请写出在主题探究活动中的收获：

在整理主题探究活动过程中有何感觉(喜与乐)：

有何建议：

完成日期：　　年　月　日(学生填写)

2. 学生互评评分表

_____班　(请把选项填满)

□■□□□□

组别	专题题目	评审准则	高　中　低					以5分为满分,你会给多少分					请选出你心目中的冠、亚、季军		
			5	4	3	2	1	5	4	3	2	1	冠	亚	季
1		报告内容的丰富性	☐	☐	☐	☐	☐								
		报告内容的启发性	☐	☐	☐	☐	☐	☐	☐	☐	☐	☐	☐	☐	☐
		展示报告的能力	☐	☐	☐	☐	☐								
2		报告内容的丰富性	☐	☐	☐	☐	☐								
		报告内容的启发性	☐	☐	☐	☐	☐	☐	☐	☐	☐	☐	☐	☐	☐
		展示报告的能力	☐	☐	☐	☐	☐								
3		报告内容的丰富性	☐	☐	☐	☐	☐								
		报告内容的启发性	☐	☐	☐	☐	☐	☐	☐	☐	☐	☐	☐	☐	☐
		展示报告的能力	☐	☐	☐	☐	☐								
4		报告内容的丰富性	☐	☐	☐	☐	☐								
		报告内容的启发性	☐	☐	☐	☐	☐	☐	☐	☐	☐	☐	☐	☐	☐
		展示报告的能力	☐	☐	☐	☐	☐								
5		报告内容的丰富性	☐	☐	☐	☐	☐								
		报告内容的启发性	☐	☐	☐	☐	☐	☐	☐	☐	☐	☐	☐	☐	☐
		展示报告的能力	☐	☐	☐	☐	☐								
6		报告内容的丰富性	☐	☐	☐	☐	☐								
		报告内容的启发性	☐	☐	☐	☐	☐	☐	☐	☐	☐	☐	☐	☐	☐
		展示报告的能力	☐	☐	☐	☐	☐								
7		报告内容的丰富性	☐	☐	☐	☐	☐								
		报告内容的启发性	☐	☐	☐	☐	☐	☐	☐	☐	☐	☐	☐	☐	☐
		展示报告的能力	☐	☐	☐	☐	☐								
8		报告内容的丰富性	☐	☐	☐	☐	☐								
		报告内容的启发性	☐	☐	☐	☐	☐								
		展示报告的能力	☐	☐	☐	☐	☐	☐	☐	☐	☐	☐	☐	☐	☐

3. 展示技巧评价表(以组为单位评价)

班别：_____

展示组别：_____ 题目：_____ 评分导师：_____ 总分：_____

项目	高水平=3	达标者=2	尚待改善=1	未达标=0	分数	评语
组织(内容及团队)	内容组织严谨流畅，组内分工合作清晰，展示表现自然流畅	内容能合理组织，展示流畅	内容能合理组织，但展示不够流畅	内容散乱，没有条理，组员欠缺合作，展示不流畅		
资料深度	资料翔实丰富，能全面及深入介绍主题，内容独特并具趣味性	资料丰富，能全面介绍主题，内容具趣味性	能提供有关资料，介绍主题	资料收集欠完整，有部分题目未能提供资料做回应		
图表运用	加入丰富的图像，图像与主题内容紧扣，增加内容的真实性及趣味性	加入适当的图像帮助表达内容，图像与内容相关	能加入图像点缀，但图像与内容欠相关性	未能用图像交代内容		
展示技巧	有充足的准备及演练，表现自然流畅，能吸引听众的注意	有事前的准备，表现流畅，听众能容易理解内容	有事前的准备，但表现欠流畅，听众理解内容感到困难	未做事前的准备，表现散漫		
说话能力	说话流畅，声音清晰响亮,态度认真诚恳，能吸引听众的注意	说话清楚，声音足够，态度认真	说话清楚，态度认真，唯声音欠响亮	说话态度欠认真，说话不清楚，音量不足		
整体观感	我对展示感兴趣，内容能给我启发，展示者重视	我对展示感兴趣，展示者认真	我对展示感觉平淡，但展示者已尽力	我对展示感到沉闷，而展示者未作准备，态度欠认真		

整体评语：

九、资源支持

(1) 提前两周向学校及科技馆提出参观申请。

(2) 提前两周向学校和科技馆提出对科技工作者的采访申请。

(3) 固定教室及至少两人一台电脑的需求。

十、拓展资料

1."核工业科技馆"综合实践活动课程中物理科学思维培养的实践研究

北京市房山区坨里中学 刘孟君

摘要："核工业科技馆"综合实践活动课程是一门充满挑战性的新型课程。在开发和实践的过程中深受学生的喜爱，笔者通过课程的开发与实施，提炼出如下五个培养物理科学思维的方式：充分利用前置课程及任务单；微课对物理科学思维的激发；思维导图对条理性思维形成的益处；巧妙利用竞技性比赛形成事物的发展过程；利用高端的演讲比赛培养思维的严谨、有理、有序。

关键词： 综合实践课程；科学思维

正文请扫右侧二维码。

"核工业科技馆"
综合实践活动课程
中物理科学思维培
养的实践研究

2. 基于施瓦布"实践模式"的中小学综合实践活动课程开发模型的研究

北京教育学院　黑岚

摘要： 2017年秋季教育部出台了《中小学综合实践活动课程指导纲要》(以下简称《纲要》)，对中小学综合实践活动课程的性质与基本理念、课程目标、课程内容与活动方式、课程规划与实施以及课程管理与保障等五个方面进行了纲领性的指导。该课程由地方统筹管理和指导，具体内容以学校开发为主，自小学一年级至高中三年级全面实施。研究基于以上政策文件精神，以施瓦布的"实践模式"为理论依据，在五年多一线学校的综合实践活动课程开发的实践指导和行动研究的基础上，文章系统地论述了专业视角下的课程开发、行动导向下的教学设计、趣向视角下的课程实施、多元视角下的课程评价和内省视角下的课程完善与重构，以典型课例引领，自下而上，旨在同时指向学生获得和教师成长双向价值取向的课程开发模型，力图探索适合我国基本国情与教育实情的综合实践活动课程的开发模式。一方面为我国综合实践活动课程的开发与运用提供理论支持，另一方面为我国综合实践活动课程的实践操作提供模式，以期能够使综合实践活动课程更好地贯彻新《纲要》精神，落实课程的教育价值。

关键词： 综合实践活动课程；实践模式；课程开发；模型研究

正文请扫右侧二维码。

基于施瓦布"实践
模式"的中小学综
合实践活动课程开
发模型的研究

活动课程2　"核工业科技馆"课程(初中段)

董瑞婷

指导者：黑岚、曲小毅

一、活动背景

为了落实学生的核心素养，提升学生科学知识，加强专题学习研究能力，给学生提供丰富的体验、合作、实践的学习活动，丰富课堂教学的实现形式，我校提出让学生走出课堂，关注学科整合，到核科技馆实践中去学习。

(一)资源介绍

1. 中国原子能科学研究院

401是中国原子能科学研究院的简称，创建于1950年，是我国核科学技术的发祥地和先导性、基础性、前瞻性的综合研究基地。现有职工3000余人，其中两院院士5名(王方定、王乃彦、阮可强、张焕乔、徐銤)，博士生导师110余名、高级科研与工程技术人员600余人。吴有训、钱三强、王淦昌、戴传曾、孙祖训、樊明武等著名科学家曾先后担任院长，现任院长为万钢研究员。

中国原子能科学研究院下设六个研究所——核物理研究所、反应堆工程技术研究所、放射化学研究所、核技术应用研究所、同位素研究所、辐射安全研究所，所下设研究室或中心，七个工程技术(研究)部——串列加速器升级工程技术部、串列加速器升级工程部、中国实验快堆工程部、中国先进研究堆工程部、放化后处理实验设施工程部、计量测试部、保健物理部；另有原子高科股份有限公司、北京原丰科技开发公司、实验工厂、电子仪器厂等20个产业实体。中国核数据中心、中国快堆研究中心、北京串列加速器核物理国家实验室、核工业核保障技术重点实验室、国防科学技术工业委员会放射性计量一级站、国家同位素工程技术研究中心等也设在这里。

2. 中国核工业科技馆

中国核工业科技馆是经国家发改委批准建设的国内首个系统介绍核科技知识、核工业成就的国家级行业馆，隶属中国核工业集团有限公司。该馆被中国科协和国家文物局评价为"填补了我国核行业科技馆的空白"，已先后入选国家国防教育示范基地、国家环保科普基地、全国核科普教育基地、国家能源科普教育基地、全国中小学生研学实践教育基地、国防科技工业军工文化教育基地。

中国核工业科技馆坐落于北京西南郊的原子科学城，这里是中国原子能科学研究院的所在地。中国核工业科技馆总建筑面积13000平方米，地上三层，展区面积7000余平方米，设有"中国核工业""探索核奥秘""核燃料循环""开发核能源""核在我身边""核在国防中""核与辐射安全"七个展厅，通过大量历史文物、实物模型及多媒体互动展项，普及核科技知识，展示核工业成就，传承核工业文化。

中国核工业科技馆内容丰富、资料翔实、底蕴深厚、呈现方式多样，具有极强的教育意义，是普及科普知识，提升学生综合素养，促进部分学生做好职业生涯规划的优质教育资源。

(二)学生分析

资源方面：对于科学知识了解很少，很少有机会去博物馆、科技馆，即使教育部要求学校推行"四个一"工程活动组织("四个一"即：分别走进一次国家博物馆、首都博物馆、军事博物馆、抗日战争纪念馆)，也是在路上耗时较多，到了博物馆、科技馆也是跟随指导教师，按照教师的提纲进行参观，没有时间仔细学习，并且大部分都是填鸭式地接受学习，得不到自主学习的锻炼，不能培养学生自主学习的能力。通过调查发现学生对于坨里地区的核研究院情况不了解，甚至有的学生不知道里面是干什么的，更没有充分利用资源进行学习。

学习方式方面：我校学生处于郊区农村，信息相对闭塞，基本对于知识的接受方式是填鸭式学习和反复练习，学生几乎没有机会按照自己的兴趣进行自主学习。

学生能力方面：学生能掌握简单的PPT制作，学生没有自主探究的经验，给他们一个研究小课题无从下手，没有整体的设计与规划，不能展开研究。学生表达能力欠缺，调查中一名学生"从小学三年级上台开口被老师批评后，再没有上过台"，除四名同学能完整表达外，其他同学基本没有上台经验。信息搜集整合能力较差，只能从网上搜索一些相关信息，但不能将其组织整合。

小组合作能力方面：平时的小组合作，基本是一人独大，所有工作基本由1~2人包揽，很多同学在活动中都是滥竽充数，能力基本没有得到锻炼。

为此，本课程设计在学生自主选课后，带领学生参观科技馆，观看、学习微课后，就自己感兴趣的话题进行小组研究。

二、活动目标

(1) 通过了解我国老一辈核工作者的先进事迹,激发学生学习的主动性,让学生关注科学态度与责任,能说出自己对于国家的兴衰具有责任。

(2) 通过参观核科技馆,普及科学知识,了解核能,明确核能的作用和应用领域。

(3) 通过对思维导图的学习讨论,培养学生发散思维的意识,能够利用思维导图展开设计。

(4) 通过学习讨论,根据需要进行资料查阅,能合理地筛选组织资料。

(5) 通过交流讨论,对感兴趣的领域能按要求清晰有效地进行交流表达,提升语言表达能力。

(6) 通过小组合作,明确分工,了解学习流程,协作完成小组任务,具有团队合作意识。

(7) 通过参与活动,了解研究问题流程,养成自主学习的意识,能根据问题自主展开研究活动。

三、活动准备

(一)思想准备

提示学生如何进行本次实践活动,让学生自己做主,转变接受式学习的观念。

(二)人员准备

(1) 学生筛选:选择对核相关知识感兴趣、愿意进行研究的同学。

(2) 教师准备:根据学生兴趣领域进行教师配备。

(3) 家长沟通:征求家长同意,签订安全协议书。

(三)物品准备

(1) 考察物品准备:笔记、学案、录音设备、资料查阅设备。

(2) 车辆准备:接送学生的合适车辆。

四、活动形式

(1) 以班级为单位集体活动游览、参观。

(2) 以兴趣小组为单位,带着问题进行参观、调查。

(3) 以专题小组为单位展开研究、讨论。

(4) 以个人为单位进行资料收集。

五、活动过程

活动过程请扫描二维码。

“核工业科技馆”课程(初中段)

六、活动指导

集体参观核工业科技馆，根据学生自己的兴趣寻找研究方向，在指导教师的引领下确立每个人的研究子课题。再按照子课题的类型划分学习小组，根据课题方向确立指导教师，完成相应课程。核科技馆实践课程实施过程中的具体活动指导形式请扫描二维码。

思维导图活动指导和演讲活动指导

七、注意事项

(1) 学校做好学生安全保障工作，做好保险等相关工作。
(2) 学生选取要从学生兴趣出发，不能盲目。
(3) 活动中注意学生态度的疏导，让每个学生积极地参加活动。
(4) 注意留存相关影像、文字、图片资料。

八、活动评价

见"核工业科技馆"综合实践活动课程方案(高中段)。

九、资源支持

(1) 提前两周向学校及科技馆提出参观申请。
(2) 提前两周向学校和科技馆提出对科技工作者的采访申请。
(3) 固定教室及至少两人一台电脑的需求。

十、拓展资料

1. 核工业科技馆综合实践课程培养学生语文学科核心素养的课例研究

摘要： 素养和能力在实践任务中才能得到有效的提升。综合实践课程联系不同学科，设置综合性任务，有助于提高学生各学科核心素养。我校利用学校周边的核工业科技馆的课程资源，开发了"核工业科技馆综合实践课程"。此次综合实践课程涉及了物理、地理、语文等多学科的知识来解决实际问题。作为语文教师，我设计了探究核工业发展历史及人物为主题的课例。本文希望通过本课例的设计思路、目标、过程、反思等的分析，总结并梳理在综合实践课中提高语文核心素养的方法和途径。

核工业科技馆综合
实践课程培养学生
语文学科核心素养
的课例研究

关键词： 语文核心素养；案例研究；综合实践课程

正文请扫右侧二维码。

2. 设计制作类综合实践活动的教学思考

北京市密云区檀营满族蒙古族乡中心小学　陶金金

摘要： 设计制作是《中小学综合实践活动课程指导纲要》中所规定的四个主要活动方

式之一，它是对当前科学与技术迅猛发展所作出的教育回应，也是综合实践活动课程体现教育与生产劳动、社会实践相结合教育方针，落实立德树人根本任务的重要途径。文中针对以设计制作为主的综合实践活动教师的指导策略；设计制作活动的学习策略；设计制作实施过程的建议几个方面谈一些思考。

关键词：设计制作；指导策略；学习策略

正文请扫右侧二维码。

设计制作类综合
实践活动的
教学思考

活动课程3 "核工业科技馆"课程(小学高段)

吉杨

指导：黑岚、曲小毅

一、课程背景

中国原子能科学研究院创建于1950年，是我国核科学技术的发祥地和先导性、基础性、前瞻性的综合研究基地，作为我国核科学技术的发祥地、核工业的摇篮，原子能院先后有七位"两弹一星"功勋奖章获得者和60余位两院院士在此工作过，为我国国防建设、国民经济建设和核科学工业技术发展做出了重大贡献。

核工业科技馆坐落于中国原子能科学研究院科学城，该馆总建筑面积13000平方米，地上三层，展区面积7000余平方米，设有中国核工业、探索核奥秘、核燃料循环、开发核能源、核在我身边、核在国防中、核与辐射安全七个展厅，通过大量历史文物、实物模型及多媒体互动展项，普及核科技知识，展示核工业成就，传承核工业文化。为此，中国核工业科技馆是学生普及科普知识，提升综合素养，促进部分学生做好职业生涯规划的优质教育资源。

四〇一学校发挥毗邻中国原子能科学研究院的地域优势，开发具有学校"尚真"文化特色的"核科技馆课程"。本课程开发的目的是借助核工业科技馆和原子能科学研究院的现有资源，通过普及核科学知识和自主探究，在实践活动中初步培养学生具有科学精神、科学方法、科学思想、创新能力；秉承从研究院走出的老一辈科学工作者所具有的立志报国，献身科学的人生信念和伟大理想，希望通过这一优质资源的充分利用和课程的系列开发，培养具有科学探索精神的"四〇一学子"，传承"严谨求实、以身许国、敢为人先"的四〇一精神。

二、课程目标

(一)课程总目标

通过开展核科技综合实践活动，推动我校科普宣传和科普教育，激发学生爱科学、学科学、用科学的兴趣，让学生了解日常生活中浅显的核科学知识与科学道理，逐渐养成科学的行为习惯和生活习惯；了解相关的科普知识，关心核科技的新发展、新动态；保持和发展对周围世界的好奇心和求知欲，形成大胆想象、敢于动手、敢于创新的科学态度。

(二)课程分目标

1. 核科技知识

(1) 通过参观核工业科技馆，了解中国原子能科学研究院发展史，了解研究院为我国国防建设、国民经济建设和核科学工业技术发展所做出的重大贡献。

(2) 通过课外辅导员讲解，初步掌握核科学基本知识，了解核科技在现代社会的重要地位，了解核科技发展的最新动态。

(3) 通过阅读学习资料，了解老一辈核科学家的故事；走访核科技工作者，了解现代核科技工作者的先进事迹，自觉学习他们的科学品质，传承四〇一精神。

(4) 通过阅读核科学读物，了解掌握核安全知识。认识人类与地球环境的相互关系，懂得地球是人类唯一家园的道理，树立环保意识。

2. 核科技创作

(1) 围绕核科技馆文创制作的需要，激发学生的创作兴趣，引导学生探索科学的道理。

(2) 通过动手、动脑进行设计，提高学生思维能力、动手能力和解决问题的能力。

(3) 通过操作与讨论，提高学生应用知识的能力，创造能力，养成精益求精的科学品质。

(4) 通过参与实践活动，学生在活动过程中能克服困难，善始善终，乐于与他人合作交流。

(5) 通过撰写解说词和场馆解说，培养学生的文字创作以及语言表达能力。

三、活动准备

(一)学校准备

(1) 确定课程内容、实施方案、撰写课程纲要。

(2) 设置岗位负责人，进行安全培训。

(3) 进行各方面人员协调，制定实践活动具体实施方案。

(二)教师准备

(1) 对核工业科技馆及原子能科学研究院进行实地考察。

(2) 开展学生课程调研，结合学科特点，撰写课程纲要。

(3) 查阅书籍网站为课程实施准备素材。

(三)学生准备

依据个人兴趣爱好，根据实践活动小组分类进行选择，做好人员分配。

(四)方案准备

(1) 前置课程：参观核工业科技馆、原子能科学研究院；向父母、亲人了解原子能科学研究院；了解核能基本科学知识。

(2) 根据学生调研结果确定实践活动小组以及各小组的活动主题和研究方向；制定活动方案，设计活动计划、活动评价方式等。

(3) 方案设计，采访提纲撰写，新闻稿件撰写等。

(4) 完成课程实施过程中的参考文献、视频等影像资料的搜索。

四、活动形式

课程形式以讲座与参观活动为主，两种活动形式交叉进行。课程辅以采访、参观访问、游学、课外辅导、知识竞赛等形式开展。本课程以五至六年级学生为主。

	校内活动	校外活动
活动形式	1. 利用主题班会等形式讲一讲老一辈核科学家的故事。 2. 参观校园"院士墙"。 3. 图书馆查阅资料了解中国原子能科学研究院发展史。 4. 了解我国核技术发展史。 5. 听教师介绍研究院为我国国防建设、国民经济建设和核科学工业技术发展所做出的重大贡献。 6. 了解核科技在现代社会的重要地位。 7. 科学课上了解核科技小知识	1. 宣传老一辈核科学家的故事。 2. 利用多媒体资源搜集现代核科技工作者的先进事迹。 3. 清明祭扫科学家纪念碑。 4. 参观研究院核科技馆。 5. 参观中国原子能科学研究院。 6. 利用网络媒体关注核科技新闻。 7. 了解历史上的重大核事件

五、活动过程

活动过程请扫描二维码。

"核工业科技馆"课程(小学高段)

六、活动指导

组织学生参观核工业科技馆，原子能科学研究院。根据学段特点及学生的兴趣爱好调研学生的研究方向。在教师的引领下确立每个学生实践活动小组。教师指导学生制订活动计划、实施方案、评价方式等，带领学生完成相应的课程内容。

(一)制订活动计划

主题选择及活动计划建议书

主题：	专题题目：	
指导教师：	邮箱：	
组长：（　　）	邮箱：	电话：
组员：（　　）	邮箱：	电话：
组员：（　　）	邮箱：	电话：
组员：（　　）	邮箱：	电话：
组员：（　　）	邮箱：	电话：
第一次研讨日期：		
头脑风暴后，你们对科技馆的哪个主题感兴趣？		

你们选择了哪一个方面作为研究对象？用什么方法决定？

你们选择这个题目的原因？

活动计划

(1) 任务分工：

(2) 活动步骤(搜集资料、采访、制件等)：

阶段	时间(日)	主要任务	阶段目标
1			
2			
3			

(3) 活动所需的设备：

(4) 预期的成果(研究报告、制作模型、实验报告等)：
2000 字的研究报告

(5) 表达形式(文字、图片、实物、影像资料等)及语言(中文或英文)：

指导教师意见(由学生填写)：

指导教师：　　　　　　　　　　日期：

(二)指导学生做好资料收集及阅读摘要

题目：
我希望从资料收集及阅读中得到什么信息：

书名或网址：　　　　　　　　　　作者：
我大概花了＿＿＿＿小时完成阅读　　　阅读日期：
我从阅读的资料中得到以下的信息：

书名或网址：	作者：
我大概花了_____小时完成阅读	阅读日期：
我从阅读的资料中得到以下的信息：	

书名或网址：	作者：
我大概花了_____小时完成阅读	阅读日期：
我从阅读的资料中得到以下的信息：	

(三)收集整理小组活动资料，做好活动记录

小组活动情况记录表

题目：		
活动时间：	第_____次	活动地点：
参与活动成员：		
活动内容： (1) 目的(解决什么问题)： (2) 形式(小组讨论、访问、实验、查阅资料、调查、实地测量等)： (3) 过程： (4) 结果(得到什么结论、解决了哪些问题，是否完成了预定的目标和计划、出现了什么问题等)：		

七、活动评价

(一)评价内容

通过建立学生学习过程档案和收集学生学习成果的方法，以定性为主、量化为辅、自评与互评相结合的多维评价方式，对学生参与综合实践活动过程中的学习态度、合作精神、探究精神与学习能力、收获与反思进行评价。

(1) 参与态度。学生参与活动的时间、次数、认真程度，以及是否认真思考问题、积极动手动脑、主动提出活动设想或建议、认真查找资料、准时完成计划和学习任务作为评价的依据。

（2）合作精神。包括积极参与小组活动，主动帮助别人和寻求别人帮助，认真倾听同学的意见，乐于与别人一起分享研究成果。

（3）探究精神和学习能力。通过对学生在提出问题、分析问题和解决问题过程中显示出的探究精神和实践能力，及其对探究结果的表达进行评价。

（4）收获与反思。通过学生的成果汇报、小组活动记录来反映，或者通过学生的行为表现和活动成果进行评价。

(二)评价方式

(见初中课程方案)

八、活动拓展与延伸

综合实践活动后期各小组进行"核在我身边——核科技实践活动成果展"，在全校范围内进行成果展示，展示内容包括调查报告、研究笔记、舞台剧表演、设计方案等。

（1）展现学生完成调查、解决问题各方面的成果图片、资料。

（2）展示宣传学生设计制作的文创产品。

（3）指导各小组进行活动成果汇报的撰写与评比。

（4）组织召开一次全校性宣传活动，将学生们完成的调查结果、宣传发动活动向家长、周边的群众、居委会做汇报宣传。

九、拓展资料

学科实践活动课的有效实施策略

北京市延庆区小丰营中心小学　张书平

摘要："核心素养"背景下诞生的实践活动课，因信息量大，知识面广，历时时间长，把控起来难度很大。为了让实践活动更好地提升学生的素养，我在语文教学中不断探索，找到一些行之有效的方法：精选主题，引导学生关注生活；精心指导准备过程，培养学生的合作与交往能力；精细学习单，教学生学会筛选材料；悉心指导展示过程，培养口头表达能力；评价展示结果，培养学生欣赏和质疑的能力，取得了良好的效果。

关键词：实践活动；有效；实施

第二节　传统文化课程

活动课程 1　走进圣莲山，感受老子文化

任国鹏
指导：黑岚、曲小毅

一、活动背景

(一)资源简介

圣莲山位于北京市房山区北部的群山之中，整个景区 28 平方公里，于 2000 年开发，2004 年对外开放，2005 年被评为国家 4A 级景区，2006 年被评为世界地质公园——体验观

赏区。圣莲山是集雄、险、绝、奥、秀于一体，汇自然风光、地质遗迹和传统文化于一处的综合文化旅游度假区。

圣莲山风景度假区作为史家营中心小学综合实践活动教育基地之一，有五大教育资源可供开发利用，即：老子道家文化资源；地质、植被科普资源；近代历史文化资源；壁画、石刻、根雕等艺术资源；登山攀岩等体育资源。本课程侧重于对老子道家文化的探究。

景区内塑有高57米，基座18米，像高39米，占地面积3500平方米，号称"天下第一"的老子坐像。基座之上刻有整部《道德经》，供人们瞻仰学习；"名家论道"长廊以碑刻的形式呈现书法作品44幅，涵盖了各种书法字体，汇聚了众多古今名人对"道"的理解；祭拜台正对老子像，正中镌刻着体现道教精髓的太极八卦图，传递了道家从无极而太极，以至万物化生的宇宙观；穿过长生桥(铁索桥)是一组道教宫观——真武庙，于2004年重建，占地面积约3000平方米。真武庙的中轴线建筑为三殿二进院。前殿为真武庙的山门，中殿为五祖殿，正殿为真武殿，真武殿是道家建筑文化的典型代表，具有独特的观赏价值和历史文化价值。

系列化的人文景观和丰富的道家文化使得圣莲山别具教育意味。学生可以在其中系统地感知道家文化的博大精深，自由地探索、挖掘景观背后所蕴含的丰富内涵，接受传统文化的熏陶，体悟中华文明的源远流长。

(二)学情分析

"走进圣莲山"综合实践活动课程主要面向史家营中心小学五年级的学生。为了使综合实践活动课程的设计更有针对性，最大限度地促进学生的发展，在课程设计阶段进行了学情分析。学情分析主要集中在文化常识和学习能力两个方面，通过小测验了解学生对老子道家文化和绘画碑拓的了解程度，通过访问五年级的科任老师，了解学生小组合作、汇报交流、研究设计等方面能力。调查分析发现：

五年级的学生对老子道家文化的认识浅尝辄止，大部分学生只知道老子著有《道德经》，一部分学生虽然诵读过《道德经》，但也只是背诵部分章节，而对于老子文化的精髓——"道"即：顺其自然，随缘而安；独立思考，做人适度；眼光长远，顺逆皆宜；懂得柔弱，和光同尘等深刻内涵还领悟不到。

在绘画碑拓方面，五年级的学生已初步掌握了绘画构图、版画拓印、书法鉴赏等方面的基本知识，但是由于动手操作、亲身体验的机会不多，在户外完成真实碑拓、写生、鉴赏等体验还存在着诸多问题，不能很轻易地完成。

小组合作虽然是五年级课堂学习中经常用到的一种学习方法，但是教师们普遍反映，学生小组合作由于分工不明确、团结合作的意识不强烈等问题导致学习效果不是很好，实效性不强。

汇报交流方面，经过小学前四年的大量训练，大部分五年级学生能够层次分明、逻辑清晰、重点突出地发表自己的见解，仅有个别同学在汇报交流方面有所欠缺。

学习活动设计方面，由于日常学习过程中大部分活动都是由教师设计，学生按教师设计的步骤在教师的带领下实施完成就可以了，很少有自己设计学习活动方案的机会。所以，教师们推测学生亲自设计自己的活动方案会遇到很多困难，需指导教师指导。

此外，经过调查发现，孩子们对家乡独有的文化资源了解得不是很多，建设家乡、热爱家乡的情怀需要尽早培养。

有鉴于此，史家营中心小学在五年级开设了"走进圣莲山 感受老子文化"综合实践活动课程，让学生在亲身实践中共同感悟我国传统文化的悠久历史和蕴含的深奥哲理，开阔眼界，丰富课外知识，唤醒学生对家乡的热爱。

二、活动目标

通过游览圣莲山文化长廊、拓印名家书法字体、登老子祭拜台、诵读道德经、过长生桥、游真武庙的系列活动，帮助学生实现以下能力的培养。

(1) 初步尝试碑拓技巧技法，能辨认较为明显不同的字体。

(2) 实践写生构图的技法，训练绘画技能。

(3) 体会国学诵读的韵味。

(4) 了解老子道家文化的核心观点。

(5) 了解道家古建筑的特点。

(6) 提高统筹规划的意识和能力。

(7) 训练口语表达、认真倾听、日常交际的能力。

(8) 培养信息的采集、加工、整理的能力。

三、活动准备

(一)教师准备

1. 亲子活动准备

(1) 景区调研，确定活动内容，制定活动方案、研习手册。

(2) 拟定致家长的一封信，告知家长(或召开家长会)，征求家长意见。

(3) 发放亲子活动任务单。

2. 探究活动准备

(1) 召开相关教师(部分家长)会，进行活动部署，责任到人。

(2) 辅导教师实地考察资源，制定辅导方案，准备教具。

(3) 活动前进行安全培训。

(二)家长准备

1. 亲子活动准备

(1) 学习安全知识，签订安全协议书。

(2) 带领孩子走进圣莲山，共同感受老子道家文化，按照亲子活动任务单，指导孩子完成。

(3) 亲子活动过程中拍照记录活动过程和所见所感。

2. 探究活动准备

(1) 亲子活动后根据任务单指导孩子制作汇报交流材料(以 PPT 形式呈现)。

(2) 亲子活动之后，针对孩子的表现按评价量规给予客观评价。

(三)学生准备

1. 亲子活动准备

(1) 针对天气状况，准备适合的衣物、鞋等生活用具。

(2) 带好亲子活动任务单、相机等学习用品。

2. 探究活动准备

(1) 按照自己的兴趣选择相应的探究小组，并合作制订研习计划书。

(2) 通过读书、上网、调查、访问等形式，查找老子道家文化、绘画、摄影、朗诵、书法、碑拓、建筑等相关资料。

(四)方案准备

(1) 前置课程：讲解社会实践活动课程的安全注意事项。

(2) 亲子进景区，对各景点有一个初步感知，完成任务单。

(3) 聚焦分组，根据自己感兴趣的研究内容分成四个小组，选定组长，初步合作规划出各组的研究计划。(说明调查方法，呈现形式)

(4) 方案设计，明确分工和方法，完成详细记录过程。辅导教师还可以根据孩子们的需要上方案指导课。

(5) 方案、成果展示交流，形式多样。

四、活动形式

(1) 前置课程与实践活动相结合，让学生带着知识、带着问题去实践。

(2) 教师讲解与小组合作研究相结合，充分发挥学生的主动性和教师的指导性。

(3) 集体体验与展示交流相结合，让学生合作体验研究性学习的过程，在展示交流中分享成果，加深记忆。

(4) 亲子活动与班级探究活动相结合，家校合力促进学生发展。

(5) 班级交流展示与学校宣传相结合，定格学生学习成果，扩大成果影响力。

五、活动过程

活动过程请扫描二维码。

走进圣莲山，感受老子文化

六、活动评价

(一)评价方式

(1) 学生自评：学生对自己的学习过程表现及学习成果的自我反思、自我评价。
(2) 同学互评：同学之间对各自学习过程的表现及学习结果进行评价。
(3) 教师评价：结合学生参与表现及成果展示整体评价学生的表现。
(4) 家长反馈：结合学生的日常表现(活动前后的对比)进行反馈。

(二)评价体系

(见 2019 年度"核工业科技馆"综合实践活动课程方案)

七、拓展资料

试论综合实践活动课程方案评价体系的建立

北京教育学院　曲小毅、黑岚

摘要： 综合实践活动课程方案是综合实践活动课程实施的蓝本和依据，其科学性和有效性关系综合实践活动课程的教学效果和目标达成。对课程方案的评价是综合实践活动课程评价中的重要环节。在评价综合实践活动课程方案时要以新课改的导向、《中小学综合实践活动课程指导纲要》的精神、学生的学情和校本文化为评价依据。对方案的完整性、规范性、连续性、预见性进行评价。要采用多元评价的方法，依据定性评价和定量评价相结合的原则，设计评价量表，建立评价体系。

关键词： 课程方案；评价；体系

正文请扫右侧二维码。

试论综合实践活动
课程方案评价体系
的建立

活动课程 2　秋天的收获

佛子庄乡中心小学

董嘉、陈天聪老师所在团队
指导：黑岚、曲小毅

"秋天的收获"综合实践活动课程主要依托民俗文化进行教育价值挖掘。

佛子庄乡文化底蕴厚重，有传承数百年的祈雨民俗，如黑龙关"二月二"酬龙节、"北方小武当"上英水村真武庙庙会等；狮子会、银音会、大鼓会、吵子会、灯会、"二月二"酬龙节、翁氏制埙、古琴斫制技艺等文化项目已入选市区级非物质文化遗产；还有龙神庙、真武庙等历史遗迹。此外，这里依托养蜂产业、板栗产业等，还有"京西蜜库""良乡板栗"原产地等之称。宝贵的民俗文化资源，为学生开展实践探究提供了丰富载体。

将丰富的地域资源与学校资源、学科资源相融合，学生可以充分激发学习兴趣、体验家乡生活、感受家乡壮美，从感知家乡、融入家乡、热爱家乡做起，自然过渡到对自己、对他人、对社会的热爱，认知与实践相互融合，更好推动"仁爱、智慧、诚信、文明、守纪、健康、自强"的阳光学生培育。

"秋天的收获"小学
段课程方案

正文请扫右侧二维码。

第三节 红色课程

活动课程 1 红歌唱响的地方

霞云岭中心校 党和心

指导：黑岚、王丽

一、活动背景

(一)资源分析

"红歌唱响的地方"——《没有共产党就没有新中国》词曲创作地，位于北京霞云岭乡堂上村。在抗日战争时期，该地为平西根据地的前沿地带，至今还完整地保存着曹火星当年创作词曲的旧址。2006年12月底正式对外开放参观，现在已是知名的爱国主义教育基地。

基地包括三个主要区域。

第一部分是广场和雕塑。进入广场首先映入眼帘的是标志柱，在景区的正门有一座红色标志"擎天柱"，基座由56块花岗岩组成，寓意中国56个民族紧紧团结在一起。柱高19.21米，宽2.8米，寓意中国共产党自1921年成立至中华人民共和国建立经历了28年的奋斗历程。然后是巨幅党旗，在纪念馆南面的山壁上悬挂着一面"迎风招展"的巨幅党旗，与纪念馆遥相呼应，党旗面积为960平方米，与祖国960万平方千米的国土面积相对应。党旗的前面是4000平方米红色歌曲传唱大舞台和能容纳3000人的看台。纪念馆东面的高地上是铜像广场雕塑群，再现了毛主席听女儿李娜唱这首歌时为歌词加"新"字的场景。

第二部分是纪念馆。纪念馆依山而建，包括三个展厅，分为"历史回响人民心声""深山里飞出不朽的歌""让心中的歌代代传唱"以及"新时代成就展"四个主题，共1000幅历史图片，运用文字、摄影、绘画、浮雕、蜡像、幻影成像等艺术手段，向世人昭示了"没有共产党就没有新中国""只有共产党才能救中国，才能团结和带领全中国人民实现民族伟大复兴的中国梦"等历史事实和客观真理。第一展厅展示的主要是中国共产党党史和房山区革命史的重要事件和《没有共产党就没有新中国》这首不朽赞歌的创作背景、过程和历史事件，以及曹火星的生平事迹；第二展厅展示了自中华人民共和国成立至今我国社会主义建设所取得的重要成果，着重利用图片展现了党的十八大以来房山区的发展定位和发展理念；第三展厅是党群活动服务中心，设置有党员驿站、党员宣誓室、综合教育室等，可以为前来参观的党员、群众提供学习教育、上党课、交流体会等服务。

第三部分是《没有共产党就没有新中国》词曲创作地旧址。一个幽静的小院，两间简陋低矮的土房，一个老式的土炕，一张破旧的炕桌，一盏旧时的油灯，为大家再现了1943年10月，年仅19岁的曹火星在这里创作《没有共产党就没有新中国》这首歌曲的场景。

整个教育基地环境优雅，内容丰富，史料翔实，呈现方式多样，教育意义深远，给人很强的冲击力和感染力，是知名的爱国主义教育场所，每年都有来自全国各地的党员和群众络绎不绝地来参观学习。

(二)课程规划

本课程方案是为霞云岭中心小学五年级学生设计的。我校在红色教育办学特色理念的指导下，在总体课程框架下设立此课程，每年三月开始实施，到六月底结束，贯穿五年级整个春季学期。学校利用综合实践活动课的部分课时开展这项探究学习活动，涉及语文、数学、音乐、美术、品德与社会、劳动技术、传统文化等多个学科。参与主体是全体五年级学生，由一名主要负责人进行统领，相应学科的部分教师进行指导。

(三)学情分析

小学生的认知特点决定了他们不喜欢空洞的说教，偏爱形式灵活、富有乐趣的爱国主义教育。因此，走进"红歌唱响的地方"这一实践课程通过特定仪式、观看图片、现场讲解、实践体验、调查研究等活动，帮助学生实地了解中国共产党在各个时期带领全国人民努力拼搏所取得的成绩，了解家乡、房山区乃至中国共产党和国家发展的历史成就，增强学生对祖国、对党、对家乡的热爱之情。

霞云岭中心小学五年级学生，几乎全部为本乡内生源，从小生活在霞云岭地区。当地社会、本人家庭、学校环境等各方面都或多或少有红色教育的内容和受红色教育的影响。学生从幼儿园开始就不同程度地受到了红色教育的熏陶。例如，幼儿园有经典红色歌曲《没有共产党就没有新中国》的传唱活动；小学一年级开始有霸王鞭的学习和表演、红歌学唱、主题教育等不同形式的红色教育活动。到五年级，学生对我党领导全国各族人民艰苦奋斗、开创未来的光辉事迹已有了初步了解，对作为革命老区的家乡有了更多的认识。但这些红色学习活动还较为零散，学生获得的认识还只是零星的、浅层的，需要进行全面系统的深入探究，进一步地引导和激励学生。

五年级学生已经具备了一定的探究能力，会利用网络，通过读书、访谈等方式进行信息的搜集和整理，但对获取的资料进行分析、整合、重组，切实有效地进行合作交流，创造性地形成学习探究成果的能力还需要进一步培养和锻炼。此外，五年级学生因为是第一次参加这样的综合性学习活动，活动规划、协调和实施能力较欠缺，需要指导教师进行有针对性的指导和提供必要的帮助。

二、活动目标与内容

本课程带领学生走进红歌唱响地，从"红歌的诞生及传承""家乡的霸王鞭""霞云岭的红色故事""霞云岭的现在和未来"这四个主题出发，开展实践探究活动，通过搜集、整理史料，表演霸王鞭、传唱红歌、剧目表演、演讲等形式。

(1) 帮助学生了解曹火星创作《没有共产党就没有新中国》这首歌曲的背景和经过，了解家乡在革命时期那些可歌可泣的英雄故事，了解中国共产党在各个时期带领全国各族人民不断努力奋斗取得胜利的历史伟绩和在新时代继续带领全国人民努力前行的光辉事迹。

(2) 加深学生爱祖国、爱共产党、爱家乡的情感体验。

(3) 提高其信息收集、合作沟通、设计筹划、创意物化、问题解决等方面的能力。

三、活动准备

(一)学校准备

(1) 对接红色教育基地：联系确定活动的时间、内容以及需要基地提供的支持和帮助。

(2) 课程规划：本次综合实践活动课的具体活动形式、时间安排、内容安排等。

(3) 人员安排：合理安排活动各阶段的具体人员和分工，包括前期准备、活动过程、后期指导等。

(4) 后勤支持：为活动开展提供必要的经费、物资支持。

(5) 安全准备：制定安全预案、与家长沟通协调。

(二)教师准备

(1) 资源准备：前期调查实践基地，走访相关人员，分析资源单位的教育内容和教育点。

(2) 资料准备：纪念馆相关资料、校本读本、音视频资料、活动道具等。

(3) 前置课程：考察方法培训、背景介绍、安全及注意事项、布置初访任务单等。

(三)学生准备

(1) 学习工具准备：摄像摄影器材、笔和本等。

(2) 相关内容了解：音视频资料的学习，提前搜集资料等。

四、活动形式

(1) 活动前：通过走访的形式对本次活动的内容有初步的了解，完成初访任务单。

(2) 活动中：

① 考察探究：探访相关基地、访问相关人物、搜集相关资料、分组分主题探究、撰写研究报告。

② 设计制作：知识简报、舞台剧、舞蹈创编、演讲等。

③ 实践体验：唱红歌、霸王鞭表演、小讲解员。

(3) 活动后：制作宣传手册、志愿服务、讲解引导。

五、活动过程

活动过程请扫描二维码

红歌唱响的地方

六、活动评价

走进"红歌唱响的地方"综合实践活动对学生的评价主要以过程性评价为主，兼顾学习成果评价和学生自评、同学互评、教师评语等形式。

学生的成绩将以下列公示进行计算：

活动过程(100 分)+核心能力指数评价(32 分)+同学及指导教师评价(18 分)=总分(150 分)

其中活动过程的 100 分，由教师根据《过程性评价表》，视学生活动过程中的表现，按标准给分。

核心能力指数评价的 32 分，由教师在学生学习成果汇报的过程中，依据《学生核心能力评价量规》中的相关标准，逐条给分。

同学及指导教师评价的 18 分，由学生们根据《自我及组员评估表》中的细目，逐条自评及相互评分；由教师和学生对照《学生互评及指导教师评分表》，根据学生学习成果汇报的表现，逐条给分。最终两张评价表的分数相加，依据分数对学生排序，排名前 30%的同学得 18 分，排名在 30%～60%区间内的同学得 16 分，排名 60%之后的同学得 14 分。

相关评价表及评分标准见 2019 年度"核工业科技馆"综合实践活动课程方案。

七、注意事项

(1) 学校做好安全预案，细致分工，确保活动安全有序进行。

(2) 学生前期准备要充分、细致，班主任检查学生准备情况，适当提出建议。

(3) 活动中发挥学生主观能动性，发挥班干部、小组长作用，进行自我管理，引导学生把这次活动当成一次自我锤炼的机会，圆满地完成参观任务。

(4) 及时撰写总结，整理材料存档。

八、拓展资料

1. 综合实践活动课程中学生创新素质培养的措施与思考

北京市顺义区裕龙小学　乔欣明

摘要：在科学技术飞速发展的今天，创新素质越来越成为一个国家在国际竞争力和国际地位的最重要的决定因素。要想真正在世界上站住脚，我国培养创新人才的任务十分紧迫。而培养创新人才是我们每个教育者的责任和担当。综合实践活动课程是培养学生创新素质的良好平台。因此我们必须在综合实践活动的准备、实施、总结三阶段中注重实行培养学生创新素质的具体措施，让学生的创新能力在活动中得以培养。

关键词：综合实践活动；创新素质；三阶段；具体措施

正文请扫描右侧二维码。

综合实践活动课程中学生创新素质培养的措施与思考

2. 多元评价助力学生发展

北京市通州区台湖学校　王巨星

摘要：评价是教学的一个重要组成部分，贯穿于教学活动的每一个环节。多元化的评价"立足过程，促进发展"，有利于学生学习信息的多方位、多角度的交流，有利于突出学生学习的主体地位，提高学习效率；有利于因材施教，促进学生主动、全面地发展，使学生成为学习的主人。因此，在综合实践活动中，采用多元评价方式，要充分发挥其导向作用，把评价焦点从学生的学习能力扩展到参与状态、交往状态和情绪状态等方面，使多元评价真正助力被评价者

多元评价助力学生发展

27

不断成长与发展。

　　关键词：多元评价；学生；发展与成长；综合实践活动

　　正文请扫描右侧二维码。

活动课程2 我的家乡大安山

安红梅

指导：黑岚、步星辉

一、活动背景

大安山是个美丽的小山村，在这大山的一景一物、一草一木及淳朴民风的滋养下，我们长大成人，学有所成，进而拥有幸福的生活。因此，铭记大山的养育之恩是大山学子立身之根本。同时，目前因城乡发展不均衡及地理条件的限制，大安山的孩子们走出去的机会也不多。通过与本校六年级学生的深度交流发现，孩子们只对大安山乡的人文、地理、物质概况有初步了解，却不了解这里更深层次的人文、历史意涵。虽然生在这里、长在这里，孩子们对它的爱却不深厚，觉得这里不够繁华、热闹，没有便利的居住条件，更没有大型的商场超市……孩子们渴望认知新知识的机会，渴求漂亮的居住环境，渴求现代繁华的都市生活，渴望走出大山见识不一样的东西。因此，孩子们把注意力都集中到了热闹的都市，对生养自己的大山已经没有更多的热爱，而殊不知大山里也有宝，只是缺少一双善于发现的眼睛。基于以上背景，我决定带领孩子们深度探究家乡的人文、地理、经济、物产和历史。

(一)地区资源分析

大安山乡位于房山区西北部深山区，属太行山余脉，位于百花山中山地带，大石河流域，距区府良乡50千米，距市区90千米，辖大安山、西苑、赵亩地、寺尚、中山、水峪、瞧煤涧、宝地洼八个行政村和大安山矿社区。这里群山环抱，重峦叠嶂，沟谷交错，总体而言，地形地貌复杂，地势起伏。山势陡峻是大安山乡独特的地理特征，这一地理特征也深刻地影响了大安山乡这里独特的地理位置，形成了独特的地理风貌，具备其独特的开发和利用价值。

这里曾因出产黑金而名噪一时，也因经历转型阵痛期而历尽艰难。但这里的人民勤劳质朴，虽然经历着不同时代的欢乐与忧愁，但这些欢乐与忧愁的平常小日子汇聚起来形成了大安山乡独特的民风与民俗，积淀出了个性的历史与文化。这些民风、民俗、历史与文化虽在浩瀚的人类历史中只不过是沧海一粟，却是整个乡村发展鲜活的历史见证。不仅如此，这些民风、民俗对继续生活在这里的后辈更是弥足珍贵，因为这就是他们祖祖辈辈生活的方式，是他们生命和生活的根源。独特的民俗、民风体现着大安山乡的历史发展历程，更以无言的方式体现着大安山乡的独特生产、生活方式，具有独特的历史文化价值。

大安山乡独特的地理位置及特殊的民风、民俗具有深厚的教育价值。学生生于斯，长于斯，这些正是他们身边最熟悉也最陌生的教育资源。开发利用这些极具地方特色的地区资源，使学生可以系统地了解家乡的历史进程，体悟家乡的时代发展，自由探索、挖掘地方文化现象背后的人文、历史、经济内涵，以帮助学生更好地了解自己的家乡，增强家乡自豪感。

(二)学生情况分析

《走近我的家乡》综合实践活动主要面向的是大安山乡中心小学六年级的小学生。为增强课程的针对性,最大程度发挥课程的教育价值。在综合实践活动课程方案设计过程中,着重对学生情况进行分析。其中着重对学生的认识能力及其对于家乡的了解程度现状进行了分析。主要通过访谈与日常观察了解学生对地方物质、人文、地理、经济与历史的熟悉程度,并通过走访各科教师,了解学生资料收集与分析、展示呈现与时间管理的能力,具体调查分析结果如下。

大部分六年级的小学生并不清楚家乡的概念,以为自己从小居住的地方就是家乡。且对家乡的各个方面缺乏深入认识,如对家乡物质方面的了解也仅限于自己目视范围内,对大安山的人文、地理、经济和历史的了解也只限于长辈传授、道听途说。由此可见,尽管在大安山乡生活了许久,孩子们也仅像"过客"一般,并未与这里的文化产生共鸣,也不曾深入了解这里。因此,为改变现状,使其深入了解家乡,在课程中将学生分为人文、地理、经济、物质、历史五个组,以使学生分组合作,对家乡的不同方面进行深入探究。

经过五年多的学习,孩子们在资料收集与分析方面有一些收获,但也存在很多不足,仍需要教师进行适度的方法指导。他们能够从网络中找到相关资料,但是在资料的筛选中还难以决断;能够将收集的资料做简单整理,但缺乏分类、归纳和分析的能力;孩子们以前没有进行过访谈,在访谈中不知从何谈起,仍需要教师帮助列出访谈提纲,指导访谈方法。

在展示交流方面,孩子们能够将自己的想法表达出来,但是语言表达缺乏组织,部分学生在与人沟通时较腼腆,音量较小,他们的语言表达能力仍需进行锻炼,使其说话流畅,声音清晰响亮,能吸引听众的注意;在展示交流中,如何做精美的 PPT,孩子们也需要教师的指导帮助。

在时间管理上,孩子们缺乏自主性,不知道如何安排小组调查研究的时间,这需要教师帮助梳理出各个时段的任务,通过任务单的指引,带领学生完成相应的研究任务。

基于对学生情况的调查,大安山乡中心小学在六年级开设了"走近我的家乡"综合实践活动课程。通过鼓励孩子们自主选择感兴趣的研究内容,根据所选内容分成五个小组,设计任务单、进行相关的方法指导,以完成相应研究任务。让学生在实地调查的过程中了解大安山乡特色的物质、人文、历史、地理与经济,丰富地方知识。使其对家乡的认识,从陌生走向熟悉乃至发自内心的热爱,并期待将来会变得更美更好。充分发挥学生的主体作用,不仅提高其学习能力,更锻炼他们的表达能力,从而提升文化素养。

二、活动目标

(1) 了解大安山乡的历史、人文知识。

(2) 了解大安山乡的地理特征。

(3) 了解大安山乡经济状况,感知家乡经济发展的美好前景。

(4) 了解大安山乡的物产丰富状况。

(5) 提高收集、整理和分析信息的能力。

(6) 提高运用信息技术的能力。

(7) 学会分工合作,提升合作能力。

(8) 提高思维能力。

(9) 提高沟通与表达能力。

(10) 提高书写能力和绘画能力。

(11) 激发热爱大安山、热爱乡村、热爱房山的感情,从而产生努力学习,建设家乡的愿望。

三、活动准备

1. 学校准备

(1) 确定活动内容，制定活动方案。
(2) 进行活动前的安全培训。
(3) 进行活动部署，实现责任到人。

2. 教师准备

(1) 考察本地资源，制定活动方案。
(2) 进行活动前的安全培训。
(3) 进行考察方法的培训。
(4) 做足网络、书本等资源准备。
(5) 设计课前任务单，引导本班学生分组。

3. 学生准备

(1) 按照自己的兴趣选择相应的小组，共分为五组。
(2) 初步了解调查研究的方法，了解大安山乡基本情况。

4. 方案准备

(1) 前置课程：讲解综合实践活动课程的安全注意事项。
(2) 初步走访，对家乡有一个整体认识，完成任务单。
(3) 聚焦分组，根据自己感兴趣的研究内容分成五个小组，选定组长，初步合作设计自己组内的研究方案。(说明调查方法，呈现形式)
(4) 方案设计，明确分工和方法，完成详细记录过程。教师还可以根据孩子们的需要上方案指导课。
(5) 展示交流，形式多样。

四、活动形式

(1) 活动前，让学生分组调查访问、获取信息并且整理资料，通过实地调查深入把握大安山乡的人文、历史、地理、经济与物质，并体验合作探究过程。
(2) 活动中，让学生进行分组展示，将之前的调研成果在全班进行展示交流。
(3) 活动后，让学生以多种形式将调研结果进行物化呈现(如手抄报)，完成成果转化，定格学生学习成果，扩大成果影响力与学生自豪感。

五、活动过程

活动过程请扫描二维码。

我的家乡大安山

六、注意事项

(1) 安全无小事，一定确保学生安全。

(2) 活动前：前期准备要充分，任务分配要合理细致，责任到人，做好记录。

(3) 活动中：尽量发挥学生主观能动性完成实践活动任务。

(4) 活动后：有序地按照计划完成后续工作。加强学生、教师、学校之间合作，以顺利完成本次综合实践活动。

七、活动评价

(一)评价方式

(1) 自我评价：学生对自己的学习过程表现和学习成果进行自我评价。

(2) 同学互评：同学之间对小组活动过程中的表现及学习成果进行评价。

(3) 家长反馈：结合学生日常表现进行评价。

(4) 教师评价：结合学生课堂表现、调研表现及成果展示进行整体评价。

(二)评价体系

(见 2019 年度"核工业科技馆"综合实践活动课程方案)

八、资源支持

(1) 学校与大安山乡政府及各村委会联系活动事宜。

(2) 按要求报批教委，取得上级领导支持。

(3) 学校与卫生院联系，确保活动中学生安全防护。

(4) 通过家长委员会，寻求家长全方位支持(邀请部分家长作为家长志愿者参与本次实践活动)。

活动课程 3　传承红色基因　弘扬红渠精神

南窖中心校　胡建民、果志伟、王晓娇、赵金凤老师所在团队

指导：黑岚　曲小毅

课程简介

自力更生、艰苦创业、团结协作、无私奉献的红渠精神，不仅支撑着花港村民改造自然面貌，重新安排河山，是花港乃至房山历史文化的重要组成部分，也是当代人继往开来，在新的全面建成小康社会的征程中所展现出来的拼搏努力、不懈奋斗的精神。基于此，南窖中心小学对花港红渠的历史文化资源进行系统梳理，借助并依托社会各方资源开设了"传承红色基因　弘扬红渠精神"综合实践，将红色文化引进校园，希望学生们通过学习与实践，能够传承以爱国主义为核心的民族精神、以改革创新为核心的时代精神，弘扬以红渠为代表的红色革命精神，树立正确的价值观，坚定社会主义方向，成为合格的社会主义接班人。

正文请扫描右侧二维码。

"传承红色基因　弘扬红渠精神"小学段课程方案

九、拓展资料

1. 多元论视角下综合实践活动课程与校本课程的融合研究

北京教育学院步 星辉

摘要： 作为新课改中的两个亮点，综合实践活动课程与校本课程在基础教育课程体系中发挥着重要的作用。虽然它们在内涵界定、课程性质与范畴、课程目标与内容、实施的方法与技巧等方面存在差异，**但是其育人的本质却是相同的**，二者都是素质教育的载体，都是为了培养符合社会主义核心价值观的、合格的社会主义接班人而设置和开设的。同时，由于现实中存在着课时限制、师生精力有限等问题，使得综合实践活动课程与校本课程的融合研究成为热点。

多元论视角下综合实践活动课程与校本课程的融合研究

关键词： 综合实践活动课程；校本课程；融合

正文请扫右侧二维码。

2. 核心素养视角下的综合实践活动课程设计与思考——以"梦幻琥珀"课程为例

北京市财会学校 王蕊

摘要： 随着教育的改革与发展，学生的核心素养引起了教育界的广泛关注，同时教育部要求从小学一年级到高中三年级各个学段都应开设综合实践活动课，该课程的实施也已成为培养学生核心素养、促进学生全面发展的重要途径。基于此，本文针对综合实践活动课程实施的背景、亟待解决的问题、课例分析和几点思考与参与课程开发实施的老师们一同交流、共同探讨。

核心素养视角下的综合实践活动课程设计与思考——以"梦幻琥珀"课程为例

关键词： 核心素养；综合实践活动课程；课程设计与思考

正文请扫右侧二维码。

第二章 课程体系建设

第一节 基于核心素养的足球特色实践活动课程体系

撰写：延庆区第四小学　尤帅武　于淼　檀玲

指导：北京教育学院　黑岚、崔娜

一、课程建设背景

新课程改革提出："要以核心素养串起课程、课堂教学改革和考试招生制度改革，要变以知识为主导的课堂教学为以能力为主导的课堂教学。"学生发展核心素养是学生能够适应终身发展需要所必备品格和关键能力。随着教育改革的逐步推进，在教育部深化基础教育领域综合改革方向的指导下，北京市以组合拳的方式出台了一系列文件，特别是部分学科教学改进意见和《北京市实施教育部〈义务教育课程设置实验方案〉的课程计划(修订)》，教育部推出的相关政策其实是引导性的，改革的最终指向是要培养孩子各方面的综合素质。教育改革的方向逐渐从学科取向向育人取向转变。这就需要学校紧跟改革发展的步伐，结合地区、学校、学生、教师的实际情况，构建适合学生发展的课程。依据通知精神和《延庆县义务教育三级课程整体建设一体化课程方案》，结合本校"深化体制改革、课程课堂建设、践行社会主义核心价值观三条主线，继承、创新、发展生态教育特色，以名师队伍建设为保障，以深化小组合作学习为突破，以社会教育资源充分利用、和谐教育为新的教育增长点，育心中有爱、眼中有路、手中有为的'四小'学生"的办学思路和"打造生态教育特色，创建全国知名小学"办学目标，我校制定了《第四小学三级课程整体建设一体化课程方案》，落实10%综合实践课程。

"校园足球"是指以小学为起跑线，将足球，包括足球文化、足球技能、足球训练等引入教学，以培养青少年的足球兴趣为重点，让学生在快乐足球中强身健体，锻炼意志品质，在发挥个人天赋的同时培养团队合作意识和顽强拼搏的精神。"校园足球"对现代学生意义非凡，与我国未来的足球事业息息相关。而实践活动课程的开设，不仅对于培养学生的社会责任意识、问题解决能力和实践创新精神发挥了其独特作用，更有效地改善了课程结构，丰富了课程类型，促进教与学方式的转变，对课堂教学和学科课程的改革产生了积极而深远的影响。以丰富多彩的足球特色实践活动、竞赛为杠杆，潜移默化地使学生形成运动意识和健康意识，养成良好的生活习惯，不仅全面提高了学生体质健康水平，更有效地促进了德、智、体、美、劳和谐发展。

面对10%综合实践课程的落实，我校在把足球融入全校学生课外活动、融入环境布置，并且在3～6年级开设了每周一节的足球课，在学校足球队等足球工作开展研究的基础上，结合2015年7月，我校被评为全国足球示范校和被选为北控足球俱乐部青训基地校的契机，使足球融入小学各年级各学科教学当中。如今，足球课全国和各区县都在研究、实施，但是足球走进课堂、开发足球融入学科的学科实践活动课程案例目前尚没有。在足球课程的实施中根据我校小组合作学习教学特色，通过小组合作学习的形式去落实，在课程设计中基于提升学生核心素养做足、做好学校足球文化特色，并以此为典范，推进我校学科实践活动课程的深入、高效、特色落实。

二、实践过程

实践过程请扫描二维码。

基于核心素养的足球特色实践活动课程体系

三、实施效果

基于核心素养的足球特色学科实践活动课程以学校足球特色为载体，通过调查、访问、搜集、观赛、体验、交流、展示等实践活动，真正让学生走进足球，全面、深入地感受足球及其相关内容，打破对足球运动的传统观念，使学科实践课程的内容鲜活起来，体现其综合育人的价值。

(一)构建足球特色课程体系

《课程计划》指出：学科实践活动课程要突出实践性、探究性，要避免用学科教学内容简单替代。基于这一理念，我校足球特色学科实践活动的课程，从学生的核心素养出发把学生在足球活动中遇到的、感兴趣的问题和本学科的教学内容、学科核心素养为切入点进行开发，设计实用、有效、学生喜欢的学科实践活动课程。

在足球特色与相关学科实践活动的设计、实施中，我们开发出了科学、系统、开放的学科实践课程。与数学相关实践活动课设计了两个主题：主题一，足球的奥秘，低、中、高的内容分别为：《初识足球》《探究足球的奥秘》《各种球类的对比探究》，主题二，足球场地，低、中、高的内容分别为：《认识足球场形状和测量(步量)》《足球场地的设计》《不同球类场地的对比探究》；语文相关实践活动课设计了《玩足球话足球》《魅力足球》《领悟足球文化》；美术相关实践活动课设计了《设计足球 Logo》《足球场上的精彩场面》《足球小报》；音乐实践活动课设计了《学唱足球歌曲》《唱足球队歌》；英语实践活动课设计了《我喜爱的足球明星》《足球赛场上的"明星们"》；品德与社会实践活动课设计了《做游戏守规则》《多彩的地球村》等，学生在这些活动中把课内学到的各科知识、能力综合运用在一起，研究了一个个与足球相关的主题，在这个过程中培养了学生搜集处理信息、善于表达、勇于实践创新等素养，在课程的实施中让学生全面深入地感受足球。

(二)提高学生核心素养

在足球特色与各相关学科实践活动的过程中，各主题活动从不同方面培养了学生的核心素养。如：教师根据在足球运动中有的孩子在踢球中受伤，对足球产生恐惧，害怕再受伤，不敢再踢球的情况，为了让学生对足球有全面、客观、深刻的认识，围绕"足球给我带来了什么"开展了语文实践活动课。整个活动课，孩子们敞开心扉交流足球带给自己的喜与忧，倾听的同学全神贯注地听着同学、教师的发言，时而补充，时而反驳，时而沉思，在实际运用中提高了学生的口语交际能力，同时通过交流，渗透了事物都有两面性，要趋利避害的哲学思想，培养了学生不怕困难的足球精神。足球教师讲的关于预防运动受伤的方法，将体育学科融合在课堂实际和孩子们需要时，恰到好处地融入其中，是孩子们终生难忘的，学生获得的知识是综合性的，培养的素养是综合性的。

足球特色实践课程的开展，使学生对足球有了全面的了解，孩子们在活动中兴致盎然、积极主动，足球水平越来越高。学生在拥有健康体魄的同时在校园足球活动中获得了合作意识、规则意识、拼搏精神、团队精神、坚强的意志品质等，促进了学校各项工作的开展，学生的综合素质得到明显提升。校园足球也促进了学生体质的增强，近年来，我校学生的体质健康测试的及格率一直保持在92%以上，2018年达到98.1%。视力不良率比上一度检测下降了近10个百分点。我校还多次代表延庆区参加市级足球体育竞赛并获得一、二等奖，学生的健康素质得到明显提升。

(三)增强教师教学能力

自2015年11月5日起，北京教育学院信息技术与职业教育分院院长助理黑岚教授等专家走进我校指导综合实践课程实施工作。教师们在数学课上进行校内足球场地测量和班级联赛场次的计算，在语文课上写关于足球比赛的观后感和踢足球的乐趣，在美术课上进行有关足球的绘画，在音乐课上进行有关足球音乐的欣赏，在形体课上加入"啦啦队"表演的内容，在英语课上进行足球词汇的积累与比赛，在品德与社会课上介绍足球知识等，让师生在了解足球、参与足球中，培养对足球的兴趣。一节节与足球结合的学科实践活动的开展，不仅打开了我校教师结合足球特色开展学科实践活动的思路，拓宽了对足球运动的研究领域，让特色学科实践活动的开展更加深入，更让教师们一次次经历了教学理念的蜕变，教师们在参与中体验到研究的快乐，在专家面对面的指导下，一次次提高对学科实践活动课程开发的认识，不断将足球中的团队合作、顽强拼搏、奋勇争先、遵守规则等品质化为学生内在品质，让学科实践活动课程更加充满活力。

(四)彰显学校课程特色

在基于核心素养的足球特色学科实践活动课程开展的过程中，教育部体卫艺司司长王登峰、市教委委员王定东、延庆区副区长谢文征、教委主任魏旭斌等领导一行九人到我校调研校园足球工作。了解了我校的足球文化环境和校园足球开展情况，学校通过语文学科实践活动课《足球给我带来了什么》介绍了我校以足球特色开展的综合实践活动课程，王司长对此很感兴趣，对我校的这项工作给予充分肯定，应大力推广。让中央教育电视台到我校拍摄了关于足球的微电影，将在全国播放，提高了我校的知名度，这样，在一次次的研究、展示中，促进了教师成长，推动了我校向全国知名小学迈进。我校教师先后走进北京朝阳实验小学、房山石楼中心小学等多所学校做足球课程展示交流40余节。不仅如此，我校教师曾多次面向全市、全区做与足球结合的学科实践活动展示，多位教师在三级课程建设课堂教学评优中荣获一、二等奖。

四、成果特色与创新

(一)成果特色

1. 弘扬校园文化，助推学校特色发展

由于学校是全国校园足球示范校、北控足球俱乐部青训基地校，学校在全体学生中间开设了足球课、足球训练、足球比赛、足球课外活动这一足球特色校园的文化，每个孩子都对足球比较热爱。学校从学生身心发展的实际出发，根据足球特点，充分挖掘足球的教育资源，以新的教育资源观，依托各学科实践活动课程，提升教师的课程实践和育人能力，改变学生的学习方式，拓展学习、研究空间，建设以足球与多个学科整合的实践活动课程，弘扬校园文化，助推学校特色发展。

2. 统筹多元文化，促进学生思维提升

四小足球特色学科实践活动课程以"国际情怀"的视野放眼世界，摈弃了以往提到足球认为只是一项运动的观念，各学科足球主题实践活动让学生借助搜集的与足球主题相关的资料，以朗诵、表演、绘画、演唱、辩论、比较等方式汇报，生生交流、教师点拨，学生在研究、实践中感受灿烂的中西方文化，进行多元文化的对比，能够理解他国文化，接纳多元文化，拓展思维的广度，实现多种文化的交流与理解。

(二)成果创新

1. 立足核心素养，构建特色课程

依据《教育部关于全面深化课程改革落实立德树人根本任务的意见》中的核心素养指标，梳理出核心素养的六个模块，结合学校足球特色对应六个模块相关学科建设出学生喜欢、促进学生健康成长，合理、实用、成系列的足球综合活动课程。让"足球特色学科实践活动课程"的实施有效促进学生的思想道德、学业成就、身心健康、审美素养、个性发展等综合素质的提高，注重知识、能力的综合运用，注重全员育人、全程育人、全方位育人。让每名学生在课程中真正提升核心素养，为学生的终身学习和可持续发展奠定坚实基础。

2. 凸显主题学习，有效学科融合

足球特色融入学科实践活动的课程是以学生非常熟悉的足球主题为线索引导学生综合运用课内学到的各学科知识解决与足球相关的各方面问题，提高学生根据生活实际发现问题，提出问题，经过调查、思考、探索、实践解决实际问题的意识和能力，在这个过程中学生的探索能力、创新精神、表达、合作、思辨和实践能力得到培养，从而提高学生的核心素养。本课程在北京教育学院"协同创新学校计划"项目专家的指导下，已经把足球特色与学科实践活动课程内涵研究系列化、系统化，只要我们长期实施，必将让学生在与足球特色相融合的实践活动课程中得到收获。

五、资料拓展

1. 小足球、大智慧——足球中的数学学科实践活动之我见

北京市延庆区第四小学王彩霞

摘要：《中国足球改革发展总体方案》对于校园足球来说是一个福音，更是校园足球的发展机遇。这里的校园足球是指以小学为起跑线，将足球(包括足球文化、足球技能、足球训练等)引入教学，以培养青少年的足球兴趣为重点，让学生在快乐足球中强身健体、锻炼意志品质、学习学科知识，在发挥个人天赋的同时培养团队合作意识和顽强拼搏的精神。开设以足球为特色的"魅力足球"实践活动课程，有助于培养学生的社会责任意识、问题解决能力和实践创新精神，更有效地改善了课程结构，丰富了课程类型，促进教与学方式的转变；对课堂教学和学科课程的改革产生了积极而深远的影响。基于此，每位教师在立足学科知识的同时，要深挖学科知识与足球文化的结合点，让足球走进课堂，走进学生心中，激发学生的潜在才能，体现学生的大智慧。

关键词：足球；数学；学科实践活动

正文请扫描右侧二维码。

2. 浅谈实践活动方案的制定策略——以《足球场有多大》为例

北京市延庆区第四小学　高淑艳

摘要：数学综合实践活动以学科课程为基础，学生综合运用在各学科课程学习中掌握的基础知识和基本技能。而在各学科新课程标准都设计了实践性学习单元。2015 年 9 月，延庆区第四小学成为北控集团足球俱乐部活动基地，足球文化走进校园。可以利用校本活动资源，设计与数学学科相关的实践活动。在实践活动的实施过程中，制定切实可行的活动方案对活动的实施以及效果起着至关重要的作用。通过对比品德与社会、科学等学科优秀活动方案，了解活动方案的基本内容、制定过程。通过小组合交流、全班分享的环节发现别人的活动方案的优点，完善自己的方案，最终形成可实施的方案。培养活动规划意识，提高活动策划能力。同时在方案制定中，培养创新能力，体验合作交流的乐趣。

浅谈实践活动方案的制定策略——以《足球场有多大》为例

关键词：活动方案；实践与综合运用；规划意识

正文请扫右侧二维码。

3. 小学科学综合实践活动与足球运动有效结合的探究

北京市延庆区第四小学吴立平

摘要：小学科学综合实践活动在新课程理念下具有开放性、自主性、生成性、实践性的特点。而小学科学课程标准指出："科学学习要以探究为核心。"科学活动的本质在于实践探究，探究已经成为小学科学教育的灵魂。我结合学校的足球特色和教材的内容，在"小学科学综合实践活动与足球运动有效结合的探究"进行了一些尝试，体会和感受是：第一，足球场上的科学综合实践活动，能激发学生主动探究的兴趣；第二，足球场上的科学综合实践活动，有效地落实了三维教学目标；第三，足球场上的科学综合实践活动，开

阔了学生的科学思维；第四，足球场上的科学综合实践活动，拓展开放了科学课堂。存在的问题是：一是不好组织探究活动；二是上课时间不够，以后还需进一步思考与实践，提高探究效果。

关键词：小学科学综合实践活动；足球运动；有效结合；探究

正文请扫描右侧二维码。

小学科学综合实践活动与足球运动有效结合的探究

第二节　基于学校特色资源建设综合实践课程——"走进圣莲山"综合实践活动课程体系

张娟、张进忠、任国鹏、张慧英、宋有冬

指导：黑岚

史家营中心小学是房山区一所深山区寄宿制学校，建于1938年，现有六个教学班，153名学生，24名教职工。学校秉承"绿色成长、百花齐放"的办学理念，实施生命、和谐、可持续的绿色教育，构建并实施"百花齐放"课程，培育"百花"少年。

一、课程研发背景

(一)基于落实立德树人根本任务的需要

2014年，教育部《关于全面深化课程改革落实立德树人根本任务的意见》指出，加强学科间的相互配合，发挥综合育人功能，不断提高学生综合运用知识解决实际问题的能力。中小学要探索把课堂教学与社区服务、研究性学习、社会实践相结合的途径和方法。2016年9月，中国学生发展核心素养出台，提出了学生应具备的，能够适应终身发展和社会发展需要的必备品格和关键能力。社会参与作为学生发展的核心能力，被摆在了重要位置，重点提出了学校要培养学生的责任担当和实践创新的能力。为了引导学生深入理解和践行社会主义核心价值观，充分发挥中小学综合实践活动课程在立德树人中的重要作用，2017年，国家出台《中小学综合实践活动课程指导纲要》，要求学生能从个体生活、社会生活及与大自然的接触中获得丰富的实践经验，形成并逐步提升对自然、社会和自我之内在联系的整体认识，具有价值体认、责任担当、问题解决、创意物化等方面的意识和能力，而综合实践活动课是培养学生这些方面能力的重要载体。

为了深入贯彻落实国家的相关政策，北京市于2014年出台了《北京市中小学培育和践行社会主义核心价值观实施意见》，要求创新育人理念和手段，运用学生喜闻乐见的方式，搭建实践平台，拓展教育渠道，积极争取社会各方面力量协同育人，使社会主义核心价值观成为每一名学生的精神追求和自觉行动。2015年出台了《北京市实施教育部〈义务教育课程设置实验方案〉课程计划(修订)》，要求学科实践活动课程要充分利用社会大课堂实践基地，支持区县、学校和社会资源单位合作开发课程，加强综合实践活动基地建设。

在立德树人根本任务的指引下，在相关政策文件的支持下，史家营中心小学充分整合利用学校周边特色资源开发了综合实践活动课程，大力培育和践行社会主义核心价值观，发挥社会各方面协同育人的力量，将学生核心素养的培养落到实处。

(二)基于提升区域课程建设水平的需要

房山区在综合实践活动课程体系建设的 17 年中，探索出"对区域学校课程建设进行顶层设计，采取'培养一批、带动一批和影响一批'方式推进"的房山模式，依托这种模式整体提升区域课程建设的水平。在这一工作思路的指导下，为了提升区域内综合实践活动课程建设的整体水平，在 2015 年房山区教委出台的《房山区实施北京市<义务教育课程设置实验方案>的课程计划(修订)》通知中，就专门关注了各学科平均不低于 10%的实践活动，并明确提出要加强综合实践活动基地的建设，充分用好中小学生社会大课堂实践基地、高校、科研院所、博物馆、科技馆、展览馆、纪念馆、企业、社会团体等社会单位资源，开发实施形式多样的实践活动课程。2016 年房山区开展课程创新项目研究，史家营中心小学等学校成为首批实验学校，参与基地课程建设，在培养一批基地课程实验学校的同时，带动一批学校参与进来并影响一批学校的综合实践活动课程建设工作。如此以小托大，推进了区域综合实践活动课程建设的整体水平。

(三)基于传承和发展学校课程建设成果的需要

史家营中心小学始终坚持"大教育观"，不断探索思考"办什么样的教育"和"怎样办教育"的问题，以及培养"什么样的人"和"怎样培养人"的问题，并认为未来的课程建设应打开思路，建设起真正连接孩子现实生活与未来发展的课程。

为此，史家营中心小学在从"百花课程"到"百花齐放课程"的九年建设历程中，一直十分注重将学校周边的地理环境、人文环境和教师、学生和家长等资源协同利用起来，综合多方之力，为学生构建特色化、生活化、社会化、未来化的课程资源，尽最大的努力促进学生的全面发展。史家营中心小学"百花齐放课程体系"获得北京市课程建设成果二等奖，这更加坚定了我们一所山区小规模学校，选择"基于经验走向基于实证的课程再发展的建设路径"的信心。

基于学校课程建设的已有成果，立足孩子的当下教育和未来发展，学校课程建设既要充分挖掘、利用好地域资源和特色文化，更要积极关注学生理想信念和核心价值观的培育，关注学生生命质量的提高，关注学生学习体验、动手实践及创新意识的培养，突出实践育人的价值，让学生成为学习的主人，具备面向都市、面向国际、面向未来的可持续发展素养，为山区孩子的人生奠基!

二、课程设计

(一)课程设计依据

1. 理论基础

基于区域特色资源的综合实践活动课程的开设有着深厚的哲学、社会学、教育学、心理学理论基础，具体来看，它体现着学校课程育人的实践本质、全面发展、系统综合取向。

马克思主义认为，生产劳动和社会实践是人的本质，是人区别于动物的本质属性，人只有通过自觉地改造世界的实践活动才能获得发展。因此，实践贯穿于人一生发展的全过程。学校教育作为一种特殊的实践活动，主要目的是促进学生的发展，并通过课程与教学对学生的终生发展发挥影响。从这个角度来讲，学校课程育人必然带有实践属性，只有从实践出发才能真正发挥作用。

学校教育要与社会实践和生产劳动相结合，培养德智体美劳全面发展的社会主义事业的建设者和接班人。这是社会主义教育的根本目的，也是学校教育教学活动的根本方向。在学校课程建设的过程中，要充分发挥课程育人的功能，设计涵盖学生多种核心素养的课程，促进学生自由、充分、独创、全面地发展。

从课程与教学的发展历史来看，课程与教学作为一个综合的系统，存在着两条大的发展逻辑，即学科课程与教学的不断分化和不断综合。课程与教学的不断分化和不断综合都对人类文明精华成果的传承与创新起到了重要作用，对于人的发展和社会发展十分关键。学校在开展学科课程教学的同时，要重视综合实践课程的作用，如此双管齐下才能最大限度地发挥育人的功能，促进学生的全面发展。

2. 现实依据

第一，圣莲山基地课程的开发与建设有助于学校育人目标的实现。

史家营中心小学是一所深山区寄宿制学校，为了孩子的可持续发展，学校从史家营实际出发，在"绿色成长、百花齐放"办学理念的指导下，将育人目标定位为会学习、爱生活、敢表现的百花少年，并在此基础上构建起"史·家·营课程"三个维度的课程体系，促进育人目标的落实。圣莲山基地综合实践课程的开设，将圣莲山独特的自然地理、人文历史资源统一调动起来形成合力，以实践活动的形式将学生会学习、爱生活、敢表现的品格的培养落到实处。

第二，圣莲山基地课程的开发与建设有助于凸显和传承地域特色文化。

正所谓一方水土养一方人。一个人的成长与他所处的环境、接触的文化有着非常密切的联系。凭借这种天然的地域情结和文化的亲切感，学校充分利用地处百花山脚下、圣莲山旁的社会、经济、地理、人文等地域资源及师资优势，把"史家营地域文化"引入课程，构建出集地域性、生活性、趣味性、时代性、科学性、实用性于一体的综合实践活动课程，凸显和传承地域特色文化。

第三，圣莲山基地课程的开发与建设有助于丰富学校教与学的方式。

基地综合实践课程在创设新型教学环境的基础上，采用活动实践、体验探究的方式，帮助学生进行有效学习、自主学习，倡导学生主动参与基地课程的实践活动，引导学生开展主动探究和创造，在实践活动中激发兴趣、掌握知识、增长能力，培养创造精神，塑造健康人格，实现全面而有个性发展。

(二)课程目标

圣莲山基地综合实践活动课程属于"百花齐放"课程体系的"史·家·营课程"三个维度的"营课程"范畴，是综合实践类校本课程。其育人指向是：实践探索、生存能力；开放思维、创新精神；个性张扬、有行动力。课程目标包括以下几个方面。

(1) 通过本课程的学习，使学生对圣莲山结合国学的老子文化资源，地质和植被的科普文化资源，结合近代史的历史文化资源，结合壁画、石刻、根雕的艺术文化资源，结合登山运动的体育文化资源等有系统的了解和体验。

(2) 通过参与游戏、搜集资料、观察记录、动手操作、汇报展示等各类实践活动，培养学生观察、表达、动手、创新、合作等多种能力，养成良好的综合实践活动的学习习惯和方法，体验严谨求实、坚持不懈的科学研究精神。

(3) 为学生提供数学、语文、科学、品德与社会、道德与法治、美术、劳动、体育等多学科实践的机会，提高学生运用多学科知识解决实际问题的能力。

(4) 通过本课程的学习，使学生对自然风光、人文资源、家乡旅游等产生浓厚的学习情趣，有进一步探究的欲望，培养学生关注自然、关注环境、热爱家乡、建设家乡的社会责任感。

(三)"圣莲山基地课程"体系

在培养"百花少年"育人目标的引领下，依据绿色成长的，根据上述课程目标，从三个维度构建圣莲山基地综合实践活动课程体系。

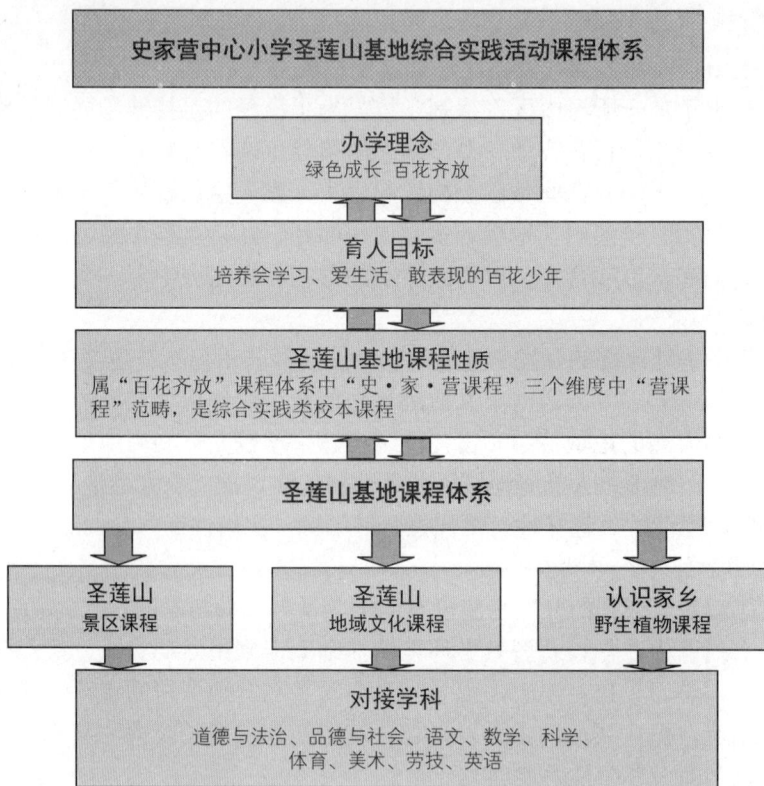

图1 教育哲学与课程建设的关系表达

(四)课程内容

圣莲山基地课程包括三个方面的内容：圣莲山景区课程、圣莲山地域文化课程、认识家乡野生植物课程。

1. 圣莲山景区课程

该课程主要是发挥圣莲山风景度假区作为"世界地质公园——体验观赏区"的优势，以参观游览的方式，由校内科学和品德与社会学科教师负责，聘请景区导游为辅导员，利用每学期一次的基地活动时间和假期亲子游时间，让学生去游览、体验、感悟圣莲山的雄、险、绝、奥、秀，以及山内的自然风光、古典建筑、地质遗迹等特色资源，帮助学生加深对家乡的了解和热爱。

2. 圣莲山地域文化课程

该课程依托圣莲山景区的五大教育资源，即结合国学的老子文化资源，结合地质和植被的科普文化资源，结合近代史的历史文化资源，结合壁画、石刻、根雕的艺术文化资源，结合登山运动的体育文化资源，进行跨学科实践，帮助学生深入了解圣莲山地区的自然、社会、历史等知识。圣莲山地域文化课程内容请扫描二维码。

圣莲山地域文化课程内容表

3. 认识家乡野生植物课程

2016 年 5 月，史家营中心小学开辟校内种植园，依托科学、美术、道德与法治、品德与社会、语文等学科，深入开发史家营野生植物的认识课程，培养学生的人文素养和科学素养，并对学生进行劳动教育。各年级段课程内容请扫描二维码。

各年级段课程内容表

三、课程实施

课程实施请扫描二维码。

"走进圣莲山"综合实践活动课程体系

四、课程评价

(一)对学生的评价

在对学生的评价中，"走进圣莲山"综合实践活动课程评价方式多种多样：根据评价的主体可分为自评和他评；依据活动评价的类型可分为过程性评价与结果性评价。而无论使用何种形式的评价，都是为了激励学生朝着预定的目标主动地开展综合实践活动。

自评与他评结合。一方面，学生要对自己在活动中的行为表现、小组合作情况、任务完成情况进行综合评价；另一方面，他评也是"走进圣莲山"综合实践活动课程评价中的重要部分,他评主要分为教师评价与同学评价两个部分,教师通过在活动开展的过程中的仔细观察与提问,对学生参与活动的表现及其成果进行评价,而同学评价则是形成小组同学对组内成员的活动表现与成果贡献进行评价。通过自评与他评的过程,让学生更加综合全面地了解自己的学习状态,并促进学生不断地反思,以不断改进活动的方式方法。

过程性评价与结果性评价相结合。在"走进圣莲山"综合实践活动课程中,结果性评价主要体现在对学生的任务单完成情况与成果质量的评价上,既对阶段性成果进行评价,也对最终的成果进行评价,既能够分散学生的评价压力,又能够使学生投入到每一个学习活动之中,提高学生的投入度与获得感。而在"走进圣莲山"综合实践活动课程评价中,更为重要的是过程性评价。过程性评价主要采用表现性评价的方式,评价要素有项目目标、项目任务及学生表现,过程性评价不仅仅是一种评价,也是一种活动指导。在进行活动之前,学校确定好主题与要求,并设置评价目标与规则,从而让学生能够更加明确地知晓活动的目的与意义,并更为细致地了解在活动中他们需要做什么,从而引发学生的特定表现,此后教师和学生在活动的过程中依据此收集证据进行评价,具体评价量规见下表。评分规则为学生提供清晰的目标图景,让学生了解自己、评判自己、监督自己,最终成为学习的主人,达到以评促教的目的。为了更好地激发学生参与活动的积极性与投入度,我校开展了"小百花之星"的评选。学生每个月在课程中获得10个百花印,才有资格参与"小百花之星"的评选。通过这样丰富多样、饶有趣味的评价方式,有效地激发了学生参与实践课程基地活动的活力。同学们积极参与各个课程的活动,自觉地按照目标完成任务,形成自己的系列资料积累,并且从多方面展示自己的成果,达到了互相交流、彼此促进、共同进步的目的。

史家营中心小学"个性张扬小百花"评价表

(二)对教师的评价

好的课程评价不仅检验并促进学生的成长,也能够促进教师的成长,实现教学相长的理想效果。为此"走进圣莲山"综合实践活动课程评价不仅关注学生评价,同时也对教师评价进行设计规划。在教师评价中,不像对学生的评价那样有较为细致的评价量规,而是采取相对宽松、灵活的方式进行评价。在评价主体上主要以自评与他评为主,在评价方式上主要采用反思性评价。在对教师的评价中,自我评价部分是最为重要的。在自评过程中,教师主要对教学过程与教学效果进行综合评估。采用的评价方式主要是反思性评价,教师需要在课后对上课的整个过程进行反思,根据学生课上表现与反馈及时调整教案,思考还有哪些部分可以进行改进。而更进一步可针对课程本身、自身的专业成长进行自我反思,并在课后撰写反思报告,帮助梳理思路。他评主要指学生评价,学生通过意见反馈的方式,对教师的授课过程进行满意度评价,并提出相应的意见,以为教师改进教学提供借鉴。

(三)对课程的评价

课程要具有蓬勃的生命力,必须要进行不断地调试与改造。课程只有处在动态的评价发展中，才能够更好地适应学生、学校与社会的需要。基于此，"走进圣莲山"综合实践活动课程不仅包含了对课程参与者——学生与教师的评价，还包含了对课程本身的评价。而对课程的评价主要包含校内评价与校外评价两个部分。在校内评价方面，每学期结束时，学校都会召开负责人的总结会，听取大家对课程建设及实施的建议，及时修正不足，完善方案，以更好地促进学生的发展。同时听取学生的意见，了解他们对课程满意与不满意的地方，及时进行调整和优化，以更好地激发学生参与活动的积极性，让学生成为一个积极、阳光的学习者。在校外评价中，一方面，学校积极邀请行业专家与教育学者开展对课程的评估工作，从内容和教育性两个角度对课程进行更为专业的评估，以使课程更加系统化、专业化，突出课程的育人功能；另一方面，家长的建议也是推动课程建设与调整的重要因素，家长作为学校教育的间接利益相关者，本身对学校教育就有一定的期待，了解家长的诉求更有助于提高课程的针对性，同时能够提升家校沟通的有效性，达到家校共育人的理想目标。

五、课程管理

"百花齐放"课程体系是学校课程建设和发展的顶层设计和行动指南，"走进圣莲山"综合实践活动课程作为其重要组成内容，得到了全校上下的高度重视，全校各部门齐心协力，系统部署，保障到位，确保落实育人目标。

(一)组织保障

为保障学校课程的整体运行，学校成立了"课程建设和实施领导小组"这一专门的课程管理组织，以提供组织保障，负责课程体系建构和实施的统筹与协调工作。领导小组下设办公室，具体负责课程的整体推进与实施，组长、副组长、组员和教师各司其职，实现责任到人，形成有序、体统的课程管理格局。具体职务与分工请扫描二维码。

课程建设和实施领导小组分工一览表

(二)科研保障

为提高课程的专业性与专门性，学校成立了课程开发小组和课题研究推进小组，以科研推动课程建设，为"走进圣莲山"综合实践活动课程提供了强有力的专业支持。在课程的开发和实施中，课程开发小组与课题研究推进小组通过理论学习、实施研讨、活动反思、阶段总结等形式开展科研活动，并形成系统的科研制度，以规范科研活动，使其成为课程开发与推进过程中的重要保障。具体科研活动开展情况如下文所述。

第一阶段：课题准备阶段(2016年4月—2016年5月)。建立、健全课题组织机构，完成校内科研队伍建设，明确个人职责；对课题组人员进行课题培训，使其了解课题规划、实施与结题的相应步骤与任务，形成总体认识；小组讨论，选择迫切需要解决或是让学校疑惑的问题；分工规划课题研究方案，最终形成完整的开题报告。

第二阶段：课题研究阶段(2016 年 6 月—2018 年 5 月)。各组员在实践过程中及时通过各种渠道收集数据，了解现状；依据初步调研情况及时对课题调研形式与内容进行调整；及时进行反思，进行阶段总结，并形成中期报告。

第三阶段：课题总结结题(2018 年 6 月)。课题小组综合已收集的数据，对数据进行综合分析，总结发现；编写课题成果集，撰写课题结题报告，将成果物化；对研究过程进行分析，进行反思，以为后续研究提供借鉴。

(三)经费保障

课程的顺利开发与实施离不开强有力的经济支持，为此，学校对教育经费的使用进行了科学规划和顶层设计。每年做好财务预算，撰写教育经费使用年度计划，系统规划学校开支，保证每一笔钱都花得有依据、有价值。为确保课程的顺利运行，学校设立课程建设专项经费，加大对课程、课堂、教师培训的倾斜力度，为课程实施提供充足经费，保障课程顺利实施；同时严格执行财经纪律，加强经费使用监督，建立专项经费的使用绩效评估和问责机制，让每一笔花费都禁得起检验。

(四)资源保障

建设"绿色共同体"，合力服务家乡学生。课改背景下，学校必然要更为开放。因此，我们充分利用并整合区域内的百花山、百瑞谷、圣莲山的地理地貌等自然资源，市级民俗村、山梆子戏等人文资源，卫生院、派出所等友邻单位资源，各村资源和家长资源，使课程的开发、实施与运行获得更多教育支持，保障学校教育目标的落实。通过学校资源、区域资源、友邻单位资源、各村资源与家长资源的整合，构建全方位育人的绿色共同体，形成区域、学校、家庭合力共育人的局面，切实为孩子成长服务。

(五)教研保障

市、区级专家高端引领，乡村教育联盟助力。除了校内自发的科研活动以外，学校还大力引进专家学者进校指导。近三年时间，由北京教育学院、房山区课程研究室组成的专家团队高端引领、精准指导，以课程建设、综合实践活动实施为重点组织教师进行教学研究，协助打造优质师资，帮助提升科研的专业性与有效性，为综合实践活动课程质量提升保驾护航。

六、课程实施效果

(一)激发了学生现场学习的兴趣

"走进圣莲山"综合实践活动课程丰富的教育资源及教学活动，为学生提供了大量在现场学习的机会，提供了与真实材料直接互动的机会和条件，而不再是在虚拟情境中学习。在活动前，教师与学生一起参与综合实践活动课程内容选择与开展方法的讨论、设计。活动中，教师以同伴的身份参与活动，观察了解学生活动动态，尽可能地给学生提供空间、时间及材料的保证，为学生进行感兴趣的自主学习提供足够的条件，激发了学生探究欲望与学习热情。

(二)转变了学生学习和实践方式

综合实践活动课程的特质是实践育人，实践性、体验性、过程性是它的突出特征。"走进圣莲山"综合实践活动课程在培养学生动手、动脑方面发挥着特殊的作用。它与课堂教育相互补充，集教育性、实践性、综合性、开放性、创新性于一体，是凝聚学生体验生活、感悟文化、开阔视野、培养意志、提高素养的重要媒介。在这样的活动过程中，学生们不在静坐着等待知识的传递，而是主动地走出去，自发地去探究并解决问题，自主地发现新知，变被动的学习为主动的学习，实现学习方式的转变。

(三)厚植了学生热爱家乡的情感

丰富多彩的综合实践活动课程中的系列活动，不仅让学生走进自然，亲近自然，感受乡土民情，而且让他们走进地域文化进行体验与感受，激发家乡自豪感，进而在他们幼小的心灵中投下热爱家乡的种子，让他们日后能够自觉传承地域文化，还能够锻炼他们的意志体魄，培养能力，陶冶情操，美化心灵。这一系列活动的开展既开阔了学生的视野，培养了学生的感恩意识、博爱意识、劳动意识、科学精神、社会责任感，也提高了学生传承优秀传统文化的主动性，提升了学生的文化自信，不仅能够成为地域文化的传播人，更能成为中华优秀传统文化的传播人。

(四)提高了教师的课程开发和课程实施能力

课程开发与实施的成功离不开教师的参与，这一过程并不只是耗费教师的精力，也会提高教师课程开发与课程实施的能力，促进教师专业成长，为成为科研型教师提供助力。一方面，教师们积极参与到"走进圣莲山"综合实践活动课程的建设中，积极探索跨学科主题教育的内容及实施途径，并成功地开发出系列跨学科综合实践活动，自身课程开发能力获得了提升；另一方面，教师在开展教学的过程中提升了自身实施综合实践课程的能力，从根本上转变了和改变了教与学的方式。在课程的实践活动中，教师主动打破原有的禁锢，真正把学生放在了活动的正中央而不再是纸上谈兵，不再通过单向知识传递的方式进行教学，而是在活动中指导学生自主、合作地开展学习，充分锻炼学生的应用实践能力。"走进圣莲山"综合实践活动课程已经走进了每一位教师的心中，走进了每一位教师的教育教学。

(五)增强了家庭、社会、学校绿色共同体合力

受 2005 年煤炭产业退出影响，史家营地区发生了产业结构转型，此后大部分家长外出打工，陪伴孩子更多的是爷爷奶奶，而这也为综合实践活动课程的开展提供了契机。一方水土养一方人，老一辈人相对年轻一辈来说更喜欢本乡、本土的地方文化，他们鼓励孩子传承山梆子戏曲、认识本地的野生植物，因此家长们自愿参加到指导教师的团队中来，成了支持综合实践活动课程开发与实施的一支强有力的队伍。而"走进圣莲山"综合实践活动课程的建设，更是唤起了社会、资源单位、社区对学校的关注、对学生的关注，如在学校与圣莲山景区合作开发景区课程，友邻单位如卫生院、派出所提供了大量支持。通过这样拥有各方支持的综合实践活动课程的开展，为学生构建了生活化、综合化、社会化、未来化的教育资源，提升了绿色共同体中学校、家长、社会协同育人建设合力，让学生更加受益。

七、课程特色与创新

(一)把课程建成学生实践体验学习的平台

"走进圣莲山"综合实践活动课程建设从"创设具有鲜明主题的教学环境"入手，立足于学生，着眼于丰富学习方式的目标，充分发挥基地平台的作用，为学生的学习提供适切、真实的教学环境，让学生能够在课程中有充足的机会在真实情境中进行学习，将课程打造为学生实践体验学习的平台，转变学生的学习方式，变被动学习为主动学习，以自主、合作、探究的形式开展体验式的学习，激发学生的学习积极性，从而将核心素养的培育与人才培养模式的转变落到实处。

(二)把课程建成学生跨学科学习的平台

"走进圣莲山"综合实践活动课程更加重视学生的跨学科学习，课程将美术、语文、品德与生活、书法、自然等学科进行融合，以整合性的问题、项目为引领，让学生在活动中将学科知识、生活情境、社会情境、现实情境有机联系起来，运用跨学科的知识综合性地思考、探究并解决问题，将学科课程知识进行整合，内化于自身整体的知识体系之中，增强其创新问题解决的能力，提升自身综合素养。

(三)把课程建成学生个性发展、自主生长的平台

培育核心素养要求更加关注学生自主发展，促进学生会学习、爱生活、敢于行动。而这正是"走进圣莲山"综合实践活动课程开发与实施的目标及原则。课程内容不再是封闭、严格的学科知识体系，而是更具互动、包容性，涵盖范围更广，几乎所有的学生都能够在其中找到自己感兴趣的领域与方向。在探究活动中，学生可以选用自己喜欢并擅长的方式进行探究，教师只是在其中起辅导、协助的作用。此外，活动结束之后的课程评价也同样是考虑了不同学生的特点与需求，评价也不再是以评判为目的而是为了激发个体活力，促进了学生内驱动力的主动生长。"走进圣莲山"综合实践活动课程的内容、实施方式与评价的个性化综合设计，为实现学生全面而有个性的发展提供助力。

(四)把课程建成具有山区沟域特色的户外课程

圣莲山基地课程建设尝试开发出一套具有户外教育理念和具有山区沟域特色的户外课程，以帮助学生发展人与自然、人与社会、人与自我的深层次关系。通过以小组为单位的自主户外探索，增强学生的社会交往能力、团队合作能力、综合分析能力和问题解决能力，让学生在感受自然、思考自然的过程中检验学习过的知识和积累的经验。通过使学生置身于自然、真实的场景中，锻炼学生在陌生环境中获得新的知识和技能的能力。同时开展此类不同于学科课程的综合实践活动课程，能够提升教师进行综合实践活动课程开发与实施的能力，大大提升了教师的专业能力。

八、问题与展望

"走进圣莲山"综合实践活动课程已初见成效，为使课程更加精致化，我校在反思现存问题的基础上积极提出改进策略。首先，在史家营中心小学，得天独厚的地域资源优势是我们进行课程建设的机遇，丰富的地域课程资源和学校师资队伍的供给不足这一对矛盾

也始终存在，成为课程建设中的一大挑战。此外，地域课程资源尚未开发完全，仍需要持续地探索，综合实践活动课程内容需要进一步丰富。最后，综合实践活动课程的实施方式略显单调，急需探索更加丰富多样的课程实施方式。

未来，我校会进一步提升教师专业素养，拓宽教师视野，持续提升教师课程开发、整合、实施、评价的能力；同时进一步丰富综合实践活动课程内涵，充分利用地区、友邻单位、学校及家长资源，不断开发并整合课程，使现有课程体系更系统化、精致化。此外，着重研究实践活动形式，以更开放的姿态、创新的教育理念，来指导基地课程的实践活动。在服务我校学生核心素养培育的同时，积极探索对北沟乃至房山地区学校的辐射作用，丰富综合实践课程，提升地区人才培养水平。

九、拓展资料

借助有效实践活动、促进思维深度发展、提升学生综合素养

北京市延庆区第四小学王春英

摘要： 《数学课程标准》明确指出在小学数学教学中增设"实践活动与综合应用"的目标要求。因此，在新课标指导下的数学教学，应结合学校地处环境和学生的实际情况，创设合适的实际情境，使得数学实践活动内容生活化；应结合学生的实际经验和已有知识，设计富有情趣和意义的活动，使得数学实践活动过程活动化；应立足于课堂，用足课堂时间，但又不能受限于课堂，给学生充分的时间和空间，使得数学实践活动时间弹性化；应结合学生的年龄特点、心理特征，进行分层分级评价，使得数学实践活动评价层次化。

借助有效实践活动、促进思维深度发展、提升学生综合素养

关键词： 数学；综合实践；促进思维；提升素养

正文请扫右侧二维码。

第三节　基于地域资源的"五彩九渡"综合实践活动课程体系构建

高小兵　赵振福　盛金柱

指导人：王丽

一、课程建设与实施背景分析

2017 年，教育部印发的《中小学综合实践活动课程指导纲要》中指出：为全面贯彻党的教育方针，坚持教育与生产劳动、社会实践相结合，引导学生深入理解和践行社会主义核心价值观，充分发挥中小学综合实践活动课程在立德树人中的重要作用。综合实践活动课程是国家义务教育和普通高中课程方案规定的必修课程，与学科课程并列设置，是基础教育课程体系的重要组成部分。该课程由地方统筹管理和指导，具体内容以学校开发为主，自小学一年级至高中三年级全面实施。

多年的教育实践证明，综合实践活动课程可以有效地调动学生学习的积极性和主动性，彰显和发展学生的个性，发展学生多方面的能力，有效地促进学生情感、态度和价值观的发展，提升学生的全面素养。

北京市怀柔区九渡河镇中心小学一校三址，分别是九渡河镇中心小学、九渡河小学和黄花城小学，校外资源丰富，"构筑五色文化，发展五彩经济"是九渡河镇政府提出的区域经济、文化发展目标。基于以上文件精神，结合九渡河镇地域特点和我校实际情况，在综合实践课程建设和实施方面本着"充分挖掘地域文化资源，丰富综合实践活动课程，全面提升学生综合素养"的思路，在整理总结已有经验的基础上不断完善我校的综合实践活动课程体系。

二、课程目标

综合实践活动课程的总目标为：学生能从个体生活、社会生活与大自然的接触中获得丰富的实践经验，形成逐步提升对自然、社会和自我之内在联系的整体认识，具有价值体认、责任担当、问题解决、创意物化等方面的意识和能力。结合我校"夯实教育基础，丰厚办学内涵的办学目标，以五色教育为载体，学生继承和弘扬传统艺术文化。让每个学生享受成功的喜悦，让每个教师享受职业的幸福，让校园成为师生最向往的地方"的办学思路，制定我校综合实践活动课程目标如下。

总目标：通过参与各种主题活动，获得积极的价值体验，形成集体思想组织观念和热爱家乡的情感。初步养成自理能力、自立精神。能结合学校家庭生活中的现象提出自己感兴趣的问题，并将问题转化为研究小课题，体验研究的过程与方法。通过动手操作，初步掌握手工设计与制作的基本技能。

具体目标如下。

(1) 学生获取亲自参与探究的积极情感体验，乐于探究的心理品质、勇于创新的精神和适应社会的能力。

(2) 形成对自然、社会、自我的内在联系的整体认识，发展对自然、对社会、对自我的责任感；增进学生对生活背景下的自然、社会和文化的认识，增进学生对家乡、对学校的认识和了解，为家乡、为祖国建设发展勤奋学习、立志成才。

(3) 形成从生活中主动地发现问题并独立地解决问题的态度和能力。

(4) 进一步拓展知识领域，提高综合素质，发展实践能力，提升对知识的综合运用和创新能力。

(5) 关注自我生活方式，形成积极、健康的生活态度和生活方式，养成良好的学习习惯和良好的心理品质，养成合作、分享、积极进取等良好的个性品质。

(6) 促成学生学习方式的转变，学生学会探究，学会合作，学会运用所学动手实践，学会学习。

三、课程内容

九渡河镇中心小学结合九渡河镇政府提出的"构筑五色文化，发展五彩经济"战略目标，充分挖掘红色基地：北京市第一个党支部诞生地"庙上村"、京郊灯笼第一村"红庙"(红色)；"西水峪水长城"(青色)；"明代板栗园"(金色)；"绿色生态环境"(绿色)；"怀九河"(银色)的文化内涵，以此为文化基础建构学校的综合实践活动课程体系。

综合实践活动课程体系表

四、课程实施

课程实施请扫描二维码。

基于地域资源的"五彩九渡"综合实践活动课程体系构建

五、课程评价

在综合实践活动课程评价方面，我校采用质性评价，通过文字、图片等描述性手段，对学生的各种特质进行全面充分的揭示，以彰显其中的意义、促进学生对活动主题的理解。评价注重多元化，尤其注重学生和教师的反思。因此在建构综合实践活动评价体系时遵循以下原则：评价情境要自然、评价的手段是描述的、评价的标准是多元的、注重评价主客体之间的互动与理解、评价的目的是发现每个学生的潜力、特点，提供更加适合儿童的教育。

综合实践活动评价表

班级：　　　　　姓名：

内容 \ 成绩	★★★	★★	★	自己评价	同学评价	教师评价	服务对象评价
参与态度	能主动参与活动，表现积极	能参与活动，但主动性不强	有时参与活动，有时不参与				
合作程度	小组成员友好配合，互相帮助	在合作活动中，做好自己的分工	没有交流，甚至与他人产生矛盾				
智力表现	头脑灵活，点子多，活动中有创意	主要听或看别人的，以模仿为主	完全依赖老师，独立活动能力差				
活动成果	有作品展示，质量高，或在各级各类评比中获奖	基本完成活动过程，作品一般	没有完成或完成的质量非常差				
学生反思							
教师反馈							

六、实施建议

多年来，怀柔区九渡河镇中心小学在综合实践课程实施方面硕果累累，已经初步形成了特色，2017年被评为北京市综合实践课程实施特色学校。但是在课程的规范实施、课程的评价体系建设方面还有不足之处，在今后的工作中需要加强对综合实践活动课程实施的整体规划、加强对综合实践活动课程评价的科学设计、重视综合实践活动课程指导教师队伍的建设，以促进学校综合实践活动课程更加有效地开展和实施。

七、拓展资料

1. 基于财经素养教育的小学综合实践活动设计研究

北京教育学院　王丽

摘要：财经素养教育通过解决和处理日常生活中的现实财经问题，培养学生未来参与经济生活所需要的观念、态度、方法、技能、情感等，它是促进学生德智体美劳全面发展的重要路径，也是学生立足当下面向未来的重要基石。综合实践活动课程是落实小学生财经素养教育的有效途径之一。科学系统地设计财经素养教育的目标、合理选择财经素养教育的活动主题、规范财经素养教育的实践内容和形式是提高财经素养教育的实施质量、进而提升小学生的财经素养的有效途径。

关键词：财经素养；综合实践活动；目标设计；主题选择

正文请扫描右侧二维码。

基于财经素养教育
的小学综合实践
活动设计研究

2. 运用小组八度评价提升学生语文学科核心素养的研究

北京市延庆区第四小学　崔小燕

摘要：《语文课程标准》指出："学科核心素养是学科育人价值的集中体现，是学生通过学科学习而逐步形成的正确价值观念、必备品格和关键能力。语文学科核心素养是学生在积极的语言实践活动中积累与构建起来，并在真实的语言运用情境中表现出来的语言能力及其品质；是学生在语文学习中获得的语言知识与语言能力，思维方法与思维品质，情感、态度与价值观的综合体现。"为了使小组合作学习教学模式能够全面提高学生的语文学科核心素养，即"语言建构与运用""思维发展与提升""审美鉴赏与创造""文化传承与理解"四方面，我深入研究教材、学情，在语文教学中大胆运用小组八度评价，即学生在课堂上做到积极思考、主动发言有热度；认真倾听、清晰表达有精度；合作有序、高效达成有密度；人人参与、思维穿越有广度；见解独特、方法多样有新度；质疑思辨、升华提高有深度；拓展延伸、注重积累有厚度；举止文明、自信大方有亲和度，有效地提高了学生课堂主体参与与效率，促进了学生语文学科核心素养的提升。

关键词：小组八度评价；学科核心素养；育人

正文请扫描右侧二维码。

运用小组八度评价
提升学生语文学科
核心素养的研究

第四节　基于学校办学理念的朝阳第二实验小学"五馆课程"体系建设

郝朝阳、尹永宾
指导：黑岚

一、课程建设背景

理念是课程建设的灵魂，也是课程建设的起点。我校课程建设"以人为本，为未来奠基"的教育理念，主要源于如下思考。

(一)对国家教育方针的思考

早在 1999 年，《中共中央关于深化教育改革全面推进素质教育的决定》正式提出，建立新的基础教育课程体系，试行国家课程、地方课程和校本课程三级课程的管理体系。并鼓励增加地方课程和校本课程，目的在于利用地方与学校的独特的教育资源，使课程亲近、贴近于学生的成长环境与生活。毋庸讳言，国家课程是为公民接受基础教育后所应达到的共同素质开设的课程，考虑的是基本面上的内容。地方课程是由省市一级教育行政部门或其授权的教育部门依据当地的政治、经济、文化等的发展需要而开发的课程，它所反映的是基础教育的地域特点。从因地制宜、因材施教的角度来看，它们和每一个教师所面对的每一个学生的需求是有一定距离的。而新课程改革的核心理念，就是"为了每位学生的发展"，其包含三层含义：一是以人的发展为本；二是倡导全人教育；三是追求学生的个性化发展。而只有课程的个性化、特色化才能造就学生的个性化和特色化。一个学校走向高的境界，必须个性化，只有课程的个性化，才能造就学校的个性化，才能创造出学校的独有的教学特色，才能促进学校的长远发展。在新课程以"一切为了每一个学生的发展"为指导，在传承、发展与创新的结合中，在深入分析了基于学校的特色发展的学生核心素养的博闻广识、敏锐观察、逻辑推理、科学思维、人文素养、身心健康等的基础上，朝阳第二实验小学提出了"五馆课程"的课程体系，即博物馆课程、艺术馆课程、科技馆课程、图书馆课程、体育馆课程，以求通过多彩的课程体系的开发和实施，满足孩子不同的兴趣需求，实现孩子的全面发展和个性成长。

(二)对学校历史、现状与发展的思考

朝阳区第二实验小学是朝阳区教委直属的全日制六年制实验小学，位于朝阳区东部的管庄学区，长安街东端，毗邻通惠河，是连接 CBD、国际传媒基地与通州国际新城的重要枢纽；全校一校四址，现有教职工 200 余人，学生近 3000 人。

优越的地理位置，便利的交通环境，深厚的文化底蕴成就了朝阳基础教育的新星——朝阳区第二实验小学。

我们期望通过五馆特色课程的构建，使学生在充分感受人本熏陶的过程中学会思考，真正将朝阳第二实验小学建设成为"三个人本"和"三个未来"指引下特色实验学校和特色课程体系。"三个人本"，即以学生为本，以教师为本，以文化为本；"三个未来"，即为学生的个性发展，为教师的专业发展，为学校的特色发展奠基。

(三)学校目前课程实施的困惑与问题

(1) 各学科间的内容重合,增加了学生负担。各学科间,尤其是目前地方课程中的"安全教育""环境教育"与国家课程的"综合实践活动""科学""品德与社会"在体验性、实践性等方面存在大量重叠现象,增加了学生的学习负担。

(2) 学科本位的束缚。生活本来是综合的,著名的教育学家杜威曾说:"一切的学科,都是从唯一的大地和寄托在大地的唯一的生活的各个方面产生的。我们并没有一系列分层的大地,一层是数学的,另一层是物理的,又一层是历史的,等等,在任何单独的一层里我们都不能生活很久,我们生活在所有各个方面都结合在一起的一个伟大的世界里。一切学科都是在这一伟大的共同世界的各种关联中产生。"但由于学科本位思想,学校感觉到,学科的整体育人效果受到限制。而2015年北京市教育委员会关于印发《北京市实施教育部〈义务教育课程设置实验方案〉的课程计划(修订)》的通知,和北京市实施教育部《义务教育课程设置实验方案》的课程计划(修订)的文件精神,强调实现学科的生活化、实践化和学科间的整合,学校各学科老师基于学生生活,以学生生活为载体设计了大量的生活化的活动载体,对这些载体进行整合,无疑会提高教学效率。

(3) 综合实践活动课程内容空泛,不系统,随意性强,难以落实。综合实践活动课程只有像学科课程那样具有连续性、有力量,它才在教育上是有意义的。这意味着综合实践活动课程不仅要整体规划、系统设计,而且要积极利用所学的学科知识解决生活中的问题或课题。学科课程只有像综合实践活动课程那样具有探究性、生活化、个性化,才有助于学生个性的发展。这意味着各门学科课程不仅要以探究、体验的方式来学习,而且要密切联系生活、体现知识的社会性。妥善处理综合实践活动与各学科领域的关系,既是一个意义重大的课题,又是一个富有创造性和艺术性的课题。"五馆课程"也正是基于这一现实意义而提出的。

二、朝阳第二实验小学的教育理念

(一)人本理念孕育多彩教育

根据当前小学教育的现状与促进小学生快乐学习、健康成长、全面发展的需要,小学教育应确立"以人的发展为本,为学生未来奠基"的教育理念,以"乐学乐行,身心两健,做现代中国人"为育人目标,以"七彩阳光、多彩童年"为方法途径。

七彩阳光就是七个颜色:赤橙黄绿蓝靛紫;七彩阳光就是七个群体:学校一至六年级加老师团队;七彩阳光就是七个德育教育目标:围绕社会主义核心价值观的六个教育目标加多彩教育目标;七彩阳光就是七个具体育人目标:可用"四加三"来概括,所谓"三"就是掌握一种乐器,学会两项运动技能,所谓"四"就是四个合格:视力合格、学习成绩合格、心理健康合格、做人合格;七彩阳光就是七个好习惯培养、七个校园之星评选、七个色彩的党建创新项目、七个核心价值观等。

多彩童年就是儿童的世界是多彩而美丽的——赤橙黄绿蓝靛紫,七彩的阳光折射出孩子们的多彩生活,不同的色彩有不同的关爱,不同的色彩有不同的诠释,不同的色彩融合会让孩子们被美丽的色彩包围着,拥有多彩童年。

多彩教育的理念是建立在"以人的发展为本"的基础上的,使每一个学生在德智体美劳诸方面得到充分发展,是学校教育的根本出发点;多彩教育的理念是建立在"为学生未来奠基"的基础上的，为每一个学生的未来打基础、做准备、涂底色，是学校教育的根本归宿。多彩教育就是要使孩子们全面、个性地发展，健康、快乐地成长。

(二)教育特性支撑教育理念

教育的目的是将"动物性的人"培养成"文明的人"，即教育是将人怎样培养成人的学问。基础教育阶段尤其是小学教育中，对教育特定属性的准确把握能很好地支撑人本理念和多彩教育。我们认为，基础教育有这样四大属性。

(1) 教育的生活性。"教育即生活"，并非指教育就是生活、等于生活，而是指学校教育当中应当根据儿童的心理特征和生活经验，将教育理念融入日常生活当中，达到教育的目的。

(2) 教育的人民性。教育，尤其是基础教育具有公益性和普惠性的特征，要将教育的红利普及到每一个人，教育要充分开发学区内的家长资源，形成人民满意的家校合作机制典范。

(3) 教育的儿童性。基础教育不仅在于传授知识，更在于通过有效的知识传播保护儿童的好奇心，激发儿童的想象力，因此教育教学要顺势而为，做好各年龄段的教育工作。

(4) 教育的实验性。学校教育是人类社会发展史上一场伟大的育人实验，它传播了知识，塑造了人格，涵养了规则，为人之成为人提供了包容性和创新性实验。

"五馆课程"的开发是朝阳第二实验小学教育理念和教育思想的具体践行。课程是学生成长的有机土壤，教育的理想最终要落实到课程上，课程是实现教学目的以及人才培养的重要载体。学校期望通过五馆特色课程的构建，为学生的个性发展、为教师的专业发展、为学校的特色发展奠定基础。

三、"五馆课程"的开发

"五馆课程"是基于学校的办学理念、在对学生的多元分析和课程资源的充分调研的基础上，以综合实践活动课程为主体，整合学科实践活动、地方课程、国家课程的"科学""品德与社会"等体验性、实践性课程，通过五大框架来统整的系列化的主题课程，是朝阳实验二小创生的校本课程。"五馆课程"包括：博物馆课程、艺术馆课程、科技馆课程、图书馆课程、体育馆课程。

(一)开发原则

1. 科学性原则

"五馆课程"的开发，遵循学生学习的客观规律，充分体现不同年龄段和不同水平学生的学习特点和学习需要；课程内容体现循序渐进的原则，关注学习者兴趣、爱好的差异，更多地关注学习过程。

2. 针对性原则

从学校实际和学校办学特色出发，从学生的兴趣、爱好和特长出发，从教师的特点出发，着眼于形成学校特色，发展学生特长和发挥教师专业优势。

3. 区域性原则

满足学校和社区发展的实际需要，强调学校所在的区域性，充分利用社区课程资源，加强学生与社会现实和社区发展的联系，促进学生了解社会、接触社会、关注社会，学会对社会负责。

4. 人文性原则

以学生发展为本，培养学生完善的个性，是"五馆课程"开发的目标。"五馆课程"应给人文素养一定位置，注重追求和肯定人的价值，人的智慧和审美道德，在课程目标上崇尚个性，在课程内容上提倡广泛的课程范围。

5. 趣味性原则

"五馆课程"的开发不仅要符合学生的知识水平、认知水平和心理发展水平，还要尽可能通过趣味性较强的内容和活动，激发学生的学习兴趣和学习动机，尽可能采用探究式、发现式的学习方式，促进学生拓展思维、开阔视野，培养学生的创新精神和实践能力。

6. 多样性原则

"五馆课程"是具有较大的弹性与柔性的课程，因而也应当是多样性的课程，"五馆课程"应为学生提供较大的选择余地。

7. 综合性原则

"五馆课程"开发大多会打破学科的限制，要求多门学科的综合。只有各种内容融为一体，组成一个整体内容，并摆脱学科的束缚，才是真正意义的综合。

(二)课程开发的目标

1. 整体构建"五馆课程"体系

将国家课程、地方课程、校本课程进行系统梳理，整体纳入"五馆课程"体系，形成在学校育人目标统领之下的、稳定的、具有我校特色的课程体系，打造学校的品牌。

2. 形成"五馆课程"管理体系

形成学校统一的课程管理系统，规范学校的课程管理行为，发挥课程在学校发展中的积极作用。其主要包括：组织保障，即成立学校课程发展委员会，对特色课程的开发建设从总体上予以把关；制度保障，即制定课程开发制度和课程实施制度；人员保障，即实现专家引领、成立课程开发小组、加强教师培训、实施名师示范策略。

3. 探索课程实施途径，形成课程实施策略

探索适合学校发展的"五馆课程"有效实施途径，形成课程实施的相关策略，有效推进课程实施。

4. 促进学生、教师、学校的全面发展

依托"五馆课程"，促进学生的全面发展与个性成长，让孩子们享受多彩童年；同时，借助课程体系的构建与实施过程，提升教师在课程构建与整合、课程开发与实施方面的专业素养，从而促进学校的内涵发展。

四、课程结构

(一)"五馆课程"支撑多彩童年

秉承"教育即生活"的教育宗旨和"办人民满意的教育"的教育目标，全校提出了"办孩子们喜欢的学校，让孩子们享受多彩童年"的办学理念，创造性地构建了"五馆课程"。提出了"多彩教育——五馆课程——启思教学——多元评价"的教育生态链条，全力培养"全面的人"和"整体的人"。

基于教育的生活性和人民性，实验二小提出了"办孩子们喜欢的学校，让孩子享受多彩童年"的办学理念。这就决定了学校必会成为心中理想的成长之地，享受童年的多彩之地。其中，"办孩子们喜欢的学校"是前提、条件、途径和手段，"让孩子享受多彩童年"是目标和追求。

"办孩子们喜欢的学校"的创新途径如下。

回归儿童视角——让孩子们享受环境。

培养教师童心——让孩子们喜欢老师。

改变竞争机制——让孩子们喜欢同学。

搭建广阔平台——让孩子们喜欢活动。

建立质量标准——让孩子们喜欢学习。

"让孩子享受多彩童年"的实践途径如下。

营造多彩的教育环境——文化育人。

确立多彩的学校管理——规范育人。

建设多彩的课程体系——学科育人。

开展多彩的学生社团——活动育人。

形成多彩的教育品牌——特色育人。

多彩童年即孩子的全面发展+个性成长。

(二)"五馆课程"构成

依据学校实际、学生需求、教师资源等实际情况，整体梳理国家课程、地方课程、校本课程，优化课程结构，提高课程实施的质量，促进学生全面发展、个性成长，使学生在学校课程文化建设中享受多彩童年，享受成长的快乐；促进教师专业发展，使教师在课程建构与实施过程中得到成长；促进学校内涵发展，使学校的课程建构、实施与管理形成特色。

基于学校办学理念，围绕学校"全面发展+个性成长"的育人目标，在国家课程以及现有的校本课程的基础上，整体构建"五馆课程"体系，针对课程管理、课程体系构建、课程实施途径与实施策略等问题进行深入研究，形成我校"五馆课程"体系，以培养学生的馆形思维、馆形意识和学习能力。

五馆：学校就像博物馆：培养学生的博闻强记、格物致知的能力。

学校就像艺术馆：培养学生的敏锐观察、艺术想象的能力。

学校就像科技馆：培养学生的逻辑推理、科学思维的能力。

学校就像图书馆：培养学生的博览群书、广泛阅读的能力。

学校就像体育馆：培养学生的强健体魄、文明精神的能力。

(三)"五馆课程"主题及培养目标

朝阳第二实验小学的学校课程由五个领域构成：博物馆类课程、艺术馆类课程、科技馆类课程、图书馆类课程和体育馆类课程。

课程的主题主线及培养目标请扫描二维码。

"五馆课程"主题主线及培养目标

(四)课程立体结构图

课程立体结构图请扫描二维码。

课程立体结构图

五、推进策略

1. 专家指导策略

聘请北京教育学院、北京教科院课程中心、朝阳区教科所等地老师为指导专家，对学校的课程建构及实施工作进行专业指导。同时联系朝阳区在课程建设方面经验丰富的学校进行交流。

2. 教师分组合作推进策略

根据课程内容将教师以馆为单位分成若干组，内容相同的分为一组，在以往课程推进的基础上，组内加强研究与合作，使学校课程建构得到深入推进、有效落实，并取得突出实效。

3. 分步推进、典型引领策略

依据学校教师现状与学科现有基础，对学校的课程建设工作分步推进实施，以强势学科带动弱势学科的建设，对课程推进中表现突出的教师及其典型经验进行宣传、推广，发挥其启发、引领作用。

4. 资源引进策略

聘请具有专长的校外专业人员定期到校开设相关课程，同时，请本校相关教师协助管理，并学习提升。

六、"五馆课程"开发的经验总结

(一)主题课程的选择

(1) 尊重每一个学生的兴趣、爱好与特长。开发学校课程的重要依据是学生的兴趣和需要。这就要求对学生进行充分调查，了解学生兴趣、需求和智能构成，充分尊重学生的需求与个性，开发出适合不同学生的校本课程。

(2) 体现学校和社区的特色。学校不仅是课程的开发者和实施者，也是课程实施的重要基地。每所学校所处的地理环境不同、社区背景各异，学校发展的理念和学校传统不尽相同，因地制宜，关注学生发展的需要是学校确定校本课程具体内容的基本要求。学校要充分开发和利用学校内部的课程资源，引导学生选择并确定课程的主题，统整综合实践活动的基本内容领域，形成了具有学校特色的"五馆课程"体系。

(3) 从学生生活中提出问题并确定具体活动内容。"五馆课程"是面向学生生活领域的课程，其课程内容不应来源于书本，而应来源于学生的生活、来源于学生在生活中发现的问题。学生的活动主题要从学校生活背景、学生的家庭生活背景或社区生活背景中提出，也要从学习过程中提出。这些问题往往涉及自然方面的问题、社会方面的问题、学生自身方面的问题以及文化方面的问题，也可能涉及全球背景下的问题。

(二)开发路径的选择

有些学校的课程开发是自上而下的。先是成立一个课程开发领导班子，然后确立一个大致方向，接着开始组织学校甚至校外的"精兵强将"来编写课程，很快具有地域特色、时代特色、历史特色等的一批"校本教材"走下流水线，整整齐齐、规规矩矩、装帧精美、内涵丰富的"校本教材"就出现了。很多这样的"校本教材"开发后，就被束之高阁。因为自上而下的课程开发在推进时会受到教师课程领导力和执行力等种种因素的影响，课程开发和实施会流于形式。朝阳第二实验小学的课程开发，经过了自上而下和自下而上的双向历程，自上而下是理念的形成、课程开发的重要意义的认知和强有力的资源支持和条件保障，而具体课程主题的设计、课程内容的选择等则是专家指导下的教研组的共同开发。在专家的指导下，教研组一起参与对学生的兴趣、爱好、需求、特点等方面的分析，尽量使自己的教学内容和教学方式符合学生的需求，教师把自己的课程放在广阔的课程整体中加以考察，并逐渐养成关注和参与学校整体课程设计的意识和习惯，最终有利于达成共识。

七、"五馆课程"开发和实施的进一步思考

"五馆课程"主题主线及培养目标

八、拓展资料

1. 运用恰当评价方式促进综合实践活动开展——以《曾庄大鼓的调查与推介》活动为例

北京市顺义区沙岭学校　朱凤莉

摘要： 综合实践活动课程要求突出评价对学生的发展导向作用，而恰当评价方式的运用，对学生的发展和活动的开展起着至关重要的作用。在综合实践活动中，教师应鼓励学生自评互评、口头和书面评价相结合、注意评价记录的收集和整理、对学生的活动过程和结果进行综合评价。总之，教师要用好评价方式，为学生的成长和活动的顺利开展保驾护航。

运用恰当评价方式促进综合实践活动开展——以《曾庄大鼓的调查与推介》活动为例

关键词： 综合实践活动；评价方式；运用

正文请扫描右侧二维码。

2. 小学跨学科主题实践活动课程指导教师队伍建设策略探析

北京市石景山区师范学校附属小学　王燕

摘要： 在小学阶段开展跨学科主题实践活动，教师作为课程开发者以及学生活动的组织者、引导者、协调者和评价者，在课程实施中起到至关重要的作用。小学跨学科主题综合实践活动课程的实施与推进要求指导教师具有较强的课程规范能力、活动设计能力，实施全过程的指导能力。这些能力的取得需要从组建跨学科主题实践活动小组和不断加强跨学科主题实践活动课程指导教师的培训两个方面进行。

小学跨学科主题实践活动课程指导教师队伍建设策略探析

关键词： 综合实践活动；主题；跨学科；队伍建设

正文请扫描右侧二维码。

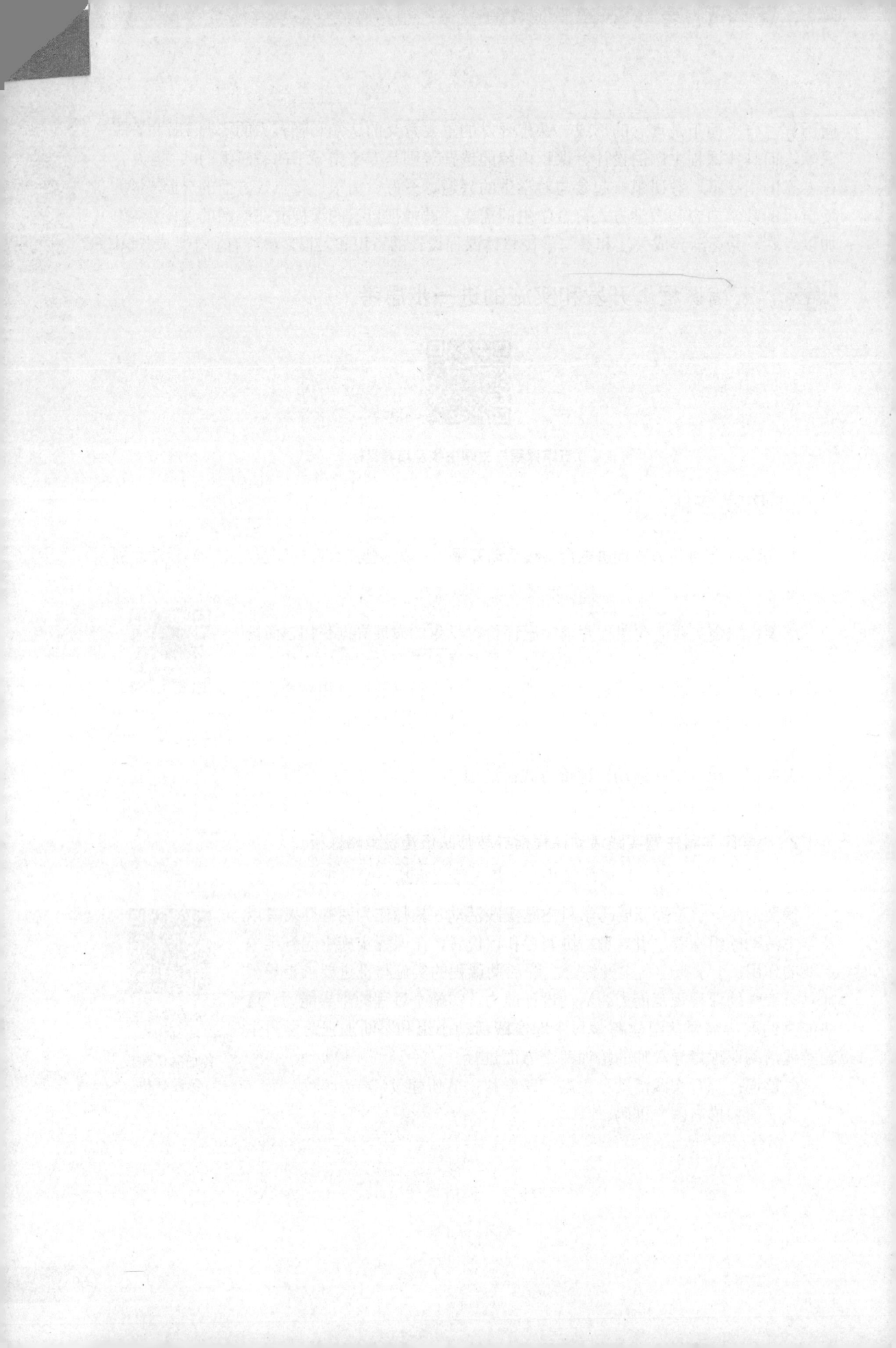